Sigrid Hirbodian / Petra Kurz (Hg.)

Die Chronik der Magdalena Kremerin im interdisziplinären Dialog

SCHRIFTEN ZUR SÜDWESTDEUTSCHEN LANDESKUNDE

Herausgegeben von
Jürgen Dendorfer, Sigrid Hirbodian, Sabine Holtz,
Ulrich Köpf, Bernhard Mann, Anton Schindling,
Wilfried Schöntag, Ellen Widder
in Verbindung mit dem
Institut für Geschichtliche Landeskunde und
Historische Hilfswissenschaften der Universität Tübingen

Band 76

Jan Thorbecke Verlag

Die Chronik der Magdalena Kremerin im interdisziplinären Dialog

Herausgegeben von Sigrid Hirbodian und Petra Kurz

Jan Thorbecke Verlag

Gedruckt mit freundlicher Unterstützung durch:

Stadt Kirchheim unter Teck
Verschönerungsverein Kirchheim unter Teck
Schwäbischer Heimatbund - Regionalgruppe Kirchheim unter Teck
Lions Club Nürtingen-Kirchheim unter Teck
Stiftung der Kreissparkasse Esslingen-Nürtingen
Universitätsbund Tübingen e.V.
Diözese Rottenburg-Stuttgart

Für die Schwabenverlag AG ist Nachhaltigkeit ein wichtiger Maßstab ihres Handelns. Wir achten daher auf den Einsatz umweltschonender Ressourcen und Materialien.

Bibliographische Information der Deutschen Nationalbibliothek
Die Deutsche Nationalbibliothek verzeichnet diese Publikation in der Deutschen Nationalbibliographie; detaillierte bibliographische Daten sind im Internet über http://dnb.d-nb.de abrufbar.

www.thorbecke.de · info@thorbecke.de

Dieses Buch ist aus alterungsbeständigem Papier nach DIN-ISO 9706 hergestellt.
Abbildung auf dem Schutzumschlag: Initiale aus dem Amptbuch Johannes Meyers. Dominikanerinnen beim Chorgebet. Universitätsbibliothek Leipzig, Ms 1548, fol. 37v
Gestaltung, Satz und Repro: Schwabenverlag AG, Ostfildern
Druck: Memminger MedienCentrum, Memmingen
Gesamtherstellung: Jan Thorbecke Verlag, Ostfildern
Hergestellt in Deutschland
ISBN 978-3-7995-5276-9

Inhalt

Vorwort

Der vorliegende Band veröffentlicht die Ergebnisse der Tagung „Die Chronik der Magdalena Kremerin im interdisziplinären Dialog", die am 23. und 24.Mai 2013 im Rathaus der Stadt Kirchheim unter Teck stattfand. Die Tagung wurde von der ersten Idee bis zur Veröffentlichung der Beiträge in diesem Band von der Stadt Kirchheim u. T. unterstützt. Roland Deigendesch, der damalige Stadtarchivar in Kirchheim u.T., entwickelte mit uns zusammen die Idee zu einer internationalen und interdisziplinären Tagung und half von Anfang an bei ihrer Realisierung. Auch Oberbürgermeisterin Angelika Matt-Heidecker und der Geschichtsverein der Diözese Rottenburg-Stuttgart ließen sich von der Idee begeistern. Joachim Brüser hatte zum Zeitpunkt der Tagung die Leitung des Stadtarchivs in Kirchheim u.T. übernommen. Er begleitete nicht nur die Tagung und organisierte vor Ort die nötige Unterstützung, sondern förderte auch die Entstehung des Buches auf vielfältige Weise.

Die einzigartige Chronik der Magdalena Kremerin hatte die Dominikanerinnen aus Kirchheim u.T. bereits weit über die Landesgrenzen hinaus bekannt gemacht. Es stand jedoch noch aus, die verschiedenen Forscherinnen und Forscher aus den USA, Großbritannien und Deutschland miteinander ins Gespräch zu bringen und die Kirchheimer Chronik in den Mittelpunkt eines interdisziplinären Gedankenaustauschs zu stellen. In intensiven Diskussionen ist es auf der Tagung gelungen, die außergewöhnliche Quelle aus der Perspektive mehrerer Fachdisziplinen – Theologie, Germanistik, Geschichte, Kunstgeschichte und Archäologie – zu betrachten. Dabei wurden mithin erstaunliche Ergebnisse formuliert und bisherige Forschungsergebnisse revidiert. So überraschte Nigel F. Palmer die Tagungsteilnehmer mit der These, dass die Chronik nicht von Magdalena Kremerin selbst, sondern von der Schaffnerin der Gemeinschaft bzw. von verschiedenen Schreiberinnen verfasst wurde. Seine Argumente samt ausführlichen Belegen wie auch die der übrigen Referentinnen und Referenten lassen sich nun in aller Ruhe nachlesen. Mögen sie weitere Forschungen zur Kirchheimer Chronik wie überhaupt zu geistlichen Frauen und ihrer Schriftkultur, zu Klosterreformen des 15. Jahrhunderts wie zu all den vielen Aspekten und Fragestellungen in ihrem Umfeld anregen und weiter befruchten.

Die Vorträge der Tagung konnten erfreulicherweise durch zwei weitere Beiträge im vorliegenden Sammelband ergänzt werden. Zum einen durch einen Aufsatz von Jeffrey F. Hamburger, der die Chronik und ihren Entstehungskontext unter kunsthistorischen Gesichtspunkten betrachtet, und zum anderen durch einen Beitrag von Rainer Laskowski, der die archäologischen Befunde zum ehemaligen Klosterareal vorstellt.

Ohne die finanzielle Unterstützung der Stadt Kirchheim u.T., des Verschönerungsvereins Kirchheim u.T., des Schwäbischen Heimatbundes Regionalgruppe Kirchheim u.T., dem Lions Club Nürtingen-Kirchheim u.T., der Stiftung der Kreissparkasse Esslingen-Nürtingen, dem Universitätsbund Tübingen e.V. und der Diözese Rottenburg-Stuttgart wäre die Drucklegung der Beiträge, die durch zahlreiche Abbildungen ergänzt werden konnte, nur schwer möglich gewesen. Lea Beck und Gerrit Schirmer haben die Redaktionsarbeiten übernommen und Gerhard-Peter Handschuh war so freundlich, den Aufsatz von Jeffrey F. Hamburger ins Deutsche zu übersetzen. Verschiedene Archive und Archivare haben die Autoren unterstützt und diverse Abbildungen für den umfangreichen Bildtafelteil zur Verfügung gestellt. Die Herausgeberinnen danken allen Mitwirkenden, besonders aber den Autorinnen und Autoren sehr herzlich!

Tübingen und Stuttgart im März 2016
Sigrid Hirbodian und Petra Kurz

Gefahr, Entbehrung und Rettung aus höchster Not

Die Reform des Kirchheimer Dominikanerinnenklosters aus der Sicht der Magdalena Kremerin[1]

Sigrid Hirbodian

Die Chronik der Magdalena Kremerin,[2] mit der sich vom 23. bis 24. Mai 2013 eine ganze Reihe Wissenschaftlerinnen und Wissenschaftler aus verschiedenen Ländern und Disziplinen auf einer Tagung in Kirchheim unter Teck beschäftigt hat, ist ein ganz außergewöhnlicher Text. Zunächst einmal handelt es sich um eine außerordentlich gut und spannend erzählte Geschichte, denn die Reform des Klosters und die an sie anschließenden Bedrängungen und Gefährdungen des Klosters und seiner Insassinnen werden sozusagen aus der Erlebnisperspektive einer Betroffenen aufs Anschaulichste geschildert. Sodann bietet sie einen hochinteressanten Einblick in die Innenwelt eines Dominikanerinnenklosters des 15. Jahrhunderts. Zudem läßt sie die politischen Umstände der Klosterreform in der Grafschaft Württemberg im 15. Jahrhundert und die daran maßgeblich beteiligten Persönlichkeiten deutlich werden. Schließlich vermittelt sie eine Vorstellung vom weiteren Kontext, in den die Reform des Kirchheimer Klosters gehört, in die Klosterlandschaft und deren politische, organisatorische und kulturgeschichtlichen Zusammenhänge. Die meisten dieser Themenkomplexe werden in verschiedenen Beiträgen dieses Sammelbandes mehr oder weniger intensiv behandelt. Die Aufgabe dieses einführenden Beitrages ist es zuvorderst, einen ersten Überblick zu bieten, der auch einem breiteren Rezipientenkreis Bedeutung, Inhalt und Kontext der berühmten Kirchheimer Klosterchronik nahebringt. Deshalb beginne ich mit der Geschichte selbst: in aller Kürze soll zunächst nacherzählt werden, was Magdalena Kremerin in ihrer Chronik berichtet. Danach soll ein kurzer Blick ins Innere des Klosters unternommen werden, indem ich zusammentrage, was aus der Chronik über das Leben im Kirchheimer Kloster zu erfahren ist und wie diese Informationen zu dem passen, was wir über die Reform der Dominikanerinnen im 15. Jahrhundert allgemein wissen. Im Anschluss soll die Frage im Mittelpunkt stehen, was die Chronik über die Württemberger Grafen und Gräfinnen und die Geschichte Württembergs an Erkenntnissen liefert und wie diese Berichte zu interpretieren sind; abschließend soll das Kirchheimer Kloster in die Klosterlandschaft Südwestdeutschlands eingeordnet werden.

1 Einzelne Passagen dieses Beitrags wurden bereits publiziert in: Sigrid Hirbodian: Was ist Landesgeschichte? Überlegungen am Beispiel einer spätmittelalterlichen Klosterchronik, in: Anna Esposito, Heidrun Ochs, Elmar Rettinger u. a. (Hgg.): Trier – Mainz – Rom. Stationen, Wirkungsfelder, Netzwerke. Festschrift für Michael Matheus zum 60. Geburtstag, Regensburg 2013, S. 27–45. An dieser Stelle wird weiterhin Magdalena Kremerin als Autorin bezeichnet, auch wenn Nigel Palmer in seinem Beitrag unten zu einer anderen Entscheidung hinsichtlich der Verfasserin kommt. Es mag der weiteren Rezeption von Nigel Palmers Beitrag vorbehalten bleiben, ob sein Ändrungsvorschlag sich durchsetzen kann.

2 Als bisher einzige Edition noch immer: Christian Friedrich Sattler (Hg.): Wie diß loblich closter zu Sant Johannes bapten zu Kirchen under deck predigerordens reformiert ist worden und durch wölich person, in: Ders.: Geschichte des Herzogthums Württemberg unter der Regierung der Graven Bd. 5, Ulm 1768, Beilage 42, S. 173–280.

Zunächst also die von Magdalena erzählte Geschichte selbst: Magdalena Kremer oder Kremerin, wie man in Süddeutschland im 15. Jahrhundert die weibliche Form von Familiennamen bildete, war eine Dominikanerin, die aus Straßburg stammte. Stefanie Neidhardt konnte sie dort als Tochter des Hans Kremer aus Oberkirch identifizieren.[3] Magdalena Kremerin war Nonne im Schlettstädter Kloster Silo, wo bereits 1464 die Observanz eingeführt worden war.[4] Die Observanz forderte eine strengere Art der Regelbefolgung, die mit der Bildung eines zeitweise extrem einflussreichen Reformzweiges im Dominikanerorden verbunden war. Als im Jahr 1476 Graf Ulrich von Württemberg beschloss, alle Dominikanerinnenklöster in seinem Land von diesem Ordenszweig reformieren zu lassen[5], wurde unter anderem die Priorin von Kloster Silo gebeten, erfahrene Nonnen abzustellen, die nach Kirchheim gehen und dort die Gewohnheiten der Observanz einführen sollten. Unter den sieben Frauen, die daraufhin 1478 von Schlettstadt nach Kirchheim gebracht wurden, war auch Magdalena Kremerin. Sie charakterisiert sich selbst in ihrer Chronik folgendermaßen: „S. Magdalena Kremerin, die kam von Stroßburg gan Syl, die wart hie custerin, textur schriberin, novitzien meysterin und ober sangerin." Und an anderer Stelle: „und ein swester was under den von Syl, die konde wol textur schreiben und ouch molen."[6] Die Reformnonnen übernahmen in Kirchheim die zentralen Ämter und veränderten das Leben im Kloster nach den Vorstellungen der Observanz. Nach Magdalenas Darstellung wuchs und gedieh das Kloster daraufhin, bald gehörten ihm 50 Nonnen an.

Doch der „fient menschliches geslecht"[7] wollte, so Magdalena, dieses gottgefällige Werk nicht leiden. Deshalb brachte er großes Leid über das Kloster, neun Jahre nach dessen Reform, und zwar in Gestalt des Württemberger Grafen Eberhard des Jüngeren. Er hatte 1485 im sogenannten Stuttgarter Vertrag die Orte Kirchheim, Owen, Weilheim und Winnenden als Abfindung erhalten und war nun der neue Schutzherr des Klosters.[8] Am Johannestag des Jahres 1486 erschien er vor dem Kloster und begehrte Einlass. Die Priorin lehnte dies ab und verwies ihn an ihre Ordensoberen. Da „scheyde er mit unwirßheit von dannen und sprach: gedenckent e das iar um kum, das ich da byn gewesen."[9] Und wirklich, noch ehe das Jahr um war, wurden das Ausmaß seiner Forderungen und die damit verbundenen Drohungen deutlich: Er verlangte, dass ihm die Priorin eine detaillierte Rechnung über die gesamten neun Jahre seit der Einführung der Reform vorlege und dass danach alle aus Schlettstadt gekommenen Reformnonnen das Kloster wieder verlassen sollten. Nach Auffassung Magdalenas standen dahinter die

3 Siehe auch den Beitrag von Stefanie Neidhardt.

4 Zur Reform in Kloster Silo Benedikt Maria REICHERT (Hg.): Johannes Meyer Ord. Praed. Buch der Reformacio Predigerordens Buch V (Quellen und Forschungen zur Geschichte des Dominikanerordens in Deutschland, Bd. 3), Leipzig 1909, S. 112–114; zur Dominikanerobservanz vgl. Eugen HILLENBRAND: Die Observantenbewegung in der deutschen Ordensprovinz der Dominikaner, in: Kaspar ELM (Hg.): Reformbemühungen und Observanzbestrebungen im spätmittelalterlichen Ordenswesen (Berliner Historische Studien, Bd. 14; Ordensstudien, Bd. 6), Berlin 1989, S. 219–271.

5 SATTLER: Chronik (wie Anm. 2), S. 173; Dieter STIEVERMANN: Landesherrschaft und Klosterwesen im spätmittelalterlichen Württemberg, Sigmaringen 1989, S. 277–289; Bernhard NEIDIGER: Das Dominikanerkloster Stuttgart, die Kanoniker vom gemeinsamen Leben in Urach und die Gründung der Universität Tübingen. Konkurrierende Reformansätze in der württembergischen Kirchenpolitik am Ausgang des Mittelalters (Veröffentlichungen des Stadtarchivs Stuttgart, Bd. 58), Stuttgart 1993, S. 36 und. S. 80f.

6 SATTLER: Chronik (wie Anm. 2), S. 179 und S. 176f.

7 Ebd., S. 181.

8 Hans-Martin MAURER: Von der Landesteilung zur Wiedervereinigung. Der Münsinger Vertrag als ein Markstein württembergischer Geschichte, in: Zeitschrift für württembergische Landesgeschichte 43 (1984), S. 89–132, hier: S. 110.

9 SATTLER: Chronik (wie Anm. 2), S. 182.

Machenschaften einiger weniger Nonnen – vier oder fünf, wie sie vage angibt – die mit der Einführung der Reform nicht einverstanden gewesen waren und die nun alles wieder rückgängig zu machen suchten.[10] Ihre Wortführerin soll eine Schwester mit Namen Anna Dürrin gewesen sein.

Die Priorin weigerte sich nicht nur, dem Grafen die Rechnung zu legen, da dies „wider unsers ordens fryheyt“[11] sei, sie weigerte sich natürlich auch, Kloster Kirchheim mit den Reformschwestern wieder zu verlassen. Diese feste Haltung der Priorin wurde nach Magdalenas Darstellung bis auf wenige Ausnahmen vom gesamten Konvent unterstützt. Der Konflikt zwischen dem Kloster und Graf Eberhard dem Jüngeren eskalierte daraufhin. Der Graf belegte das Kloster mit hohen Lasten. Als sich die Nonnen keinen Rat mehr wussten, wandten sie sich an Graf Eberhard den Älteren, also Eberhard im Bart, den Magdalena folgendermaßen charakterisiert: „der herr und mechtig uber das gantz land was und darzu eiyn frummer, wiser her, Gottes ere liep hett und ouch alle geystlichen lut und Gottes diener beschirmete und keyn ungerechtickeit in synem land ließ fur gan.“[12]

Dass sie seinen mächtigen Vetter angerufen hatten, brachte Eberhard d. J. nur noch mehr gegen die Nonnen auf. Er befahl, das Kloster fortan zu bewachen, dass niemand mehr ein- oder ausgehen könne und nichts, auch keine Lebensmittel, mehr hinein gelangten. So wollte er das Kloster aushungern und die Nonnen zwingen, die Reformschwestern auszuweisen. Doch im Kloster, so berichtet Magdalena, schlossen sich die Nonnen nur umso enger zusammen, sie verbanden sich in schwesterlicher Liebe und Duldsamkeit. Als Graf Eberhard im Bart von der großen Not der Nonnen erfuhr, schickte er einen Wagen mit Holz, Brot und Fisch für die Nonnen, der aber von den Bewachern des Klosters nicht eingelassen wurde. Das machte ihn so zornig, dass er, so immer noch Magdalenas Darstellung, 5000 Mann bereitstellen ließ, die den Zugang mit Gewalt erzwingen sollten. Der Wagen wurde schließlich doch ins Kloster gelassen und die Nonnen hofften, dass sich die beiden Grafen nun einigten. Doch es kam erneut zur Eskalation, auch, weil Anna Dürrin und die „Widerspenstigen“ im Kloster keine Ruhe gaben. Das Kloster wurde erneut abgeschirmt, die Nonnen mussten viel erleiden, bis es schließlich zu einem Vertrag zwischen den beiden Grafen, den Ordensoberen und den Nonnen kam. Doch auch dieser Vertrag hielt nicht, der junge Graf versuchte noch einmal, mit Gewalt die Reformnonnen aus dem Kloster zu treiben, zum dritten Mal kam es zur Belagerung des Klosters und die Nonnen mussten Hunger leiden, nun schlimmer als zuvor. Als sie kurz vor dem Hungertod standen, schaute die Laienschwester Fides, ob sie nicht auf dem Klosterhof doch etwas zu essen auftreiben konnte. „Also do ging swester Fydes und tet das tor ein wenig uff, do lieffent bald zwey swin hiner ... Da namen wirs von Gott danckbarlich uff und warent gar fro, und wir hettent nun eyn wyl zu kochen und zu essen, da gab man den alten und den blöden daz fleisch in das siechhuß und wir kochtent auch suppen und muß vir den convent.“[13]

Die Nonnen erlitten auch in den nächsten Wochen noch große Not, die von Magdalena ausführlich beschrieben wird. Mittlerweile versuchten die Ordensoberen, vor allem aber Graf Eberhard im Bart, den Nonnen zu helfen. Doch keine diplomatischen Mittel vermochten Graf

10 „[...] und also vieng der kummer an, und wurdent die daran schuldig warent ser erfrowet, das das regiment des closters in iren gewalt solt kummen, der warent IV oder V [...]“ Ebd., S. 183.

11 Ebd.

12 Ebd., S. 186.

13 Sattler: Chronik (wie Anm. 2), S. 222.

Eberhard den Jüngeren zum Aufgeben zu bewegen. Schließlich kam es zur gewaltsamen Einnahme des Klosters durch die Truppen Eberhards im Bart. Magdalena schildert die dramatischen Stunden, in denen die Nonnen nicht wussten, was geschah – sie fürchteten eine gewaltsame Einnahme des Klosters durch ihren Widersacher, Eberhard den Jüngeren. Als schließlich in der Stadt die Sturmglocken geläutet wurden und klar war, dass Männer in ihr Kloster eindrangen, flüchteten sich die Nonnen in den Chor und scharten sich um den Altar. Sie wussten nicht, dass es ihre Retter waren, die das Kloster eingenommen hatten. Als die Männer schließlich in die Kirche stürmten, wollten sie den Frauen klar machen, dass sie Freunde seien, „do wiltent wir inen nit zuo hören vor unserm betten und das wir also in maniger wise zuo Gott ruoffent, bys das wir sahent, daz sy als tugentlich zuo uns redten, do fragetent wir sy, wer sy werdent, do antwurten sy: wir syent alle von Stuockarten! do wurdent wir erst wider lebendig von unserm grossen schrecken.“[14] Die Nachricht, dass die Männer aus Stuttgart, also vom Hof Eberhart des Älteren als ihre Befreier kamen, ließ die Nonnen aufatmen. Schließlich kam sogar Graf Eberhard im Bart persönlich, um sich nach dem Befinden der Nonnen zu erkundigen. Er versprach ihnen, künftig selbst ihr Schirmherr zu sein und zu bleiben. Er bat um Erlaubnis, dass seine Gattin, Barbara Gonzaga von Mantua, bei ihnen die Osterzeit verbringen dürfe und so geschah es. Mit päpstlicher Dispens und Erlaubnis der Ordensoberen kam sie in der Folgezeit wiederholt ins Kloster und verbrachte dort etliche Zeit in Gebet und Einkehr – sie sollte dort schließlich auch beigesetzt werden.[15]

Soweit der Bericht der Magdalena Kremerin über die dramatischen Ereignisse, deren Zeugin sie im Kirchheimer Dominikanerinnenkloster geworden war. Magdalena ergänzt ihren Bericht mit Abschriften zahlreicher Briefe und Urkunden, die in diesem Zusammenhang entstanden waren. Die Chronik ist heute in zwei Fassungen erhalten, dem vermutlichen Autograph im Hauptstaatsarchiv Stuttgart, sowie einer gleichfalls ungefähr zeitgleich wohl in Kirchheim entstandenen Abschrift, die sich heute in Wien befindet.[16] Bei der Stuttgarter Handschrift handelt es sich um ein Werk von insgesamt 293 Blatt, das wohl für den Gebrauch im Kloster angefertigt wurde, mit der erklärten Absicht, den nachfolgenden Generationen von Nonnen vor Augen zu führen, mit wie großen Opfern die Lebensweise der Observanz in ihrem Kloster erkämpft worden ist. Die Chronik hat bereits im 18. Jahrhundert mit dem Stuttgarter Archivar Christian Friedrich Sattler einen Editor gefunden.[17] Seither wird sie wegen ihrer Schilderung des Konflikts zwischen den beiden Grafen Eberhard im Bart und Eberhard dem Jüngeren im Umfeld des Münsinger Vertrages als wichtige Quellen zur württembergischen Landesgeschichte geschätzt.

14 Ebd., S. 239.

15 Zu Barbara Gonzaga jetzt grundlegend: Von Mantua nach Württemberg: Barbara Gonzaga und ihr Hof. Begleitbuch und Katalog zur Ausstellung des Landesarchivs Baden-Württemberg, hg. vom Landesarchiv Baden-Württemberg, Hauptstaatsarchiv Stuttgart, bearb. von Peter RÜCKERT, Stuttgart 2011; Barbara Gonzaga. Die Briefe/ Le lettere (1455–1508). Edition und Kommentar deutsch/italienisch, bearb. von Christina ANTENHOFER, übers. von Valentina NUCERA, Stuttgart 2013.

16 Hauptstaatsarchiv Stuttgart A 493, Bu 2 (um 1400), Wien, Schottenkloster, Cod. 307 (um 1488) vgl. hierzu den Beitrag von Nigel PALMER im vorliegenden Sammelband.

17 Vgl. Ulrich P. ECKER: Die Geschichte des Klosters S. Johannes-Baptista der Dominikanerinnen zu Kirchheim u. Teck (Diss., Freiburg 1981), Freiburg 1985; zu Christian Friedrich SATTLER vgl. Eugen SCHNEIDER: Sattler, Christian Friedrich, in: Allgemeine Deutsche Biographie 30 (1890), S. 409f. [Onlinefassung]; URL: http://www.deutsche-biographie.de/pnd116974818.html?anchor=adb (zuletzt aufgerufen am 30.04.2013).

Doch bevor wir uns diesen landesgeschichtlichen Aspekten der Klosterchronik zuwenden, fragen wir zuerst, was sie über das Leben im Kloster selbst verrät.[18] Magdalena ist eine Vertreterin der Observanz, also der strengen Regelauslegung, wie sie vom Reformzweig der Dominikaner im 15. Jahrhundert propagiert wurde.[19] Und doch ist sie erstaunlich zurückhaltend bei der Beschreibung der Zustände vor der Einführung dieser Reformen im Kirchheimer Kloster. Sie vermeldet lediglich, dass das Kloster bei seiner Gründung durch die Herzöge von Teck vielen frommen Schwestern eine Heimstatt bot. „Also hett der almechtig Gott diß closter wider wöllen haben in syner geystlicheit, von dem irrigen und ergerlichen leben, in dem es etliche zit gestanden was, wenn die alte geystlicheit was gantz da hin."[20] Wie genau dieses „ärgerliche Leben" im Kloster vor der Einführung der Observanz aussah, verrät sie nicht;[21] an anderer Stelle heißt es lediglich, wenn die Reform rückgängig gemacht werde, werde das Kloster wieder „eyn offens closter wie vor, ouch so würde diß closter nit under den vetteren der observantz oder den reformierten vettren syn, so wer denn die geystlicheit bald zergangen."[22] In Magdalenas Argumentation geht es also, dies meint sie mit dem Begriff „offenes Kloster", um die Einhaltung der Klausur in ihrer strengsten Form und um die geistliche Betreuung durch die observanten Dominikanermönche. Nun führten auch die nicht-observanten Dominikanerinnen, wie wir aus zahlreichen anderen Quellen sicher wissen, ein klausuriertes Leben.[23] Allerdings war die Klausurpraxis bei ihnen eine andere als bei den observanten Nonnen. Während die nicht-observanten regelmäßig von ihren Verwandten an den Redefenstern des Klosters besucht wurden konnten und so in engem Kontakt mit dem Leben außerhalb des Klosters blieben, war den Nonnen der Observanz solcher Austausch nur in absoluten Ausnahmefällen erlaubt. Vor allem aber durften sie nach der Ablegung der Profeß nie wieder von einer weltlichen Person gesehen werden. Alle Redefenster wurden daher mit Tüchern verhängt oder mit Blechen abgedichtet, so dass kein Sichtkontakt zwischen innen und außen mehr möglich war.[24]

18 Zur Geschichte des Kirchheimer Klosters grundlegend Ecker: Geschichte (wie Anm. 17).

19 Zur Observanz im Dominikaneroden vgl. Hillenbrand: Observantenbewegung (wie Anm. 4); Jean-Charles Winnlen: 1477–1539. Les derniers combats pour l'observance féminine en Haute Alsace, in: Jean-Luc Eichenlaub (Hg.): Dominicains et Dominicaines en Alsace XIIIe-XXe s. Actes du colloque de Grubwiller 8.- 9. avril 1994, Colmar 1996, S. 37–52; Bernhard Neidiger: Die Observanzbewegungen der Bettelorden in Südwestdeutschland, in: Rottenburger Jahrbuch für Kirchengeschichte 11 (1992), S. 175-196; Kaspar Elm: Reform und Observanzbestrebungen im spätmittelalterlichen Ordenswesen. Ein Überblick, in: Ders. (Hg.): Reformbemühungen und Observanzbestrebungen im spätmittelalterlichen Ordenswesen (Berliner Historische Studien, Bd. 14; Ordensstudien, Bd. 6), Berlin 1989, S. 3–19; Annette Barthelmé: La réforme dominicaine au XVe siècle en Alsace et dans l'ensemble de la province de Teutonie (Collection d'études sur l'histoire du droit et des institutions de l'Alsace, Bd. 7), Strasbourg 1931; Benedikt Maria Reichert: Zur Geschichte der deutschen Dominikaner und ihrer Reform, in: Römische Quartalsschrift für christliche Altertumskunde und Kirchengeschichte 10 (1896), S. 299–312.

20 Sattler: Chronik (wie Anm. 2), S. 178.

21 Christian Friedrich Sattler: Geschichte des Herzogtums Württemberg unter der Regierung der Graven Bd. 1-5, Ulm 1767/1768; Bd. 4, S. 141f. Zitiert aus einem Brief Graf Ulrichs V. an seinen Sohn Eberhard den Jüngeren, wonach dieser im Kloster Kirchheim einen Tanz bis weit bis weit nach Mitternacht veranstaltet habe. Vgl. auch Ecker: Geschichte (wie Anm. 17), S. 158.

22 Sattler: Chronik (wie Anm. 2), S. 214.

23 Vgl. dazu etwa das Reformprogramm des Ordensgenerals Konrad von Asti für St. Agnes in Straßburg 1464, Archives Municipales de Strasbourg II, 21/2,2; zur Klausurpraxis der Konventualen vgl. außerdem Sigrid Hirbodian: „Töchter der Stadt" oder Fremde? Geistliche Frauen im spätmittelalterlichen Straßburg zwischen Einbindung und Absonderung, in: Das Markgräflerland 2 (2011), S. 52–70, hier: S. 57–62.

24 Vgl. zu diesem Klausurkonzept Thomas Lentes: Bild, Reform und cura monialium. Bildverständnis und Bildgebrauch im Buch der Reformatio Predigerordens des Johannes Meyer (+1485), in: Eichenlaub: Dominicains (wie Anm. 19), S. 177–195; vgl. auch Heike Uffmann: Innen und außen. Raum und Klausur in reformierten Nonnenklöstern des späten Mittelalters, in: Gabriela Signori (Hg.): Lesen, Schreiben, Sticken und Erinnern. Beiträge zur Kul-

Und Magdalena legt größten Wert darauf, deutlich zu machen, dass bei allen Sorgen und Nöten, die die Nonnen bedrängen, die geweihten Chorschwestern niemals die Klausur verlassen hätten oder sich unverschleiert sehen lassen würden. Die Kirchheimer werfen ihnen deshalb übermenschlichen Starrsinn vor, da sie lieber im Kloster verhungern wollten, als hinauszukommen: „keyn orden wer so hert wenn es an tod oder blut vergiessen ging, so möchtent wir wol uß gan und vor so grossem mort sin .... Do sprachent wir, so hant wir Gott gelobt und gesworen byß in tod gehorsam zu syn unsern oberen."[25]

Als die Nonnen schließlich fürchten mussten, mit Gewalt aus dem Kloster gezerrt zu werden, ergriff jede von ihnen ein Kreuz, um es vor sich zu halten, und alle packten die nötigsten Dinge in ein Säckchen, das sie im schlimmste Falle mit sich führen konnten: Darin befanden sich je ein „Buchlin, Sleygerlin, Wyl und Keldüchlin"[26], d. h. neben einem Buch zwei verschiedene Arten von Schleiern sowie ein Kehltüchlein, Textilien also, die der Bedeckung von Gesicht und Hals dienten, damit die Bräute Christi auch im äußersten Notfall niemand außer ihrem göttlichen Bräutigam zu Gesicht bekam.

Ein zweiter Punkt kommt bei Magdalena immer wieder zur Sprache, mit dem sich die Observanz offensichtlich von den nicht-observanten Klöstern abgrenzte: die strengste Einhaltung der Speisevorschriften, insbesondere das Verbot, Fleisch zu essen.[27] Bereits oben wurde zitiert, wie sie über die Verwendung der beiden wunderbarerweise in ihr Kloster gelangten Schweine berichtet: nur die *alten und blöden im siechhus*, also Alte und Kranke in der Krankenstube erhielten das Fleisch. Alle anderen aßen lediglich die Suppe sowie ein Mus, das mit dem Schmalz der Schweine zubereitet wurde.

An mehreren weiteren Stellen betont Magdalena immer wieder, dass die Nonnen trotz größter Not peinlich darauf achteten, die Speisevorschriften ihres Ordens nicht zu verletzen. Nur am Ende, als Graf Eberhard im Bart persönlich ins Kloster kam, um ihre Befreiung zu vollenden, mußten sie auf seinen Befehl hin ihre Askese für kurze Zeit unterbrechen: als die Soldaten ihr Kloster befreiten, hatten die Frauen nur noch 10 kleine Brote, die sie selbst gebacken hatten, und die sie bereit waren, mit dem hungrigen Heer der Befreier zu teilen – was unter den Soldaten große Belustigung, aber auch Erstaunen hervorrief. Einer von ihnen trug sogar ein solches Brot durch das ganze Heer und rief: seht her, das ist das Brot, das die Nonnen mit eigener Hand gebacken haben! Die Laienschwestern teilten aus einem großen Topf Kraut und Mus aus, bis schließlich der Küchenmeister des Grafen die Nonnen mit besserem versorgt „unsers gnedigen herren kuchinmeyster gab uns überflüssig gnug im refectar des allerbesten fleysches am morgen, und am abend zum nachtessen noch me. Und unser eehalten brachtent uns balde brotes gnug für den convent. Also mustent wir den tag und darnach am Montag alle fleisch essen, dann unsers gnedigen herren kuchinmeister und die andern, den die ußrich-

tur- und Sozialgeschichte mittelalterlicher Frauenklöster (Religion in der Geschichte, Bd. 7), Bielefeld 2000, S. 185–212.

25 SATTLER: Chronik (wie Anm. 2), S. 190.

26 Ebd., S. 235.

27 Zur Bedeutung von Speisen und Askese für religiöse Frauen grundlegend Caroline Walker BYNUM: Holy Feast and Holy Fast. The Religious Significance of Food to Medieval Women, Berkeley, Los Angeles, London 1987; für die Klarissen vgl. Gerard Pieter FREEMAN: Klarissenfasten im 13. Jahrhundert, in: Archivum franciscanum historicum 87 (1994), S. 217–285; Sabine KLAPP: Die „Äbtissinnenrechnungen" des Kloster St. Klara auf dem Werth. Alltag und Festtag einer geistlichen Frauengemeinschaft Straßburgs am Ausgang des Mittelalters, in: Zeitschrift für die Geschichte des Oberrheins 159 (2011), S. 211–284, hier: S. 238–242; allgemein zu Ernährungsgewohnheiten im Spätmittelalter Ulf DIRLMEIER, Gerhard FOUQUET: Ernährung und Konsumgewohnheiten im spätmittelalterlichen Deutschland, in: Geschichte in Wissenschaft und Unterricht 44 (1993), S. 504–526.

tung der spis befolen was, die sprachent zu unseren legswestern, sy soltent uns nüt anders kochen, wir müstent mit inen essen, darnach wenn sy hinweg kement, so soltent wir vasten und geystlichen syn wie vil wir woltent [...]"[28] Die Ausführlichkeit, in der Magdalena diese Speisung der Hungrigen nach überstandener Not schildert, läßt die Freude der so lange eingeschlossenen Nonnen über dieses üppige Mahl durchscheinen. Sie macht aber auch deutlich, wie wichtig die genaue Einhaltung der Speisevorschriften für das Selbstverständnis der observanten Nonnen war und wie hoch der Rechtfertigungsdruck war, selbst für kleinste Abweichungen.

Die eigentliche Aufgabe der Nonnen aber war das Gebet. Dieses Gebet füllte den gesamten Tag der geistlichen Frauen, allen voran der reguläre Chordienst der kanonischen Stundengebete: Mette oder Matutin nachts um ca. 3 Uhr, Laudes, das Morgenlob, mit dem um 5 oder 6 Uhr der Tag begann, Prim, Terz und Sext, die den Vormittag, Non und Vesper, die den Nachmittag gliederten sowie die Komplet um 18 oder 19 Uhr, mit der der Tag beendet wurde.[29] Hinzu kamen eine hohe Zahl an konkreten Gebetsaufträgen aus sogenannten Seelgerätstiftungen, bei denen in der Regel eine Vigil am Vorabend und eine Totenmesse am Jahrtag des Stifters zu beten waren.[30] Magdalena berichtet darüber hinaus von wöchentlichem Beichtehören und Kommunizieren sowie einer Predigt am Freitag[31] und natürlich von mindestens einer Sonntagsmesse und Messen an jedem der unzähligen Feiertage des Jahres.[32] Die Nonnen waren also fast pausenlos mit Gebeten beschäftigt und genau das ist aus Magdalenas Sicht auch ihre tatsächliche Bestimmung. Damit argumentiert sie z. B., als die Nonnen die Forderung Graf Eberhards des Jüngeren ablehnten, das Kloster solle ihm 20 Jagdhunde großziehen: „denn wir hand doch nüt denn das heylig almusen, das frumme lüt her geben durch Gott und iren selen zu heyl, das man gute kinde mit ziehe, die Gott dienen sollent dag und nacht; ist es der selben lüt meynung gewesen an irem ende, das mans herren und iren hunden gebe, das spricht der her Jehsus nit im ewangelio, da er also spricht: es ist nit gut zu nehmen das prot den kinden und das den hunden geben."[33]

Kommen wir nun zur Geschichte Württembergs und der Frage, was wir aus Magdalenas Chronik hierzu erfahren können. Die traditionelle Landesgeschichte hat ihr Werk in die „Meistererzählung" vom Werden des württembergischen Territorialstaates eingefügt – und diese lautet ungefähr so:[34]

28 SATTLER: Chronik (wie Anm. 2), S. 243.

29 Zum Stundengebet vgl. Angelus Albert HÄUSSLING: Gottesdienst im Rhythmus des Tages. Das Stundengebt, in: Patrizia CARMASSI (Hg.): Divina Officia. Liturgie und Frömmigkeit im Mittelalter (Ausstellungskataloge der Herzog-August-Bibliothek, Bd. 83), Wolfenbüttel 2004, S. 162–201.

30 Vgl. HIRBODIAN: Töchter (wie Anm. 23), S. 59f.; Gerd MELVILLE: Memoria als institutionelles Fundament der vita religiosa, in: Rainer BERNDT (Hg.): Wider das Vergessen und für das Seelenheil. Memoria und Totengedenken im Mittelalter (Erudiri Sapientia, Bd. 9), Münster 2013, S. 105–126.

31 Vgl. SATTLER: Chronik (wie Anm. 2), S. 197.

32 Zur religiösen Praxis in einem Straßburger Klarissenkloster vgl. KLAPP: Äbtissinnenrechnungen (wie Anm. 27), S. 231–238; Sigrid HIRBODIAN: Pastors and Seducers. The Practice of the *cura monialium* in Mendicant Convents in Strasbourg, in: Julie HOTCHIN, Fiona GRIFFITHS (Hgg.): Partners in spirit. Women, Men, and Religious Life in Germany 1100–1500 (Medieval Women: Texts and Contexts, Bd. 24), Turnhout 2014, S. 303–337.

33 SATTLER: Chronik (wie Anm. 2), S. 185.

34 Zum Bild Eberhards in der württembergischen Historiographie vgl. Dieter MERTENS: Eberhard im Bart als politische Leitfigur im frühneuzeitlichen Württemberg, in: Zeitschrift für württembergische Landesgeschichte 59 (2000), S. 43–56; Gerhard FAIX: „Im Schoße der Untertanen": Graf Eberhard im Bart (1445–1496) als Leitfigur im Königreich Württemberg, in: Hans-Joachim GEHRKE (Hg.): Geschichtsbilder und Gründungsmythen (Identitäten und Alteritäten, Bd. 7), Würzburg 2001, S. 349–389; Stefan LANG: Eberhard im Bart von Württemberg (1445–1496). Selbstverständnis und Außenwirkung eines „großen" Fürsten des Spätmittelalters, in: Oliver AUGE, Ralf-Gunnar WERLICH, Gabriel ZEILINGER (Hgg.): Fürsten an der Zeitenwende zwischen Gruppenbild und Individualität. Formen fürstli-

Eberhard im Bart strebte zielbewusst und mit großem diplomatischen Geschick die Wiedervereinigung der unter seinem Vater und dessen Bruder geteilten Grafschaft an. Dazu agierte er zunächst gegenüber seinem Onkel, dann gegenüber dessen Söhnen mit geradezu genialer Diplomatie, bis er zunächst 1482 mit dem Münsinger Vertrag, dann schließlich 1492 im Esslinger Vertrag in Etappen sein Ziel eines wiedervereinigten Württemberg erreichte. Gekrönt wurde sein Wirken schließlich 1495 mit der Erhebung Württembergs zum Herzogtum. Aus seiner dabei verfolgten Strategie sollten geradezu die Grundelemente des württembergischen Territorialstaats der Neuzeit hervorgehen: die Einbeziehung der Landstände, die Ausbildung einer dem Land und seinem Fürsten verpflichteten sogenannten Ehrbarkeit sowie die von frommen Motiven ebenso wie von Gelehrsamkeit und politischem Kalkül bestimmte Reformpolitik gegenüber der Kirche; letztere führte zu einer bereits vor der Reformation ausgeprägten württembergischen Landeskirche sowie unter anderem auch zur Gründung der Universität Tübingen.

Magdalena Kremerins Chronik bietet reichlich Material für die Unterfütterung dieser Lesart.[35] Insbesondere ihre Charakterisierung der beiden Protagonisten, Eberhard des Jüngeren und des Älteren, lieferten Argumente hierfür: Graf Eberhard der Jüngere tritt – wie bereits in der Nacherzählung der Chronik deutlich geworden sein dürfte – geradezu als Werkzeug des Teufels auf, da er die gottgefällige Reform rückgängig machen will. Gleichzeitig lässt Magdalena keine Zweifel daran aufkommen, dass Graf Eberhard im Bart der eigentliche Held ihrer Erzählung ist, wie er auch zum Helden der württembergischen Geschichtsschreibung seit dem 16. Jahrhundert wurde:

„[...] do kam nit der her, der uns zerstören wolt, besunder es kam der edel fürst und her von Gott gesant, der uns erlösen wolt, zu glicher wiß als der almethig Gott Moysen sant zu den armen, gefangnen kindren von Israhel, das er sy solt erlösen von dem künig phaaron durch die starcke hant."[36]

Hans-Martin Maurer setzte diese Wertung der beiden Grafen besonders schön in Szene: „Da ist der jüngere Eberhard, [...] leichtlebig, zu Vergnügungen neigend, erliegt er den Lockungen des Reichtums, den Verführungen der Macht. [...] Da ist der ältere Eberhard: begabt, für neue Ideen aufgeschlossen, kreativ, konsequent, das Idealbild eines Regenten [...]"[37] Die neuere Forschung schätzt die politische Entwicklung des Landes erheblich differenzierter ein und auch die Person des Eberhard im Bart wird stärker von dessen machtpolitischen Interessen her verstanden. So schreckte auch er im Zweifelsfall nicht vor der Anwendung von Gewalt zurück, wenn er gegenüber einem Kloster seine Ziele auf anderem Wege nicht durchsetzen konnte.[38]

Doch in dieser dynastisch-verfassungsgeschichtlichen Perspektive bleibt die Rolle der handelnden Frauen weitgehend unbeachtet. Das verbindet sie im Übrigen mit aktuelleren strukturgeschichtlichen Forschungen der 70er bis 90er Jahre. Gerade die Chronik der Magdalena aber ist eine ausgezeichnete Quelle für eine solche Fragestellung, wurde sie doch von ei-

cher Selbstdarstellung und ihre Rezeption 1450–1550 (Residenzenforschung, Bd. 22), Ostfildern 2009, S. 309–338. Vgl. zum folgenden auch Gerhard FAIX: Eberhard im Bart. Der erste Herzog von Württemberg, Stuttgart 1990; Hans-Martin MAURER: Von der Landesteilung zur Wiedervereinigung. Der Münsinger Vertrag als ein Markstein württembergischer Geschichte, in: Zeitschrift für württembergische Landesgeschichte 43 (1984), S. 89–132.

35 Vgl. hierzu auch den Beitrag von Georg WENDT im vorliegenden Sammelband.

36 SATTLER: Chronik (wie Anm. 2), S. 235. Vgl. hierzu auch den Beitrag von Stefanie Neidhardt in diesem Sammelband.

37 MAURER: Landesteilung (wie Anm. 34), S. 112.

38 Vgl. STIEVERMANN: Landesherrschaft (wie Anm. 5), S. 199.

ner Frau für Frauen verfasst. Und so gewichtet sie die Rolle der Frauen in den hier geschilderten Vorgängen ganz anderes, als es die traditionelle Lesart vermuten ließe – auf mindestens drei verschiedene Ebenen:

1. Die Initiative zur Reform geht neben den Grafen auch von den Gräfinnen aus. So ist nach Magdalenas Darstellung Barbara Gonzaga, die Ehefrau Eberhards im Bart, mit dafür verantwortlich, dass ihr Gatte die eingeschlossenen Frauen im Kloster nicht vergisst.[39] In ihrer Chronik überliefert Magdalena nicht nur den Brief Graf Ulrichs an die Priorin von Kloster Silo, in der er um die Entsendung von Reformschwestern für Kirchheim bittet, sondern auch zwei Bittschreiben der Gräfinnen Margaretha von Savoyen und ihrer Schwiegertochter Elisabeth von Brandenburg, die dieses Ansinnen unterstützen sollten.[40] In ihnen äußern die Gräfinnen ihre Freude über die Initiative ihres Ehemanns bzw. Schwiegervaters und versprechen, dass die entsendeten Reformschwestern „sollent an uns haben ein getruwe mutter und beschirmerin"[41] bzw. „gnedige beschirmerin und getruwe muter und in allen dingen ein gutwillige swester."[42] Auf diese Versprechen aus der Anfangszeit der Reformereignisse rekurriert Magdalena, wenn sie später die Rolle Barbara Gonzagas in den Konflikten um das Kloster schildert.

Schon früher hat die Forschung die Bedeutung der Mutter Eberhards im Bart, der Pfalzgrafentochter und späteren Erzherzogin Mechtild, für die Einführung von Klosterreformen in Württemberg wie übrigens auch für die Universitätsgründung in Tübingen hervorgehoben.[43] Könnte es sein, dass die Bedeutung der Landesherrinnen für Klosterreformen, insbesondere in den weiblichen Ordenszweigen, insgesamt noch einmal einer grundsätzlichen Neubewertung unterzogen werden muss?

2. Die beteiligten Nonnen, vor allem die Reformschwestern, die aus Kloster Silo herbeigeführt werden, sind nicht nur willige Instrumente in der Hand der Ordensreformer, sondern agieren auf eigene Initiative, von langer Hand geplant.[44] Dies wird vor allem für die mit den Reformnonnen nach Kirchheim gekommene neue Priorin des Klosters deutlich. Sie war nämlich in Kirchheim keine Fremde. Es handelte sich vielmehr um Barbara Bernheimerin, eine Kirchheimer Bürgerstochter, die schon als Kind in das Kirchheimer Kloster gegeben worden war. Nachdem sie 26 Jahre lang dort gelebt hatte, war sie nach Schlettstadt ins Kloster Silo gewechselt, um dort die Gewohnheiten der Observanz kennenzulernen. 12 Jahre lang blieb sie dort, bis sie schließlich an der Spitze der Reformschwestern nach Kirchheim zurückkehren und das Leitungsamt übernehmen konnte.[45] Liegt es nicht nahe anzunehmen, dass sie zu ge-

39 Sattler: Chronik (wie Anm. 2), S. 245f.

40 Sattler: Graven (wie Anm. 2). Bd. 3, Beilage 76, S. 116, Bd. 4, S. 175.

41 Ebd., S. 175.

42 Ebd., S. 76.

43 Stievermann: Landesherrschaft (wie Anm. 5), S. 269. Eine moderne Untersuchung zu Mechtild von der Pfalz fehlt, vgl. allgemein Alfred Karnein: Mechtild von der Pfalz as Patroness: Aspects of Female Patronage in the Early Renaissance, in: Medievalia et Humanistica NS 22 (1995), S. 141–170; Joachim Fischer: Das Testament der Erzherzogin Mechtild von Österreich vom 1. Oktober 1481, in: Hans-Martin Maurer (Hg.), Eberhard und Mechtild. Untersuchungen zu Politik und Kultur im ausgehenden Mittelalter (Lebendige Vergangenheit, Bd. 17), Stuttgart 1994, S. 111–163; ihre Rolle bei der Universitätsgründung erwähnt Dieter Mertens: Eberhard im Bart als Stifter der Universität Tübingen, in: Sönke Lorenz (Hg.): Attempto – oder wie stiftet man eine Universität, Stuttgart 1999, S. 157–173, hier: S. 169; Günter Scholz: Mechthild von der Pfalz (1419–1482), in: Ders., Sabine Ferlein (Hgg.): Fürstliche Witwen auf Schloß Böblingen, Böblingen 1987, S. 37–44, hier: S. 41.

44 Vgl. hierzu demnächst Sigrid Hirbodian: Reformschwestern und Reformgegnerinnen, in: Dietmar Schiersner, Bierer (Hgg.): Reformverlierer (im Druck). Vgl. auch den Beitrag von Roland Deigendesch in diesem Sammelband.

45 Sattler: Chronik (wie Anm. 2), S. 178; Ecker: Geschichte (wie Anm. 17) S. 101, S. 346 (Regest Nr. 534).

nau diesem Zweck zwölf Jahre zuvor nach Schlettstadt gegangen oder entsandt worden war? Auch aus anderen Fällen wissen wir, dass Reformnonnen vor der Reform bewusst aus ihrem später zu reformierenden Kloster in ein Reformzentrum gingen, um dann in leitender Position in ihr Heimatkloster zurückzukehren.[46] Es ist kaum anzunehmen, dass die Nonnen diese verantwortungsvolle Aufgabe gegen ihren Willen übertragen bekamen. Vielmehr nahmen sie hier wie in anderen Fällen Schlüsselpositionen ein, die sie als aktiv agierende Kräfte im Reformprozess sichtbar werden lassen.

Dasselbe gilt im Übrigen auch für die Reformgegnerinnen im Kloster. Magdalena Kremerin benennt mehrfach eine Nonne Namens Anna Dürrin als treibende Kraft hinter der gesamten Angelegenheit: ihrer Initiative und dem damit auf den Weg gebrachten Agieren ihrer Familie sei es anzulasten, dass Graf Eberhard der Jüngere sich überhaupt für die Beendung des Reformprozesses und die Vertreibung der Reformnonnen aus dem Kloster stark machte.[47]

So lässt die Schilderung der Magdalena neben den Grafen und den Ordensoberen noch andere Akteure im Konflikt um das Kirchheimer Kloster sichtbar werden: Reformbefürworterinnen und Reformgegnerinnen im Konvent, die zwar nicht die Macht hatten, die Einführung der Observanz allein zu bewerkstelligen, ohne deren Mitwirkung die Vorgänge jedoch nicht möglich waren, ja die vielleicht sogar den entscheidenden Anstoß für die gesamte Reformgeschichte des Klosters gaben. Es ist daher unverzichtbar, diesen Frauen, ihren Handlungsmöglichkeiten und Netzwerken deutlich stärkere Beachtung zu schenken, als dies bislang der Fall war.

Diesen Aspekt gilt es im Übrigen noch stärker als bisher im Kontext der Umgebung der Frauenklöster zu sehen: Schon Dieter Stievermann macht darauf aufmerksam, dass die Einführung der Observanz in württembergischen Frauenklöstern den Effekt hatte, dass die bisher fast ausschließlich vom Adel dominierten Klöster sich nunmehr ganz anderen, nichtadligen Gruppen öffneten.[48] In Kirchheim waren vor der Reform 42 Prozent der Nonnen adeliger Herkunft, in der Zeit danach waren es weniger als 10 Prozent.[49] Waren die Frauen also Werkzeuge ihrer Familien? Immerhin gelang es den führenden Bürgerfamilien nun, die Ressourcen des reichen, vom Adel über Jahrhunderte ausgestatteten Klosters für sich zu erschließen. Gleichzeitig gewannen sie an Sozialprestige, indem sie es sich nun für alle sichtbar leisten konnten, ihre Töchter in den vornehmsten Konventen unterzubringen. Auch hier tut sich ein

46 Vgl. Sigrid Hirbodian: Dominikanerinnenreform und Familienpolitik. Die Einführung der Observanz im Kontext städtischer Sozialgeschichte, in: Stephan Mossman, Nigel F. Palmer, Felix Heinzer (Hgg.): Schreiben und Lesen in der Stadt. Literaturbetrieb im spätmittelalterlichen Straßburg (Kulturtopographie des alemannischen Raums, Bd. 4), Berlin, Boston 2012, S. 1–16, hier: S. 7 zum Fall zweier Schwestern aus der Familie Zorn, die die Observanz in St. Agnes in Straßburg durchsetzten. Sie waren aus diesem Kloster nach Schönensteinbach gewechselt, um dort die Observanz kennenzulernen und dann nach zwei Jahren als Reformschwestern nach St. Agnes zurückzukehren; zum Agieren von Reformbefürworterinnen und Reformgegnerinnen vgl. Anne Winston-Allen: Convent Chronicles: Women Writing about Women and Reform in the Late Middle Ages, University Park 2004, S. 113–119; Heike Uffmann: Wie in einem Rosengarten. Monastische Reformen des späten Mittelalters in den Vorstellungen von Klosterfrauen (Religion in der Geschichte, Bd. 14), Bielefeld 2008, S. 170–190.

47 Vgl. Sattler: Graven (wie Anm. 2), S. 182, S. 194 u. passim. Ecker: Geschichte (wie Anm. 17), S. 336 (Regest Nr. 489), S. 341 (Regest Nr. 512), S. 343 (Regest Nr. 518); Anna Dürrin stammte aus Waiblingen (ebd., S. 341, Regest Nr. 512); Zu Agieren von Reformgegnerinnen, die meist die familiären Netzwerke zur Durchsetzung ihrer Interessen nutzten, vgl. Hirbodian: Dominikanerinnenreform (wie Anm. 46), S. 11f.

48 Vgl. Stievermann: Landesherrschaft (wie Anm. 5), S. 232.

49 Vgl. Uffmann: Rosengarten (wie Anm. 46), S. 148.

weites Feld für künftige Forschungen auf, das die sozialpolitischen Hintergründe von Klosterreformen auch für Frauenklöster mit Hilfe von Netzwerkanalysen genauer untersucht.[50]

3. Dass die Rettung des Klosters und die endgültige Durchsetzung der Reform gelang, ist in Magdalenas Wahrnehmung nicht nur oder nicht einmal in erster Linie Graf Eberhard im Bart und seinen Truppen, sondern dem unermüdlichen Gebet und der gemeinschaftlichen Anstrengung des Konventes zu verdanken. Der Grundgedanke ihrer gesamten Ausführungen, ihre Motivation, alle Ereignisse niederzuschreiben ist der folgende: „Aber das man Gottes lere erkennen und in ewiclich loub, so will ich nun fürbas schreiben, wie Gott der Almethyg synen gesponsen zu hylff ist kummen und durch wen."[51]

Ihr Selbstverständnis als „Gesponse", als Bräute Christi, ist es, was den Nonnen das Selbstbewusstsein und die Legitimation ihrer Handlung verleiht.[52] Weil diese Bräute – wie die klugen Jungfrauen – sich richtig verhalten und in den von Gott gesandten Prüfungen bewährt haben, schickte ihnen Gott schließlich als Instrument seines Willens den Grafen Eberhard im Bart mit seinen Truppen. Die Leistung der eingesperrten, von der Außenwelt abgeschirmten und dem Hunger- und Kältetod ins Auge blickenden Frauen bestand aus zweierlei: zum einen gelang es ihnen, in Frieden, Eintracht und Schwesterlichkeit zu leben, zum anderen versäumten sie trotz aller Widrigkeiten nicht ihre Gebetsverpflichtungen.[53] Im Gegenteil: sie leisteten zahllose zusätzliche Gebete und Frömmigkeitsübungen, wie Magdalena ausführlich erläutert.[54]

Auch die Ordensoberen lobten die Standhaftigkeit und den Zusammenhalt des Konvents. Die Verwandten der Nonnen aber sagten: „sie wöltent wol wetten, werent so vil mann hinn gewesen, sy hettent nit also lang gestritten und so vil erlyten. Got sy lob ewiclich, Amen."[55]

Magdalena ist also nicht wenig stolz auf die Leistung der Schwestern, hütet sich aber davor, hochmütig zu scheinen und sich und ihren Mitschwestern selbst das Verdienst zuzusprechen – deshalb zitiert sie nur die Meinung der Weltleute: dass nämlich ein Konvent aus Männern niemals so lange ausgeharrt und soviel erlitten hätte! Das hier deutlich werdende Selbstverständnis der Frauen – auch im Kontrast oder Zusammenspiel mit der Aufgabe der Männer im Umfeld der Reform – ist eine äußerst lohnende Fragestellung für weitere Forschungen zu geistlichen Frauengemeinschaften.

Betrachten wir nun im letzten Abschnitt noch einen anderen Aspekt von Magdalenas Chronik, indem wir den Blick über Württemberg hinaus auf die umgebende Klosterlandschaft Südwestdeutschlands ausweiten, die „Frauenklosterlandschaft" Südwestdeutschland. Als Klosterlandschaft wurde von Heinz-Dieter Heimann und Jens Schneider „ein in spezifische Beziehungsweisen verdichtetes konvents- bzw. ordensspezifisches Kommunikations- und

50 Vgl. hierzu demnächst meine Habilitationsschrift: Sigrid Hirbodian: Geistliche Frauen und städtische Welt. Kanonissen – Nonnen – Beginen und ihre Umwelt am Beispiel der Stadt Straßburg im Spätmittelalter 1250–1520 (Habil. masch. Mainz 2001, erscheint voraussichtlich 2015 in der Reihe Forschungen zur Germania Sacra).

51 Sattler: Chronik (wie Anm. 2), S. 235.

52 Zum Braut Christi-Gedanken vgl. Barbara Steinke: Paradiesgarten oder Gefängnis? Das Nürnberger Katharinenkloster zwischen Klosterreform und Reformation (Spätmittelalter und Reformation, N. R., Bd. 30), Tübingen 2006, S. 176–210; Eva Schlotheuber: Klostereintritt und Bildung. Die Lebenswelt der Nonnen im späten Mittelalter (Spätmittelalter und Reformation N. R., Bd. 24), Tübingen 2004, S. 166f.; Claudia Opitz: Evatöchter und Bräute Christi. Weiblicher Lebenszusammenhang und Frauenkultur im Mittelalter, Weinheim 1990, S. 87–103.

53 Sattler: Graven (wie Anm. 2), S. 201.

54 z. B. Ebd., S. 205f.

55 Sattler: Chronik (wie Anm. 2), S. 211.

Transfergeschehen in dadurch (re-)konstruierten Raumstrukturen“[56] bezeichnet. Für ein solches Transfergeschehen kann die von Magdalena Kremerin geschilderte Klosterreform geradezu als klassisches Beispiel dienen; zu fragen ist, ob dabei auch spezifische Räume entstehen.

Die Ereignisse um das Kirchheimer Kloster stehen im Kontext der Reformen in den süddeutschen Dominikanerinnenklöstern. Gisela Muschiol beleuchtet diesen Aspekt ausführlich in ihrem Beitrag: Schauen wir uns die Reformereignisse bei den süddeutschen Dominikanerinnen einmal in Hinblick auf die ganz konkreten Wanderungsbewegungen der daran beteiligten Frauen an:[57]

Es lassen sich zwei Hauptlinien ausmachen:[58] eine nord-südlich verlaufende Rheinschiene zwischen Worms/Speyer und Straßburg/Basel sowie eine West-/Ostschiene zwischen dem Elsass und Nürnberg. Beide haben nichts mit den Territorien aber viel mit Verkehrswegen sowie mit der inneren Entwicklung der Dominikanerinnenreform zu tun, insbesondere mit deren beiden frühesten Zentren Elsass und Nürnberg.

Durch den Austausch der Reformschwestern entstanden Kommunikationszusammenhänge zwischen Dominikanerinnenklöstern, aber diese bestanden nicht bloß im Hin und Her des Briefverkehrs zur praktischen Organisation des Austauschs. Aus Magdalenas Chronik wissen wir, dass es darüber hinaus zu echten Wissenstransfers kam: Als Novizenmeisterin, Schreiberin und Malerin brachte sie selbst ihr im Kloster Silo im Elsass gewonnenes Wissen nicht nur in ihr neues Kloster. Schon auf dem Weg von Schlettstadt nach Kirchheim, bei einem zweitägigen Zwischenstop im Dominikanerinnenkloster Pforzheim, vermittelte sie auch dort ihre Kenntnisse: „Und ein swester was under den von Syl, die konde wol textur schreiben und ouch molen. Di lerete zwo swestern zu Pfortzen die zwen tag.“[59]

Dass Magdalena ein ausgesprochen hohes Bildungsniveau besaß, zeigt ihre Chronik selbst – Werner Williams-Krapp hat diesen Aspekt in seinem Beitrag ausführlich untersucht.[60] Magdalena stellte sich ganz bewusst in die ihr wohlvertraute Tradition der dominikanischen Chronistik, etwa die eines Johannes Meyer, dessen Stil sie nachahmte in seiner Mischung aus Erzählpassagen, frommer Belehrung und theologischer Diskussion.[61] Ganz anders als in den norddeutschen Frauenklöstern, in denen es, wie Eva Schlotheuber gezeigt hat, eine Kontinuität der lateinischen Schriftlichkeit gegeben hat,[62] steht die Elsässerin Magdalena in der Tradition der deutschsprachigen Literatur der süddeutschen Frauenklöster. Diese hatte seit der

56 Heinz-Dieter HEIMANN, Jens SCHNEIDER: Zur Einleitung. Kloster – Landschaft – Klosterlandschaft. Annäherungen und Ausblick?, in: Roman CZAJA, Heinz-Dieter HEIMANN, Matthias WEMHOFF (Hgg.): Klosterlandschaften? Methodisch-exemplarische Annäherungen (Mittelalterstudien des Instituts zur interdisziplinären Erforschung des Mittelalters und seines Nachwirkens, Paderborn, Bd. 16), München 2008, S. 9–22, hier: S. 17; vgl. auch Franz FELTEN: Klosterlandschaften, in: DERS., Harald MÜLLER, Heidrum OCHS (Hgg.), Landschaft(en). Begriffe, Formen, Implikationen (Geschichtliche Landeskunde, Bd. 68), Stuttgart 2012, S. 157–194; Gert MELVILLE: „Klosterlandschaft“, in: FELTEN: Landschaft(en), S. 195–222.

57 Zum Umfang der von einem Kloster ausgehenden Entsendung von Reformschwestern vgl. STEINKE: Paradiesgarten (wie Anm. 52), S. 55f.: zwischen 1436 und 1513 verließen 56 Schwestern das Nürnberger Katharinenkloster, um in insgesamt acht Dominikanerinnenklöstern die Observanz einzuführen.

58 Vgl. hierzu die Karte von Gisela MUSCHIOL in diesem Band.

59 SATTLER: Chronik (wie Anm. 2), S. 177.

60 Vgl. dazu den Beitrag von Werner WILLIAMS-KRAPP im vorliegenden Sammelband.

61 Meyer, Buch (wie Anm. 21); vgl. Anne WINSTON-ALLEN: Rewriting women's history: medieval nun's vitae by Johannes Meyer, in: Albrecht CLASSEN (Hg.): Medieval German Voices in the 21st Century. The Paradicmatic Function of Medieval German Studies for German Studies (Internationale Forschungen zur allgemeinen und vergleichenden Literaturwissenschaft, Bd. 46), Amsterdam 2000, S. 145–154.

62 Vgl. SCHLOTHEUBER: Klostereintritt (wie Anm. 52), S. 268–281.

Mystik des 14. Jahrhunderts eine ganz eigene, für die Entwicklung einer deutschsprachigen Theologie und Literatur wegweisende Ausprägung erfahren.[63] Das bedeutet aber keinesfalls, dass Magdalena nicht auch über eine lateinische Bildung verfügte. Im Gegenteil erweisen die zahlreichen „lateinischen Zitate aus Bibel und Schriften der Kirchenväter", sehr solide „Lateinkenntnisse, die für die Ausbildung des Nachwuchses und das Verständnis der Liturgie unerlässlich waren."[64] Im Gefolge der Untersuchung von Eva Schlotheuber war die These aufgekommen, dass in den norddeutschen Frauenklöstern nach den Reformen des 15. Jahrhunderts ein wesentlich höheres Bildungsniveau entstanden sei, als in den süddeutschen Frauenklöstern, da diese nach wie vor an der Volkssprache festhielten. Angesichts von Magdalenas Chronik kann von einer geringeren lateinischen Bildung nicht die Rede sein. Das Verwenden der deutschen Sprache muss vielmehr auf eine hier bereits fest etablierte Gewohnheit, ein hohes Maß an Akzeptanz und Sprachkompetenz zurückgeführt werden.[65]

Inwieweit sich diese Bildung auch auf dem Feld der pragmatischen Schriftlichkeit, also dem Verwaltungsschriftgut innerhalb der Frauenklöster auswirkte, ist bisher nur in Ansätzen untersucht. Sabine Klapp hat sich kürzlich in einem Aufsatz über die Straßburger Frauenklöster mit dieser Frage befasst und dabei u. a. die Klosterrechnungen als wichtige Quelle erschlossen.[66] Dabei konnte sie zeigen, dass auch in diesem Bereich eine hochentwickelte Schriftlichkeit bestand, die ausgezeichnete Einblicke in das Verwaltungshandeln der Nonnen erlaubt. Bisher waren ausschließlich für ein Straßburger Klarissenkloster sogenannte Äbtissinnenrechnungen bekannt, also Rechnungen, die nicht vom weltlichen Verwaltungsangestellten der Frauenklöster, dem Schaffner, sondern von der Äbtissin selbst stammten.[67] Nun liegen aber gerade für unser Kirchheimer Kloster für die Zeit der Klosterreform ganz ähnliche Rechnungen vor.[68] In ihnen legt die Schaffnerin des Klosters, eine Nonne Namens Barbara von Speier, die mit Magdalena und den anderen Nonnen aus Schlettstadt nach Kirchheim gekommen war, vor Priorin, Subpriorin und den Ratsschwestern Rechnung über eine Reihe von Jahren ab. Es sind die Jahre zwischen der Reform des Klosters 1478 und dem Jahr 1486, mithin also genau der Zeitraum, für den Graf Eberhard der Jüngere die Rechnungslegung verlangt hatte. Durch einen Zufall hat sich also die Rechnung erhalten, die die Reformnonnen vorbereitet haben, um die ungewöhnliche Forderung des Grafen nach Dokumentation ihrer Wirt-

63 Barbara Newman: Die visionären Texte und visuellen Welten religiöser Frauen, in: Krone und Schleier. Kunst aus mittelalterlichen Frauenklöstern. [...] anlässlich der Ausstellung „Krone und Schleier – Kunst aus Mittelalterlichen Frauenklöstern" vom 19. März bis 3. Juli 2005 im Ruhrlandmuseum Essen und in der Kunst- und Ausstellungshalle der Bundesrepublik Deutschland in Bonn, red. von Jutta Frings und Jan Gerchow, München 2005, S. 105–117, hier: S. 106; Marie-Luise Ehrenschwendtner: Die Bildung der Dominikanerinnen in Süddeutschland vom 13. bis 15. Jahrhundert (Contubernium. Tübinger Beiträge zur Universitäts- und Wissenschaftsgeschichte, Bd. 60), Stuttgart 2004.

64 Uffmann: Rosengarten (wie Anm. 46), S. 152.

65 Vgl. Schlotheuber: Klostereintritt (wie Anm. 52), S. 281; Dies.: Sprachkompetenz und Lateinvermittlung. Die intellektuelle Ausbildung der Nonnen im Spätmittelalter, in: Nathalie Kruppa (Hg.): Kloster und Bildung im Mittelalter (Veröffentlichungen des Max-Planck-Instituts für Geschichte, Bd. 218; Studien zur Germania Sacra, Bd. 28), Göttingen 2006, S. 61–87, hier: S. 61–65; zur Breitenwirkung dieser deutschsprachigen geistlichen Literatur vgl. Werner Williams-Krapp: Die Bedeutung der reformierten Klöster des Predigerordens für das literarische Leben in Nürnberg im 15. Jahrhundert, in: Falk Eisermann, Eva Schlotheuber, Volker Honemann (Hgg.): Studien und Texte zur literarischen und materiellen Kultur der Frauenklöster im späten Mittelalter (Studies in Medieval and Reformation Thought, Bd. 99), Leiden, Boston 2004, S. 311–329.

66 Sabine Klapp: Pragmatische Schriftlichkeit in Straßburger Frauenklöstern des späten Mittelalters, in: Mossman/Palmer/Heinzer: Schreiben (wie Anm. 46), S. 213–238; vgl. auch den Beitrag von Maria Magdalena Rückert im vorliegenden Sammelband.

67 vgl. Klapp: Schriftlichkeit (wie Anm. 67), S. 220f.; vgl. auch dies.: Äbtissinnenrechnungen (wie Anm. 27).

68 Vgl. Hauptstaatsarchiv Stuttgart A 493, Bü 1.

schaftsführung zu erfüllen. Die Anfertigung dieser Rechnung kostete, wie Magdalena erwähnt, viel Zeit und Mühe, „und ist doch nit zu schetzen das gut, das die wyl versumpt ist, das mane swester nicht möchte syngen von unmuß der rechnung."[69] Dieses Zitat zeigt, dass für Magdalena pragmatische Schriftlichkeit ein notwendiges Übel und keineswegs eine sinnvolle Beschäftigung für eine geistliche Frau darstellte. Und hier ist noch einmal an das zu erinnern, was oben bereits zu Magdalenas Auffassung von den Aufgaben einer Nonne beobachtet wurde: alles, was sie vom Gebet ablenkt, ist eigentlich vertane Zeit!

Schwester Barbara von Speier brachte ihre Kenntnisse der schriftlichen Wirtschaftsführung offenbar, wie Magdalena die ihren, aus dem Elsass mit.[70] Mit der Wanderung der Reformnonnen von Kloster zu Kloster entstand also offenbar eine ganz eigene Bildungslandschaft reformierter Dominikanerinnenklöster, die sich von Nürnberg bis ins Elsass, von Worms bis Basel erstreckte. Inwieweit diese Bildungslandschaft über die Dominikanerinnenklöster hinaus in die Umgebung wirkte, ob und wie sie etwa benachbarte Zisterzienserinnen oder Klarissenklöster beeinflusste, ist bislang noch weitgehend unbekannt.[71] Hier wartet noch ein großes Forschungsfeld auf Landeshistoriker, Germanisten und Theologen.

Aber Magdalena war nicht nur Novizenmeisterin, Texturschreiberin und Vorsängerin, sie war auch Malerin. Der amerikanische Kunsthistoriker Jeffrey Hamburger und die Germanistin Anne Winston Allen sind kürzlich mit der Theorie hervorgetreten, dass Magdalena Kremerin nicht nur eine einzigartige Klosterchronik verfasst, sondern auch eine Reihe von liturgischen Büchern illuminiert hat.[72]

Hamburgers wichtigste Argumente, warum er Magdalena die Malereien zuweist sind: dass die Bücher in der Zeit unmittelbar nach der Reform in Kirchheim entstanden sind, dass Magdalena sich selbst als Malerin bezeichnet und vor allem dass die Kirchheimer Bücher große Ähnlichkeit im Stil mit elsässischen Büchern aus Dominikanerinnenklöstern der Reformzeit aufweisen.

Auch die von Barbara von Speier in ihrer Rechnung überlieferten Ausgaben für *ziinober*,[73] *gold* oder *lassaur*,[74] für Tinte und Papier[75] lassen erkennen, dass im Kirchheimer Kloster Bücher nicht nur geschrieben, sondern auch illuminiert wurden. Hamburgers Stilvergleiche jedenfalls zeigen, dass auch auf der Ebene der bildenden Kunst im 15. Jahrhundert so etwas wie eine Dominikanerinnenlandschaft der Reform entstand.[76]

69 SATTLER: Chronik (wie Anm. 2), S. 118.

70 Vgl. SATTLER: Chronik (wie Anm. 2), S. 179: „S. Barbara von Spir, die wart schaffnerin, diese swester was zu Syl, e es reformieret wart und sy was eyne, die darzu halff und iren willen dar zu gab, das das selb closter Syl reformiert wart." Dazu auch der Beitrag von Nigel Palmer, der sie und nicht Magdalena Kremerin als Autorin der Chronik betrachtet.

71 Für die Nürnberger Dominikanerinnen vgl. STEINKE: Paradiesgarten (wie Anm. 52), S. 59f.; Anne WINSTON-ALLEN sieht Verbindungen innerhalb reformierter Frauenkonvente über die Ordensgrenzen hinweg in der Buchmalerein, aber auch in Form von Gebetsbruderschaften, Anne WINSTON-ALLEN: Networking in Medieval Strasbourg. Cross-Order Collaboration in Book Illustration among Women's Reformed Convents, in: MOSSMAN/PALMER/HEINZER: Schreiben (wie Anm. 46), S. 197–210, hier: S. 199f.

72 Vgl. Jeffrey F. HAMBURGER: Magdalena Kremer. Scribe and Painter of the Choir and Chapter Books of the Dominican Convent of St. Johannes-Baptista in Kirchheim unter Teck, in: Richard LINENTHAL, James MARROW, William NOEL (Hgg.): The Medieval Book. Glosses from Friends & Colleagues of Christopher DE HAMEL, Houten 2010, S. 124–149, jetzt in deutscher Übersetzung im vorliegenden Sammelband; zu Anne WINSTON-ALLEN vgl. den Beitrag im vorliegenden Sammelband.

73 Hauptstaatsarchiv Stuttgart A 493, Bü 1, fol. 92.

74 Ebd., fol. 90.

75 Ebd., fol. 92 und fol. 95.

76 Vgl. auch WINSTON-ALLEN: Networking (wie Anm. 72), S. 209f.

Wir haben, angeleitet durch Magdalena Kremerin und ihre Chronik, in diesem Beitrag eine Reihe von Räumen durchschritten: vom Kloster selbst und seinem inneren Leben, über das entstehende Herzogtum Württemberg mit seinem landesherrlichen Kirchenregiment bis hin zur dominikanischen Reformlandschaft Süddeutschland und der dahinter sich andeutenden Klosterlandschaft. Wir haben daneben Frauen kennengelernt, die nicht nur als Objekte, sondern auch als handelnde Subjekte der Geschichte sichtbar werden, die ihrerseits politische, soziale, geistliche Räume schufen und prägten. Ich hoffe, es ist mir darüber hinaus gelungen, in diesem einleitenden Beitrag zu vermitteln, wie faszinierend und einzigartig die Chronik der Magdalena Kremerin ist, warum es sich lohnt, sich mit ihr auseinanderzusetzen und wie erfreulich es ist, dass zwar leider vom Klosterbau selbst kaum noch Überreste vorhanden sind,[77] an seiner Stelle aber dieses außergewöhnliche Werk einer außergewöhnlichen Frau.

77 Vgl. dazu den Beitrag von Rainer Lawskowski im vorliegenden Sammelband.

Eine Nonne im Dienste Württembergs? Die Chronik der Magdalena Kremerin als Element spätmittelalterlicher Herrschaftsverdichtung

GEORG MORITZ WENDT

Es ist ein Stoßgebet, das die Kirchheimer Dominikanerinnen Anfang April 1487 gen Himmel schickten. Ein Stoßgebet allerdings in Form eines sehr weltlichen Hilfeschreibens, mit dem feinen Unterschied, dass in diesem Fall der Himmel Stuttgart und der klösterliche Erlöser der dort residierende Graf Eberhard der Ältere war. Seit vier Monaten bedrohte sein Cousin, Eberhard der Jüngere, die Klostergemeinschaft, verlangte Einsicht in die Rechnungsbücher, säte Zwietracht in der Klostergemeinschaft und drohte mit der gewaltsamen Besetzung des Konvents. Die letzte Hoffnung – so scheint es zumindest – galt nun Eberhard dem Älteren, der als „wahrer" Landesherr nicht nur „mechtig über dz gantz land was," sondern darüber hinaus „eyn frummer wiser herr, eyn vatter vnd beschirmer aller geystlichen lüt."[1] Magdalena Kremerin, die ihn auf diese Art in ihrer Chronik beschrieb, setzte nicht etwa auf den Ordensprovinzial ihre größte Hoffnung, auch nicht auf den Bischof in Konstanz und erst recht nicht auf den Papst. Ihre Hoffnung konzentrierte sich ganz auf einen weltlichen Herrn. Graf Eberhard, ein Kirchenherr? Und die Dominikanerin Magdalena Kremerin selbst, inwiefern wurde sie zu einer Nonne im Dienste Württembergs?

Im Folgenden soll anhand der Chronik der Magdalena Kremerin die delikate Beziehung zwischen Klerus und württembergischer Landesherrschaft am Ende des Mittelalters nachvollzogen werden. Im Zentrum der Betrachtung steht dabei die Wechselwirkung zwischen der klösterlichen Lebenswelt und der sogenannten Herrschaftsverdichtung.[2] Herrschaft soll hierbei grundsätzlich als legitimierte Chance aufgefasst werden, „für einen Befehl bestimmten Inhalts bei angebbaren Personen Gehorsam zu finden."[3] Im Gegensatz zur Definition von Max Weber aber soll hierbei Herrschaft nicht statisch oder bipolar aufgefasst werden: Also Herrscher gegen Beherrschte. Vielmehr sei Herrschaft nach Markus Meumann ein „dynamischer und kommunikativer Prozess, der von Herrschenden wie von Beherrschten gemeinsam als Verständigungsrahmen akzeptiert und immer wieder neu bestätigt bzw. diskursiv verändert wird."[4] Im Spätmittelalter allerdings erlebt dieser Verständigungsrahmen tiefgreifende Veränderungen. Noch im Hochmittelalter galt nämlich: Die Anwesenheit des Reisekönigs sta-

1 Hauptstaatsarchiv Stuttgart (in der Folge HStA Stuttgart) A 493 Bü 2, S. 32f.

2 Hierbei soll im Folgenden „Herrschaftsverdichtung" dem Begriff der „Staatsbildung" vorgezogen werden. „Bildung setzt nämlich einen Demiurg" voraus, der „planvoll und zielbewusst einen Staatsbildungsprozess gesteuert hätte." Die Entwicklung des frühmodernen Herrschaftssystems ging allerdings durch „tastendes Experimentieren" vonstatten. Stefan BRAKENSIEK: Akzeptanzorientierte Herrschaft. Überlegungen zur politischen Kultur der Frühen Neuzeit, in: Helmut NEUHAUS (Hg.): Die Frühe Neuzeit als Epoche (Beiheft der Historischen Forschung, Bd. 49), München 2009, S. 395–406, hier S. 405.

3 Max WEBER: Die Wirtschaft und die gesellschaftliche Ordnung und Mächte, Tübingen 1922, S. 16.

4 Markus MEUMANN, Ralf PRÖVE: Die Faszination des Staates und die historische Praxis. Zur Beschreibung von Herrschaftsbeziehungen jenseits teleologischer und dualistischer Begriffsbildung, in: DIES. (Hgg.): Herrschaft in der Frühen Neuzeit. Umrisse eines dynamisch-kommunikativen Prozesses (Herrschaft und soziale Systeme in der Frühen Neuzeit, Bd. 2), Münster 2004, S. 11–50, hier S. 45.

bilisierte seine Herrschaft vor Ort. Doch angesichts der größeren Bevölkerungszahl im Spätmittelalter reichte diese persönliche Nähe des Herrschers allein nicht mehr aus. Aus diesem Grund entstanden ab dem 14. Jahrhundert vermehrt herrschaftliche Institutionen, die in den wachsenden Territorien die Herrschaft und Kontrolle über die Menschen aufrechterhalten und intensivieren sollten. Dieser Prozess, der in der Forschung unter dem Begriff der Herrschaftsverdichtung bekannt ist, erfasste dabei besonders ab dem 15. Jahrhundert auch die kirchlichen Institutionen. Diese sollten mit ihrer geistlichen und weltlichen Herrschaft zunehmend in die entstehenden umliegenden Territorien integriert werden. Die Auseinandersetzung zwischen Landesherrn und kirchlichen Institutionen verlief dabei aber keinesfalls nur einseitig durch ersteren, der auf mehr Einfluss in der Geistlichkeit pochte.[5] Vielmehr beteiligten sich auch die Klöster und Stifte in wechselnden Netzwerken und Allianzen an diesem Prozess der Herrschaftsverdichtung; auch um sich gegenüber konkurrierenden Akteuren in der politischen Hierarchie der Gesellschaft zu verteidigen oder gar zu verbessern.[6] Dieses „Aushandeln von Herrschaft"[7] im Kontext der Herrschaftsverdichtung war ein anhaltender, langfristiger Prozess, der sich jedoch in Krisenzeiten enorm beschleunigen konnte. Zeiten herrschaftlicher Instabilität eröffneten nämlich auch Akteuren, die zuvor vom politischen Diskurs ausgeschlossen gewesen waren, die Chance, grundlegend und nachhaltig die politische Machtkonstellation in ihrem Sinne zu verschieben.[8] Dabei bedienten sich die Akteure diverser kommunikativer Strategien, mit denen sie „krisenhafte Abläufe" selbst oder „die Wahrnehmung von Krisen durch dritte Personen und Gruppen"[9] in ihrem Sinne zu beeinflussen suchten. Im Zungenschlag der neueren historischen Kulturwissenschaft soll dieses Handeln der Akteure als performative Akte verstanden werden. Dieser Ansatz nach Barbara Stollberg-Rilinger geht davon aus, dass durch „wechselseitige Relation zwischen den handelnden Personen [...] soziale Realität von den Akteuren stets aufs Neue geschaffen wird."[10] Vereinfacht gesagt bedeutet dies: Die Handlung selbst ist wichtiger als ihr Ergebnis zum Verständnis des historischen Kontextes.

Aus dieser Perspektive ergeben sich folgende Herangehensweise für die Auseinandersetzung: Zunächst (1.) soll dargelegt werden, warum gerade in Württemberg Geistlichkeit und Grafen so eng miteinander verflochten waren. Im zweiten Teil (2.) steht die Kirchenpolitik der

5 Für Württemberg hatte zuletzt Achim Landwehr darauf verwiesen, dass „man nicht mit einer strikten Befolgung obrigkeitlicher Regeln rechnen kann, sondern vielmehr mit zahlreichen Spannungen und Auseinandersetzungen, mit gewalttätigem Widerstand und unauffälligen Ausweichen konfrontiert wird." Achim Landwehr: Policey im Alltag. Die Implementation frühneuzeitlicher Policeyordnungen in Leonberg, Frankfurt 2000, S. 25.

6 Auf den sehr wechselseitigen Prozess der Herrschaftsverdichtung hatten zuletzt André Holenstein und Stefan Brakensiek hingewiesen. André Holenstein: Introduction: Empowering Interactions. Looking at Statebuilding from Below, in: Willem Pieter Blockmans, Ders., Jon Mathieu (Hgg.): Empowering interactions. Political cultures and the emergence of the state in Europe, 1300–1900, Farnham u. a. 2009, S. 1–35; Brakensiek: Akzeptanzorientierte Herrschaft (wie Anm. 2).

7 Stefan Brakensiek hat diesen Begriff geprägt, der – wie er selbst einschränkt – die teils enorm divergierenden Handlungsspielräume der Akteure etwas unterschlägt, Ebd., S. 399f.

8 Der Autor orientiert sich hierbei an einem handlungsorientierten Krisenbegriff, wie ihn zuletzt Clemens Zimmermann verwendete, bei dem „unmittelbarer Handlungsbedarf für zentrale Akteure, Institutionen, aber auch Bevölkerungen oder Teile derselben bestehen." Clemens Zimmermann: „Krisenkommunikation". Modellbildung und das empirische Beispiel der Teuerungskrisen 1770/72, 1816/18, 1845/46 im südwestdeutschen Raum, in: Carla Meyer, Katja Patzel-Mattern, Gerrit Jasper Schenk (Hgg.): Krisengeschichte(n). „Krise" als Leitbegriff und Erzählmuster in kulturwissenschaftlicher Perspektive (VSWG, Bd. 210), Stuttgart 2013, S. 387–406, hier S. 389f.

9 Die Definition Clemens Zimmermanns soll hierbei auf die höfische bzw. ländliche Öffentlichkeit im ausgehenden Mittelalter übertragen werden. Zimmermann: „Krisenkommunikation" (wie Anm. 8), S. 387.

10 Vgl. Barbara Stollberg-Rilinger: Symbolische Kommunikation in der Vormoderne. Begriffe – Forschungsperspektiven – Thesen, in: Zeitschrift für Historische Forschung 31 (2004), S. 489–527, hier S. 495.

württembergischen Grafen im 15. Jahrhundert im Vordergrund. Warum und wie engagierten sich die württembergischen Grafen so für die Reform ihrer Klöster? Wie verhielten sich und handelten die Provinziale und Ordensvertreter gegenüber dieser Politik der Herrschaftsverdichtung? Und inwiefern war das Kirchheimer Dominikanerinnenkloster Gegenstand dieser Politik? Anschließend (3.) soll anhand der Chronik der Magdalena Kremerin der politische Konflikt zwischen den konkurrierenden Grafen um den Kirchheimer Konvent untersucht werden. Warum kämpften beide Herren so verbissen um das Frauenkloster? Welche Strategien entwickelten die Grafen und über welchen Handlungsspielraum verfügten die Klosterfrauen in dieser Krise? Abschließend wird zur Diskussion gestellt werden (4.), welche politischen Gründe möglicherweise maßgeblich waren für die Entstehung der Kirchheimer Chronik? Inwiefern ist die Chronik der Magdalena Kremerin auch ein typisches Element spätmittelalterlicher Herrschaftsverdichtung?

1. Die Grafen und ihre Kirche: Das besondere Verhältnis von Landesherrschaft und Geistlichkeit in Württemberg

Die Bedeutung geistlicher Herrschaft für die Etablierung und Festigung der württembergischen Landesherrschaft kann gar nicht hoch genug eingeschätzt werden.[11] Vielmehr stellte die geistliche Herrschaft am mittleren Neckar – vor allem aus der Erbmasse der untergegangenen Staufer – ein bedeutendes Standbein für die württembergische Herrschaftsverdichtung seit dem späten 13. Jahrhundert dar.[12] Ausgehend von dem ursprünglich staufischen Hauskloster Lorch gelang es den Württembergern im Verlauf des 14. Jahrhunderts die Vogteien über fast alle großen Mannsklöster der Region zu erlangen. Dabei kam den Württembergern zugute, dass die Klöster jeweils in der äußeren Peripherie von sechs verschiedenen Bistümern lagen. Auch aufgrund der großen Entfernungen zu den Bischofsstädten wie Konstanz oder Speyer gewannen die Württemberger als politische und rechtliche Schutzmacht an Gewicht für die Klöster der Region. Insbesondere seit dem Spätmittelalter übte die württembergische Landesherrschaft auf diese Klöster eine wachsende Anziehungskraft aus, da sie teilweise nicht in der Lage, auf den sozioökonomischen Wandel zu reagieren – zunehmend in wirtschaftliche und politische Not gerieten.[13] Dies öffnete den Grafen Tür und Tor, nicht nur indirekt Zugriff auf die weiten klösterlichen Besitzungen zu erhalten. Sie nahmen sich auch heraus, durch ihren Einfluss auf die Wahl von Äbten und Pröpsten die Politik der Klöster mitzubestimmen.[14]

11 Zur Herrschaftsbildung der württembergischen Grafen vgl. weiterhin: Dieter MERTENS: Württemberg, in: Meinrad SCHAAB u. a. (Hgg.): Handbuch der baden-württembergischen Geschichte, Bd. 2: Die Territorien des Alten Reichs, Stuttgart 1995, S. 1–47; darüber hinaus auch Peter RÜCKERT: Dynastie – Hof – Territorium. Zur Herrschaftsbildung der Grafen von Württemberg im späteren Mittelalter, in: DERS./Hansmartin SCHWARZMAIER (Hgg.): Das Land am mittleren Neckar zwischen Baden und Württemberg, Ostfildern 2005, S. 189–211.

12 Zur Kirchenpolitik Württembergs anhand der Biografien Sindelfinger Pröpste äußerte sich Dieter STIEVERMANN: Landesherrschaft und Klosterwesen im spätmittelalterlichen Württemberg, Sigmaringen 1989. Außerdem zuletzt: Oliver AUGE: Stift und Herrschaft. Eine Studie über die Instrumentalisierung von Weltklerus und Kirchengut für die Interessen der Herrschaft Württemberg anhand der Biographien Sindelfinger Pröpste (Veröffentlichungen des Stadtarchivs Sindelfingen, Bd. 4), Sindelfingen 1996.

13 Vgl. Dieter STIEVERMANN: Klosterreform und Territorialstaat in Süddeutschland im 15. Jahrhundert, in: Rottenburger Jahrbuch für Kirchengeschichte 11 (1992), S. 149–160, hier S. 150.

14 Vgl. DERS.: Die württembergischen Klosterreformen des 15. Jahrhunderts. Ein bedeutendes landeskirchliches Strukturelement des Spätmittelalters und ein Kontinuitätsstrang zum ausgebildeten Landeskirchentum der Früh-

Damit dienten Klöster wie Hirsau, Adelberg, Bebenhausen oder Herrenalb den Grafen auch als Ausgangspunkt zur Erwerbung weiterer Territorien und zur Herrschaftsverdichtung innerhalb bereits erworbener Besitzungen.[15]

Die gräfliche Kirchenpolitik begnügte sich allerdings nicht damit, Einfluss auf die kirchlichen Institutionen der Region zu gewinnen. Vielmehr beabsichtigten die Grafen spätestens seit dem 15. Jahrhundert die Integration geistlicher Herrschaft in die württembergische Landesherrschaft insgesamt. So gehörte um 1500 die Hälfte aller kirchlichen Pfründen im Territorium den Württembergern.[16] Die Württemberger bemühten sich darüber hinaus, geistliche Würdenträger an die Interessen von Land und Dynastie zu binden. Dies geschah einerseits durch die Vertretung der Klosteräbte in den Landständen besonders während der württembergischen Teilung. In den Jahrzehnten von 1442 bis 1482/1492 traten dabei die Klosteräbte als Prälaten auch im eigenen Interesse für die Bewahrung einer vereinigten Grafschaft Württemberg ein.[17] Andererseits betrauten die Grafen geistliche Würdenträger zunehmend mit Aufgaben in der Kirchen- und Landesverwaltung. Insbesondere die Begründung der neuen Universität in Tübingen ist ohne die Unterstützung der Kirche der Region schwerlich vorstellbar.[18] Diese Einbindung des geistlichen Personals in weltliche Belange förderte aber nicht nur die Integration in die Landesherrschaft kurzfristig. Die Professionalisierung geistlichen Personals in den Universitäten förderte auch nachhaltig die Anbindung an den Landesherrn im Sinne der Herrschaftsintensivierung.[19] Damit legte die württembergische Kirchenpolitik das unverzichtbare Fundament, auf das die evangelische Landeskirche im 16. Jahrhundert aufbaute.[20]

2. Das Kloster Kirchheim und die württembergische Kirchenpolitik: Die Klosterreform von 1478

Die zunehmende Verflechtung geistlicher Würdenträger mit weltlichen Aufgaben im Verlauf des 15. Jahrhunderts war allerdings nicht nur eine Folge gräflicher Bemühungen im Kontext der Herrschaftsverdichtung. Vielmehr erfolgte diese auch durch Entwicklungen innerhalb der Kirche selbst. Grund dafür war der seit dem 14. Jahrhundert anhaltende schwelende Streit und Diskurs um die Reform der Kirche. Zu Beginn des 15. Jahrhunderts hatten sich dabei zwei Lager gebildet, die sich in ihren Vorstellungen, wie die Kirche zu führen sei, zunehmend un-

neuzeit, in: Zeitschrift für Württembergische Landesgeschichte 44 (1985), S. 65–103, hier S. 71.

15 Die Bedeutung von Klostervogteien für die Herrschaftsverdichtung hat beispielhaft Sigrid Schmitt [jetzt Hirbodian], für das kurpfälzische Territorium nachgewiesen. Dies.: Territorialstaat und Gemeinde im kurpfälzischen Oberamt Alzey. Vom 14. bis zum Anfang des 17. Jahrhunderts, Stuttgart 1992.

16 Vgl. Mertens: Württemberg (wie Anm. 11), S. 93.

17 Zur Rolle der Landschaft für die württembergische Landesherrschaft im 15. Jahrhundert vgl. Sönke Lorenz: Vom herrschaftlichen Rat zu den Landständen in Württemberg. Die Entwicklung vom 13. bis zum 16. Jahrhundert, in: Ders. (Hg.): Auf dem Weg zur politischen Partizipation? Landstände und Herrschaft im deutschen Südwesten, Stuttgart 2010, S. 1–27, hier S. 8. Dazu aus der älteren Forschung immer noch beachtenswert: Hans-Martin Maurer: Von der Landesteilung zur Wiedervereinigung. Der Münsinger Vertrag als ein Markstein württembergischer Geschichte, in: Zeitschrift für Württembergische Landesgeschichte 43 (1984), S. 89–132.

18 Beispielhaft für die Verbindung von weltlicher und geistlicher Funktionselite sind wiederum die Biografien der Sindelfinger Pröpste. Auge: Stift und Herrschaft (wie Anm. 12), S. 157f.

19 Vgl. Stievermann: Klosterreform und Territorialstaat (wie Anm. 13), S. 149.

20 Von einem „(vorreformatorischen) landesherrlichen Kirchenregiment" soll hierbei nicht die Rede sein. Im 16. Jahrhundert erreichte die Verflechtung von Kirche und Herrschaft mit der Reformation und der Konfessionalisierung eine ganz andere Ebene der Identifikation. Anders bei Mertens: Württemberg (wie Anm. 11), S. 93.

versöhnlich gegenüberstanden. Die Papstloyalen verteidigten den päpstlichen Zentralismus und dessen Suprematie. Die Konziliaristen verlangten, dass der Papst an den Entscheidungen großer kirchlicher Versammlungen, sogenannte Konzilien, gebunden sein sollte. Früh nutzten die Großen des Reichs die Instabilität in der kirchlichen Führungsriege aus, um sich ihre Loyalität zum Papst von diesem mit weitreichenden Kirchenprivilegien vergüten zu lassen. Und auch die kleineren deutschen Landesherren verstanden dies als Signal, sich noch aktiver in die Belange des Klerus einzumischen.[21]

Die Schwäche und Zerstrittenheit der Kirche offenbarte sich insbesondere im Reformstreit innerhalb des klösterlichen Raums.[22] Zu Beginn des 15. Jahrhunderts entfachte sich vor allem in den Bettelordensklöstern eine alte Streitfrage erneut: Wie weltlich darf geistliches Leben sein? Im Gegensatz zu den Klosterreformbewegungen des Hochmittelalters aber orientierte sich diese nicht mehr an den kirchlichen Zentralgewalten, wie beispielsweise noch die Bettelmönche im 13. Jahrhundert. Da diese Instanzen inzwischen selbst als äußerst reformbedürftig und handlungsunfähig angesehen wurden, kooperierten vielerorts Geistliche, die unter dem Begriff der Observanz die Rückkehr zu einem entweltlichten Leben propagierten, mit den weltlichen Mächtigen ihrer jeweiligen Region, um ihre Ziele durchzusetzen.[23] Dadurch trugen sie den globalen Streit um die Kirchenreform auch über die Klosterpforten. Die Folge waren innerklösterliche Unruhen zwischen der Observanzpartei und den sogenannten Konventualen, die sich den radikalen Forderungen der Observanten teils aus persönlich-religiösen, durchaus aber auch aus politischen Bedenken verschlossen.

Dies bot den Landesherren – auch den Grafen von Württemberg – eine willkommene Gelegenheit, im Sinne der Herrschaftsverdichtung „ordnend“ einzugreifen. Dabei unterstützten die meisten von ihnen – auch die Grafen von Württemberg – die observante Partei.[24] Zum ersten versprach die Parteinahme für eine erfolgreiche Partei – das konnte sowohl die Observanten als auch die Konventualen sein – Einfluss auf die betreffenden Konvente im Sinne der Herrschaftsverdichtung. Zweitens sahen sich die spätmittelalterlichen Landesherren auch in der Verantwortung, das Seelenheil der Gläubigen sicherzustellen. Die strengeren Regeln der Observanten versprachen in der Theorie, das Ansehen der Kirche im Land wieder zu verbessern. Nicht zufällig begründet Graf Eberhard der Ältere in einem Brief an die Kirchheimer seinen Einsatz für die Klosterreform mit der Formel: „Gott zu lob vnd dem gantzen Land zu

21 Zur Wechselwirkung zwischen Papst, Kirche und den Landesherrn vgl. überblicksartig: Götz-Rüdiger TEWES: Die römische Kurie und die europäischen Länder am Vorabend der Reformation (Bibliothek des Deutschen Historischen Instituts in Rom, Bd. 95), Tübingen 2001 und Francis OAKLEY: The Conciliarist Tradition. Constitutionalism in the Catholic Church 1300–1870. Oxford, New York 2003.

22 Zur Verbindung von Reformdiskussion und Klosterreformbewegung vgl. Dieter MERTENS: Reformkonzilien und Ordensreform im 15. Jahrhundert, in: Kaspar ELM (Hg.): Reformbemühungen und Observanzbestrebungen im spätmittelalterlichen Ordenswesen (Berliner Historische Studien, Bd. 14, Ordensstudien, Bd. 6), Berlin 1989, S. 431–458. Für den Südwesten: Bernhard NEIDIGER: Die Reformbewegung der Bettelorden im 15. Jahrhundert, in: Württembergisches Klosterbuch, im Auftrag des Geschichtsvereins der Diözese Rottenburg-Stuttgart hg. von Wolfgang ZIMMERMANN und Nicole PRIESCHING, Ostfildern 2003, S. 77–91, bes. S. 81f.

23 Das schwierige Verhältnis des Predigerordens zur weltlichen Macht hat Johannes NIDER folgendermaßen umschrieben: „Passt euch dieser Welt nicht an, sondern wandelt euch durch Erneuerung eures Denkens. Prüft, was Gottes Wille ist, was gut, wohlgefällig und vollkommen ist“. Zitiert bei Eugen HILLENBRAND: Die Observantenbewegung in der deutschen Ordensprovinz der Dominikaner, in ELM (Hg.): Reformbemühungen (wie Anm. 22), S. 219–271, hier S. 226.

24 Insbesondere die Habsburger und die Pfalzgrafen förderten bereits im 14. Jahrhundert die Implementation der Observanz im Territorium. Die Württemberger gehörten eher zu den Nachzüglern. Vgl. Ebd., S. 253f. Ähnliches konstatierte Felix ESCHER auch für Brandenburg. DERS.: Landesherr und Reformen in brandenburgischen Prämonstratenserklöstern, in ELM (Hg.): Reformbemühungen (wie Anm. 22), S. 515–519.

nutz!"[25] In jenem Zitat steckt aber noch ein dritter Aspekt für die landesherrliche Unterstützung der Observanz: die persönliche, geradezu demonstrative Frömmigkeit von spätmittelalterlichen Herrschern wie Graf Eberhard der Ältere, die ihr politisches Handeln begleitete und bestimmte, die sie aber auch bewusst dazu nutzten, ihre Person und ihre Dynastie – beispielsweise durch Einbindung von Familienmitgliedern in den Orden – mit einer spirituellen Aura zu umgeben, mit dem Ziel, nicht nur als Landesherr, sondern auch als legitimer Kirchenherr wahrgenommen zu werden.[26]

Allerdings war Eberhard der Ältere nicht der erste württembergische Graf, der sich als Kirchenvater inszenierte. Schon sein Vater Ludwig und dessen Bruder Ulrich V. engagierten sich mehr oder weniger aktiv als Klosterreformer. Nach 1459 erreichte dieser Einsatz mit Unterstützung der observanzfreundlichen Hirsauer Benediktiner und Vertreter der Bursfelder Kongregation eine ganz neue Dimension. Am 6. März jenen Jahres erließ Papst Pius II. eine Reformbulle, die mit Wolfram, Abt des Klosters Hirsau, und Conrat, Kartäuserprior zu Güterstein, zwei Visitatoren mit der Reform aller klösterlichen Niederlassungen in Württemberg beauftragte, die zutiefst loyal gegenüber den Württembergern waren. Ausgestattet mit jenem Privileg beschleunigte sich – zumeist unter landesherrlicher Mitwirkung – die Reformtätigkeit in Württemberg enorm. Betroffen waren davon zunächst die großen Männerklöster wie Lorch (1462), Denkendorf, Adelberg (beide 1466) und Bebenhausen (1471).[27] Die württembergischen Frauenklöster gerieten erst Ende der 1470er Jahre in den Fokus der Reformer. Und damit auch das Dominikanerinnenkloster St. Johannes Baptista[28] in Kirchheim.

Die Reform des Kirchheimer Konvents setzte, so Magdalena Kremerin schon im zweiten Satz ihrer Chronik, Graf Ulrich V. in Gang. 1476 „hett der durchlychtige fuerst vnd grave Ulrich zu Wuertenberge geworben mit erlicher und ernstlicher bottschafft an unsern erwirdigen vatter vnd meyster prediger, das die frowen cloester predier ordens gelegen in synem land wuerdent reformiert zu eynem geystlichen seligen leben noch inhaltung der regel." Zwei Jahre später genehmigte der Ordensgeneral der Dominikaner dem verantwortlichen Provinzial Jakob von Stubach die Reform. Aber erst, „wenn es gefordert würde von den herren von würtenberg."[29] Die Kremerin rückte damit den Grafen als eigentlichen Initiator der Reform ins Zentrum des Geschehens, der es nicht bei der Initiative beließ. Schon am 8. April 1478 bat er die Schwestern des strengen Observantenklosters Silo im elsässischen Schlettstadt, die Reform des Kirchheimer Klosters durchzuführen.[30] Warum ausgerechnet Silo? Das Kloster galt nicht nur als Vorzeigekonvent der Observanz.[31] Auch stammten einige der Siloer Schwestern – wenigstens die auserkorene Neupriorin Barbara Bernheimer selbst – aus dem Kloster Kirchheim und verfügten entsprechend über beste Kenntnisse vor Ort. Es ist also nicht unwahrscheinlich, dass diese

25 HStA Stuttgart A 493 Bü 2, S. 32f.

26 Vgl. STIEVERMANN: Klosterreformen (wie Anm. 14), S. 94.

27 Zur Klosterreform in Württemberg vor Kirchheim vgl. Ebd., S. 74f.

28 Eine Gesamtdarstellung der Klostergeschichte findet sich bei Ulrich P. ECKER: Die Geschichte des Klosters S. Johannes-Baptista der Dominikanerinnen zu Kirchheim u. Teck (Diss., Freiburg 1981), Freiburg 1985. Außerdem von Interesse die Darstellung von Rolf GÖTZ: Die älteste Urkunde des Kirchheimer Frauenklosters, in: Kloster, Bauernkrieg, Landstandsrecht, Revolution 1848, Notgeld, jüdische Mitbürger, Fürstenbilder, Lithograph Gebhardt hg. vom Stadtarchiv Kirchheim unter Teck (Schriftenreihe des Stadtarchivs Kirchheim unter Teck, Bd. 3), Kirchheim 1985, S. 7–23.

29 Beide Zitate: HStA Stuttgart A 493 Bü 2, S. 1.

30 Eine Darstellung zur Reform des Klosters Kirchheim findet sich bei Stefanie NEIDHARDT: Die Reise der observanten Dominikanerinnen von Silo nach Kirchheim unter Teck 1478 im Kontext der spätmittelalterlichen Klosterreform, in: Zeitschrift für württembergische Landesgeschichte 72 (2013), S. 105–130.

31 Vgl. dazu auch im selben Band den Aufsatz von Stefanie NEIDHARDT:

Klosterreform von langer Hand geplant war.[32] Dem Schreiben des Grafen Ulrich V. beigefügt lagen außerdem Briefe der Gräfinnen Margarethe von Savoyen, Ehefrau Ulrichs V., und Elisabeths von Brandenburg, Ehefrau des Grafensohns Eberhard d. J. Die Gräfinnen sicherten, so die Kremerin, den Nonnen zu, dass sie an ihnen „han gnedige beschirmerin und getruwe muter und in allen dingen ein gutwillig swester."[33] Die Bildsprache der Kremerin und der Gräfinnen kann allerdings kaum darüber hinweg täuschen, dass Ende April 1478 in Schlettstadt zwischen Reformnonnen und den Grafen implizit auch eine funktionale Allianz ausgehandelt wurde. Die Württemberger versprachen den sieben Nonnen, die das Kloster Kirchheim reformieren sollten, nicht nur die Einsetzung in alle hohen Klosterämter in Kirchheim, sie sicherten den observanten Schwestern auch jegliche rechtliche und politische Unterstützung zu. Die Siloer Schwestern mussten im Gegenzug damit rechnen, dass die Grafen früher oder später Einfluss bei der Klosterführung und -verwaltung einfordern würden. Am Klosterreformtag, dem 15. Mai 1478, wurde diese Verbindung symbolisch besiegelt, als die Reformnonnen in Anwesenheit der Grafen in ihre Klosterämter eingesetzt wurden.[34]

3. Die Blockade des Kirchheimer Konvents 1487/1488 im Kontext der württembergischen Teilung

Im Juni 1486 erreichte das nunmehr observante Dominikanerinnenkloster in Kirchheim ein Konflikt, der Württemberg seit einer Generation in Atem hielt.[35] 1442 hatten die Grafensöhne Ludwig I. und Ulrich V. erstmals das Land geteilt. Es entstanden zwei eigenständige Grafschaften: Württemberg-Urach im Südwesten und Württemberg-Stuttgart im Nordosten. Beide Grafenlinien versuchten in der Folge, das Land zu ihrem Vorteil wiederzuvereinigen. 1459 scheiterte Graf Ulrich V. daran, nach dem Tod seines Bruders Ludwig I. dessen Teil der Grafschaft an sich zu reißen. Als in den 1470er Jahren nun die Grafschaft Württemberg-Stuttgart in dynastische und finanzielle Schwierigkeiten kam, sah Eberhard der Ältere, Ludwigs Sohn, die Chance, sich des nordöstlichen Teils zu bemächtigen. In mehreren Verträgen untergrub er die Souveränität der Stuttgarter Grafen. Und 1482, nach dem Tod des Grafen Ulrich V., der einst das Kloster Kirchheim reformieren ließ, übernahm er mit dem Münsinger Vertrag de facto die Herrschaft über eine wiedervereinigte Grafschaft Württemberg. Eine Grafschaft freilich mit einem zweiten Grafen: Eberhard d. J. Diesen hatte Eberhard der Ältere mit der Aussicht auf die gräfliche Erbfolge und einigen wenigen Städten als Apanage abgefunden. Zu wenig, um die steigenden gräflichen Ausgaben schultern zu können und dem gräflichen Selbstverständnis zu genügen, was das Dominikanerinnenkloster Kirchheim bald zu spüren bekommen sollte.

Im Stuttgarter Vertrag von 1485 waren neben Nürtingen und Winnenden mit den umliegenden Dörfern nämlich auch das Amt Kirchheim an Eberhard d. J. gegangen. Dabei sollten

32 HStA Stuttgart A 493 Bü 2, S. 15: „Diese muter kam in diß closter kirchen in den orden do sy ein kint was." Schon ECKER hatte auf dieses Reformnetzwerk hingewiesen: ECKER: Geschichte (wie Anm. 28), S. 167.

33 HStA Stuttgart A 493 Bü 2, S. 7.

34 Zum Klosterreformtag mit großer politischer wie geistlicher Prominenz – der Propst von Denkendorf als bedeutendster württembergischer Geistlicher segnete die Frauen – vgl. letztmalig NEIDHARDT: Dominikanerinnen (wie Anm. 30), S. 120.

35 Zum Forschungsstand „Württembergische Teilung" vgl. Anm. 17.

alle „Herlichkaiten vnd oberkaiten" – lediglich davon ausgenommen „die nutzung der voerst" – an Eberhard d. J. als „deputat" übergehen. Zwar wird die Klostervogtei über das „landsässige"[36] Dominikanerinnenkloster im Vertragstext nicht explizit benannt, doch durfte Eberhard d. J. als Stadtherr von Kirchheim sich traditionell als Schirmer des Klosters,[37] mit entsprechendem Zugriff auf die vergleichsweise sehr ordentliche Wirtschaftskraft des Konvents, verstanden haben. Die beiden Auflagen dabei: Es war ihm verboten, Besitzrechte zu verkaufen und er sollte „die armenluet der selben ämpter [...] by ir gnaden fryhaiten vnd [...] ouch by iren gewonlichen stueren vnd diensten belyben lassen."[38] Vor allem letztere Auflage schienen sich die Dominikanerinnenjedoch zu Nutze machen zu wollen, als sie sich gegen die – in ihren Augen – überzogenen Forderungen Eberhards d. J. beschwerten. So warf Magdalena Kremerin Eberhard d. J. in ihrer Chronik vor, dass der Graf den Nonnen Dienste – vor allem für Transport und Jagd im Sinne des Schirmgeldes – abverlangte, wie es „vor der reformierung nye gewesen ist."[39] Wahrscheinlich reagierte Graf Eberhard d. J. auch auf diese Insubordination, als er am 24. Juni 1486 – so Magdalena Kremerin – eine Unterredung mit der Priorin verlangte, um angeblichen finanziellen Missständen im Kloster auf die Spur zu kommen.[40] Diese lehnte ab mit Verweis auf die strengen Regeln der Observanz, keine Nichtmitglieder des Ordens in den Konvent lassen zu dürfen. Sehr zum Ärger des Grafen, der unverrichteter Dinge wieder abziehen musste.

Sechs Monate später jedoch bot ein Gütergeschäft der Nonnen dem Grafen erneut einen Vorwand, die Finanzen des Klosters genauer unter die Lupe zu nehmen. Das Kloster hatte Pfründen, mit denen die Reformschwestern aus Silo 1478 ausgestattet worden waren, an das Mutterkloster im Elsass zurückgegeben. Eberhard d. J. betrachtete dieses Geschäft als einen Ausverkauf seines – ohnehin schwindenden – Vermögens und schickte kurz nach Weihnachten 1486 seinen Kanzler Conrad Holzinger[41] nach Kirchheim. Dieser verlangte zum einen von den Schwestern eine Rechnungslegung der gesamten Zeit seit der Reform. Zum anderen teilte er den Nonnen mit, „das der jung herr die reformierin hie nit wissen noch habent wolt und sy muestent im rechnung von den ir iaren [geben]."[42] Holzinger setzte den Nonnen dafür eine Frist bis in die Fastenzeit 1487. Die Klosterfrauen lehnten erneut ab, mit Verweis auf ihre Ordensregeln.

Dass sich Eberhard d. J. so entschlossen gegen die Reformnonnen wandte, entsprang dabei weniger religiöser Abgeneigtheit. Zwar war der Graf in seiner Jugend nicht unbedingt als be-

36 Ulrich ECKER bezeichnete das Dominikanerinnenkloster als „landsässig" bzw. als traditionelles „Hauskloster" seit der Stiftung durch die Herzöge von Teck. Nach der Übernahme durch die Württemberger kam die Vogtei offensichtlich an die Württemberger. ECKER: Geschichte (wie Anm. 28), S. 21.

37 Gleichermaßen ging Eberhard der Ältere davon aus, Schirmherr zu sein, da im Vertrag Eberhard d. J. „alle unsere prelaten und landschafft" ihres Eides ihm gegenüber entbunden hatte. Vgl. auch ebd., S. 188.

38 Der Vertrag von Stuttgart vom 22. April 1485 ist nachzulesen bei August Ludwig REYSCHER (Hg.): Vollständige, historisch und kritisch bearbeitete Sammlung der württembergischen Gesetze Erster Band, Stuttgart, Tübingen 1828, S. 494–503, hier S. 497f.

39 Vgl. das Zitat bei ECKER: Geschichte (wie Anm. 28), S. 188.

40 Zum Verlauf des Konflikts vgl. Rolf GÖTZ: Von der ersten urkundlichen Erwähnung im Jahre 960 bis zur Mitte des 16. Jahrhunderts, in: Kirchheim unter Teck. Marktort, Amtsstadt, Mittelzentrum, im Auftrag der Stadt Kirchheim unter Teck hg. von Rainer KILIAN, Kirchheim unter Teck 2006, S. 97–273, hier S. 186–192. Außerdem die unveröffentlichte Qualifikationsarbeit von Stefanie HANDSCHUH: Kirchheim. Chronik einer Reform, Zulassungsarbeit zum Staatsexamen, Katholisch-Theologische Fakultät der Eberhard Karls Universität Tübingen, vorgelegt im Wintersemester 2010/11, S. 43–65.

41 Zur besonderen Rolle von Conrad Holzinger für die Regierung Eberhards d. J. vgl. Dieter STIEVERMANN: Der Augustinermönch Dr. Conrad Holzinger. Kaplan, Rat und Kanzler des Grafen bzw. Herzogs Eberhard d. J. von Württemberg am Ende des 15. Jahrhunderts, in: Josef ENGEL (Hg.): Mittel und Wege früher Verfassungspolitik (Spätmittelalter und Frühe Neuzeit, Bd. 9), Stuttgart 1979, S. 356–405.

42 HStA Stuttgart A 493 Bü 2, S. 26.

sonders frommer Adliger aufgefallen,[43] doch lässt sich auch nicht nachweisen, dass er ein Gegner der Observanz war. So ließ er zumindest zu, dass seine Ehefrau Elisabeth von Brandenburg die Reformierung des Kloster Kirchheims nach Kräften stützte.[44] Und 1480, als amtierender Graf, soll er – einem dominikanischen Registerauszug[45] zufolge – sich bei der Reform eines Frauenklosters in seinem Machtbereich eingesetzt haben. Die Opposition Eberhards d. J. gegen die observanten Nonnen war vielmehr politischem Kalkül geschuldet und zielte darauf ab, Unruhe im Konvent zu stiften. Die landesherrlich initiierte Klosterreform von 1478 war nämlich nicht nur auf Gegenliebe bei den alteingesessenen Nonnen gestoßen. Magdalena Kremerin berichtete, dass im Konvent „on zwyvel eyn rechter boeser tuefel vnd syn"[46] gewesen wäre. Tatsächlich bildete sich im Konvent schon bald eine innerklösterliche Opposition gegen die Siloer Schwestern, die maßgeblich von der Nonne Anna Dürrin[47] angeführt wurde. Diese Opposition bildete nun mit Eberhard d. J. eine informelle Allianz, um die renitenten observanten Schwestern auch innerklösterlich unter Druck zu setzen. Wohl mit Erfolg: Im Frühjahr 1487 baten die Nonnen ihren Provinzial, Jakob von Stubach, um visitatorische Unterstützung, weil – so die Kremerin – „die vnwilligen hettent starcken rucken an dem jungen herren vnd an etlichen syns rots."[48] Kurz nach von Stubachs Besuch am 5. April 1487 schickten die Nonnen jenes „Stoßgebet", also das Hilfsgesuch, nach Stuttgart an Eberhard den Älteren. Ein Schritt, der weniger selbstverständlich war, als es zunächst den Anschein hat. De jure war die Zuständigkeit des Grafen in Stuttgart für das Kloster mehr als zweifelhaft. Darüber hinaus war Anfang April 1487 der Konflikt mit Eberhard d. J. längst noch nicht so angespannt, dass eine gütliche Einigung mit diesem nicht noch möglich gewesen wäre. Warum also dieser „Hilferuf" an einen Grafen, der weder juristisch noch kirchlich eine Rolle in diesem Konflikt spielte bzw. spielen sollte?

Betrachtet man den „Hilferuf" als performativen, also absichtsvollen Akt, der das Ziel hat, „soziale Realität" im Interesse der handelnden Personen zu schaffen, verschiebt sich das Täter- und Opferbild im Konflikt ganz entscheidend. Nach der hierbei favorisierten Interpretation plante Eberhard der Ältere in Absprache mit dem observanten Zweig der Dominikaner, den Konflikt seines Cousins mit den Dominikanerinnen auszunutzen, um Eberhard d. J. vor einer größtmöglichen Öffentlichkeit als Herrscher mittels eines Skandals zu diskreditieren. Sein Kalkül: Entsprechend provoziert würde Eberhard d. J. den Fehler begehen, das wehrlose Frauenkloster zu attackieren. Der Skandaltrias Frank Böschs folgend sollte dies der „praktizierte Normbruch" sein, der nach einer großflächigen „Veröffentlichung" eine „breite öffentliche

43 Insbesondere sein Vater Ulrich V. ging hart mit Eberhard d. J. ins Gericht. In einem Brief vom 6. Oktober 1477 warf er seinem Sohn eine unstete Lebensführung vor. Die Gerüchte – die darin in Bezug auf das Frauenkloster in Kirchheim geäußert werden – sind jedoch in den Augen des Autors mit Vorsicht zu genießen, da sie zu gut in das Bild des flegelhaften Eberhards d. J. passen, wie es Eberhard dem Älteren später propagierte. Vgl. Christian Friedrich SATTLER: Geschichte des Herzogthums Wirtenberg unter der Regierung der Graven, Bd. 3, Tübingen 1777, S. 118–120.

44 Vgl. (Anm. 33).

45 „Provinciali magistro Jacobo Stubach facta fuit commissio, ut per se vel alium ad instanciam illustrissimi comitis Eberardi iunioris comitis de Wirtemberg ac Montis Peligardi etc. reformet monasterium sororum, quod est in eius opido, et habet plenam auctoritatem in hoc negocio. In contr. etc. Datum Romae XIII aprilis 1482." Es bleibt unklar, welches Kloster damit gemeint sein könnte. Registrum litterarum Salvi Cassettae, 1481–1483, Barnabae Saxoni, 1486, hg. von Benedictus Maria REICHERT (Quellen und Forschungen zur Geschichte des Dominikanerordens in Deutschland, Bd. 7), Leipzig 1912, S. 20. Danke für den Hinweis an Dr. Roland DEIGENDESCH.

46 HStA Stuttgart A 493 Bü 2, S. 23.

47 Zur Position der Dürrin vgl. wiederum Ulrich ECKER, der in den Observanzgegnern eine „reaktionäre Kraft" sieht. ECKER: Geschichte (wie Anm. 28), S. 181–186.

48 HStA Stuttgart A 493 Bü 2, S. 28.

Empörung über den zugeschriebenen Normbruch" entfachen sollte.[49] Für die nötige Provokation wollte Eberhard der Ältere durch einen Eingriff in dessen herrschaftliche Angelegenheiten selbst sorgen. Dafür allerdings benötigte er eine nachvollziehbare Legitimation. Was bietet sich dafür besser an als ein verzweifelter Brief unter Druck gesetzter Nonnen? Folgt man diesen Überlegungen bietet sich folgender Ablauf der Ereignisse an: Im Frühjahr 1487 kam es zu einer Unterredung von Ordensprovinzial Jakob von Stubach mit Graf Eberhard dem Älteren. Bei dieser bot der Graf von Stubach an, die Observanz und die Position der Reformnonnen im Kloster Kirchheim zu schützen, wenn diese bei ihm offiziell um Hilfe bäten. Bei der Visitation des Klosters am 5. April 1487 drängte von Stubach die Nonnen dann, das Angebot Eberhards anzunehmen. Nach einigen Diskussionen setzen sich die observanten Nonnen gegen die observanzfeindlichen Nonnen durch und sandten jenes „Stoßgebet" am 12. April nach Stuttgart.[50]

Für Eberhard war dies das erhoffte Zeichen, um einzugreifen: Am 19. April schickte er zwei Briefe nach Kirchheim. Im Brief an die hilfesuchenden Nonnen sicherte er diesen zu, als rechtmäßiger Kastvogt die Observanz „ob gottwyll helffen [zu] behallten vn vch nit [zu] verlassen."[51] Im zweiten Brief drohte er den Bürgern der Stadt Kirchheim, jegliche Handlung gegen die Nonnen „mit rach vnd straff nit mynder [zu] achten vn dargegen [zu] handlen dann als ob das wider vnser eygen person geschehen werde."[52] Eberhard d. J. befahl darauf den Kirchheimern, das Kloster zu belagern. Also genau diese Art von unverhältnismäßiger Attacke anzuordnen, auf die Eberhard der Ältere wohl gehofft hatte. Sieht man hinter dem Konflikt ein planvolles Verhalten Eberhards im Bart, dann war Eberhard d. J. damit in die Falle seines Cousins getappt. Um eine möglichst breite Veröffentlichung des Normbruchs zu gewährleisten, war es nun wichtig, dass die Nonnen möglichst lang den Aggressionen des Grafen standhielten. Dafür sandte Eberhard der Ältere einen militärisch geschützten Versorgungstransport zum Kloster, der Kirchheim am 8. Mai 1487 erreichte und ermahnte die Nonnen in den mitübersandtem Brief durchzuhalten: Die observanten Nonnen dürfen „vmb keynerleyg sach oder rede wyllen das closter rinnen oder wychen."[53] Gräfin Barbara Gonzaga versuchte ebenfalls, den Nonnen Mut zu machen. Mit Verweis auf die biblische Gerechtigkeit erinnerte sie die Frauen, „das lyde der weg vnd das myttel ist, dardurch man muß zu der ewygen selickeit kummen."[54] Jeder weitere Blockadetag war wichtig, da der Streit inzwischen sogar auf Reichsebene diskutiert wurde. Auf dem Reichstag zu Nürnberg entschied Kaiser Friedrich III. im Mai, dass sich die Grafen gütlich einigen sollten, ohne dass darunter die Nonnen leiden durften, woraufhin Eberhard d. J. die Blockade lockerte.[55] Ein Kompromiss zwischen den Grafen – vermittelt durch den Erzbischof von Köln – scheiterte jedoch. Die Kremerin gab dafür dem umtriebigen Kanzler Holzinger die Schuld.[56] Allerdings dürften beide Grafen zu diesem Zeitpunkt wenig Interesse an einer gütlichen Einigung gehabt haben: Für den Jüngeren kam der

49 Der Skandalbegriff in der vormodernen, mittelalterlichen Öffentlichkeit orientiert sich an der Definition von Frank Bösch: Kampf um Normen: Skandale in historischer Perspektive, in: Kristin Bulkow, Christer Petersen (Hgg.): Skandale. Strukturen und Strategien öffentlicher Aufmerksamkeitserzeugung, Wiesbaden 2011, S. 29–48, hier S. 33.

50 Für die Uneinigkeit im Konvent spricht auch die Flucht der Dürrin kurz darauf: „[...] do styg der vnwilligen eine über die mur uß da mit sy erzeygte iren vnwillen [...]" in: HStA Stuttgart A 493 Bü 2, S. 34.

51 Ebd., S. 225.

52 Ebd., S. 229.

53 Ebd., S. 242f.

54 Ebd. S. 245.

55 „bede herren von wirtemberg solent mit eynander ußtragen wölen der schirm über vnser closter." Ebd., S. 53f.

56 „[Conrad Holzinger] bracht den jungen herren darzu das er vns vnser gult vnd alleding wider enslug" Ebd., S. 55.

Kompromiss einer Niederlage gleich, der Ältere hoffte weiterhin auf eine skandalöse Eskalation der Ereignisse. Jedenfalls befahl Eberhard d. J. im Juli 1487, das Kloster erneut abzuriegeln, was die Klostergemeinschaft an ihre Belastungsgrenzen führte. Den Wunsch einiger Nonnen, im Sinne der zwischen die Fronten geratenen Kirchheimer Bürger aufzugeben, lehnte der Provinzial ab: „Der alt herr wer nun deste me erzuernet worden so wir hinuß gegangen bede ueber vns vnd ouch ueber die statt."[57] Ein weiteres Indiz für eine informelle Allianz zwischen Graf Eberhard dem Älteren und der südwestdeutschen Observanz, den Konflikt brodeln zu lassen.[58]

Nach außen hin aber präsentierte sich Eberhard der Ältere als gemäßigter, friedliebender Gegenpol[59] zu seinem vermeintlich unberechenbaren Cousin und Widersacher. So unterstützte er einen zweiten Kompromiss, der am 19. August 1487 die Blockade zwischenzeitlich beendete. Auf Vermittlung des Herzogs Georg von Bayern durften die Ordensschwestern im Kloster bleiben. Dafür sollten sie zwei württembergischen Prälaten jährlich Zugang zu ihren Rechnungsbüchern gewähren.[60] Zur ersten Rechnungslegung am 11. November 1487 erschienen neben den Geistlichen jedoch auch weltliche Würdenträger und Kanzler Holzinger verlangte – so zumindest die Kremerin – dass auch die Observanzgegnerin Anna Dürrin[61] teilnehmen sollte. Die Kirchheimer Dominikanerinnen lehnten dies ab, worauf Eberhard d. J. das Kloster ein zweites Mal abriegelte.[62] Diese kompromisslose Haltung[63] des Grafen allerdings schien die öffentliche Meinung endgültig gegen Eberhard d. J. bewegt zu haben. Ein aktives Vorgehen gegen Eberhard d. J. schien nun möglich, wobei er zunächst im Hintergrund blieb. Nach Absprache mit Eberhard dem Älteren erreichte Provinzial Jakob von Stubach Ende Januar 1488 die Exkommunikation der Kirchheimer durch den zuständigen Diözesanbischof von Konstanz.[64] Und am 9. Februar entzogen – wohl auf Betreiben Eberhards im Bart[65] – zahlreiche Adlige und Ritter Eberhard d. J. ihre Dienste.[66] Mit diesem weltlichen wie geistlichen Rückenwind schlug Eberhard der Ältere zu: In der Nacht auf Sonntag, den 10. Februar 1488, befreite er das Kloster und besetzte gewaltlos in der Folge die verbliebenen Besitzungen Eberhards d. J. in der Grafschaft.[67] Im Laufe des folgenden Jahres gelang es Eberhard dem Äl-

57 Ebd., S. 41.

58 Auch Axel METZ kommt zu den Schluss, „daß die Nonnen nicht ohne Wissen Eberhards d. Ä. gehandelt haben." DERS.: Der Stände oberster Herr. Königtum und Landstände im süddeutschen Raum zur Zeit Maximilians I. (Veröffentlichungen der Kommission für Geschichtliche Landeskunde in Baden Württemberg, Bd. 174), S. 105, Fußnote 21.

59 „Vn als sy her koment da rytent sy ouch mit dem vatter jacob zu vnsern gnedigen herren dem eltren der empfieng sy gar schon vnn bekostet sy vn also da sy ouch synen rat hettent gehebt da koment sy wider her [...]". Vgl. HStA Stuttgart A 493 Bü 2, S. 88.

60 Vgl. ebd., S. 92.

61 „Ouch sprach der münch die dürrin myest ouch by der rechnung syn [...] da sprachen wir die dürrin hett mit vns noch mit vnserm clost nit zu schaffen." Ebd., S. 94.

62 Die Nonnen boten ihm an, zu „synen gnaden zu wolgefallen her hans von stetten vnd den vogt zu kirchen mit namen hans adam auch by der rechnung lassen, aber er wolt es nit tun". Ein Entgegenkommen, das Eberhard d. J. aber nicht weit genug ging. Vgl. ebd., S. 97.

63 In der Folge kam es unter anderem zur Gefangennahme zweier Schwestern, was Eberhard der Ältere als Landesfriedensbruch interpretieren durfte. Vgl. ebd., S. 148.

64 Vgl. ebd., S. 143.

65 Vgl. ebd., S. 273–278. Möglicherweise verbreitete Eberhard der Ältere genau diesen Hilferuf der Dominikanerinnen an „alle fursten vn herren", auf den sich interessanterweise die Edlen des Landes zu beziehen schienen (vgl. Anm. 66).

66 In der Aufkündigung der Treue gegenüber Eberhard d. J. heißt es: „[Eberhard d. Ä. hätte] berycht, da ir vn die uwen zu kirchen die Ersamen geystlichen frowen des closter daselbs an irem gut mercklich beschedigt, ouch sy im closter verbuwen vn belegt haben, [...] deßhalb sy nit kleyn not gelytten. [...] Das alles sey wider die vertrag vnd eynung". Ebd., S. 279–290, hier S 279f.

67 Vgl. Ebd., S. 155f.

teren, seine Deutung der Ereignisse gegen die seines Cousins auch vor der Reichsöffentlichkeit durchzusetzen.[68] Am 30. Juli 1489 billigte der Reichstag die „Enteignung" Eberhards d. J.[69] Bis zum Tod Eberhards im Bart 1496 sollte er über keine unmittelbare Herrschaft mehr in Württemberg verfügen.

4. Die „Chronik" der Magdalena Kremerin als Element württembergischer Herrschaftsverdichtung

Inwiefern also war Magdalena Kremerin eine Nonne im Dienste Württembergs? Noch am Tag der Befreiung – so schrieb die Kremerin – sei Eberhard der Ältere, „vnser fuerst getruwer vatter", den Konvent besuchen gekommen und „do fieng er an mit vns zu reden als wißlich vnd geystlichen als ob er eyn geystlicher wolgelerter vatter vnsers ordens wer" und sprach, „ich will nu fürbas hin selber uwer schirmherr syn so lang ich leb."[70] Anschließend schickte Eberhard der Ältere seine Frau Barbara Gonzaga über die Fastenzeit ins Kloster, die dort – bewundernd niedergeschrieben von Magdalena Kremerin[71] – das Gebet mit den Nonnen teilte. Erst als der Kaiser das Grafenpaar in Stuttgart aufsuchte, verließ die Gräfin das Kloster zum Karfreitag. Die Inszenierung des Grafenpaars – gerade vor dem Besuch des Kaisers – als gute Beschützer und fürsorgliche „Eltern" des Konvents ist der Chronik durchgehend inhärent. Und das Lob der Kremerin überschwänglich: „Wo vnser gnediger herr der elter nit gewesen were durch die gnade gottes moeste diß closter zu grunde gangen syn."[72] Dies macht die Chronik auch und besonders zu einer Rechtfertigungsschrift für das Durchgreifen des „wahren Kirchenvaters" Eberhard der Ältere gegenüber seinem Cousin. Eine Rechtfertigung, die Eberhard der Ältere nach der – juristisch mehr als fragwürdigen – Befreiung des Klosters und der Besetzung der verbliebenen Ämter Eberhards des Jüngeren dringend benötigt hat. Schließlich musste er die Öffentlichkeit – in diesem Fall die Großen des Reichs – von der Rechtmäßigkeit seines Handelns überzeugen. Es ist nun sehr unwahrscheinlich, dass die Chronik in Gänze als ein propagandistisches Mittel genutzt worden wäre,[73] um die Reichsöffentlichkeit – im Sinne eines Skandals – von den Normverstößen Eberhards des Jüngeren zu überzeugen. Ganz und gar nicht unwahrscheinlich ist es jedoch, dass Eberhard der Ältere den Konflikt um das Kloster nicht nur ausgenutzt sondern auch forciert hat, um seinen Cousin öffentlich zu demontieren. Dass dies bewusst als performativer Akt in Absprache mit der Führung der südwestdeut-

68 Zum „Federkrieg" zwischen den beiden Grafen infolge der Causa Kirchheim vgl. Gerhard Fouquet: Fürsten unter sich. Privatheit und Öffentlichkeit, Emotionalität und Zeremoniell im Medium des Briefes, in: Cordula Nolte, Karl-Heinz Spiess, Ralf-Gunnar Werlich (Hgg.): Principes. Dynastien und Höfe im späten Mittelalter. (Residenzenforschung, Bd. 14), Stuttgart 2002, S. 171–198.

69 Im Frankfurter Entscheid wurde unter anderem bestimmt, dass – gegen eine Leibrente für seinen Cousin – Eberhard den Älteren „sin leben lang für sich selbs vnd allein in sinem namen bayde land Wirtemberg Regieren" sollte. Reyscher: Sammlung (wie Anm. 38), S. 506.

70 HStA Stuttgart A 493 Bü 2, S. 279–290.

71 Zur Beziehung Barbara Gonzagas zum Dominikanerstift vgl. Roland Deigendesch: Die „Frau von Mantua" und das Dominikanerinnenkloster in Kirchheim unter Teck, in: Von Mantua nach Württemberg: Barbara Gonzaga und ihr Hof. Begleitbuch und Katalog zur Ausstellung des Landesarchivs Baden-Württemberg, hg. vom Landesarchiv Baden-Württemberg, Hauptstaatsarchiv Stuttgart, bearb. von Peter Rückert, Stuttgart 2011, S. 161–167, hier S. 165.

72 HStA Stuttgart A 493 Bü 2, S. 49.

73 Neben des Exemplars von Sattler ist lediglich ein weiteres im Wiener Schottenkloster erhalten. Der Fund von Klaus Graf harrt noch einer gründlicheren Untersuchung. Vgl. Wien, Schottenkloster, Cod. 307 (Hübl 233), 3r-172v.

schen Observanz und wohl auch mit den Kirchheimer Dominikanerinnen geschah, liegt aufgrund des Verlaufs der Krise und dem Handeln der Akteure nahe. Insofern leisteten die Dominikanerinnen und damit auch Magdalena Kremerin Eberhard dem Älteren einen unschätzbaren Dienst. Auch wenn die Nonnen dies freilich in erster Linie für die Verteidigung der Observanz und den Erhalt der eigenen Position im Kloster taten.

Inwiefern kann ihre Chronik aber auch als ein Element württembergischer Herrschaftsverdichtung verstanden werden? Die nahezu durchgehende Inszenierung Eberhards als guten „Kirchenvater" diente dazu, weltliche Herrschaft mit geistlichen Argumenten im Sinne Max Webers zu legitimieren. Zudem förderte diese Verflechtung von weltlicher und geistlicher Herrschaft auch die Herrschaftsverdichtung in Württemberg insgesamt, da auf diese Weise die Herrschaft im Land insgesamt zentralisiert und intensiviert wurde. Des Weiteren – nunmehr Markus Meumann folgend – profitierte nicht nur der Landesherr, sondern auch weitere Akteure von dieser Entwicklung: in diesem Fall die südwestdeutsche Observanz und die Kirchheimer Dominikanerinnen. Geschickt nutzte ein Jakob von Stubach den Zwist der beiden Grafen, um die Observanz in Kirchheim gegen seine Gegner im Orden zu verteidigen. Und die „glaubensfesten" Dominikanerinnen in Kirchheim verteidigten erfolgreich die Observanz und ihre eigene Stellung. Der Preis freilich, den sie dafür zahlten, war die Anerkennung des Landesherrn als ihren legitimen Kirchenvater im Territorium. Die Chronik der Magdalena Kremerin ist Zeugnis dieses vielgestaltigen Prozesses württembergischer Herrschaftsverdichtung.

Der Konvent des Klosters St. Johannes Baptista in Kirchheim im Spiegel von Klosterchronik und Nekrolog

Roland Deigendesch

Im Kontext der spätmittelalterlichen Reform der Kirche und der Klöster ist zurecht immer wieder das personale Tableau der Befürworter, Akteure aber auch der Gegner von Reformmaßnahmen in den Blick genommen worden.[1] Im Fall Kirchheims ist dies u. a. in der 1985 erschienenen Arbeit von Ulrich Ecker geschehen, auf die ich mich im vorliegenden Aufsatz vielfach stützen werde.[2] Weiter konnte das einschlägige, dem Johanneskloster gewidmete Kapitel von Rolf Götz in der 2006 erschienenen Stadtgeschichte von Kirchheim herangezogen werden.[3]

Die Chronik der Straßburger, Schlettstädter, dann Kirchheimer Nonne Magdalena Kremerin[4] enthält zahlreiche Hinweise auf Befürworter und Gegner der Reform des Kirchheimer Klosters 1478 und der späteren Auseinandersetzung mit Graf Eberhard dem Jüngeren von Württemberg. Sodann gibt es bekanntermaßen eine ganz zentrale Quelle für den Personalbestand des Klosters in Form eines Nekrologs, der Teil einer prachtvoll ausgestatteten liturgischen Handschrift ist und heute als eine der wenigen Handschriften aus Kirchheim, die bis zu unserer Zeit überdauert haben, im Stift St. Paul im Lavanttal aufbewahrt wird.[5] Ich werde also in einem ersten Teil auf die Informationen der Chronik eingehen, im zweiten den Nekrolog hinzunehmen und sodann versuchen zu einem Fazit zu kommen.

---

1 Vgl. Bernhard Neidiger: Selbstverständnis und Erfolgschancen der Dominikanerobservanten. Beobachtungen zur Entwicklung der Provinz Teutonia und im Basler Konvent (1388–1510), in: Rottenburger Jahrbuch für Kirchengeschichte 17 (1998), S. 67–122; Ders.: Die Reformbewegung der Bettelorden im 15. Jahrhundert, in: Württembergisches Klosterbuch, im Auftrag des Geschichtsvereins der Diözese Rottenburg-Stuttgart, hg. von Wolfgang Zimmermann und Nicole Priesching, Ostfildern 2003, S. 77–91, bes. S. 81f. sowie jetzt am konkreten Beispiel eines Konventes Sigrid Hirbodian: Dominikanerinnenreform und Familienpolitik. Die Einführung der Observanz im Kontext städtischer Sozialgeschichte, in: Stephan Mossman, Nigel F. Palmer, Felix Heinzer (Hgg.): Schreiben und Lesen in der Stadt. Literaturbetrieb im spätmittelalterlichen Straßburg (Kulturtopographie des alemannischen Raums, Bd. 4), Berlin, Boston 2012, S. 1–16.

2 Ulrich P. Ecker: Die Geschichte des Klosters S. Johannes-Baptista der Dominikanerinnen zu Kirchheim u. Teck (Diss., Freiburg 1981), Freiburg 1985.

3 Rolf Götz: Von der ersten urkundlichen Erwähnung im Jahre 960 bis zur Mitte des 16. Jahrhunderts, in: Kirchheim unter Teck. Marktort, Amtsstadt, Mittelzentrum, im Auftrag der Stadt Kirchheim unter Teck, hg. von Rainer Kilian, Kirchheim unter Teck 2006, S. 97–273, hier: S. 175–193.

4 Vgl. Sönke Lorenz: Kremerin, Magdalena OP, in: Die deutsche Literatur des Mittelalters. Verfasserlexikon, Bd. 11 (^{2}2004), Sp. 892f.

5 Vgl. Anm. 55.

Die Chronik[6]

Im Folgenden werden in erster Linie die an der Kirchheimer Reform beteiligten Nonnen betrachtet, während die zahlreichen in der Chronik ebenfalls erscheinenden Protagonisten der Kirchheimer Stadt- wie der württembergischen Hofgesellschaft außer Betracht bleiben müssen.[7] Man kann vielleicht sagen, dass die an der Reform aktiv beteiligten Konventualinnen in der Struktur der Chronik einen herausragenden Platz einnehmen, indem sie am Beginn stehen und namentlich erscheinen. Trifft das Urteil Heike Uffmanns zu, wonach es sich bei dem Werk um eine für die Nachfolgenden geschriebene Rechtfertigung des Geschehens um die Kirchheimer Reform handelt,[8] wird diesen Namensnennungen am Eingang der Chronik auch eine memoriale Funktion zuzusprechen sein. Zudem hat die Art und Weise, wie die Reformschwestern beschrieben werden, starke Anklänge an den Brief der Priorin von St. Katharina zu Colmar an den Dominikaner Johannes Meyer, in dem fünf 1464 von dort in das elsässische Klosters Silo[9] entsandte Schwestern erwähnt werden.[10] Es ist davon auszugehen, dass dieser Text in Silo bekannt war.

In der Chronik nun erscheinen zunächst, anders als in dem eben erwähnten Brief, namenlos sieben Schwestern aus Silo, die auf Bitten des württembergischen Landesherrn Ulrichs des Vielgeliebten 1478 von Silo auszogen und im Straßburger Margarethenkloster[11] zehn Mitschwestern trafen, die ebenfalls zur Reform eines schwäbischen Konvents dienen sollten. Beiläufig bemerkt, handelt es sich bei dieser Gruppe, die dann nach Weiler bei Esslingen ging, zur Gänze um Konventualinnen, die kurz zuvor von St. Agnes in das neu reformierte Margarethenkloster gekommen waren. Dies ergibt sich aus der von Sigrid Hirbodian unlängst veröffentlichten Personalliste von St. Agnes.[12] Nach Aufenthalten in Pforzheim und Weiler gelangte die für Kirchheim bestimmte Gruppe nach Pfingsten 1478 an ihr Ziel. Nun erfährt der Leser auch, um wen es sich im Einzelnen handelt. Anders als bei den nach Weiler entsandten Schwestern kamen die sieben aus Silo entsandten Nonnen nicht, soweit sich das beurteilen lässt, ausschließlich vom Oberrhein:

6 Benutzt in der Edition von Christian Friedrich SATTLER, der die Chronikhandschrift selbst besaß und sie 1771 dem herzoglichen Archiv, dem heutigen Hauptstaatsarchiv Stuttgart, überließ (Eintrag auf Vorsatzblatt von HStA Stuttgart A 493 Bü 2: „Christianus Fridericus Sattler Archivo Ducali donat in hui memoriam die 1. Nov. 1771"). DERS.: Geschichte des Herzogthums Würtenberg unter der Regierung der Graven, Bd. 3, S. 114–116, S. 172–189; Bd. 4, S. 173–280, Tübingen ²1777. Zur handschriftlichen Überlieferung der Chronik vgl. LORENZ: Kremerin (wie Anm. 4); Heike UFFMANN: Wie in einem Rosengarten. Monastische Reformen des späten Mittelalters in den Vorstellungen von Klosterfrauen (Region in der Geschichte, Bd. 14), Bielefeld 2008, S. 330 sowie zuletzt Stefanie NEIDHARDT: Die Reise der Dominikanerinnen von Silo nach Kirchheim unter Teck 1478 im Kontext der spätmittelalterlichen Klosterreform, in: Zeitschrift für württembergische Landesgeschichte 72 (2013), S. 105–130, hier S. 109f.

7 Exemplarisch dazu: Dieter STIEVERMANN: Der Augustinermönch Dr. Conrad Holzinger. Kaplan, Rat und Kanzler des Grafen bzw. Herzogs Eberhard d. J. von Württemberg am Ende des 15. Jahrhunderts, in: Josef ENGEL (Hg.): Mittel und Wege früher Verfassungspolitik (Spätmittelalter und Frühe Neuzeit, Bd. 9), Stuttgart 1979, S. 356–405.

8 Vgl. UFFMANN: Rosengarten (wie Anm. 6), S. 147–150.

9 Annette BARTHELMÉ: La réforme dominicaine au XVe siècle en Alsace et dans l'ensemble de la province de Teutonie, Diss. Straßburg 1930; Médard BARTH: Handbuch der elsässischen Kirchen im Mittelalter, Nachdruck, Brüssel 1980, Sp. 1246–1247; Paul ADAM: Histoire religieuse de Sélestat, Bd. 1: Des origines à 1615, Sélestat 1967, S. 209–221, hier: S. 217–220; NEIDHARDT: Reise (wie Anm. 6), S. 114–116.

10 Vgl. ADAM: Histoire (wie Anm. 9), S. 219.

11 Vgl. BARTH: Handbuch (wie Anm. 9), Sp. 1381–1384; NEIDHARDT: Reise (wie Anm. 6), S. 116.

12 Vgl. HIRBODIAN: Dominikanerinnenreform (wie Anm. 1), S. 8f.

a) Die Priorin Barbara Bernheimerin

„[...] ein wol wissende geschyckte ersami liebe swester in geystlichen und zitlichen sachen",[13] so wird die erste Priorin des reformierten Klosters eingeführt. Sie kam als Kind in den Kirchheimer Konvent, ging dann, nach 26 Jahren, nach Silo, um in dieser observanten Gemeinschaft zu leben. In Silo war sie zwölf Jahre, so dass sie nach damaligen Begriffen schon als betagtere Frau nach Kirchheim zurückkam.[14] Obwohl ihr Eintritt ins Kloster im Kindesalter den Gedanken nahe legt, lässt sich kein Beleg dafür erbringen, dass sie aus einer Kirchheimer Familie stammt.[15] Nimmt man urkundliche Belege des Familiennamens in den Blick, so drängt sich eher die Vermutung auf, dass es sich um eine Niederadelsfamilie mit Besitz im östlichen Württemberg handelte. So erscheint im 15. Jahrhundert ein Bernheimer im Besitz der Mühle und eines Teils des Dorfes Ostheim,[16] und eine Reihe von Belegen im Hohenlohe Zentralarchiv Neuenstein festigen diese Vermutung.[17]

b) Die Subpriorin Elisabeth Herwartin

Eine ganz ähnliche Vita weist die zweite Nonne auf, die nach Kirchheim kam, die Subpriorin Elisabeth Herwartin. – „Von Jugend auf", so die Chronik, soll sie im Augsburger Kloster St. Katharina[18] gelebt haben. Über keine andere der Nonnen äußert sich Magdalena Kremerin so eingehend: „Und do si zu iren tagen kam, do gewann sy ein triben von gott in ir conscientz, das sy möchte kumen in das kloster zu schönensteynbach, das do daz erst und eltest closter in der observantz ist."[19]

Durch „Unfrieden" indes daran gehindert, bat sie in Silo um Aufnahme. Sie wurde dort zwei Jahre nach Barbara Bernheimerin aufgenommen und dann, nach zehn Jahren in Silo, nach Kirchheim als Subpriorin gesandt.[20] Ein solcher Weg ist keineswegs ohne Parallele; Barbara Langmentlin wurde laut Johannes Meyers Buch *Reformacio Prediger Ordens* ebenfalls als Kind nach St. Katharina gegeben und ging von dort nach Schönensteinbach. Marie-Luise Ehrenschwendtner hat eine Reihe derartiger „Karrieren" – darunter auch den Fall Elisabeth

13 Sattler: Chronik (wie Anm. 6), Bd. 4, S. 178. Zur Person vgl. auch Ecker: Geschichte (wie Anm. 2), Person 160 (S. 101).

14 Vgl. Eine beachtliche Parallele zu Barbara Krebs, die 1464 von Colmar nach Silo entsandt wurde und ebenfalls 26 Jahre im Konvent lebte, ehe sie fortging und in Silo erste observante Priorin wurde, vgl. Adam: Histoire (wie Anm. 9).

15 Überprüft wurde die Urkundenevidenz der Bestände A 493 (Kloster Kirchheim) und A 602 (Württembergische Regesten) im HStA Stuttgart, des Urkundenbestandes im Stadtarchiv Kirchheim unter Teck sowie die einschlägige ortsgeschichtliche Literatur.

16 Vgl. StA Ludwigsburg B 113 I (Erbschenken v. Limpurg) U 623 (1480 - 11 - 25). Die Herkunft aus dem Niederadel lässt auch die Überlieferung des Ritterkantons Hegau vermuten (Generallandesarchiv Karlsruhe, 123 Nr. 98 a), wo sich die Korrespondenz der Ritterschaft zum Sankt Georgenschild, insbesondere des Hauptmanns Bilgrim v. Reischach, u. a. mit Kunz Bernheimer findet.

17 Vgl. Hohenlohe-Zentralarchiv Neuenstein, GA 20, Schubl. XII, Urk. Nr. 1–4, Schubl. LXIV Nr. 1; ebd. GA 10, Schubl. 26 Nr. C 3, Schubl. L/A/Richtigungen Nr. 5. Unweit Bad Windsheims lag die mutmaßlich namengebende Burg Bernheim.

18 Vgl. den Artikel St. Katharina im digitalen Augsburger Stadtlexikon, URL: http://www.stadtlexikon-augsburg.de/index.php?id=114&tx_ttnews[swords]=st.%20katharina&tx_ttnews[tt_news]=4348&tx_ttnews[backPid]=115&cHash=20e4b8ba53 (Zuletzt aufgerufen am 08.09.2013).

19 Sattler: Chronik (wie Anm. 6), Bd. 4, S. 178-179; Ecker: Geschichte (wie Anm. 2), Person 195 (S. 104).

20 Vgl. Sattler: Chronik (wie Anm. 6), Bd. 4, S. 178-179.

Herwartins – zusammengetragen. Demnach gingen etliche Nonnen, die mit einem laxen Leben unzufrieden waren, in strengere Konvente.[21]

Anders als im Fall der Bernheimerin ist die Herkunftsfamilie bekannt. Bei den Herwart handelt es sich um eine der einflussreichsten Patrizierfamilien der Reichsstadt Augsburg, die dort bereits seit dem 12. Jahrhundert nachweisbar sind. Im 15. und 16. Jahrhundert waren sie vorwiegend Großkaufleute und hatten außer in Augsburg auch Nachfahren im Patriziat der Städte Ulm, Esslingen, Donauwörth und Rothenburg.[22] Leider ist sie damit eine Ausnahme, denn über die Herkunft der weiteren Personen ist weit weniger bekannt.

c) Die Schaffnerin Barbara „von Speier"

Sie hat nach Aussage der Chronik bereits vor der Reform Silos im dortigen Kloster gelebt und die Einführung der Observanz unterstützt.[23] Somit scheidet auch aus, hinter ihrem Lebensweg den Gang vom Speyerer Konvent nach Schlettstadt, sozusagen nach dem Muster Barbara Bernheimerins und Elisabeth Herwartins, zu vermuten, denn Speyer wie Silo wurden im selben Jahr der Observanz zugeführt.[24] In Kirchheimer Quellen erscheint sie prominent als Verantwortliche in dem 1486 angelegten Rechnungsband über Einnahmen und Ausgaben des Klosters.[25]

d) Magdalena Kremerin

Dank den Vorarbeiten von Francis Rapp kann die Herkunft der „Küsterin, Singerin, Novizenmeisterin und Texturschreiberin" Magdalena Kremerin weitgehend als geklärt gelten.[26] Demnach stammt sie aus bürgerlicher Familie aus Oberkirch bei Straßburg. Der Vater Johannes ist in Oberkirch 1448 als Stadtschreiber nachgewiesen.[27] Magdalena Kremerin trat in das obser-

21 Vgl. Marie-Luise EHRENSCHWENDTNER: Die Bildung der Dominikanerinnen in Süddeutschland vom 13. bis 15. Jahrhundert (Contubernium. Tübinger Beiträge zur Universitäts- und Wissenschaftsgeschichte, Bd. 60), Stuttgart 2004, S. 143. Zuletzt DIES.: Virtual Pilgrimages? Enclosure and the practice of piety at St. Katherine's convent, in: The journal of ecclesiastical history 60 (2009), S. 49-51.

22 Vgl. Friedrich BLENDINGER: Herwart(h) (Harwardus, Herbort, Herwort, Hörwart), in: Neue Deutsche Biographie 8 (1969), S. 720f., Onlinefassung. URL: http://www.deutsche-biographie.de/sfz30376.html (Zuletzt aufgerufen am 08.09.2013).

23 SATTLER: Chronik (wie Anm. 6), Bd. 4, S. 179; ECKER: Geschichte (wie Anm. 2), Person 199 (S. 105).

24 Vgl. BARTHELMÉ: Réforme (wie Anm. 9), S. 82.

25 Vgl. HStA Stuttgart A 493 Bü 1. Ich verdanke die Kenntnis der namentlichen Nennung Barbaras von Speier dem freundlichen Hinweis von Magdalene Rückert, Ludwigsburg.

26 Stefanie Neithardt: Kremerin, Magdalena, in: Biographisch-Bibliographisches Kirchenlexikon Bd. 35 (2014) Sp. 828–830. URL: www.bbkl.de/lexikon/bbkl-artikel.php?art=./K/Kr/kremerin_m.art (Zuletzt aufgerufen am 2.2.2015).

27 Zuvor etliche Nachweise eines Stadtschreibers dieses Namens in Rappoltstein – evtl. dessen Vater? Vgl. Gerhart BURGER: Die südwestdeutschen Stadtschreiber im Mittelalter (Beiträge zur schwäbischen Geschichte, Heft 1–5), Böblingen 1960, S. 305. Diverse Straßburger Kleriker „dictum Cremer" o. ä. lassen sich bereits im 14. Jahrhundert nachweisen, vgl. Urkundenbuch der Stadt Straßburg, Bd. 7: Privatrechtliche Urkunden und Rathslisten von 1332 bis 1400, bearb. von Hans WITTE, Straßburg 1900, S. 2, S. 12, S. 175, S. 288, S. 514, S. 629, S. 645, S. 674. Ein weiterer Kleriker dieses Namens im elsässischen Truchtersheim unweit von Straßburg bei BARTH: Handbuch (wie Anm. 9), Sp. 1585. Kein Nachweis hingegen bei Jacques HATT: Liste des membres du Grand Sénat de Strasbourg (...) du xiii siècle à 1789, Strasbourg 1963.

vante Kloster Silo ein. In der Chronik heißt es, dass sie von Straßburg nach Silo gekommen sei.[28]

e) Die Raderin und Unterschaffnerin Christina von Rinaw[29]

Bei ihr könnte es sich nun um eine Konventualin mit oberrheinischem Hintergrund handeln, gibt es doch einen Ort Rhinau im Elsass, allerdings auch ein Rheinau im heutigen schweizerischen Kanton Zürich. Ungeklärt bleibt dann allerdings der Tatbestand, dass die Chronik von einem Dialog des Augustinereremiten Konrad Holzinger mit der – namentlich nicht genannten – Raderin berichtet, von der es heißt, sie habe Eltern in Kirchheim.[30]

f) Die „Zyrkerin" Katharina (Mayerin, Meygerin)[31]

g) Die Küchenmeisterin Fida („Trüw")[32]

Über diese Laienschwester, die als Küchenmeisterin diente, lässt sich wenig sagen. Die Chronik erwähnt ihre Rolle bei dem Versuch, mithilfe zweier Novizinnen das über das Kloster verhängte Lebensmittelembargo zu umgehen.[33]

Neben diesem Bestand von Reformschwestern, die aus Silo nach Württemberg kamen, erscheinen in der Chronik sechs Schwestern, die wie Barbara Bernheimerin zunächst den umgekehrten Weg, von Kirchheim nach Silo, genommen haben:[34] Die ehemalige Priorin Elisabeth von Gültlingen,[35] Anna von Gültlingen „die Jüngere",[36] Elisabeth von Gültlingen „die Jüngere", Anna Lutlin sowie Elisabeth Russin. Mit Ausnahme der Lutlin handelte es sich durchweg um regionalen Niederadel. Und anders als im Fall der späteren Kirchheimer Priorin Barbara Bernheimerin gab es vermutlich keine Rückkehr nach Kirchheim, sei es aus Alters- oder aus anderen Gründen. In dieser Gruppe wird die von Ulrich Ecker ausgemachte althergebrachte Struktur des Kirchheimer Konvents sichtbar, der sozial durch den Niederadel und regional durch

28 Vgl. Sattler: Chronik (wie Anm. 6), Bd. 4, S. 179; Ecker: Geschichte (wie Anm. 2), Person 196 (S. 104); Lorenz: Kremerin (wie Anm. 4); Götz: Erwähnung (wie Anm. 3), S. 186; Neidhardt: Reise (wie Anm. 6), S. 109.

29 Vgl. Sattler: Chronik (wie Anm. 6), Bd. 4, S. 179; Ecker: Geschichte (wie Anm. 2), Person 198 (S. 105).

30 Vgl. Sattler: Chronik (wie Anm. 6), Bd. 4, S. 225.

31 Vgl. Ecker: Geschichte (wie Anm. 2), Person 197 (S. 104); Benediktinerstift St. Paul im Lavanttal, Cod. 71/1, fol. 23r.

32 Vgl. Ecker: Geschichte (wie Anm. 2), Person 200 (S. 105).

33 Vgl. Sattler: Chronik (wie Anm. 6), Bd. 4, S. 231.

34 Vgl. Sattler: Chronik (wie Anm. 6), Bd. 4, S. 180. Vermutlich erfolgte dieser Wechsel erst wenige Jahre vor der Reform, da die zuerst genannte Elisabeth von Gültlingen (vgl. die folgende Anm.) noch 1476 urkundlich erscheint, vgl. Ecker: Geschichte (wie Anm. 2), Regest 481 (S. 334).

35 Allein sie erscheint im Kirchheimer Nekrolog (St. Paul im Lavanttal, Cod. 71/1, fol. 32v), Ecker: Geschichte (wie Anm. 2) Person 175 (S. 102). Ob damit die Memoria für die einstige Priorin aufrecht erhalten wurde oder dies als Hinweis für eine spätere Rückkehr gewertet wird, sei dahingestellt. Wohl eine Verwandte, Barbara von Gültlingen, wechselte 1477 vom Wildberger Konvent nach Silo, vgl. Registrum litterarum Raymundi de Capua 1386–1399, Leonardi de Mansuetis 1474–1480, hg. von Benedikt Maria Reichert (Quellen und Forschungen zur Geschichte des Dominikanerordens in Deutschland, Bd. 6), Leipzig 1911, S. 120.

36 Im Kirchheimer Konvent gab es mehrere Schwestern dieses Namens, darunter auch eine, die dem 14. Jahrhundert zugeordnet werden kann. Demzufolge ist eine Identifizierung mit den beiden im Nekrolog genannten Schwestern (St. Paul im Lavanttal, Cod. 71/1, fol. 7r, fol. 9r) kaum möglich. Beide Einträge wurden von erster Hand vorgenommen. Urkundliche Belege 1368–1465 bei Ecker: Geschichte (wie Anm. 2), Regesten 253, 346, 360, 422, 423 sowie Person 156 (S. 100).

die Nähe zu Kirchheim geprägt ist. Dies entspricht vor allem in regionaler Hinsicht ziemlich genau dem Profil der in der Chronik weiter genannten 22 Nonnen, die bei der Reform 1478 namentlich genannt werden:[37]

regional
- Kirchheim (5), Nürtingen (2), Beuren (1)
- Reichsstädte (1) (Reutlingen)
- andere Territorien: (1) (Vorderösterreich, Rottenburg/Neckar)

sozial
- eine illegitime Tochter Graf Ulrichs V. von Württemberg (?)[38]
- Niederadel (4)
- Bürgerliche/Bauern 18

Erwähnenswert ist gerade vor diesem Hintergrund, dass von der Subpriorin des alten Konvents, Katharina Heberlingin, gesagt wird, dass sie, ähnlich wie die Reformnonnen, bereits eine Wanderschaft hinter sich hatte und von dem reformierten Konvent Maria Medingen nach Kirchheim gekommen war. Sie war es auch, die die Einführung der Observanz unterstützte.[39]

Ganz anders nun sahen die Zugänge nach der Reform aus, die ebenfalls Aufnahme in die Chronik gefunden haben. Es handelt sich um insgesamt 17 Konventualinnen und 6 Laienschwestern. Was die regionale Herkunft anbelangt, so kommen nun nurmehr vier sicher aus der näheren Umgebung Kirchheims (Kirchheim 1, Gutenberg 1, Neckartailfingen 1, Neuffen 1), während drei weitere von anderen Dominikanerinnenkonventen (Sirnau, Offenhausen, Medingen), eine weitere vom Stift St. Stefan in Augsburg nach Kirchheim kamen. Hingegen entstammten gleich sieben Nonnen dem reichsstädtischen Patriziat (Ulm 5, Biberach (?) 1, Nürnberg 1) und eine in etwa gleich große Gruppe der Ehrbarkeit württembergischer Amtsstädte (Stuttgart 5, Tübingen 1, Urach 1).[40] Der Anteil des Niederadels bleibt niedrig, wobei allerdings gerade die Leitung des Hauses in späterer Zeit nicht selten in Händen von adeligen Frauen

37 Vgl. SATTLER: Chronik (wie Anm. 6), Bd. 4, S. 179f.

38 Die vielfach in der Literatur erscheinenden Zuweisungen dieser Elisabeth von Kirchheim gehen wohl allesamt auf eine Notiz Oswald GABELKOVERS zurück. Ein zeitgenössischer Beleg konnte nicht beigebracht werden, vgl. Beschreibung des Oberamts Kirchheim, Stuttgart 1841, S. 133; ECKER: Geschichte (wie Anm. 2), Person 174 (S. 102); Bernhard NEIDIGER: Das Dominikanerkloster Stuttgart, die Kanoniker vom gemeinsamen Leben in Urach und die Gründung der Universität Tübingen. Konkurrierende Reformansätze in der württembergischen Kirchenpolitik am Ausgang des Mittelalters (Veröffentlichungen des Stadtarchivs Stuttgart, Bd. 58), Stuttgart 1993, S. 21. Bei den Pfullinger Klarissen sollte eine – legitime – Tochter Ulrichs V. namens Katharina untergebracht werden, die dann aber nach Adelberg ging, vgl. Rahel BACHER: Klarissenkonvent Pfullingen. Fromme Frauen zwischen Ideal und Wirklichkeit (Schriften zur südwestdeutschen Landeskunde, Bd. 65), Ostfildern 2009, S. 84 sowie Thomas FRITZ: Ulrich der Vielgeliebte (1441–1480). Ein Württemberger im Herbst des Mittelalters (...) (Schriften zur südwestdeutschen Landeskunde, Bd. 25), Leinfelden-Echterdingen 1999, S. 311.

39 Vgl. SATTLER: Chronik (wie Anm. 6), Bd. 4, S. 179f; ECKER: Geschichte (wie Anm. 2), Person 182 (S. 103). Als eine der wenigen Nonnen, die in dieser Auflistung erscheinen, wurde ihr ein Eintrag im Nekrolog zugebilligt, St. Paul im Lavanttal, Cod. 71/1, fol. 8r.

40 Bei der Dienerin Barbara Gonzagas, Katharina Schriber, (SATTLER: Chronik (wie Anm. 6), Bd. 4, S. 280; ECKER: Geschichte (wie Anm. 2), Person 224 (S. 108)) ist evtl. an die Familie des eng mit dem Hof Eberhards im Bart verbundene Familie Schriber in Urach zu denken. Dazu jetzt Regina CERMANN: Stephan Schriber und der Uracher Hof – samt Neuinterpretation der Palme Graf Eberhards im Bart, in: Stadt, Schloss, Residenz Urach. Neue Forschungen. Zur Geschichte von Stadt, Schloss und Residenz Urach, hg. von Klaus Gereon BEUCKERS und Patricia PESCHEL, Regensburg 2014, S. 53–83, hier: S. 53–65.

lag.[41] Zu nennen ist weiter die Stieftochter des adeligen Hofmeisters Graf Eberhards des Jüngeren, Ulrich von Flehingen, Agatha von Franckenstein.[42]

Größe des Konvents

Neben regionaler wie sozialer Herkunft lässt sich aus der Chronik und aus weiteren Quellen auch eine Aussage zur Größe des Konventes treffen. Beim Kirchheimer Johanneskloster handelte es sich um ein wohlhabendes, somit auch personalstarkes Haus. Die chronikalische Angabe von einem 80-köpfigen Konvent im 13. Jahrhundert[43] erscheint aufgrund von Nachrichten des 14. Jahrhunderts durchaus plausibel.[44] Der auch andernorts zu beobachtende, darauf folgende Niedergang zeigt sich auch hier. Wie gesehen wurden bei Ankunft der Nonnen aus Silo nurmehr 22 Schwestern in Kirchheim gezählt. Nach 23 Neuzugängen sind am Ende des 15. Jahrhunderts ca. 50 Nonnen anzunehmen.[45] Dieser Aufschwung zeigt sich noch 1521, als 52 Schwestern im Kloster gelebt haben sollen.[46] Damit war das Kircheimer Johanneskloster größer als die meisten Konvente von Dominikanerinnen und Franziskanerinnen im Südwesten.[47] Einen Hinweis auf eine Begrenzung des Konvents wie etwa im Fall von Himmelskron bei Worms, wo 1307 der Konvent auf 52 Nonnen beschränkt wurde, oder in Weiler, wo dies 1362 erfolgte,[48] liegt allerdings für Kirchheim nicht vor.

41 Dies gilt für Frauen aus dem hochadeligen Haus Helfenstein, die gleich zwei Priorinnen, Ursula (+ 1576) und Barbara von Helfenstein (+ 1557), stellten. Auch die Schwester Barbaras, Appolonia, war Konventualin, während deren mutmaßliche Mutter, Elisabeth von Helfenstein, geb. Schenkin von Limpurg, über einen Jahrtagseintrag im Nekrolog verfügte, St. Paul im Lavanttal, Cod. 71/1, fol. 21r. Dazu ECKER: Geschichte (wie Anm. 2), S. 109f. und Regesten 574, 598, 601, 603, 607, 609; GÖTZ: Erwähnung (wie Anm. 3), S. 177, S. 193. Schließlich ist auch die Priorin Veronika von Wernau zu nennen, deren Priorat wohl 1525 endete, vgl. ECKER: Geschichte (wie Anm. 2), Regest 574; GÖTZ: Erwähnung (wie Anm. 3), S. 177.

42 Vgl. HStA Stuttgart, A 493 Bü 2, Vorsatzblatt: „S. Agatha von franckensteyn des von flehingen stieffdochter"; St. Paul im Lavanttal, Cod. 71/1, fol. 10v. Die Chronik erwähnt die Bitte Ulrichs von Flehingen um ihre Aufnahme in den Konvent, SATTLER: Chronik (wie Anm. 6), S. 215f.; ECKER: Geschichte (wie Anm. 2), Regest 516 (S. 342), Person 205 (S. 105).

43 Vgl. ECKER: Geschichte (wie Anm. 2), S. 79f. aufgrund Crusius sowie SATTLER: Chronik (wie Anm. 6), Bd. 4, S. 177. Dazu auch Beschreibung des Oberamts Kirchheim, bearb. von Rudolf MOSER, hg. von dem Königlich statistisch-topographischen Bureau, Stuttgart, Tübingen 1842, S. 133.

44 Eine Stiftungsurkunde von 1346 nennt ein jährliches Einkommen von 1 lb 15,5 s zuzüglich 10 h für Hühner, das gemäß den Bestimmungen der Stiftung für drei Klosterkapläne und ca. 70 Nonnen ausgelegt war, vgl. GÖTZ: Erwähnung (wie Anm. 3), S. 176.

45 Vgl. ECKER: Geschichte (wie Anm. 2), S. 80f.; UFFMANN: Rosengarten (wie Anm. 6), S. 148.

46 Vgl. ECKER: Geschichte (wie Anm. 2), S. 80f., aufgrund HStA Stuttgart J 1 Nr. 8 (Oswald GABELKOVER: Kollektaneen zu Klöstern und Stiften).

47 Sirnau war größer, die meisten Konvente aber kleiner. Kloster Silo soll 1530 40 Nonnen aufgewiesen haben, vgl. BARTH: Handbuch (wie Anm. 9), Sp. 1247. Von Interesse mag auch ein Vergleich mit dem Klarissenkloster im nahen Pfullingen sein. Rahel BACHER konnte für die gesamte Zeit des Bestehens dieses Hauses 202 Namen festmachen. 1413 umfasste der Konvent 64, 1461, nach der Reform, mit 31 Schwestern aus Brixen 71 Nonnen. Dies war gleichzeitig der zahlenmäßige Höhepunkt. 1472 waren nurmehr 39, 1534 38 zu verzeichnen, BACHER: Klarissenkonvent (wie Anm. 38), S. 78f.

48 Susanne UHRLE: Das Dominikanerinnenkloster Weiler bei Esslingen (1230–1571/92). (Veröffentlichungen der Kommission für Geschichtliche Landeskunde Baden-Württemberg, Reihe B, Bd. 49), Stuttgart 1968, S. 36.

Zusammenfassung

Wenn wir die Entwicklung des Konvents über einen längeren Zeitraum überblicken, so lässt sich, gestützt auf Ulrich Ecker,[49] wie folgt resümieren: Grundsätzlich stand der Konvent allen sozialen Schichten offen, allerdings überwogen wohlhabende Familie, die sich aus dem regionalen Adel, reichsstädtischem Patriziat und württembergischen städtischen Führungsschichten rekrutierten.[50] Nonnen bürgerlicher Herkunft sind im 15. Jahrhundert zusehends stärker vertreten; eine Entwicklung, die andernorts ebenso nachweisbar ist und teilweise schon erheblich früher erfolgte.[51] Diese Tendenz findet sich auch im Profil der 1478 von Silo nach Kirchheim gelangten Reformnonnen. Auf das bemerkenswerte Faktum, dass der Zustrom nach der Reform besonders stark aus zwei Orten, nämlich Stuttgart und Ulm erfolgte, hat bereits Ecker hingewiesen.[52] Eine gewisse Parallele hierzu findet sich in den württembergischen Dominikanerinnenklöstern Weiler[53] und Offenhausen.[54] Doch darf dies nicht darüber hinwegtäuschen, dass, „obwohl das Kloster seit der Reform in den Einflussbereich aufstrebender städtischer Geschlechter geraten war", so Ecker treffend, „[...] sich doch weiterhin adlige Schwestern in der Führung des Klosters"[55] auch im 16. Jahrhundert weiter behaupteten. Im zweiten Teil wird nun versucht, anhand des Nekrologes weitere Anhaltspunkte für die soziale Zusammensetzung des Kirchheimer Konvents erhalten.

49 ECKER: Geschichte (wie Anm. 2), S. 123-130; vgl. auch UFFMANN: Rosengarten (wie Anm. 6), S. 148.

50 Dieser Befund ist allerdings ein Stück weit einer quellenbedingten Verzerrung geschuldet, da naturgemäß Frauen aus reichen und einflussreichen Häusern sehr viel leichter zugeordnet werden können als einfache Nonnen, die zuweilen nur mit ihren Vornamen auftauchen.

51 Vgl. Christian FOLINI, Alberto PALAIA: Die Dominikanerinnenklöster Töß und St. Katharinental. Sozialgeschichtliche Annäherungen, in: Gabriela SIGNORI (Hg.): Lesen, Schreiben, Sticken und Erinnern. Beiträge zur Kultur- und Sozialgeschichte mittelalterlicher Frauenklöster (Religion in der Geschichte, Bd. 7), Bielefeld 2000, S. 91–108.

52 „Auffällig ist der nun einsetzende Zugang bürgerlicher Nonnen aus Stuttgart. Darunter befanden sich Frauen aus der württembergischen Ehrbarkeit.", ECKER: Geschichte (wie Anm. 2), S. 129.

53 Vgl. UHRLE: Dominikanerinnenkloster (wie Anm. 48).

54 Vgl. Dieter STIEVERMANN: Gründung, Reform und Reformation des Frauenklosters zu Offenhausen. Der Dominikanerinnenkonvent Gnadenzell im Spannungsfeld zwischen Stifterfamilie und Landesherrschaft, in: Zeitschrift für württembergische Landesgeschichte 47 (1988), S. 149–202, hier: S. 164f.

55 ECKER: Geschichte (wie Anm. 2), S. 130.

Der Nekrolog (Stift St. Paul Cod. 71/1)[56]

Der Nekrolog des Kirchheimer Johannesklosters ist der Forschung, nicht zuletzt dank eines schon im 19. Jahrhundert in St. Paul gefertigten Exzerptes[57] bereits seit langem bekannt und wurde etwa von Ulrich Ecker herangezogen. Bis heute ist diese wichtige Quelle jedoch weder ediert noch systematisch untersucht worden. Aus diesem Grund werden einige Bemerkungen dazu vorausgeschickt, die allerdings eine gründliche Untersuchung keineswegs ersetzen können, noch sollen.

Der Kirchheimer Nekrolog erscheint an erster Stelle einer üblicherweise als Kapiteloffiziumsbuch[58] bezeichneten liturgischen Sammelhandschrift zusammen mit dem Martyrolog des Usuard, Evangelientexten und Teilen der Ordensregel. Bislang dem Oberrhein bzw. einer Straßburger Werkstatt zugewiesen,[59] geht Jeffrey Hamburger in einer kürzlich publizierten Studie zumindest von einer weiteren Bearbeitung, wenn nicht von einer Entstehung dieser wie ebenso der zweiten aus Kirchheim stammenden St. Pauler Handschrift in Kirchheim aus. Ein Argument dafür ist die nachweisliche Bindung der liturgischen Handschrift St. Paul im Lavanttal, Cod. 62/1[60] im nahen Esslingen,[61] ein weiteres die Zuweisung der zahlreichen Miniaturen des Martyrologs an Magdalena Kremerin.[62]

Die Nekrologüberlieferung aus Dominikanerinnenklöstern ist breit gestreut. So hat Martin Armgart auf den im 17. Jahrhundert angelegten, jedoch auf älterer Vorlage eines „Seel-

---

56 Vgl. Christine Glassner: Inventar der Handschriften des Benediktinerstiftes St. Paul im Lavanttal bis ca. 1600, URL: http://www.ksbm.oeaw.ac.at/stpaul/inv/mss1.htm (zuletzt aufgerufen am 18.05.2013); Das tausendjährige St. Blasien. 200jähriges Domjubiläum. Ausstellung vom 2. Juli bis 2. Oktober 1983, Bd. 1: Katalog, Karlsruhe 1983, S. 156f.; Felix Heinzer: „Scalam ad coelos“ – Poésie liturgique et image programmatique. Lire une miniature du livre du chapitre de l'abbaye de Zwiefalten, in: Cahiers de Civilisation Médiévale 44 (2001), S. 329–348, hier S. 334; Jeffrey F. Hamburger: „Kollektar“ und „Kapiteloffiziumsbuch“, in: Gerfried Sitar (Hg.): Macht des Wortes. Benediktinisches Mönchtum im Spiegel Europas, Ausstellung vom 26. April bis 8. November 2009 in der Benediktinerabtei St. Paul im Lavanttal, Bd. 2: Katalog, Regensburg 2009, S. 277; Ders.: Magdalena Kremer. Scribe and Painter of the Choir and Chapter Books of the Dominican Convent of St. Johannes-Baptista in Kirchheim unter Teck, in: Richard Linenthal, James Marrow, William Noel (Hgg.): The Medieval Book. Glosses from Friends & Colleagues of Christopher de Hamel, Houten 2010, S. 124–149, hier: S. 127 (Übersetzung im vorliegenden Band); Felix Heinzer: Claustrum non manufactum – Innenräume normativer Schriftlichkeit, in: Schriftkultur und religiöse Zentren im norddeutschen Raum, hg. von Patrizia Carmassi u. a. (Wolfenbütteler Mittelalter-Studien, Bd. 24), Wiesbaden 2014, S. 145–148.

57 Vgl. HStA Stuttgart A 493 Bü 3: „Abschrift eines in St. Paul im Lavantthale befindlichen Nekrologiums des Dominikanerinnenklosters Kirchheim aus dem ersten Drittel des 16. Jahrhunderts“. Kopie demnach wohl von Paul Friedrich von Stälin, vgl. Ders.: Über die Archivalien württembergischer Klöster in der Abtei St. Paul in Kärnten, in: Württembergische Vierteljahreshefte für Landesgeschichte, Neue Folge 1 (1892), S. 58–64, bes. S. 63.

58 Vgl. Jean-Loup Lemaître: Liber Capituli. Le livre du chapitre, des origines aux XVIe siècle. L'exemple français, in: Karl Schmid und Joachim Wollasch (Hg.): Memoria. Der geschichtliche Zeugniswert des liturgischen Gedenkens im Mittelalter. Bestandteil des Quellenwerks Societas et Fraternitas (Münstersche Mittelalter-Schriften, Bd. 48) München 1984, S. 625–648. Zuletzt Monika Seifert: Die Entwicklung der Memorialkultur vom Mittelalter bis zur frühen Neuzeit am Beispiel des Totengedenkens im Kloster Lorsch, in: Peter Erhart und Jakob Kuratli Hüeblin (Hgg.): Bücher des Lebens – lebendige Bücher. zur Ausstellung des Stiftsarchivs St. Gallen „Bücher des Lebens – lebendige Bücher“ im Kulturraum des Regierungsgebäudes, 16. September bis 14. November 2010, St. Gallen 2010, S. 222–225.

59 Vgl. Katalog St. Blasien (wie Anm. 56), S. 156f.

60 Vgl. Glassner: Inventar (wie Anm. 56); Katalog St. Blasien (wie Anm. 56), S. 156; Hamburger: Kollektar (wie Anm. 56), S. 276–277.

61 Hamburger, Magdalena Kremer (wie Anm. 56), S. 129, vgl. http://www.hist-einband.de: Werkstatt Nr. w000103 (= Kyriss Nr. 129), Stempel Nr. s008729 sowie Götz: Erwähnung (wie Anm. 3), S. 193.

62 Vgl. auch den Beitrag von Anne Winston-Allen und Jeffrey Hamburger in diesem Band.

buchs" beruhenden Nekrolog des Klosters am Hasenpfuhl in Speyer hingewiesen.[63] Bei einem weiteren Speyerer Dominikanerinnenkonvent, St. Lambrecht, wurde der im 13. Jahrhundert angelegte Nekrolog in späterer Zeit mit dem Anniversar des Klosters zusammengebunden.[64] Isnard Frank, der eine der wenigen modernen Editionen einer Memorialquelle dominikanischer Provenienz vorgelegt hat, stand das Jahrtagsbuch des Dominikanerklosters in Mainz zur Verfügung.[65] Auch aus den schweizerischen Häusern Töß und Klingenthal liegen Nekrologe vor.[66]

Die Einbettung des Nekrologs in die Handschrift nach Kirchheimer Manier hat ebenfalls eine Reihe von Parallelen. Aus dem 1227 gegründeten und schon früh reformierten Konvent der Dominikanerinnen zu Himmelskron bei Worms liegt ein Kapiteloffiziumsbuch vor, dessen Entstehung sich vom Ende des 13. bis ans Ende des 15. Jahrhunderts erstreckte.[67] Ein Großteil der Handschrift kann einem Wormser Dominikaner namens Wilhelm zugeschrieben werden.[68] Der Himmelskroner Nekrolog (fol. 88-141) aber entstand erst im 15. Jahrhundert aufgrund einer älteren Vorlage, die bis in die Anfangszeit des Klosters zurückreicht. Er enthält Einträge zu Stifterfamilie, Konvent, Provinzialen sowie Wormser Klerikern und Bürgern mit Anniversarstiftungen. Ein weiteres Beispiel stammt aus dem Dominikanerinnenkloster Heilig Kreuz in Regensburg.[69] Die im 14. Jahrhundert entstandene Handschrift enthält den Nekrolog ebenfalls zusammen mit dem Martyrolog des Usuard, liturgischen Vorschriften und der Ordensregel sowie eine Vita des Ordensgründers Dominikus. Der Nekrolog wurde bis ins 18. Jahrhundert fortgeführt. Auch hier erscheinen wie in Himmelskron Jahrtage unterschiedlicher Qualitäten, die auch graphisch unterschieden wurden: Bei Einträgen in roter Tinte hieß es: „derselben menschen iartag sol man alle jar ewiclich begen mit vigili und mit selmesse", solche in schwarzen Tinte bezeichneten andere, „der sol man sust gedencken noch unsers ordens gewonheit."[70]

Des Öfteren ist die Kombination einfacher Kalendarien zusammen mit Psaltern bzw. Brevieren für die täglichen Gebetspensen anzutreffen.[71] Generell lässt sich also sagen, dass bei

63 Vgl. Martin ARMGART: *Hat dass closter zugenommen nach der reformation in güttern, zinsen und gulten*. Klosterreform und Wirtschaft bei den Speyerer Dominikanerinnen, in: SIGNORI: Lesen (wie Anm. 51), S. 11–26, hier S. 22f.

64 Vgl. Das Seelbuch des Dominikanerinnenklosters St. Lambrecht (13.–14. Jahrhundert), bearb. von Gerhard FOUQUET (Schriften des Diözesan-Archivs Speyer, Bd. 12), Speyer 1990, S. LIV.

65 Vgl. Isnard W. FRANK: Das Totenbuch des Mainzer Dominikanerklosters. Kommentar und Edition (Quellen und Forschungen zur Geschichte des Dominikanerordens, NF Bd. 3), Berlin 1993.

66 Vgl. FOLINI/PALAIA: Dominikanerinnenklöster (wie Anm. 51), S. 93–95.

67 Vgl. Hessische Hochschul- und Landesbibliothek Fulda, Cod. Aa 101.

68 Vgl. Regina HAUSMANN: Die theologischen Handschriften der Hessischen Landesbibliothek Fulda bis zum Jahr 1600. Codices Bonifatiani 1–3. Aa 1–145a (Die Handschriften der Hessischen Landesbibliothek Fulda, Bd. 1, hg. von Hartmut BROSZINSKI), Wiesbaden 1992, S. 202–205.

69 Vgl. Paris, Bibliothèque National, Nouv. acq. lat. 772, Teiledition in MGH Necrologia Germaniae, Bd. 3, hg. von Franz Ludwig BAUMANN, Berlin 1905, S. 293-300. Vgl. Paul MAI: Die mittelalterliche Klosterbibliothek und ihre Schätze, in: Christine Andrä u. a.: 750 Jahre Dominikanerinnenkloster Heilig Kreuz Regensburg. Ausstellung im Diözesanmuseum Regensburg, 22. Juli bis 18. September 1983 (Große Kunstführer, Bd. 114; Kataloge und Schriften/Kunstsammlungen des Bistums Regensburg, Diözesanmuseum Regensburg, Bd. 1), München, Zürich 1983, S. 44; HEINZER: Poésie liturgique (wie Anm. 56), S. 334.

70 MGH, Necr., Bd. 3 (wie Anm. 69), S. 293.

71 Aus St. Agnes bei Straßburg stammt ein Psalterium feriatum (ca. 1457-1460), jetzt WLB Stuttgart Cod. brev. 45 (vgl. auch Anm. 77), aus St. Katharina in Nürnberg, später Altenhohenau (,): BSB München Clm 28268 (um 1455/1460). Zu dem in St. Katharina (St. Gallen) entstandenen Brevier Klosterarchiv St. Katharina Wil (Schweiz), M 3 vgl. Simone MENGIS: Schreibende Frauen um 1500. Scriptorium und Bibliothek des Dominikanerinnenklosters St. Katharina St. Gallen (Scrinium Friburgense, Bd. 28), Berlin u. a. 2013, S. 284f. (Nr. 12) sowie ebd. Abb. 7. Ein Kalendarium mit Brevier und Psalter, jetzt Badische Landesbibliothek Karlsruhe, Cod. St. Peter perg. 26 (13.-15. Jahrhundert) stammt aus einem Dominikanerkloster und wurde im Frauenkloster Maria Hof Neidingen weiter benutzt.

der Kirchheimer Handschrift von einer bei den Dominikanerinnen durchaus üblichen Kombination von Gebets- und Textzyklen mit einem kalendarischen Teil, der je unterschiedlich ausgestaltet sein konnte, gesprochen werden kann.

Der Nekrolog am Anfang des Kapiteloffiziumsbuchs (Abb. 1) entspricht in formaler Hinsicht zeitgenössischen Mustern. Das kalendarische Gerüst enthält die goldene Zahl, den Sonntagsbuchstaben zur Ermittlung des Ostertermins und der Sonntage, sodann die Tageszählung nach dem römischen Kalender sowie die Nennung der kirchlichen Feiertage bzw. der Heiligenfeste.[72] Letztere zeigen die im Dominikanerorden gewohnten Heiligen-[73] und Festtage[74] sowie, und das macht eben eine Entstehung im Südwesten plausibel, eine Reihe von Heiligen, die in den Diözesen Konstanz und Augsburg besonders verehrt wurden.[75] Man darf somit mit guten Gründen davon ausgehen, dass die elsässischen Reformnonnen, die ja nachweislich Bücher in die neuen Konvente mitgebracht haben,[76] ohne diesen Kodex angereist sind. Dies zeigt bereits ein Abgleich mit einem in Stuttgart verwahrten Psalter (Abb. 2), dem ein ab dem Monat März erhaltener Kalender vorgeschaltet ist.[77] Der Band nennt Vorbesitzer in oberrheinischen Konventen, gelangte nach St. Agnes in Straßburg, nach der Zusammenlegung dieses Kloster an St. Margarethen, ebenfalls in Straßburg, um schließlich, so muss man vermuten, mit den Schwestern nach Weiler bei Esslingen zu wandern. Vergleicht man nun die beiden Heiligenkalender, zeigt sich schnell, dass in dem oberrheinischen Exemplar einige charakteristische Heilige fehlen, wie etwa Ulrich, Konrad und Gallus. Andererseits fehlen dem Kirchheimer Kalender die „Straßburger“ Heiligen Arbogast (20.07.) und Florentius (10.10.).

Im Hinblick auf eine Datierung der Quelle ist der Eintrag des Festes der hl. Anna am 26. Juli[78] von Interesse, denn die Mutter Mariens fand erst 1481 Aufnahme in das Kalendarium Romanum.[79] Eine Schwierigkeit bei der Heranziehung der Heiligenfeste für die Datierung be-

72 vgl. Peter-Johannes Schuler: Kalender, Kalendarium, in: LexMA, Bd. 5, Sp. 866; ausführlich: Karl Mütz: „Computus Chirometralis“. Spätmittelalterliches Lehrbuch für Kalenderrechnung (...) (Tübinger Bausteine zur Landesgeschichte, Bd. 3), Leinfelden-Echterdingen 2003, S. 93–160.

73 Dominicus (24.05. und 05.08.); Thomas von Aquin (28.01. und 07.03.); Vincenz Ferrer (05.04.); Katharina von Siena (02.05.). Hingegen fehlt Petrus Martyr am 29. April. – vgl. Calendarium vetus (ex libro cui titulus „collectarium“), in: Ordinarium juxta ritum sacri ordinis fratrum praedicatorum, bearb. von Franziskus M. Guerrini OP, Rom 1921, S. 255-266; Catalogus Hagiographicus, bearb. von Vinzenz Romanus OP, in: Analecta sacri ordinis fratrum praedicatorum 96 (1988) sowie Frank: Totenbuch (wie Anm. 65), S. 5.

74 Anniversarium sepulturae (10.07.); Anniversarium familiarum et benefactorum 05.09.); Anniversarium omnium fratrum et sororum ordinis (10.10.).

75 Erhard (08.01.), Ulrich (04.07.), Gallus (16.10.), Othmar (16.11.) sowie Konrad (26.11.).

76 Aus Silo etwa stammt das Stundenbuch WLB Stuttgart, HB I 99. Einen anderen Weg nahm die Inkunabel aus St. Margaretha/Straßburg, jetzt Stadtbibliothek Reutlingen, Inc. 208 (Textus sequntiarum, um 1491, vgl. Peter Amelung (Bearb.): Katalog der Inkunabeln der Stadtbücherei Reutlingen, Reutlingen 1976, Nr. 84, S. 56); zum Büchertransfer von Dominikanerinnenkonventen vgl. Karin Schneider: Beziehungen zwischen den Dominikanerinnenklöstern Nürnberg und Altenhohenau im ausgehenden Mittelalters, in: Peter Kesting (Hg.): Würzburger Prosastudien II. Untersuchungen zur Literatur und Sprache des Mittelalters. Kurt Ruh zum 60. Geburtstag (Medium Aevum, Bd. 31), München 1975, S. 211–218; Barbara Steinke: Paradiesgarten oder Gefängnis? Das Nürnberger Katharinenkloster zwischen Klosterreform und Reformation (Spätmittelalter und Reformation, N. R., Bd. 30), Tübingen 2006, S. 57-59; Mengis: Schreibende Frauen (wie Anm. 71), S. 204–236.

77 Vgl. WLB Stuttgart Cod. brev. 45. Am Innendeckel: „Iste liber continet sc. Johanni textorum ord. frm. pr.“, darunter von späterer Hand: „dieser sallter ist mit urlop bride vnd clor vnd ennel mettinwege got gelein noh dieser zit dz ewige leben“. Zu den Besitzerinnen, den Geschwistern Melbrügge, vgl. Hirbodian: Dominikanerinnenreform (wie Anm. 1), S. 6f., zur Handschrift Virgil Fiala, Wolfgang Irtenkauf: Codices breviarii. (Cod. brev. 1–167) (Die Handschriften der Württembergischen Landesbibliothek Stuttgart, Reihe 1, Bd. 3), Wiesbaden 1977, S. 63f.; demnach ist ein weiterer Band aus Straßburg vermutlich nach Weiler gelangt: WLB Cod. theol. et phil. 4°59.

78 Vgl. St. Paul im Lavanttal, Cod. 71/1, fol. 21v.

79 Vgl. Lexikon der christlichen Ikonographie, Bd. 5, Sp. 169.

steht allerdings darin, dass das kalendarische Gerüst zwar weitgehend, aber keineswegs zur Gänze in einem Zuge entstanden ist, denn es lassen sich einige spätere, wenn auch vermutlich zeitnahe Ergänzungen feststellen. Dies betrifft etwa den vielfach nachgetragenen Zusatz „vigilia" oder aber das ebenfalls nachgetragene und eben für ein Johanneskloster wichtige Fest „Conceptio Johannis" am 24. September.[80] Auch mehrere auffallende Leerräume zwischen der Tagesangabe und dem ersten Sterbeeintrag wie z. B. am 30. April[81] (Abb. 3) ist wohl so zu erklären, dass während der Nutzung des Nekrologs immer noch Festtage nachgetragen wurden oder in diesem Fall eben nicht mehr.[82]

Zur Datierung anhand des paläographischen Befundes ist Folgendes zu sagen: Beide heute in St. Paul verwahrten Kirchheimer Handschriften wurden bislang aus paläographischen und kunstgeschichtlichen Gründen auf die Zeit um 1500 datiert. Hamburger setzte „nach 1478" entsprechend seiner Zuweisung zu Magdalena Kremerin als Illuminatorin und eventuell als Schreiberin.[83] Im Nekrolog lassen sich wenigstens sechs Hände unterscheiden, von denen lediglich die spätesten Jahreszahlen verwenden, die grundsätzlich als *termini ante* dienen können. Für das Problem der Entstehung des Nekrologs sind sie jedoch keine Hilfe, da sie in die Mitte oder gar in die zweite Hälfte des 16. Jahrhunderts gehören, sie ziehen sich sogar in wenigen Fällen über den Wegzug der letzten Priorin, Ursula von Helfenstein, ins Kloster Kirchberg 1567 hinaus.[84] Weiterführender für die Frage der Entstehungszeit des Nekrologs sind die zwar nicht datierten aber datierbaren Gedenkeinträge bekannter Persönlichkeiten, so für die beiden Fürstinnen Barbara Gonzaga von Mantua[85] und Markgräfin Elisabeth von Brandenburg[-Ansbach],[86] die 1503 und 1518 verstorben sind. Ich nenne die beiden Fürstinnen, da sich deren beider Einträge (Abb. 4) auf einer Seite finden und sich so zum Vergleich gut eignen. Auf den ersten Blick scheint es sich um zweierlei Hände zu handeln, doch bei der Betrachtung der Einzelformen kommen Zweifel. Der Eintrag für die 1503 verstorbene und in Kirchheim auch bestattete Barbara Gonzaga scheint mir sehr nahe an der Anlagehand zu sein, derjenige der badischen Markgräfin, die 1518 verstarb und in Stuttgart beigesetzt wurde,[87] könnte noch von derselben Hand stammen, wurde aber in jedem Fall mit einer anderen Feder geschrieben. Es böte sich damit an, eine Anlage des Nekrologs zwischen 1503 und 1518 zu vermuten. Diese Einordnung wird durch die Berücksichtigung des Konvents gestützt. Sowohl die Einträge für Barbara Bernheimerin, die erste Priorin der Reform, die wohl um 1495 verstorben ist, als auch für Clara Trutwin, die nach 1500 als Priorin belegt ist, erscheinen noch von dieser frühen

80 Vgl. St. Paul im Lavanttal, Cod. 71/1, fol. 27v.

81 Vgl. St. Paul im Lavanttal, Cod. 71/1, fol. 13r.

82 Meines Erachtens sollte hier Platz gelassen werden für den Dominikanerheiligen Petrus Martyr, dessen Gedenktag zwar am 29., einen Tag früher also, liegt, doch kommen solche Ungenauigkeiten auch an anderen Stellen vor. Er wurde vielleicht nicht mehr eingetragen, weil in Kirchheim das Fest der Translation dieses Heiligen am 7. Mai begangen wurde, vgl. St. Paul im Lavanttal, Cod. 71/1, fol. 14r.

83 Vgl. HAMBURGER, Kollektar (wie Anm. 56), S. 277.

84 Es handelt sich um die Sterbeinträge von Anna Wenckin (fol. 4v), Ursula von Helfenstein (fol. 14r) und Agnes Kirtzin (fol. 5v), die allesamt nach Kirchberg gingen. Zum Vorgang vgl. ECKER: Geschichte (wie Anm. 2), S. 199; Rosemarie REICHELT: Eine württembergische Amtsstadt von der Mitte des 16. Jahrhunderts bis zum Ende des Herzogtums 1803, in: KILIAN: Kirchheim (wie Anm. 3), S. 294–297; HAMBURGER: Kollektar, (wie Anm. 56), S. 277.

85 Zur Person vgl. jetzt den Begleitband zur gleichnamigen Ausstellung: Von Mantua nach Württemberg: Barbara Gonzaga und ihr Hof. Begleitbuch und Katalog zur Ausstellung des Landesarchivs Baden-Württemberg, hg. vom Landesarchiv Baden-Württemberg, Hauptstaatsarchiv Stuttgart, bearb. von Peter RÜCKERT, Stuttgart ²2012.

86 Vgl. Arthur KLEINSCHMIDT: Ernst I. von Baden, in: Allgemeine Deutsche Biographie 6 (1877), S. 244. Onlinefassung. URL: http://www.deutsche-biographie.de/sfz39196.html#adb (zuletzt aufgerufen am 13.09.2013).

87 Eine Zeichnung ihrer Grabplatte findet sich in WLB Stuttgart, Cod.hist. 2°130 (*Memoriae posteritatique inclytae domus Wirtembergicae sacrum*) 1583. http://digital.wlb-stuttgart.de/purl/bsz312521677 (zuletzt aufgerufen am 13.9.2013).

Hand.[88] Dazwischen steht bekanntermaßen das 1495 urkundlich nachweisbare Priorat einer Magdalena, hinter der niemand anderer als unsere Chronikschreiberin vermutet wird.[89] Deren Eintrag nun ist eine Besonderheit, denn es handelt sich um die einzige Verstorbene, deren Obitusvermerk in Textura geschrieben wurde (Abb. 5) – und zwar in roter Tinte. So bemerkenswert das ist, so sehr scheidet damit der Eintrag mangels Vergleichsmöglichkeiten für eine Datierung aus.

Eine weitere Beobachtung ist in diesem Zusammenhang von Bedeutung. Entsprechend den Ordensstatuten[90] finden sich im Nekrolog auch die Ordensoberen, d. h. die Generalmeister und Provinziale des Ordens (Tabelle 1). Doch bei weitem nicht alle wurden vermerkt, vielmehr erscheinen, wie die folgende Tabelle zeigt, aus zurück liegenden Zeiten lediglich die deutschen Generalmeister des Ordens und aus der jüngeren Zeit Vinzenz Bandellius (+ 1506) und Johannes Clérée (+ 1507). Bei den Provinzialen setzt die Reihe mit Jakob Sprenger ein, der Ende 1495 verstarb, während der gerade in der Chronik viel erwähnte, 1490 verstorbene Jakob Fabri von Stubach nicht erscheint.

Zusammengefasst scheint sich eine Datierung auf die Zeit um bzw. kurz nach 1500 anzubieten, so dass die Anlage zumindest dieses Teils der Handschrift gut zum bisherigen Datierungsansatz passt.

Tabelle 1: Generalmeister und Provinziale des Dominikanerordens[91]
Fett: Eintragung im Kirchheimer Nekrolog

Generalmeister des Ordens	Provinziale der Teutonia
Dominicus 1221	
Jordan von Sachsen 1222–1237	
Raymund von Penaforte 1238–1240	
Johannes Teutonicus 1241–1252	
Humbertus Romanus 1254–1263	
(...)	(...)
Leonardus de Mansuetis 1474–1480	Jakob Fabri von Stubach 1475–1488
Salvus Cassetta 1481–1483	**Jakob Sprenger 1488–1495**
Bartholomäus Comizio 1484–1485	
Barnabas Sassone 1486	

88 Vgl. St. Paul im Lavanttal, Cod. 71/1, fol. 18v, 24v.

89 Vgl. Ecker: Geschichte (wie Anm. 2), Person 196 (S. 104), Regest 541 (S. 347); Götz: Erwähnung (wie Anm. 3), S. 177; Hamburger: Magdalena Kremer (wie Anm. 56), S. 125.

90 Das Generalkapitel des Ordens von 1279 schrieb den Eintrag der versorbenen Ordensmeister vor: „Obitus magistrorum ordinis defunctorum, priores universi vel eorum vicarii [...] conscribant", zitiert nach Frank: Totenbuch (wie Anm. 65), S. 5.

91 Nach Petra Zimmer: Die Dominikaner und Dominikanerinnen in der Schweiz (Helvetia Sacra IV.5.1), Basel 1999, S. 101–134.

Joachim Turriani 1487–1500	**Ulrich Zehentner 1496–1505**
Vincenz Bandellius 1501–1506	**Petrus Sieber 1505–1508**
Johannes Clérée 1507	
Thomas Caietanus 1508–1518	Lorenz Uffkirchen 1509–1515
Garsias de Loaysa 1518–1525	**Eberhard von Kleve 1515–1529**
	Paul Hug 1530–1537
	Petrus Hutz 1537–1541
	Georg Diener 1541–1545
	Johannes Pesselius 1545–1558

Wer aber hat den Nekrolog geschrieben? Während Magdalena Kremerin bereits als Illuminatorin von Jeffrey Hamburger namhaft gemacht wurde, sieht es mit den Schreibern oder Schreiberinnen von Kapiteloffiziumsbuch (St. Paul im Lavanttal, Cod. 71/1) und Kollektar (St. Paul im Lavanttal, Cod. 62/1) anders aus. Einmal fällt beim Kollektar auf, dass bei liturgischen Handlungen vielfach die männliche Form erscheint und erst nachträglich die weibliche interlinear eingefügt wurde.[92] In Himmelskron haben wir bereits gesehen, dass es in älterer Zeit durchaus vorkommen konnte, dass männliche Schreiber für liturgische Handschriften sorgten.[93] Eine Reihe von Einzelstudien haben inzwischen jedoch gezeigt, dass gerade in den reformierten Konventen eine rege eigene Schriftproduktion einsetzte.[94] Vom Nekrolog nun ist mit einiger Gewissheit anzunehmen, dass er in Kirchheim wenigstens fortgeführt, wenn nicht entstanden ist. Gestützt auf das *Ämterbuch* des Johannes Meyer hat Barbara Steinke die „Buchführung" über die memorialen Gebetspflichten der Vorsängerin zugewiesen,[95] ein Amt, das bekanntlich auch Magdalena Kremerin ausgeübt hat. Es liegt deshalb nahe, die Magdalena Kremerin zugeschriebene Stuttgarter Chronikhandschrift mit derjenigen zu vergleichen, die die ersten und damit den Großteil der Einträge des Nekrologs tätigte. Meines Erachtens kann zwar nicht ausgeschlossen werden, dass sie zu den frühen Schreiberinnen des Nekrologs gehörte, allerdings wäre es abenteuerlich zu behaupten, dass dies gewiss so sei. Der Grund liegt einfach in den unterschiedlichen Schriftniveaus begründet. Während die Chronik (Abb. 6) eine gleichmäßige Bastarda mit etlichen kursiven Elementen zeigt, handelt es sich bei den frühen Nekrologeinträgen um eine stärker stilisierte Buchschrift, die typische Merkmale der gotischen Minuskel der Zeit zeigt.[96] Ein vergleichbares Schriftniveau zeigt die Anlagehand des 1492 entstandenen Lagerbuchs des Klosters.[97] Somit ist eine eindeutige Identifizierung der Anlagehand wie der Folgehände nicht möglich.

92 Bspw. St. Paul im Lavanttal, Cod. 62/1, fol. 137v: An Stelle von „servo tuo" steht superskript „ancilla tua".

93 Vgl. Hessische Hochschul- und Landesbibliothek Fulda (wie Anm. 67).

94 vgl. Christine SAUER: Zwischen Kloster und Welt: Illuminierte Handschriften aus dem Dominikanerinnenkonvent St. Katharina in Nürnberg, in: Jeffrey F. HAMBURGER, Carola JÄGGI, Susan MARTI u. a. (Hgg.): Frauen – Kloster – Kunst: Neue Forschungen zur Kulturgeschichte des Mittelalters. Beiträge zum Internationalen Kolloquium vom 13. bis 16. Mai 2005 anlässlich der Ausstellung „Krone und Schleier", Turnhout 2007, S. 113-129, hier v. a. S. 114–118 sowie MENGIS: Schreibende Frauen (wie Anm. 71) S. 115–120.

95 Vgl. STEINKE: Paradiesgarten (wie Anm. 76), S. 41–43.

96 Auch ein anderes Vergleichsbeispiel, der Besitzeintrag der Kirchheim sicher zuweisbaren Stuttgarter Handschrift WLB Cod. theol. et phil. 2°14 (Abb. 7), wurde von anderer Hand geschrieben.

97 Vgl. HStA Stuttgart H 102/36 Bd. 1, vgl. den Beitrag von Magdalena RÜCKERT in diesem Band. Auch kommt die Schreiberin der Namensreihe der später eingetragenen Schwestern, die nach der Klosterreform in den Konvent eingetreten sind, der Anlagehand des Nekrologs recht nahe, HStA Stuttgart A 493 Bü 2, Vorsatzblatt („swester margaretha marstalerin [...] gesin von nyffen").

Schließlich soll auch auf die einzige Stelle der Chronik hingewiesen werden, die einen Nekrolog explizit erwähnt. Dabei geht es um den Almosen sammelnden Konrad Caccus aus Augsburg, von dem es heißt: „[...] also stot er noch im kalend.“[98] Ob sich diese Stelle indes auf eine ältere, nicht mehr vorhandene Quelle, die den Schreiberinnen unseres Nekrologs vorgelegen hat oder um den erhaltenen Nekrolog handelte, sei dahingestellt. Der ihm gewidmete Eintrag des Nekrologs lautet jedenfalls schlicht „O<biit> frater cuonradus cecus de ougspurg.“[99]

Gehalt der Quelle

„Formal sind Necrologien einfache Listen in Kalenderform, in denen Verstorbene [...] verzeichnet wurden und die zum täglichen Totengebetsgedenken während der Liturgie eines Klosters oder Stifts dienten.“[100]

Der Quellenwert dieses so von Peter-Johannes Schuler umrissenen memorialen Schriftguts für die Geschichte religiöser Mentalitäten, sozialer Einstellungen, für Genealogie und Prosopographie und ebenso für kultur-, kirchen- und wirtschaftsgeschichtliche Fragestellungen ist schon lange bekannt. Ausgewertet wurden Nekrologe vielfach, jedoch vorwiegend mit relativ eng gefassten familiengeschichtlichen Fragestellungen und mit Blick auf die personalen Verflechtungen von Klöstern. Dies bringt mehr oder minder bereits Andreas Würfel zum Ausdruck, der 1769 den „Todenkalender“ von St. Katharina in Nürnberg edierte: „Die Necrologia haben ie und allezeit ihren guten Nutzen, in der Geschichte und in der Genealogie behauptet.“[101] Trotz dieser langen Forschungstradition stellte Gerhard Fouquet noch 1990 fest:

„Im Gegensatz zur intensiven Erforschung früh- und hochmittelalterlicher Nekrologe [...] fanden spätmittelalterliche Anniversarien und Memorienbücher bisher nur vergleichsweise geringe Beachtung.“[102]

Bisher wurden unterschiedliche Quellenbegriffe – Kalendare, Nekrologe, Anniversare – verwendet. Gerade die Unterscheidung der beiden letzteren Termini ist von Bedeutung, zeigt die Entstehung des Anniversars (oder Jahrtagsbuches) am Ende des Mittelalters doch die Entwicklung von einer kalendarischen Quelle mit einfachen Namensnennungen der Verstorbenen hin zu mehr oder minder ausführlichen Beschreibungen der Stiftungen Lebender wie Toter sowie vielfach auch der Besonderheiten beim Begehen des Totengedächtnisses, die schon als regelrechte „Buchführung“ über das zu leistende Gebetsgedenken bezeichnet wurden.[103]

98 Sattler: Chronik (wie Anm. 6), Bd. 4, S. 178. Tatsächlich scheint es sich hier um ein Mitglied der Kirchheimer Familie der Kecken gehandelt zu haben, s. dazu. Ecker: Geschichte (wie Anm. 2), Regest 159 (1346): „Cuonz der alte Kecke, Bürger zu Kirchheim, verkauft dem Kloster sein Haus zu Kinne und eine Wiese, die zuvor dem verst. Cuontz dem Risen und dem Sohn des Ausstellers, Cuonrad dem Blinden, gehört haben.“

99 St. Paul im Lavanttal, Cod. 71/1, fol. 32r.

100 Peter-Johannes Schuler: Das Anniversar. Zu Mentalität und Familienbewusstsein im Spätmittelalter, in: Ders. (Hg.): Die Familie als sozialer und historischer Verband. Untersuchungen zum Spätmittelalter und zur frühen Neuzeit, Sigmaringen 1987, S. 83; zur Quellengattung vgl. auch die Edition Uwe Braumann: Die Jahrzeitbücher des Konstanzer Domkapitels (MGH Libri memoriales et necrologia, N. S., Bd. 7), Hannover 2009, S. 1f., sowie Erhart/Hüeblin (Hgg.): Bücher des Lebens (wie Anm. 58).

101 Andreas Würfel: Todenkalender des St. Katharina Klosters in Nürnberg, Altdorf 1769, S. 3f.

102 Fouquet: Seelbuch (wie Anm. 64), S. XXXI.

103 Vgl. Braumann: Jahrzeitbücher (wie Anm. 100), S. 1; Rainer Hugener: Vom Necrolog zum Jahrzeitbuch, in: Erhart/Hüeblin (Hgg.): Bücher des Lebens (wie Anm. 58), S. 261–267.

Im Fall der Kirchheimer Handschrift ist bereits durch die Einbettung des Nekrologes in ein Kapiteloffiziumsbuch ersichtlich, dass es sich um ein Buch für das liturgisch vorgeschriebene Totengedächtnis handelt. Dennoch finden sich vereinzelt auch hier besonders verdiente Wohltäter. In diesen Fällen wird der Begriff „anniversarium" an Stelle des sonst üblichen, zumeist abgekürzten „obiit" verwendet, so bei den Einträgen der Herzöge von Teck sowie bei jenen Gräfinnen von Helfenstein, die nicht selbst Konventualinnen waren.[104] Andererseits sind eine ganze Reihe von gewährten Jahrtagen bekannt, die keinen Eingang in den Nekrolog gefunden haben: Auf dem Höhepunkt der Auseinandersetzung des Konvents mit Graf Eberhard den Jüngeren wird den Schwestern verboten, Brot auf die Gräber der Verstorbenen zu legen „zu den jahrzeiten und zu dem dreissigsten des verstorbenen Kaplans Andreas."[105] Von diesem Kaplan findet sich im Nekrolog nichts. Ebensowenig sind die in der Chronik belegten Gebetsverbrüderungen mit anderen observanten Konventen oder auch bestimmten Benediktiner- und Kartäuserklöstern[106] enthalten. Die Bedeutung der Einkommen aus Jahrtagsstiftungen wird in der Chronik durchaus benannt: „nun wir hant doch nit den das heylig almusen, das frumme luet hergeben hont durch gut und ihren selen zu heyl."[107] Es ist also anzunehmen, dass, wie es nachweislich auch in St. Katharina in Nürnberg der Fall war,[108] weitere Verzeichnisse für diese nach wie vor begangenen Jahrtage existiert haben.

Der Konvent im Spiegel des Nekrologs

Im Nekrolog des Dominikanerinnenklosters Kirchheim finden sich 320 Namen. Gemessen an dem gesamten von Ecker ermittelten Namensbestand von 392 Personen des um 1235/1240 entstandenen Hauses scheint damit ein hoher Anteil des gesamten Personalbestandes im Nekrolog vertreten zu sein. Ecker konnte aus urkundlichen und erzählenden Quellen 254 Personen ermitteln. Hinzu kamen 147 Namen aus dem von ihm benutzten Nekrologexzerpt, die nicht weiter, vor allem nicht chronologisch zugeordnet werden konnten.[109] Durch Einsicht der Handschrift ergab sich nun die Möglichkeit zumindest eine ungefähre zeitliche Einordnungen der bislang nicht näher zu bestimmenden Einträge zu versuchen und so den Konvent in seiner Entwicklung um und nach 1500, der Anlagezeit des Nekrologs, genauer zu fassen.

Unter den 320 Namen sind 36 Personen auszuscheiden, die nicht zum Konvent gehörten. Darunter werden die meisten durch den Zusatz „frater" als männliche Ordensangehörige, etwa die schon genannten Provinziale und Generalmeister, gekennzeichnet; hinzu kommen Adelige, die in besonderer Beziehung zum Kloster standen, wie die Gründerfamilie der Herzöge von Teck, zwei Gräfinnen von Helfenstein und eben Barbara Gonzaga von Mantua. Des weiteren gibt es einige wenige Kleriker, die dem Haus als Kapläne oder auf andere Weise be-

104 Vgl. St. Paul im Lavanttal, Cod. 71/1, fol. 21r, 23r, 26r, 32v.

105 Sattler: Chronik (wie Anm. 6), Bd. 4, S. 220.

106 Vgl. Sattler: Chronik (wie Anm. 6), Bd. 4, S. 206.

107 Sattler: Chronik (wie Anm. 6), Bd. 4, S. 185. Siehe auch den Hinweis auf die Bedeutung der Gebetsleistung im Selbstverständnis der Autorin, wenn sie sich über einen gewährten Ablass ausspricht, „das wir den selen im fegfür zu hilff möchten kummen" ebd. S. 279. Generell: Steinke: Pardiesgarten (wie Anm. 76), S. 41–44.

108 Vgl. Nürnberg, Stadtbibl. Cent. VII, 95 sowie Würfel: Todenkalender (wie Anm. 101); Steinke: Paradiesgarten (wie Anm. 76), S. 42.

109 Im Einzelnen: Ecker: Geschichte (wie Anm. 2), S. 82-122.

sonders verbunden waren.[110] Was die männlichen Ordensangehörigen anbelangt, ist, wie schon angeführt, beachtlich, dass der 1490 verstorbene Jakob Fabri von Stubach nicht erscheint, obgleich er in der Chronik eine große Rolle bei der Einführung der Reform spielt.[111] Von den in der Chronik ebenfalls erwähnten Beichtvätern erscheint lediglich der Stuttgarter Dominikaner Johannes Prausser[112] im Nekrolog, nicht aber die beiden anderen, Lupold aus Stuttgart und Bernhard aus Esslingen.[113] Die weiter erwähnten „fratres"[114] können derzeit nur vage den Klöstern zugeordnet werden, die für Kirchheim verantwortlich waren, zunächst Esslingen, später Ulm.[115]

Es verbleiben rund 280 Namen von Konvents- und Laienschwestern. Meist werden die Verstorbenen mit den Zusätzen „soror" oder „conversa" versehen, doch konnte „soror" durchaus auch im verwandtschaftlichen Sinn gemeint sein.[116] Addiert man die aufgrund expliziter Quellenaussagen oder aufgrund paläographischer Argumente mit einiger Gewissheit einer späteren Zeit zuweisbaren Namen, so erhält man 65 Konventualinnen, also ein Fünftel aller Frauen, die nach der Reform im Kloster lebten (Tabelle 2). Von den 23 Namen, die die Chronik als Neuzugänge nach der Reform erwähnt,[117] sind fast alle, 22, im Nekrolog nachweisbar. Es gibt sehr wenige Einträge, die das Augenmerk auf die Reform lenken. So heißt es über Barbara Bernheimerin an deren Todestag, dem 24. August: „Item s<oror> Barbara Bernheimerin prima priorissa reformacionis."[118] Hingegen erhält die in der Chronik ausführlicher gewürdigte

110 Es handelt sich zumeist nicht um Klosterkapläne, soweit sie bekannt sind. Fraglich ist der Fall des „frater hainricus de owen", Cod. St. Paul 71/1, fol 9v. Bei dem mit einem Kreuz versehenen Eintrag ist eventuell nicht an einen Dominikaner, sondern an den Kirchheimer Dekan dieses Namens zu denken, der im frühen 14. Jahrhundert in den Quellen aufscheint und in Beziehung zum Johanneskloster stand, vgl. Ecker (wie Anm. 2), Regest 168 (S. 245) sowie Götz: Erwähnung (wie Anm. 3), S. 160–162.

111 Der Tod des 1475 bestellten ersten Provinzials der Teutonia aus den Reihen der Observanten wird in der Chronik erwähnt, Sattler: Chronik (wie Anm. 6), Bd. 4, S. 247. Zur Person vgl. Gabriel Maria Löhr: Die Teutonia im 15. Jahrhundert. Studien und Texte vornehmlich zur Geschichte ihrer Reform (Quellen und Forschungen zur Geschichte des Dominikanerordens in Deutschland, Bd. 19), Leipzig 1924, S. 9–11, S. 179; Neidiger: Dominikanerkloster Stuttgart (wie Anm. 38), S. 80–81.

112 Zu diesem vgl. Stievermann: Gründung (wie Anm. 54), S. 169f.; ders.: Landesherrschaft und Klosterwesen im spätmittelalterlichen Württemberg, Sigmaringen 1989, S. 285f.; Neidiger: Dominikanerkloster Stuttgart (wie Anm. 38), S. 27, S. 33; Roland Deigendesch: Die Kartause Güterstein. Geschichte, geistiges Leben und personales Umfeld (Schriften zur südwestdeutschen Landeskunde, Bd. 39), Leinfelden-Echterdingen 2001, S. 313.

113 Zu Letzterem vgl. Ecker: Geschichte (wie Anm. 2), Regest 503: Graf Eberhard VI. verlangt dessen Abberufung (1487 April 19, aus der Chronik). Im Anschluss war er offenbar in dem gleichfalls reformierten Kloster Weiler tätig, vgl. Registrum litterarum Joachimi Turriani 1487–1500, Vincentii Bandelli 1501–1506, Thomae de Vio Caietani 1507–1513, hg. von Benedikt Maria Reichert (Quellen und Forschungen zur Geschichte des Dominikanerordens in Deutschland, Bd. 10), Leipzig 1914, S. 92: „Citatio priorisse de Wileren prope Eslingiam ad capitulum generale ad instantiam fr. Bernardi conv. Eslingensis" (29.11.1496). Vermutlich handelt es sich hier um den 1503 verstorbenen Esslinger Dominikaner Bernhard Currifex, der aus Nördlingen stammte und als Prior und Bursar amtierte. Freundliche Auskunft von Dr. Jörg Bauer, Oberesslingen.

114 Im Einzelnen handelt es sich um Jacob Engelhart (St. Paul im Lavanttal, Cod. 71/1, fol. 13r), Caspar Dentzlin (ebd. fol. 18v), Johannes Schnyfer (ebd. fol. 19v), Jacobus Metzger (ebd. fol. 20r), Casper Wittolf (ebd. fol. 27v). Zu Letzterem vgl. Registrum litterarum Salvi Cassettae, 1481–1483, Barnabae Saxoni, 1486, hg. von Benedikt Maria Reichert (Quellen und Forschungen zur Geschichte des Dominikanerordens in Deutschland, Bd. 7), Leipzig 1912, S. 82; Ders.: Joachimi Turriani (wie Anm. 113), S. 72.

115 Vgl. Hieronymus Wilms: Das älteste Verzeichnis der deutschen Dominikanerinnenklöster (Quellen und Forschungen zur Geschichte des Dominikanerordens in Deutschland, Bd. 24), Leipzig 1928, S. 42.

116 Vgl. St. Paul im Lavanttal, Cod. 71/1, fol. 5v: „O<biit> s<oror> Tuba et s<oror> eius".

117 Vgl. Sattler: Chronik (wie Anm. 6), Bd. 4, S. 180f.

118 St. Paul im Lavanttal, Cod. 71/1, fol. 25r. Vgl. dazu aus St. Agnes bei Straßburg (WLB Cod. Brev. 45): „obiit pr. Conradus Polraus (?) primus confessor reformacionis huius monasterii" (13.11.). Im Zisterzienserkloster Lichtenthal bei Freiburg wird ebenfalls die Äbtissin Elisabeth Wiest im Nekrolog als „reformatrix" besonders hervorgehoben, vgl. Pia Schindele: Abtei Lichtenthal, in: Freiburger Diözesanarchiv 104 (1984), S. 129f.

Subpriorin Elisabeth Herwartin, verstorben an einem 2. Juni,[119] keinerlei über den bloßen Nameneintrag hinausgehende Erwähnung. Hinweise auf Ämter sind nurmehr bei zwei weiteren Einträgen, den Priorinnen Euphrosina von Staufen und Barbara von Helfenstein gegeben. Keine der Klostervorstände aus der Zeit vor der Reform wird so gekennzeichnet.[120] Auf die mit kalligraphischen Mitteln erfolgte Heraushebung der Magdalena Kremerin wurde bereits hingewiesen.

Der schon von Ulrich Ecker festgestellte Zusammenhang eines Interesses an der Reform in bestimmten patrizischen und ehrbaren Familien in Stuttgart und Ulm findet im Nekrolog insofern eine Bestätigung, als nun auch männliche Vertreter dieser Familien aufgenommen wurden. Dies gilt bspw. für Magister Friedrich Trutwin[121] aus Stuttgart, der sich in den 1490er Jahren in den Matrikeln der Universitäten Basel und Tübingen nachweisen lässt[122] und dessen mutmaßliche Verwandten Agnes und Clara[123] offenbar nach der Reform dem Kloster beitraten.[124] Ähnliches kann bei Ludwig Rottengatter[125] aus Ulm vermutet werden, wenngleich hier die Ordensangehörige Magdalena Rottengatterin zeitlich nicht sicher einzuordnen ist.[126] Offenbar nicht verwandtschaftlich mit einer Konventualin verbunden ist der am 2. November 1517 verstorbene Stuttgarter Chorherr Magister Konrad Blenderer.[127] Es handelt sich bei ihm um einen der ersten Lehrer der Artistenfakultät an der Tübinger Universität, der 1477 von Freiburg an die neu gegründete Schule kam. Mit etlichen Pfründen, darunter eine in Neuffen unweit von Kirchheim ausgestattet, hatte Blenderer mehrfach Universitätsämter inne, wurde schließlich 1485 Kanoniker in Stuttgart und Rat Graf Eberhards im Bart.[128] Er erlangte Jahrtage in mehreren reformorientierten Konventen, so bei den Esslinger Dominikanern und Karmeliten und eben auch bei den Kirchheimer Nonnen. Abgesehen von einem Schlichterspruch zwischen Vogt und Kloster im Jahr 1513, an dem er beteiligt war,[129] sind keine weiteren Kontakte zu den Kirchheimer Nonnen bekannt.

Dieser auf den ersten Blick magere Befund zum Zusammenhang von Nekrologeinträgen und Reform des Klosters dürfte auch damit zu tun haben, dass – sofern die vorgeschlagene zeitliche Einordnung zutrifft und der Nekrolog um bzw. eher nach 1500 entstanden ist – die

119 Vgl. St. Paul im Lavanntal, Cod. 71/1, fol. 16v.

120 Ob sich hinter den Namen „Schreiberin“ (ebd. fol. 35r) und „Singerin“ (ebd. fol. 30r) Ämter vermuten lassen, ist zumindest im Fall der Katharina Schreiberin eher wenig wahrscheinlich, da es sich ohne weiteres um eine Angehörige der bekannten Uracher Familie dieses Namens handeln könnte, vgl. (Anm. 39). Auch Magdalena Kremerin wird, wie gesehen, mit keinerlei Amtsbezeichnung versehen.

121 Vgl. St. Paul im Lavanttal, Cod. 71/1, fol. 16v.

122 1494 in Basel immatrikuliert, Magisterpromotion in Tübingen 1498, vgl. Repertorium Academicum Germanicum, Onlinefassung. URL: http://www.rag-online.org/gelehrter/id/1550012332 (zuletzt aufgerufen am 29.01.2013).

123 Vgl. St. Paul im Lavanttal, Cod. 71/1, fol. 18v, 23r.

124 Zur selben Zeit auch eine Nonne dieser Familie im Dominikanerinnenkloster Weiler bei Esslingen auf, vgl. UHRLE: Dominikanerinnenkloster (wie Anm. 48), S. 155 sowie ebd. Regest 290 (S. 244).

125 Vgl. St. Paul im Lavanttal, Cod. 71/1, fol. 14v. 1491 und 1494 wird ein württembergischer Diener dieses Namens genannt, der auch Wohltäter der Kartause Güterstein bei Urach war, vgl. DEIGENDESCH: Kartause Güterstein (wie Anm. 112), S. 364.

126 1513 wird für Kloster Mariental in Steinheim an der Murr bestimmt, „quod possint retinere d. Magdalenam Rottengetterin in habitu seculari sine spe recessus et inde egrediendi“, REICHERT: Joachimi Turriani (wie Anm. 112), S. 163.

127 Vgl. St. Paul im Lavanttal, Cod. 71/1, fol. 31v.

128 Vgl. Repertorium Academicum Germanicum, URL: http://www.rag-online.org/gelehrter/id/-1203079662 (zuletzt aufgerufen am 29.1.2013) sowie Irmela BAUER-KLÖDEN: Die Rektoren 15.-21. Jahrhundert (Historisch-statistisches Handbuch der Universität Tübingen), Tübingen 2010, S. 11. Zusammenfassend Oliver AUGE: Stiftsbiographien. Die Kleriker des Stuttgarter Heilig-Kreuz-Stifts (1250-1552) (Schriften zur südwestdeutschen Landeskunde, Bd. 38), Leinfelden-Echterdingen 2002, S. 317-319 (Nr. 75).

129 Vgl. ECKER: Geschichte (wie Anm. 2) Regest 599 (S. 352).

Quelle eben keinen unmittelbaren Reflex auf die Reform mehr darstellt, was andernorts durchaus der Fall war.[130] Doch zeigt sich, dass man generell davon absah, die Gebetsverpflichtungen durch die Aufnahme von Jahrtagen überborden zu lassen.[131] Gerade aber die schon erwähnten Ausnahmen verleihen diesen ein besonderes Gewicht. So sind die Einträge der Herzöge von Teck dazu geeignet, die Gründung des Klosters durch ein hochadeliges Haus zu belegen; ein Tatbestand, der auch in der Chronik herausgestrichen wird. Verdienste um das Kloster und die Aufrechterhaltung eines dauerhaften Gebetsgedenkens sind auch ein zentraler Gedanke der Kirchheimer Klosterchronik. Wie schreibt Magdalena Kremerin über Barbara Gonzaga und Graf Eberhard im Bart, die eigentlichen Retter des Klosters? – „Darumb söllent wir ir zu gutem gedencken die wil dis closter stot, sus mögent wirs nit verdienen."[132]

Tabelle 2: Der Kirchheimer Konvent nach der Reform im Spiegel des Nekrologs
Kursiv die aus Silo gekommenen Reformschwestern

1	Adelheid Vischerin	St. Paul im Lavanttal, Cod. 71/1, fol. 19v. Laut Chronik nach der Reform von Kloster Offenhausen (Gnadenzell) nach Kirchheim, Sattler: Chronik (wie Anm. 6), Bd. 4, S. 180
2	Agnes Kirtzin	St. Paul im Lavanttal, Cod. 71/1, fol. 5v. + 1571. Laut Chronik aus Kloster Sirnau, Sattler: Chronik (wie Anm. 6), Bd. 4, S. 181
3	Agnes Lynsenhöfferin	St. Paul im Lavanttal, Cod. 71/1, fol. 5r
4	Agnes Schuolerin	St. Paul im Lavanttal, Cod. 71/1, fol. 33v. Nach dem Eintrag auf dem Vorsatzblatt der Chronik aus Kirchheim (HStA Stuttgart A 493 Bü 2) und als Kind im Kloster aufgenommen. Während der Auseinandersetzung mit Eberhard VI. von den Kirchheimern gefangen genommen.
5	Agnes Trüttwyne	St. Paul im Lavanttal, Cod. 71/1, fol. 23r
6	Anna von Eben	St. Paul im Lavanttal, Cod. 71/1, fol. 5r. Laut Chronik nach der Reform aus Kloster Sirnau nach Kirchheim, Sattler: Chronik (wie Anm. 6), Bd. 4, S. 181
7	Anna von Franckenstein	St. Paul im Lavanttal, Cod. 71/1, fol. 10v. Nach dem Eintrag auf dem Vorsatzblatt der Chronik (HStA Stuttgart A 493 Bü 2) Stieftochter Ulrichs von Flehingen
8	Anna Huberin	St. Paul im Lavanttal, Cod. 71/1, fol. 25r. Bereits vor der Reform im Kloster, Sattler: Chronik (wie Anm. 6), Bd. 4, S. 179

130 Etwa im Fall von Kloster Getrudenberg, wo 1491 ein Memorienkalender, in dem den Wohltätern gedacht werden sollte angelegt wurde und der unmittelbar nach Einführung der Reform entstand, vgl. Gudrun Gleba: *Ock grote Arbeyt myt Scryven vor dyt convent gedan*. Die spätmittelalterlichen Klosterreformen Westfalens in ihrem liturgischen und pragmatischen Schriftgut, in: Signori: Lesen (wie Anm. 51), S. 116.

131 Für den Stuttgarter Konvent wird 1496 nachgerade untersagt, jährlich wiederkehrende Anniversarstiftungen anzunehmen: „Inprimis inhibetur priori et patribus de consilio, quod non inducant possessiones et redditus in conventu et quod non recipiant anniversaria annualia", Reichert: Joachimi Turriani (wie Anm. 112), S. 87f.

132 Sattler: Chronik (wie Anm. 6), Bd. 4, S. 193.

9	Anna Jegerin	St. Paul im Lavanttal, Cod. 71/1, fol. 11r. Eine Laienschwester aus Medlingen, vgl. SATTLER: Chronik (wie Anm. 6), Bd. 4, S. 180 sowie Vorsatzblatt der Chronik (HStA Stuttgart A 493 Bü 2)
10	**Anna Kürtzin**	St. Paul im Lavanttal, Cod. 71/1, fol. 27v
11	Anna von Neuhausen	St. Paul im Lavanttal, Cod. 71/1, fol. 12r. Kommt nach der Reform aus St. Stefan in Augsburg nach Kirchheim. In Kloster Weiler bis ins 16. Jh. fünf Nonnen dieser Familie, UHRLE: Dominikanerinnenkloster (wie Anm. 47), Personen 6, 112, 160, 210. SATTLER: Chronik (wie Anm. 6), Bd. 4, S. 180
12	Anna Röckherin	St. Paul im Lavanttal, Cod. 71/1, fol. 5v
13	Anna Rottengatterin	St. Paul im Lavanttal, Cod. 71/1, fol. 15v. + 1562. Aus Kirchheim, vgl. ECKER: Geschichte (wie Anm. 2), S. 360 (Regest 592)
14	Anna Sprenger	St. Paul im Lavanttal, Cod. 71/1, fol. 20v
15	Anna Stepperin	St. Paul im Lavanttal, Cod. 71/1, fol. 3r. Laut Chronik eine Laienschwester aus Nürnberg, SATTLER: Chronik (wie Anm. 6), Bd. 4, S. 180
16	Anna Vischerin	St. Paul im Lavanttal, Cod. 71/1, fol. 20r. Wohl die in der Chronik genannte Anna Fyschein aus (Neckar-)Tailfingen, SATTLER: Chronik (wie Anm. 6), Bd. 4, S. 181
17	Anna Wenckin	St. Paul im Lavanttal, Cod. 71/1, fol. 4v. +1570. Nach ECKER: Geschichte (wie Anm. 2), Person 254 aus Herrenberg
18	Apolonia von Helffenstein	St. Paul im Lavanttal, Cod. 71/1, fol. 34v. Eintritt 1506 mit ihrer Schwester Barbara., vgl. ECKER: Geschichte (wie Anm. 2), S. 109 (Nr. 232); GÖTZ: Erwähnung (wie Anm. 3), S. 193
19	Apolonia Schmid	St. Paul im Lavanttal, Cod. 71/1, fol. 24r
20	Apolonia Wagnerin	St. Paul im Lavanttal, Cod. 71/1, fol. 26r. Kommt laut Chronik nach der Reform ins Kloster, aus Gutenberg, vgl. SATTLER: Chronik (wie Anm. 6), Bd. 4, S. 180
21	Barbara Banerin (?)	St. Paul im Lavanttal, Cod. 71/1, fol. 34v
22	*Barbara Bernheimerin*	St. Paul im Lavanttal, Cod. 71/1, fol. 24v. Priorin
23	Barbara Binderin	St. Paul im Lavanttal, Cod. 71/1, fol. 24v. Aus Kirchheim, vgl. SATTLER: Chronik (wie Anm. 6), Bd. 4, S. 180; ECKER: Geschichte (wie Anm. 2), Person 207 (S. 106).
24	Barbara Dylmenne	St. Paul im Lavanttal, Cod. 71/1, fol. 8r. Aus Kirchheim, Teil des alten Konvents, SATTLER: Chronik (wie Anm. 6), Bd. 4, S. 179.

25	Barbara Ehinger	St. Paul im Lavanttal, Cod. 71/1, fol. 28v, demnach gestorben 1511. Wohl kaum identisch mit der gleichnamigen Schreiberin von Kloster Weiler, vgl. WLB Stuttgart, Cod. brev. 60 sowie Uhrle: Dominikanerinnenkloster (wie Anm. 48), S. 157
26	Barbara Vischerin	**St. Paul im Lavanttal, Cod. 71/1, fol. 33r**
27	Barbara Gössin	St. Paul im Lavanttal, Cod. 71/1, fol. 31r. Aus Neuffen, vgl. Vorsatzblatt von HStA Stuttgart A 493 Bü 2
28	Barbara von Helfenstein	St. Paul im Lavanttal, Cod. 71/1, fol. 35r. + 1557, nach Ecker: Geschichte (wie Anm. 2), S. 110 (Nr. 233) und Götz: Erwähnung (wie Anm. 3), S. 177, S. 193 1506 mit ihrer Schwester Appolonia eingetreten. Priorin 1556–1557
29	Barbara Schöllin	St. Paul im Lavanttal, Cod. 71/1, fol. 11v. Laienschwester
30	*Barbara von Speyer*	St. Paul im Lavanttal, Cod. 71/1, fol. 11v. Schaffnerin
31	Barbara Wellin	St. Paul im Lavanttal, Cod. 71/1, fol. 2r. Aus Beuren, zählte bereits zum alten Konvent, vgl. Sattler: Chronik (wie Anm. 6), Bd. 4, S. 179. Vermutlich identisch mit der 1476 und 1492 erwähnten Nonne und Schaffnerin Barbara Welchin von Beuren, vgl. Götz: Erwähnung (wie Anm. 3), S. 177.
32	*Christina von Rinow*	St. Paul im Lavanttal, Cod. 71/1, fol. 13r. Raderin und Unterschaffnerin
33	Clara Trutwin	St. Paul im Lavanttal, Cod. 71/1, fol. 18v. Angeblich Priorin 1501–1502, vgl. Götz: Erwähnung (wie Anm. 3), S. 177. Laut Chronik aus Stuttgart, Sattler: Chronik (wie Anm. 6), Bd. 4, S. 180. Im Dominikanerinnenkloster Weiler lebte die Schreiberin Margarethe Trutwin, vgl. WLB Cod. Brev. 53, 58, 59 sowie Uhrle: Dominikanerinnenkloster (wie Anm. 48), S. 155 (Person 153). Demnach Tochter von Klaus Trutwin aus Stuttgart.
34	Dorothea Huoberin	St. Paul im Lavanttal, Cod. 71/1, fol. 12r.
35	Dorothea Küngspächin	St. Paul im Lavanttal, Cod. 71/1, fol. 8r. + 1563 (?), aus Stuttgart; vgl. Ecker: Geschichte (wie Anm. 2), Regest 592
36	Elisabeth Esslingerin	St. Paul im Lavanttal, Cod. 71/1, fol. 24r. Gehörte noch zum alten Konvent, vgl Sattler: Chronik (wie Anm. 6), Bd. 4, S. 179; Ecker: Geschichte (wie Anm. 2), Regest 489 (1478)
37	*Elisabeth Hörwartin*	St. Paul im Lavanttal, Cod. 71/1, fol. 16v. Subpriorin

38	Elisabeth von Kirchheim	St. Paul im Lavanttal, Cod. 71/1, fol. 12r. Angebliche Tochter Graf Ulrichs, ECKER: Geschichte (wie Anm. 2), Person 174; MOSER: Oberamt Kirchheim (wie Anm. 43), S. 133
39	Elisabeth Millerin	St. Paul im Lavanttal, Cod. 71/1, fol. 9r. + 1563 Aus Kirchheim, vgl. ECKER: Geschichte (wie Anm. 2), Regest 592
40	Euphrosina „de Stoffen" (Stöffeln?)	St. Paul im Lavanttal, Cod. 71/1, fol. 31r. + 1556, Priorin ca. 1528–1556, GÖTZ: Erwähnung (wie Anm. 3), S. 177
41	Gertrud Münsingerin	St. Paul im Lavanttal, Cod. 71/1, fol. 11v.
42	Hiltgard Löfferin	St. Paul im Lavanttal, Cod. 71/1, fol. 19v
43	Katharina Felbin	St. Paul im Lavanttal, Cod. 71/1, fol. 29r. Aus Ulm, vgl. SATTLER: Chronik (wie Anm. 6), Bd. 4, S. 180
44	Katharina Haidin	St. Paul im Lavanttal, Cod. 71/1, fol. 14v.
45	Katharina Kumppostin	St. Paul im Lavanttal, Cod. 71/1, fol. 2r. Laienschwester, vgl. SATTLER: Chronik (wie Anm. 6), Bd. 4, S. 180
46	*Katharina Mayer*	St. Paul im Lavanttal, Cod. 71/1, fol. 23r. Zirkerin
47	Katharina Schlintz	St. Paul im Lavanttal, Cod. 71/1, fol. 35v. +1563. Aus Reuthin, vgl. ECKER: Geschichte (wie Anm. 2), Regest 592
48	Kunigunde Knuttin	St. Paul im Lavanttal, Cod. 71/1, fol. 19r.
49	Magdalena Köpp	St. Paul im Lavanttal, Cod. 71/1, fol. 23v. + 1563
50	*Magdalena Kremerin*	St. Paul im Lavanttal, Cod. 71/1, fol. 28v
51	Margaretha Hägin	St. Paul im Lavanttal, Cod. 71/1, fol. 6v.
52	Margaretha Hutmacherin	St. Paul im Lavanttal, Cod. 71/1, fol. 10r.
53	Margarethe Knerr	St. Paul im Lavanttal, Cod. 71/1, fol. 21v.
54	Margarethe Lutz	St. Paul im Lavanttal, Cod. 71/1, fol. 4v. Aus Tübingen, vgl. SATTLER: Chronik (wie Anm. 6), Bd. 4, S. 180
55	Margarethe Moser	St. Paul im Lavanttal, Cod. 71/1, fol. 13v. + 1564, Aus Stuttgart, vgl. ECKER: Geschichte (wie Anm. 2), Regesten 592, 601, 607
56	Margarethe Mülich	St. Paul im Lavanttal, Cod. 71/1, fol. 4v
57	Margarethe Murerin	St. Paul im Lavanttal, Cod. 71/1, fol. 22v
58	Maria Schickin	St. Paul im Lavanttal, Cod. 71/1, fol. 7r. + 1571 Aus Kirchheim, vgl. ECKER: Geschichte (wie Anm. 2), Regesten 592, 601, 607
59	Susanna Ehingerin	St. Paul im Lavanttal, Cod. 71/1, fol. 3v. Mutmaßlich die 1497 erwähnte: „Domina Anna Ehingerin civissa opidi Ulmensis habet lic. ingrediendi ... ad monast. Pforzemense ad visitantum sor. Ursulam et ad monast. Chirchen sor. Osanam et Barbaram filias prefate domine Anne [...]", REICHELT: Joachimi Turriani (wie Anm. 113), S. 93. Damit Schwester der Barbara Ehingerin. In Weiler drei Schwestern dieser Familie, vgl. UHRLE: Dominikanerinnenkloster (wie Anm. 48), Personen 169, 173, 174, darunter die Priorin Ursula Ehingerin (1553–1566), ebd. S. 157

60	Susanna Ungelter	St. Paul im Lavanttal, Cod. 71/1, fol. 22r. Aus Ulm, vgl. Sattler: Chronik (wie Anm. 6), Bd. 4, 180
61	**Ursula „de Hellenstein"**	St. Paul im Lavanttal, Cod. 71/1, fol. 14r. Priorin 1557–1567, kommt 1510 ins Kloster und stirbt 1576. Ecker: Geschichte (wie Anm. 2), Regesten 574, 598, 601, 603, 607, 609. Götz: Erwähnung (wie Anm. 3), S. 177
62	Ursula Hermenne	St. Paul im Lavanttal, Cod. 71/1, fol. 18r. Laienschwester
63	Ursula Ritterbächin	St. Paul im Lavanttal, Cod. 71/1, fol. 14v. Aus Ulm, Sattler: Chronik (wie Anm. 6), Bd. 4, S. 180
64	Ursula Schöbin	St. Paul im Lavanttal, Cod. 71/1, fol. 19r. Laienschwester
65	Veronika von Wernau	St. Paul im Lavanttal, Cod. 71/1, fol. 11v. Priorin ca. 1517–1525, vgl. Ecker: Geschichte (wie Anm. 2), Regest 574; Götz: Erwähnung (wie Anm. 3), S. 177. In Weiler eine mögliche Verwandte Rosina von Wernau vgl. Uhrle: Dominikanerinnenkloster (wie Anm. 48), Person 150 (S. 155)

Abbildungen (Abb. 5 im Bildtafelteil)

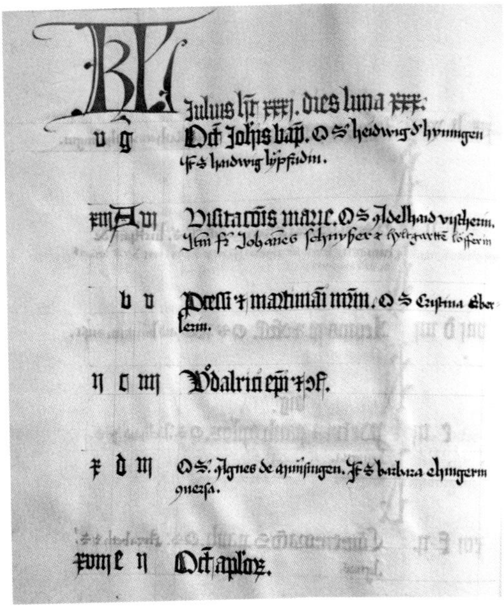

Abb 1.: Nekrolog des Klosters Kirchheim, Anfang des Monats Juli. St. Paul im Lavanttal, Cod. 71/1, fol. 19v

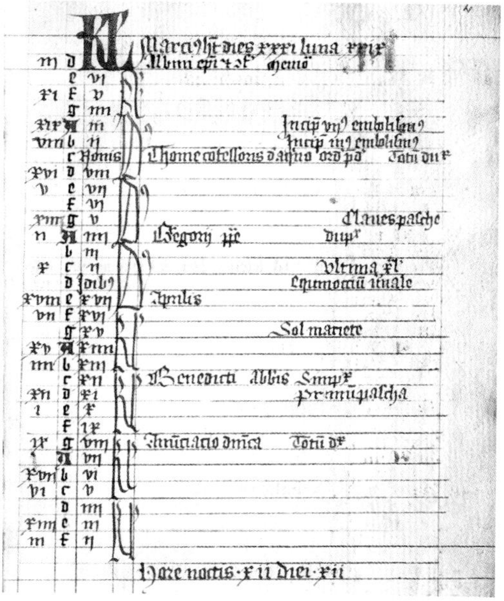

Abb. 2: Dominikanerpsalter, Oberrhein. Kalender, Seite des Monats März. WLB Stuttgart Cod. brev. 45, fol. 2r

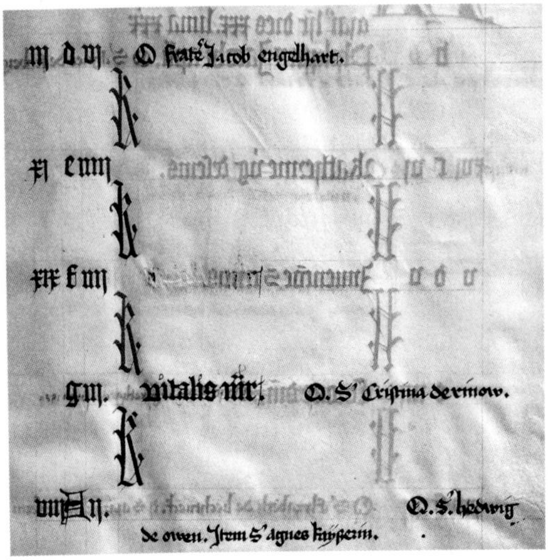

Abb. 3: St. Paul im Lavanttal, Cod. 71/1, fol. 13r

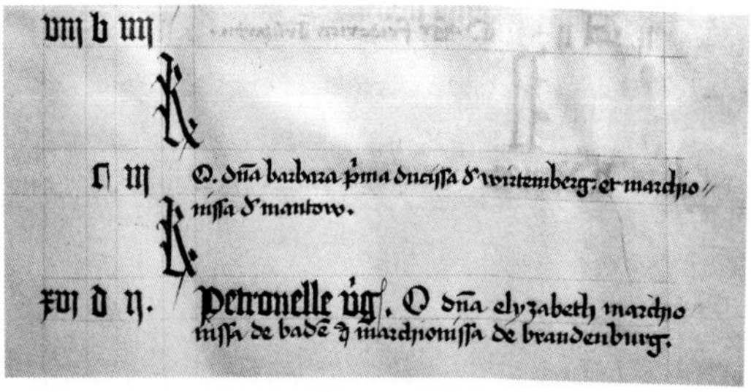

Abb. 4: Sterbeinträge Barbara Gonzagas von Mantua und Markgräfin Elisabeths, St. Paul im Lavanttal, Cod. 71/1, fol. 16r

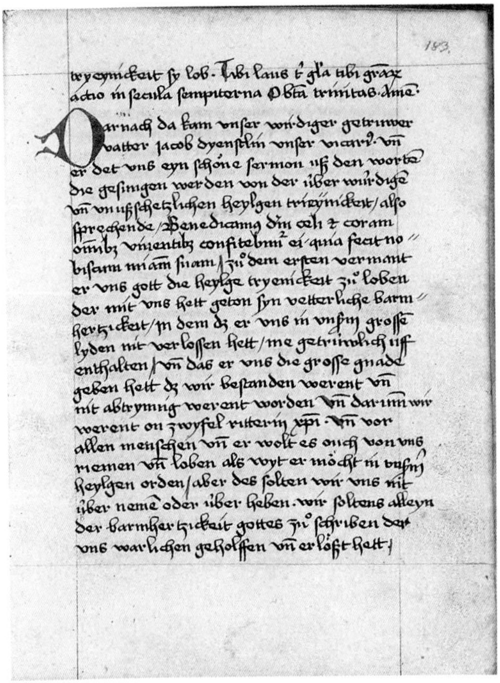

Abb 6.: Chronik der Magdalena Kremerin, HStA Stuttgart A 493 Bü 2

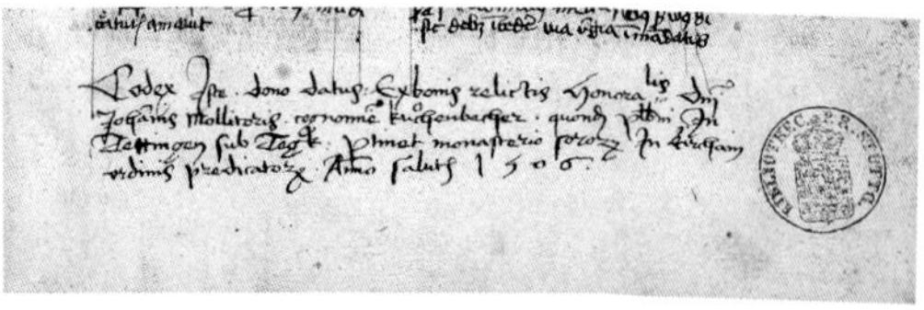

Abb. 7: Besitzvermerk der Dominikanerinnen in Kirchheim, 1506. WLB Stuttgart Cod. theol. et phil. 2°14, fol. 1r

Schenkungen, Stiftungen, Kaufgeschäfte – Zum Wirtschaftsgebaren der Dominikanerinnen von Kirchheim und Gotteszell bis zur Reform im 15. Jahrhundert

Maria Magdalena Rückert

Einführung

Am 13. Dezember 1367 schenkte Katherin von Tachenhausen einen Weingarten und eine Gült an ihre Schwester, die Klosterfrau Sophie, im Dominikanerinnenkloster St. Baptista zu Kirchheim unter Teck, und erklärt dies mit den folgenden Worten:

> „diu da ist in dem erbern gaistlichen frowen closter zu Kirchain der stat gelegen prediger orden sant Augustines regel, luterlich durch got und um reht swesterlich triwe, wan mich des wol dinget und och war ist, das si nach irer notduerft reht versorgt noch versehen sei, wan sie ain in geschloznnue ergeben und gaistlichiue closter frow ist und in der welt nit wandeln sol noch getarf, da von das is got dester flizzeglich gedienen muege und fuer aller unserer vordern selen besunder fuer vatter und mutter selen got me gebitten muege“ [1]

In diesem Zitat finden wir wie unter einem Brennglas alle die Aspekte wieder, die bei der Beschäftigung mit dem Wirtschaftsgebaren der Dominikanerinnen im späten Mittelalter zu beachten sind. Erstens geht es um die materielle Grundlage zur Sicherung des Lebensunterhaltes einer Nonne, zweitens um die Bedingungen der Klausur, die das Wandeln in der Welt unmöglich macht. Drittens kommt die Fürsorge der Verwandtschaft zur Sprache, also auch der Kontakt der Klosterfrau mit der Welt. Viertens wird die Sorge um das Seelenheil thematisiert, die die Umgebung der Klöster zu frommen Stiftungen bewog. Da hier nur eine Konventualin und nicht der gesamte Konvent beschenkt wird, klingt fünftens der Eigenbesitz an, der zusammen mit den Verstößen gegen die Klausur immer wieder bei der Klosterreform als Missstand ins Feld geführt wurde.

Anhand zweier Konvente, die Ende des 15. Jahrhunderts unter ähnlichen Umständen reformiert wurden, soll der Umgang mit Schenkungen und Stiftungen, ja Besitz in spätmittelalterlichen Dominikanerinnenklöstern untersucht werden. Das landsässige Kloster Kirchheim soll dabei mit dem der Reichsstadt Schwäbisch Gmünd zugehörigen Kloster Gotteszell verglichen werden. Betrachtet wird der Zeitraum von der Gründung der Frauenklöster bis zu ihrer Reform, die nur insoweit zur Sprache kommt, als sich in ihrem Kontext Folgen für die Wirtschaftsweise der beiden Frauenkonvente ablesen lassen.

Die Klöster Gotteszell und Kirchheim fanden Mitte des 13. Jahrhunderts Anschluss an den Bettelorden der Dominikaner, der seine Mitglieder auf das Armutsgebot verpflichtete. Daher muss es überraschen, dass Gotteszell Ende des 15. Jahrhunderts als das reichste Kloster und

1 HStA Stuttgart A 493 U 99; Ulrich P. Ecker: Die Geschichte des Klosters S. Johannes-Baptista der Dominikanerinnen zu Kirchheim u. Teck, Diss. Freiburg, 1985, Reg. 248.

der größte Grundherr in der Reichsstadt Schwäbisch Gmünd galt und Kloster Kirchheim wegen seines Wohlstandes ganz oben auf der Steuerliste des Herzogtums Württemberg stand.[2] Zunächst ist daher hier nach der Gründungssituation und dem Stiftungsgut der beiden Klöster zu fragen, die die materielle Basis der Gemeinschaften legten.

Neben der Sicherung des Lebensunterhaltes durch das *opus feminile* sind die unterschiedlichen Möglichkeiten des Besitzerwerbs in den Blick zu nehmen. Während Schenkungen und Stiftungen Einblick in die sozialen Verflechtungen der Konventualinnen mit ihrer Umwelt und Kommunikationsprozesse jenseits der Klostermauern bieten, stellt sich hier auch die Frage nach den Handlungsspielräumen der klausurierten Nonnen bei Kauf- und Rechtsgeschäften überhaupt. Schließlich ist die Verwaltung des Besitzes durch die einzelnen Klosterämter, Hofmeister und weltliche Pfleger im Laufe von 200 Jahren zu betrachten. Der Besitz in seinen vielfältigen Formen und Funktionen für die Klostergemeinschaft und das einzelne Konventsmitglied sowie die spätmittelalterliche Praxis der Zuwendungen an einzelne Nonnen musste zwangsläufig zur Forderung nach Reform führen, bei deren Durchführung aber auch die wirtschaftlichen Interessen der jeweiligen Landesherrschaft nicht zu vernachlässigen sind.

Gründungssituation und Stiftungsgut

Voraussetzung für den Anschluss einer religiösen Frauengemeinschaft an den Orden der Dominikaner war die Einführung der strengen aktiven und passiven Klausur auf der einen Seite und eine funktionierende Wirtschaft auf der anderen Seite. Humbert von Romans verlangte, dass allen dem Dominikanerorden unterstellten Frauenklöstern ausreichende Mittel für den Unterhalt der in strenger Klausur lebenden Nonnen zur Verfügung stünden.[3] Aufgenommen werden durften nur Konvente, deren Lebensunterhalt gesichert war.[4]

Das Vermögen und die Einkünfte der einzelnen Frauengemeinschaften wurden geschätzt und eine Höchstzahl, ein *numerus taxatus*, ihrer Mitglieder festgesetzt. Dieser durfte nur in Ausnahmefällen überschritten werden. Die Abweisung besonders vornehmer und reicher Frauen etwa hätte dem Orden einen größeren wirtschaftlichen Schaden oder gar die Feindschaft einflussreicher Kreise eintragen können.[5] „Der Anschluss an den Dominikanerorden bedeutete also für die Frauenklöster zugleich wirtschaftliche Absicherung. Die Armutsbewegung ging unter der organisatorischen Leitung des Ordens in Gemeinschaftsformen über, die

2 Vgl. Klaus Jürgen HERRMANN: Gotteszell, in: Wolfgang Zimmermann/Nicole Priesching, Württembergisches Klosterbuch, Ostfildern 2003, S. 448–450; Herbert Aderbauer: Kirchheim/Teck, in: ebd. S. 305f.; ECKER: Geschichte (wie Anm. 1), S. 11–22, auch im Folgenden.

3 Brigitte DEGLER-SPENGLER: Die religiöse Frauenbewegung des Mittelalters, Konversen – Nonnen – Beginen, in: RJKG 3, 1984, S. 75–88, und diess.: „Zahlreich wie die Sterne des Himmels". Zisterzienser, Dominikaner und Franziskaner vor dem Problem der Inkorporation von Frauenklöstern, in: RJKG 4 (1985), S. 37–50.

4 Vgl. die Konstitutionen für die Frauenklöster c. 30 in: Analecta sacri ordinis Fratrum Predicatorum III, S. 348, c.30: „[...] Eadem districtione ordinamus, ne unquam in aliquo casu domus aliqua recipiatur sub cura ipsius ordinis, nisi cum sufficienti provisione in bonis temporalibus pro necessitatibus sororum".

5 Herbert GRUNDMANN: Religiöse Bewegungen im Mittelalter, Berlin 1935, 4. Aufl. Darmstadt 1970, S. 300f. Vgl. dazu Konstitutionen für die Frauenklöster in: AOP III, S. 342, c. 14: „Magister ordinis vel prior provincialis pensatis facultatibus domus, que pro tempore fuerint, aliquem certum numerum sororum statuat, ultra quem non recipiatur aliqua in sororum, nisi talis esset persona, que sine gravi dampno vel scandalo recusari non posset".

den Einzelnen ein sicheres Auskommen gewährleisteten und das religiöse Leben ordneten und disziplinierten", so schon Herbert Grundmann in seinem Standardwerk von 1935.[6]

Die Gründung der Konvente in Gotteszell bei Schwäbisch Gmünd und in Kirchheim unter Teck entsprechen dem beschriebenen Muster, wenn sich die Anfänge auch nicht lückenlos klären lassen. Keimzelle des Kirchheimer Dominikanerinnenklosters war eine Sammlung frommer Frauen, die sich zu Beginn des 13. Jahrhunderts zu einem gemeinsamen Leben ohne feste Regel in freiwilliger Armut und Keuschheit entschlossen hatten. Nach einem kurzen Intermezzo in Sirnau bei Esslingen kam es in Kirchheim zu einer Neugründung – „*novella plantatio*" –, der 1247 das Leben nach der Augustinerregel bewilligt wurde. 1249 nahm Papst Innozenz IV. das Augustinerkloster in den Dominikanerorden auf. Aus demselben Jahr stammt eine Schenkung der Herzöge von Teck, die als Wohltäter des Klosters auftraten und seither in der Klostertradition als Mitstifter fungieren.[7] Auch in der Chronik der Magdalena Kremerin heißt es dazu: „Vor alten ziten gar geystlich wirdig was, und ist gestyfft worden von den durlychtigen hertzogen von Deck, die hant selber zwo swestern hinn gehabt".[8]

Ludwig von Teck sanktionierte den Eintritt einer gewissen Adelheid und anderer teckschen Ministerialentöchter in das Kloster und gewährte den Klosterfrauen neben anderen Vergünstigungen das Recht, von teckischen Dienstmannen und Dorfleuten Güterschenkungen annehmen zu dürfen.[9] Durch die Einrichtung ihrer Grablege im Kloster war dessen Förderung gesichert.

Auch die Umstände der Gründung Gotteszells sind unsicher, da weder auf eine Gründungsurkunde noch auf eine spätere Gründungssage zurückgegriffen werden kann. Dafür, dass auch Gotteszell aus einer schon bestehenden Beginensammlung hervorging, spricht eine Urkunde der Ritter Konrad und Albrecht von Rechberg aus dem Jahr 1293. Hier werden die Nonnen als „samenunge des closters Gotes Celle der Prediger Ordens, daz da lit bi Gemunden" bezeichnet.[10] Offenbar ist der Klosterbereich aus einem rechbergischen Hofgut mit Mühle hervorgegangen, der hier nochmals bestätigt wird. Um 1240 sollen zudem zwei adelige Witwen der Familie Schaupp oder Schopp, die noch 1296 zwei Töchter in das Kloster entsandte, die materielle Grundlage für das neugegründete Kloster vor der Stadt geliefert haben. Es wurde dann auch zur Grablege der Familie von Rechberg.[11]

Papst Innozenz IV. nahm das Augustiner-Nonnenkloster *Cella Dei* am 8. Februar in seinen Schutz und bestätigte alle derzeitigen und späteren Erwerbungen, darunter die Klostermühle und Fleischbänke in Schwäbisch Gmünd.[12]

6 Ebd., S. 302.
7 Vgl. StA Ludwigsburg B 139 a Bü 755 Bl. 4r; WUB 6 Nr. N30, 470; Vgl. dazu Ecker: Geschichte (wie Anm. 1), S. 16–18.
8 Chronik der Magdalena Kremerin, HStA Stuttgart A 493 Bü 2, zitiert nach Christian Friedrich Sattler: Geschichte des Herzogthums Würtemberg unter der Regierung der Graven, Bd. 5, Ulm 1768, Beilage Nr. 42, S. 173–280, hier S. 177. Vgl. zu dieser Tradition auch die zwischen 1579 und 1626 geschriebene Chronik der Herzöge von Teck im StA Ludwigsburg B 139 a Bü 755.
9 WUB 4, Nr. 1125, S. 190–191.
10 WUB 10, Nr. 4422, S. 169; Urkunden und Akten der ehemaligen Reichsstadt Schwäbisch Gmünd 777–1500, bearb. von Alfons Nitzsch, (Inventare der nichtstaatlichen Archive in Baden-Württemberg 11/12), 1966/1967, 1. Teil, Nr. 63 (im Folgenden zitiert als UAG + Band + Regestennummer).
11 WUB 10, Nr. 4928, S. 553 und UAG 1, Nr. 69; Klaus Graf: Gmünd im Spätmittelalter. Kirchen, Klöster und Spitäler, in: Klaus Jürgen Herrmann (Hg.): Geschichte der Stadt Schwäbisch Gmünd, Stuttgart/Aalen 1984, S. 157–161; Herrmann, Gotteszell (wie Anm. 2), S. 448f.
12 WUB 4, Nr. 1067, S. 126–128: "[...] a locum ipsum, in quo prefata ecclesia sita est, cum omnibus pertinentiis suis, molendinum prope ecclesiam eandem, redditus, quos habetis in macello in civitate Augustensi [...]".

Inkorporiert in den Dominikanerorden wurde Gotteszell am 3. März 1246. In einer zweiten Urkunde vom selben Tag unterstellte Papst Innozenz IV. die klösterliche Gemeinschaft „dilectis in Christo filiabus [...] priorisse et conventui monialium monasterii de Cella Dei extra muros Gamundie“[13] – wie Kirchheim – den Dominikanern in Esslingen. Erst zwischen 1289 und 1294 nämlich sollte es auch in Gmünd eine Niederlassung des männlichen Zweigs der Dominikaner geben.

Neben der Seelsorge regelte der Papst das Visitations- und Reformationsrecht und gab beiden Klöstern das Recht, eigenen Besitz zu haben: „Ad hec liceat vobis reditus et possessiones recipere ac ea libere tenere. Non obstantibus contraria consuetudine seu statuto ipsius ordinis, confirmatione sedis apostolice aut quacumque firmitate alia roboratis.“[14]

Der Verstoß gegen die Ordensstatuten wird hier bewusst in Kauf genommen. Der Predigerorden, der als Bettelorden seinen Mitgliedern weitgehenden Verzicht auf Besitz vorschrieb, hatte den Nonnen nach der zweiten Regel im Gegensatz zum Auftrag der Männerkonvente eben ein weltabgewandtes, kontemplatives Leben in Klausur auferlegt. Da die Nonnen nicht wie die Prediger terminieren konnten und keine Einnahmen aus seelsorgerischen Verrichtungen hatten, waren sie von vorneherein auf eine solide materielle Existenzsicherung angewiesen.

Opus feminile

Durch die strenge Klausur waren die Frauen auf Tätigkeiten beschränkt, die innerhalb der inneren Klausur verrichtet werden konnten, das sog. *opus feminile*.

Dazu gehörte die Erstellung von Handarbeiten und Textilien aus der Wolle der klostereigenen Schafe. In einer Gotteszeller Konventsordnung heißt es dazu: Sie fertigten „heubss, (wohl mit Perlen besetzte Hauben), laib bynden mytt perlin, fanletlin (Tafeltücher, Küchentücher), ausgestochene fürletin (Backwerk)“.[15]

Aus einer Kirchheimer Rechnung von 1478 bis 1485, auf die noch zurückzukommen sein wird, wissen wir, dass die Beschäftigungen der Kirchheimer Nonnen im Fertigen von Messgewändern, Kutten und Tischdecken sowie in der Herstellung von Paternostern bestanden. Dafür werden „pater noster ringlin“[16] und die verschiedensten Stoffe, u. a. auch Seide eingekauft. Neben dem Nähen und Weben, Spinnen und Stricken waren auch das Schreiben und Ausmalen von Handschriften Tätigkeiten, die in der Klausur ausgeübt werden konnten.

Da die Kirchheimerinnen immer wieder Papier, Pergament, Tintenhörner und *Augspiegel* sowie Farben, wie z. B. Zinnober einkauften, ist davon auszugehen, dass sie auch selber Handschriften abschrieben.[17] Gebunden wurden diese aber offenbar außerhalb, wie aus der Kirch-

13 WUB 4 Nr. 1070, S. 131–132: "priorisse et conventus monialium monasterii de Cella Dei extra muros Gamundie, Augustensis diocesis, fuit propositum, coram nobis eadem, incluse corpore in castris claustralibus mente tamen libera devote domino famulantes, de institutionibus fratrum ordinis vestri illas, que sibi competent [...]". Vgl. ebd. Nr. 1069, S. 130–131 sowie WUB Bd. 6, Nr. N30 und Nr. N31, S. 470.

14 WUB 4, Nr. 1070, S. 132 bzw. HStA Stuttgart A 493 U 30, inseriert in Urkunde von 1311 Jan. 5.

15 StA Ludwigsburg B 185 Bü 4.

16 HStA Stuttgart A 493 Bü 1, fol. 92r.

17 Möglicherweise fertigten sie die Handschriften pragmatischer Schriftlichkeit wie die hier vorliegende Rechnung und die Klosterchronik selbst, gaben aber aufwändige liturgische Handschriften bei auswärtigen Schreibwerkstät-

heimer Rechnung hervorgeht: hier wird eine größere Summe für das Binden „von dem grossen Messbuch und von dem cleine meßbuch und zwey briefieren [...] in zu binden“ erwähnt. Ebenso heißt es: „Item von dem nuwen briefier zu schreiben“.[18]

Zu dem Zeitpunkt der Abfassung der Rechnungen war Magdalena Kremerin in Kirchheim Küsterin[19], von der in der Kirchheimer Chronik steht: „ein swester was under den von syl; die konde wol textur schriben und ouch molen.“[20]

Jeffrey Hamburger, der die der Magdalena Kremerin zugeschriebenen Handschriften, die heute in St. Paul im Lavanttal aufbewahrt werden,[21] näher untersucht hat, betont, dass die Einführung der Observanz es nötig machte, neue Handschriften für die Liturgie zu beschaffen.[22] Da die Frauen in der Kürze der Zeit nicht alle Handschriften hätten selbst abschreiben können, hätten sie einzelne Arbeiten daran außer Haus in Auftrag gegeben. Die Bindung des Kirchheimer Kollektars MS 62/1 sei durch die Dominikaner in Esslingen erfolgt, die eben die *cura monialium* in Kirchheim ausübten.[23] Vom *opus feminile* allein aber konnten die Frauen in beiden Konventen nicht leben.

Besitzerwerb: Liegenschaften und grundherrliche Abgaben

Schon in den ersten Jahren nach der Gründung der beiden hier im Zentrum stehenden Dominikanerinnenkonvente finden wir Urkunden, die Einblick in verschiedene Formen des Besitzerwerbs geben. Neben Grundbesitz an Äckern, Weinbergen und Gärten erhielten die Nonnen auch grundherrliche Abgaben, wie Zehnten und Gülten, die jährlich eingenommen wurden und dem Konvent zugute kamen. Neben den Urkunden geben vor allem die frühen Lagerbücher Auskunft über den Besitzstand und die geographische Ausdehnung ihres Besitzes.

Das 1455 in Gotteszell angelegte Lagerbuch beschreibt den überaus reichen Besitz, der die materielle Grundlage des Klosterlebens bot.[24] Neben der Eigenbewirtschaftung des etwa 100 ha großen Klosterhofs besaß Gotteszell in 45 Ortschaften aus Schenkungen und Ankäufen über 130 Höfe, Güter und Selden mit einer Gesamtfläche von etwa 1800 Hektar, z. B. in Herlikofen, Iggingen, Kemnaten und Oberböbingen. Hinzu kamen Weingärten im unteren Remstal und beträchtlicher Besitz etwa an Häusern in und bei der Stadt Gmünd. Einträglich

ten in Auftrag. So lesen wir z. B. 1482 „Item um gemalt briefflin III ß.“ Ebd., fol. 92r.

18 HStA Stuttgart A 493 Bü 1 fol. 87r. Andere Handschriften gaben sie bei städtischen Schreibern in Auftrag: „Item dem schriber zu Nürtingen von der vetere buoch predigerordens zu schreiben III lb.“ Ebd., fol. 90v–91v: „Item von büchern zu bschlahen ... Item von zwen alten seltren inzubinden“ u. ö.:

19 Sattler: Geschichte des Herzogthums Würtemberg (wie Anm. 8), S. 179: „die wart hie custerin, texturschrieberin, novitzien meysterin und obersengerin“.

20 Sattler, ebd., S. 176f.

21 Es handelt sich um St. Paul im Lavanttal, Stiftsbibliothek Ms 71/1 (Kapiteloffiziumsbuch) und Ms 62/1 (Kollektar). Vgl. Jeffrey F. Hamburger: Magdalena Kremer, scribe and painter of the choir and chapter books of the Dominican convent of St. Johannes-Baptista in Kirchheim unter Teck, in: James H. Marrow, Richard A. Linenthal, William Noel (Hg.): The Medieval Book. Glosses from friends and colleagues of Christopher de Hamel, Houten 2010, S. 124–149.

22 Hamburger: Magdalena Kremer (wie Anm. 21), S. 127, meint mit Bezug auf die Ämterbeschreibung der Küsterin bei Johannes Meyer: „In the light of all these prescriptions it comes as no surprise that one of the first tasks associated with reform was the production of a fresh set of liturgical manuscripts.“

23 Ebd., S. 129, führt weiter aus: „the book was written by nuns in a monastery, then bound by their confrères in another, a situation congruent with what can be documented at other Dominican convents of the period in southern Germany.

24 HStA Stuttgart H 224 Bd. 50. Vgl. die Zusammenstellung in UAG 2, S. 203–210.

waren auch die Einnahmen aus Zehnten und die Pfarreinkünfte der von Vikaren versehenen, seit 1372 bzw. 1420 inkorporierten Pfarreien Iggingen und Zimmerbach.[25]

Kirchheim besaß Liegenschaften und Einkünfte in über 50 Orten und konnte 1440 sogar die Pfarrkirche von Wendlingen erwerben.[26] Mitte des 14. Jahrhunderts zählte der Konvent etwa 70 Nonnen, für deren geistliche Betreuung ein Beichtvater und durch die Stiftung von Messpfründen insgesamt sieben Klosterkapläne zur Verfügung standen.[27]

Einen Überblick über die Besitzungen und Gerechtsame Kloster Kirchheims gibt das nach der Reform – im Jahr 1492 – angelegte Lagerbuch, das auf Pergament geschrieben und aufwändig gestaltet wurde und ein besonders schönes Beispiel pragmatischer Schriftlichkeit darstellt. Hier werden die dem Kloster zustehenden Einkünfte verzeichnet, wie der Titel des Bandes ausweist: „ein zinss buoch [...] von all nutzen zinssen faellen als das clouster hat zuo kirchen."[28]

Der Kirchheimer Klosterbesitz war kein geschlossenes Gebilde, sondern eine Ansammlung von Gütern und Rechten, die sich auf einen Umkreis von 15 bis 20 Kilometern rund um Kirchheim konzentrierten. Dazu zählten Felder, die in Eigenbau betrieben wurden, ebenso wie Häuser und Mühlen, Zehnten und Gerichtsgefälle sowie Gültleistungen, die den Nonnen durch Kauf, Schenkung oder Stiftung zugefallen waren. Schwerpunkte lagen in Jesingen, Ötlingen, Lindorf, Dettingen, Owen, Steinbach und Cannstatt, wo sowohl Weinbau betrieben wurde als auch ausgedehnter Waldbesitz vorlag. Da die Herkunft der einzelnen Besitzungen bei Ecker ausführlich beschrieben wird, muss dies hier nicht im einzelnen wiederholt werden.[29] Es soll vielmehr darum gehen, verschiedene Formen des Besitzerwerbs in den dominikanischen Klöstern und den Umgang damit in den Blick zu nehmen.

Schenkungen, Stiftungen und Kaufgeschäfte

Besondere Zuwendungen erfuhren die Konvente von den Familien, die sie als Grablege nutzten. 1259 übergaben etwa Ulrich von Plochingen und die Gebrüder Konrad und Ulrich von Rechberg um ihres Seelenheils willen ihren großen und kleinen Zehnten zu Mulfingen an das Kloster Gotteszell, was Bischof Hartmann von Augsburg dann 1261 bestätigte. Die von Konrad von Rechberg gestiftete Pfründe für einen Kaplan wurde 1326 von Albrecht von Hohenrechberg konfirmiert.[30]

Die Förderung durch die Herzöge von Teck und ihre Ministerialen ermöglichten Kloster Kirchheim bis zur Mitte des 14. Jahrhunderts zahlreiche Erwerbungen, die sich auf den Nahbereich um die Stadt Kirchheim unter Teck konzentrierten und somit zur Arrondierung des

25 Vgl. die Karte zum Gotteszeller Besitz bei GRAF: Gmünd (wie Anm. 11), S. 159.
26 Vgl. die Zusammenstellungen bei ECKER: Geschichte (wie Anm. 1) S. 27f.
27 Rolf GÖTZ: Dominikanerinnenkloster, in: Kirchheim unter Teck. Marktort, Amtsstadt, Mittelzentrum, hg. von Rainer KILIAN, Kirchheim unter Teck 2006, S. 175.
28 HStA Stuttgart H 102/36 Bd. 1.
29 Vgl. die Besitzkarte bei ECKER: Geschichte (wie Anm. 1), Anhang.
30 WUB Band VI., Nr. 1626, S. 18–19; und UAG 1 Nr. 127, S. 25f.

Besitzes beitrugen.[31] Die weiblichen Mitglieder der Stifterfamilien garantierten mit ihrem Klostereintritt am besten die Pflege der Memoria.

Aber auch andere Wohltäter trafen mit ihren Stiftungen und Schenkungen Vorsorge für das Jenseits. Alwig der Lange, Bürger von Gmünd, vermachte 1278 zum Seelenheil seines Vaters und seiner Mutter den Klöstern Rechentshofen und Gotteszell gemeinsam einen Mansus in Schönhardt.[32] Auch derartige Güter- oder Kapitalübertragungen zu Seelgeräten, die die Klosterfrauen als Schenkungen von lebenden Wohltätern oder in Testamenten erhielten, dienten dazu, das Gebetsgedächtnis an den Schenker nach dessen Tod im Kloster sicherzustellen.

Daneben kamen auch schon früh Seegerätsstiftungen von Konventsmitgliedern selbst vor. Die Priorin und der Konvent von Gotteszell etwa bekannten sich, nachdem ihnen die Schwester Luitgard von Waiblingen ihren Weinberg in Kleinheppach um ihres und ihrer Eltern Seelenheils willen übertragen hatte, für sich und ihre Nachfolger zu der Verpflichtung, alljährlich von dem Weinberg zur Feier des Jahrtags der Schwester Luitgard 15 Schilling Heller zu verwenden. Die Stiftung kam dem ganzen Konvent zugute.[33] Nicht selten waren die Jahrzeitstiftungen mit Nebenleistungen, etwa für den gemeinsamen Tisch der Nonnen, Beschaffung von Wein oder Wachs usw. verbunden. Wegen der großen Bedeutung dieser Art von Stiftungen, wurde in den Klöstern ein eigenes Amt zu deren Verwaltung, das Amt der Seelmeisterin oder des Seelgeräts, eingerichtet. In Kirchheim ist es seit 1355 belegt.[34]

Bedeutende Mitgiften und Schenkungen an Grundbesitz und Abgaben kamen den Klöstern durch die Aufnahme von Frauen aus vornehmen und begüterten Familien zugute. Der Eintritt in Gotteszell betrug im 15. Jahrhundert 50 Pfund Heller. Lebendigen Ausdruck fanden die Beweggründe solcher Begabungen in den oben zitierten Worten der Katherin von Tachenhausen von 1367.[35] Neben der verwandtschaftlichen Fürsorgepflicht für die zum Klosterleben bestimmte Angehörige werden hier auch geistlicher Auftrag und fromme Erwartung der gesamten Sippe an den religiösen Dienst ihres Mitgliedes im Konvent deutlich.

20 Jahre später bedachte die hier beschenkte Schwester Sophie von Tachenhausen ihre Verwandte, eine Klosterfrau namens Agnes von Tachenhausen, die Tochter ihres Vetters, mit Gülten und Gütern aus ihrer eigenen Schenkung. Nach Sophies Tod sollte Agnes dem Kloster jährlich Einkünfte aus einer Mühle geben, damit der Konvent damit die Jahrzeit der Sophie mit Vigil, Seelvesper und Seelmesse begehen könne. Nach dem Tod der Agnes wiederum sollte alles zum Seelenheil der Sophie und ihrer Vorfahren dem Seelgerät zufallen.

Die soziale Zusammensetzung der Konvente muss aus den urkundlichen Erwähnungen von Nonnen erschlossen werden. In Gotteszell dominieren der Adel der Umgebung sowie die Geschlechter und vornehmsten Bürgerfamilien der Reichsstadt Gmünd. Unter den Wohltätern des Konvents besonders hervorzuheben sind die von Rechberg, die im Kloster ihre Grablege hatten. Zu den ältesten Gmünder Geschlechtern, aus denen Nonnen kamen, zählen die Ruh, Taler, Eberwin, Schopp, Wolf, Guland, Väner, Gul und Rinderbach.[36] Träger- und Rekrutierungsschichten im Kloster Kirchheim waren Adelsfamilien wie die Sperberseck und

31 Zu den Herzögen von Teck vgl. die Chronik in StA Ludwigsburg (wie Anm. 7); Ecker:Geschichte (wie Anm. 1), S. 16–18; Irene Gründer, Studien zur Geschichte der Herrschaft Teck (Schriften zur südwestdeutschen Landeskunde 1) Stuttgart 1963.

32 WUB 8, Nr. 2768, S. 93–94.

33 WUB 8 Nr. 3299, S. 429.

34 Ecker: Geschichte (wie Anm. 1), Reg. 194.

35 Ebd., Reg. 248 und S. 143f.

36 Graf: Gmünd (wie Anm. 11), S. 158–160.

Randeck, aber auch Kirchheimer Patrizier wie die Degeler, Schot und Huot. Aus dem Bürgertum hervorgegangen war auch Gret Schelerin, die bis zur Reform 1478 das Amt der Priorin innehatte.[37]

Im 14. Jahrhundert drängte das städtische Patriziat vermehrt in die Frauenklöster. Wie die adligen Stifter strebten auch die Städter danach, durch fromme Stiftungen ihr Seelenheil zu sichern und trugen dadurch auch mehr und mehr Sorge für das Auskommen der Nonnen. Es wurde üblich, dass bestimmte Familien ihre Töchter immer wieder in dieselben Klöster gaben, wobei neben spirituellen auch materielle Aspekte eine Rolle spielten. In der Regel fielen die den Töchtern mitgegebenen Leibgedinge nach deren Tod an den Konvent. Häufig findet sich aber auch die Bestimmung, dass sie nach ihrem Tod an ihre nächste Verwandte im Kloster fallen sollten. Auch die fahrende Habe, die sich im strikten Gegensatz zur Ordensregel ansammelte, konnte regelrecht vererbt werden.[38]

Schon im Jahr 1300 vermachten Heinrich der Suter von Schorndorf und seine Frau Mergard einen Weinberg in Schorndorf an fünf geistliche Schwestern. Erst nach dem Tod der letzten Schwester sollte die Stiftung dann an das Kloster Gotteszell fallen.[39] Bereits hier ist der Weg zum Eigenbesitz der einzelnen Konventualinnen angelegt.

In der Kirchheimer Rechnung werden für die Zeit von 1481 bis 1485 Leibgedinge von mehreren Kirchheimer Nonnen aufgeführt, die auch aus anderen Quellen bekannt sind.[40] Zu nennen sind hier Agnes Schellingen, die von der Kirchheimer Chronik als „einfeltig Mensch“[41] bezeichnet wird, dann die Mutter Schelerin, die Priorin, die 1478 ihres Amtes enthoben wurde, sowie ihre Vorgängerin, die Mutter Lichteneckerin, die „alte Mutter Priorin“. Weiter treten noch Adelheid Freibergerin, Margarete von Cannstatt und Anna Dürr auf, bei denen es sich um Konventualinnen handelt, die nicht mit der Einführung der Observanz einverstanden waren. Dass gerade die von diesen Nonnen eingebrachten Leibgedinge hier aufgeführt werden, liegt nahe, weil die reformunwilligen Frauen beim Verlassen des Klosters die Herausgabe des von ihnen eingebrachten Kapitals forderten. Dies geschah nicht zuletzt, um sich wieder in einem anderen Konvent einkaufen zu können, worauf besonders ihre Verwandten Wert legten. Im Fall der Anna Dürr, die in der Kirchheimer Chronik als Hauptgegnerin der Reform auftritt, liegt dazu auch eine Urkunde vor.[42] Auch die bei der Reform scheidende Priorin Dorothea Hälin aus Gotteszell forderte vom Konvent 48 Gulden, um sich eine Pfründe in anderem Kloster kaufen zu können.[43] Die Herausgabe der Einlagen dieser Nonnen aber stellte für die Klös-

37 ECKER: Geschichte (wie Anm. 1), S. 127f.

38 Wie viele Verwandte oft gleichzeitig im Kloster waren, kann man an den von Ecker zusammengestellten Konventslisten gut ablesen: ebd. S. 83–122. Vgl. zur Familie von Tachenhausen die Nummern 96, 97, 98, 129, und 172, zur Familie von Heiningen die Nummern 61, 67, 68, 82, 104 und 105.

39 WUB 11, Nr. 5541, S. 443–444.

40 HStAS A 493 Bü 1, fol. 39r ff. Vgl. dazu das Verzeichnis der Klosterfrauen bei Ecker: Geschichte (wie Anm. 1), S. 82–122, das auch auf dem Kirchheimer Nekrolog in St. Paul im Lavantal und der Kirchheimer Chronik beruht. Vgl. auch Roland DEIGENDESCH: Die „Frau von Mantua“ und das Dominikanerinnenkloster in Kirchheim unter Teck, in: Peter RÜCKERT (Hg.): Von Mantua nach Württemberg: Barbara Gonzaga und ihr Hof, Stuttgart 2011, S. 161–167.

41 SATTLER: Geschichte des Herzogthums Würtemberg (wie Anm. 8), S. 180.

42 Zu Anna Dürr vgl. ECKER: Geschichte (wie Anm. 1), S. 341 Regest Nr. 512: undatierte Abschrift eines dreifach angefertigten Kerbzettels von 1487 August 19, auf dem die Herausgabe von 10 Gulden, der Summe, die auch in der Rechnung erscheint, bestätigt wird.

43 StA Ludwigsburg B 185 U 46: dort heißt es, die Nonne habe sich wegen der Reform in ihrem Kloster Gotteszell „davon getan und an die gereformirten frawen irer erkaufften pfründ halb vordrung getan“; vgl. dazu Bernhard THEIL: Die Reform des Klosters Gotteszell im 15. Jahrhundert, in: Gmünder Studien 1 (1976), S. 9–34, hier S. 19f.

ter ein finanzielles Problem dar, da die Konvente mit diesem Kapital selbst hatten weiter wirtschaften wollen.

Soweit die Mitgift der Nonnen aus Liegenschaften oder Zinsen bestand, wurden ihnen diese teilweise wenigstens von vornherein zur Nutznießung überlassen. Bares Geld legten die Frauen zuweilen selbst in Grundbesitz oder sonstigen Gütern an. Einzelne Nonnen besaßen sogar mehrere Höfe mit dazugehörigen Zinsen.

Beispielhaft sei hier eine Stiftung aus dem Jahr 1291 ausgeführt: Hiltburg Sattlerin übertrug ihren Töchtern, den Klosterschwestern Adelheid und Christina, zum Unterhalt 11 Pfund Heller. Davon kaufte das Kloster einen Hof in Böbingen und gab den beiden Schwestern als Ersatz ein Pfund Einkünfte von ihren Zinsen aus der Aichlergasse in Gmünd. Priorin und Konvent von Gotteszell bekannten sich zur Ersatzpflicht, falls diese Zinse durch Feuersbrunst oder anderes Unglück verloren gingen. Nach dem Tod Hiltburgs und ihrer beiden Töchter sollte der Jahrtag der Mutter mit dem Pfund begangen und dem Konvent Wein und Speise („pitantias") davon gereicht werden.[44] Hier wird deutlich, dass die Nonnen nicht nur die Stiftungen verwalteten, sondern auch Geschäfte damit machten, den Besitz gewinnträchtig anlegten und in eigener Initiative ausbauten.

Im Dominikanerinnenkonvent Kirchheim kommen seit Beginn des 14. Jahrhunderts zu den mehrfach begegnenden Schenkungen und Vermächtnissen an einzelne Nonnen seit 1319 sogar eigene Kaufgeschäfte der Frauen hinzu. Um 1400 standen rund 80 Käufen des Klosters 45 Privatkäufe einzelner Klosterfrauen gegenüber. Während sich seit etwa 1370 die Kauftätigkeit des Klosters abschwächte, gingen die privaten Erwerbungen seiner Konventualinnen unvermindert fort und wurden sogar gesteigert.[45]

Besonders interessant sind hier die Geschäfte, die mit Mitgliedern des eigenen Konventes gemacht wurden, was auch in Gotteszell vorkam. Die dortige Priorin und ihr Konvent verkauften mit Zustimmung ihrer Pfleger Walter von Rinderbach und Johann Vetzer, Bürger zu Gmünd, an ihre Mitschwester Agnes von Hirlbach eine Hube zu Iggingen um 170 Pfund Heller. Nach dem Tode der Agnes sollte die Hube wieder an das Kloster zurückfallen.[46]

Die überlieferten Urkunden machen auf einen deutlichen Wandel im Armutsverständnis der Bettelordensklöster aufmerksam. Die Schwestern kamen zu privatem Besitz, über den sie frei verfügen konnten. Neben den Klosterbesitz trat so anerkannter Privatbesitz einzelner Schwestern.[47]

Mit der Entwicklung hin zum Privatbesitz ging die zunehmende Lockerung der Klausur einher, auch wenn es Verstöße dagegen zu allen Zeiten gegeben hatte. Bereits 1289 nämlich hatte der Provinzial Hermann von Minden den Prior der Prediger zu Esslingen beauftragt, die Nonnen von Gotteszell zu bestrafen, weil sie unter dem Vorwand angeblicher Feuersgefahr das Kloster verlassen hatten.[48]

44 WUB 9, Nr. 4186, S. 505.

45 Ecker: Geschichte (wie Anm. 1), S. 27, 33, 37.

46 UAG 1, Nr. 437.

47 Vergleichbare Entwicklungen sind auch bei den Klarissen festzustellen, wie das Beispiel Söflingen bei Ulm zeigt: Als das Kloster Söflingen im Jahr 1380 in Bedrängnis kam, verkauften Äbtissin und Konvent einige Güter an zwei Söflinger Klosterfrauen, deren Privatvermögen solche Transaktionen ermöglichte. Als das Kloster 1414 neuen Besitz erwarb, gaben vermögende Schwestern aus ihrem Privatbesitz den notwendigen finanziellen Zuschuss. Vgl. Max Miller, Die Söflinger Briefe und das Klarissenkloster Söflingen bei Ulm a. D. im Spätmittelalter, Würzburg 1940, S. 20.

48 WUB 9, Nr. 3800, S. 242–243., hier 243: "Ad hoc sorores de Gamundia, que conficto incendii periculo exiverunt, quod ipsis est sub anathemate interdictum, pena debita puniatis." Vgl. dazu Theil:Reform (wie Anm. 43), S. 14.

Auch wurden die Gotteszeller Nonnen gerügt, weil sie ihre Verwandten und Bekannten außerhalb des Klosters besucht hatten. Im Zuge der Verhandlungen um die Reform von Gotteszell wurde der Priorin Agnes von Rammingen, der Margartha Munchin und der Dorothea Hälin vorgeworfen, sie hätten trotz strengsten Verbotes durch die Ordensregeln ohne Erlaubnis der zuständigen Stellen die Klausur durchbrochen und in Stuttgart eine bestimmte weltliche Person aufgesucht. Dafür wurden sie exkommuniziert.[49]

Neuere Forschungsansätze, die die Frauenklöster als Kommunikationszentren und Handlungsräume untersuchen, sehen die Aufweichung der Ordensvorschriften als Ausdruck der Kommunikation zwischen Kloster und Welt.[50] Die Stifter von Leibrenten und Seelgeräten der Frauenklöster verbanden bestimmte Erwartungen mit ihren Gaben. Die Konventualinnen mussten durch Briefe oder Besuche den Kontakt nach außen halten, um nicht mangels Stiftungen ihre ökonomische Basis zu verlieren. Schenkungen, Stiftungen und gefüllte Jahrzeitbücher sowie der literarische Austausch mit anderen Frauenklöstern weisen darauf hin, dass die Gemeinschaften nicht so isoliert waren, wie dies Statuten und Chroniken manchmal glauben machen wollen. Schließlich durfte der Kontakt zur Welt nicht völlig abreißen, wollte der Konvent nicht mangels Nachwuchs aussterben.[51]

Aber auch die Verwaltung des ausgedehnten Besitzes war rein technisch nicht möglich bei Einhaltung der Klausur. Das Klosteramt der Schaffnerin, die sich um wirtschaftliche Dinge kümmern musste, konnte nur sinnvoll ausgeübt werden, wenn sie die Klausur nicht streng einhielt. Ebenso hinderlich war die Klausur bei Geschäften mit dem beschriebenen Privatbesitz. So treten nun auch Klosterfrauen vor städtischen Ratsgremien und Gerichten auf, um sowohl Angelegenheiten des jeweiligen Klosters zu regeln als auch gegebenenfalls eigene Geschäfte abzuwickeln und private Vermögensverhältnisse zu regeln.

Die Nonnen waren in der Wirtschaftsverwaltung konkret tätig und überließen diesen Bereich, auch wenn er den Verkehr mit der außerklösterlichen Laienwelt erforderte, nicht völlig den männlichen Amtsträgern, die sich auch von Anbeginn festmachen lassen. Im 13. und 14. Jh. befanden sich auf dem „Hof der Frauen" von Gotteszell außerhalb der Klausur noch andere Baulichkeiten, die von Konversen bewohnt wurden. Diese stellten den Hofmeister, der für die Verwaltung des Besitzes der Frauen zuständig war.[52] 1323 und 1347 tritt ein Sifrid Iseninger auf, der als Laienbruder und Hofmeister von Gotteszell bezeichnet wird,[53] wo auch seine Schwester im Konvent lebte. Auch das Schaffnereiamt war teilweise von Konversen besetzt. 1303 begegnet in Gotteszell als Schaffner ein „frater Hainricus conversus".[54] Die Belege für Konversen gehen in der zweiten Hälfte des 14. Jahrhunderts deutlich zurück. 1420 treffen

49 StA Ludwigsburg B 185 U 38: "propria temeritate egresse forent visitando dictam secularem in stutgarten"; dazu Theil: Die Reform des Klosters Gotteszell (wie Anm. 43) S. 26.

50 Christine KLEINJUNG: Nonnen und Personal, Familien und Stifter: Zisterzienserinnenkonvente und ihre soziale Umwelt, in: Norm und Realität. Kontinuität und Wandel der Zisterzienser im Mittelalter, hg. von Franz J. FELTEN und Werner RÖSENER (Vita regularis 42), Münster 2009, S. 225–263, hier 245–246.

51 Heike UFFMANN: Wie in einem Rosengarten. Monastische Reformen des späten Mittelalters in den Vorstellungen von Klosterfrauen (Religion in der Geschichte. Kirche, Kultur und Gesellschaft 14, Bielefeld 2008) 218–220; Gabriela SIGNORI: Wanderer zwischen den ‚Welten' – Besuche, Briefe, Vermächtnisse und Geschenke als Kommunikationsmedien im Austausch zwischen Kloster und Welt, in: Krone und Schleier, Kunst aus mittelalterlichen Frauenklöstern, München 2005, 130–141.

52 Z. B. WUB XI, 86 (1297); vgl. Graf: Gmünd im Spätmittelalter (wie Anm. 11) S. 157–159, auch im Folgenden.

53 UAG 1, Nr. 115 und Nr. 188.

54 UAG 1, Nr. 84

wir mit Katharina von Vellberg in Gotteszell wieder eine weibliche Schaffnerin an.[55] Diese wurde offenbar von einem Hofmeister als weltlichem Beamten bei der Verwaltung des Klosterbesitzes unterstützt, der die Hintersassen beaufsichtigte und in Rechtssachen die Nonnen nach außen hin vertrat.

In Kirchheim sind ebenso Klosterhofmeister belegt, die die Betreuung der Wirtschaft insgesamt unter sich hatten und im Namen der Nonnen Rechtsgeschäfte tätigten. Bis 1371 wurde das Amt von Laienbrüdern ausgefüllt, so z. B. Heinrich Ruelin oder Konrad von Gügelingen. Seit 1381 treten dann Pfleger anstelle der Hofmeister auf. Dies könnte nur ein Wechsel des Sprachgebrauchs sein. Ecker vermutet, dass das Vorkommen der Pfleger mit dem Eintreten der württembergischen Grafen in die Rechte der Herzöge von Teck zusammenhängt. Die Pfleger siegelten nun Urkunden, tätigten Kaufgeschäfte, gaben Lehen aus und vertraten die Nonnen bei Rechtsgeschäften.[56] Auch in anderen Frauenklöstern, wie z. B. in Weiler bei Esslingen, treten zu Beginn des 15. Jahrhunderts württembergische Pfleger auf.[57] Es lässt sich jedoch nicht festmachen, ob die Pfleger in dieser Zeit tatsächlich von den württembergischen Grafen oder vom Kloster selbst bestellt wurden. Für letzteres spricht, dass in Kirchheim Ende des 15. Jahrhunderts mit Hans von Suntheim wieder oder noch ein Hofmeister der Kirchheimer Nonnen auftritt. Laut Chronik der Magdalena Kremerin wurde er mehrfach von Graf Eberhard dem Jüngeren im Konflikt verhaftet. Noch im Lagerbuch von 1492 steht er als Hofmeister des Klosters neben Konrad Saltzmann, in dem der württembergische Pfleger zu sehen ist.

Im Jahr 1404 nahm der Hofmeister von Gotteszell einen Bauern wegen ausstehender Gült gefangen und nötigte ihm eine Urfehde ab. Klaus Graf bezeichnet ihn als weltlichen Beamten, betont aber, dass hier weder die Zustimmung der Stadt noch der Pfleger erwähnt wird.[58] Festhalten lässt sich dennoch, dass die Reichstadt Schwäbisch Gmünd ebenso wie die Grafen von Württemberg zunehmend versuchten, Einfluss auf die Wirtschaft der Frauenklöster zu erlangen.

Reform und Wirtschaftsweise

Im 15. Jahrhundert wurde der Druck der Reichstadt Schwäbisch Gmünd, die sich immer mehr in die inneren und damit auch die wirtschaftlichen Verhältnisse Gotteszells einmischte, immer größer. Anschaulich vor Augen geführt wird dies im Einleitungstext des oben beschriebenen Lagerbuchs von 1455. Hier nennt sich ein „Petrus Glaser de Gamundia"[59] als Verfasser des Buches. Auch entbrannte ein Streit um die Abhörung der Jahresrechnungen durch Vertreter der Gmünder Rates. Daran wird deutlich, dass die Interessen der Reichsstadt auch auf die Kontrolle der Wirtschaftsverwaltung des Klosters zielten und die Reform eng mit wirtschaftlichen Fragen verbunden war.[60] In einem undatierten Schreiben aus dieser Zeit klagt das Klos-

55 UAG 1, Nr. 858. Sie tritt bei der Inkorporation der Pfarrkirche von Zimmerbach neben der Priorin Katharina von Regensburg und der Subpriorin Ursula Bürgerin auf.

56 Ecker: Geschichte (wie Anm. 1), S. 175.

57 Susanne Uhrle: Das Dominikanerinnenkloster Weiler bei Esslingen, (Veröff. der Kommission für geschichtliche Landeskunde B 49), Stuttgart, 1963, S. 40. 1413 sei Albrecht Tegen, Vogt zu Stuttgart, Pfleger in Weiler gewesen.

58 UAG 1, Nr. 675. Graf: Gmünd im Spätmittelalter (wie Anm. 11) S. 160

59 HStA Stuttgart H 224 Bd. 50.

60 vgl. auch Theil: Reform (wie Anm. 43), S. 20.

ter darüber, dass sich die Stadt um alles kümmern wolle: man könne keine Zehntverkäufe tätigen noch einen Knecht einstellen, einen Bauern einsetzen oder eine Gült festsetzen ohne ihre Einwilligung. Zuletzt heißt es: „der dinge ist keins von alters her kommen, den daz sie meinend dasz closter in ire gewaltsamin auch zubringen.“[61]

Während 1486 in Kirchheim die Rechnungslegung der Barbara von Speyer in Anwesenheit der Priorin, Subpriorin und eines Ulmer Dominikaners erfolgte, war 1492 bei der Erneuerung des besagten Lagerbuches der württembergische Pfleger Konrad Saltzmann ebenso anwesend. Gerade durch die Rechnung der Schaffnerin[62] sind wir in Kirchheim besonders gut über das Wirtschaftsgebaren eines Frauenkonventes Ende des 15. Jahrhunders informiert. Gleichzeitig stellt die Quelle ein aussagekräftiges Beispiel für den Zusammenhang von Reform und Wirtschaft in einem Dominikanerinnenkloster des Spätmittelalters dar, weshalb hier kurz auf ihren Entstehungskontext eingegangen werden soll.

Exkurs zur Kirchheimer Rechnung, HStAS A 493 Bü 1

Geführt wurde die Kirchheimer Rechnung von Barbara von Speyer. Sie gehörte zu der Gruppe von sieben Reformschwestern, die 1478 von Johannes Meyer und Johannes Pruser, dem Lesemeister im Stuttgarter Dominikanerkloster, aus dem elsässischen Kloster Silo in Schlettstadt geholt wurden, um in Kirchheim die Observanz einzuführen.[63]

Die Entstehung der Rechnung wird von der Forschung im unmittelbaren Kontext des in den Jahren 1486 bis 1488 entbrannten Konfliktes zwischen dem Kloster und seinem damaligen Schirmherrn, dem Grafen Eberhard dem Jüngeren von Württemberg, gesehen, der hier nicht näher auszuführen ist. Der Konflikt mit dem Schirmherrn eskalierte, als er sich in die Haushaltsführung einzumischen versuchte und von den Kirchheimer Konventualinnen die Vorlage einer Rechnung für die neun Jahre seit der Reform verlangte. Nach anfänglichen Widerständen hätten die Nonnen „eine schriftliche Rechnung für die Jahre 1478 bis 1486“[64] angefertigt, bei der es sich um eben die Rechnung der Barbara von Speyer handele. Die monatlichen Abrechnungen der Schaffnerin sind jedoch nicht separat überliefert, sondern bilden einen Teil eines umfangreicheren Bandes, in dem sie mit weiteren Ein- und Ausgabenregistern zusammengebunden sind. Da die Anlage und der innere Aufbau des 106 Blatt umfassenden Konvolutes von mir an anderer Stelle ausführlich beschrieben wurde,[65] soll hier eine tabellarische Übersicht über die einzelnen Lagen genügen.

61 StA Ludwigsburg B 185 Bü 4.
62 HStA Stuttgart: Kloster Kirchheim, A 493 Bü 1.
63 Dazu ausführlich ECKER: Geschichte (wie Anm. 1), S. 156–192.
64 Rolf GÖTZ: Dominikanerinnenkloster (wie Anm. 27), S. 189.
65 Maria Magdalena RÜCKERT: Die Rechnung der Schaffnerin Barbara von Speyer aus dem Dominikanerinnenkonvent St. Johannes Baptista in Kirchheim unter Teck, in: Gudrun Gleba/Niels Petersen (Hg.): Wirtschafts- und Rechnungsbücher des Mittelalters und der frühen Neuzeit, Göttingen 2015, S. 61–78.

Lage	Blatt	Inhalt	Rubrik
1	fol. 1r–2v	Einnahmen an neuen und alten Zinsen	Fehlt
	13r	Korn-, Dinkelgülten	Abgerissen
3	25r	Hafergült	
	31r	Landgarben	U rot
4	33r	Zehnthafer	V rot
5	34r	Zehntkorn	X schwarz
	36r	Mühle	Z schwarz
6	39r	Leibgedinge 1481	Fehlt
	41r	Wein 1481	T rot
7	49r	Weinschulden/–einnahmen	
8	57r	Monats- und Jahresrechnung (Pruser)	2 schwarze Kreuze
	58r	Abrechnungen der Schaffnerin	
9	68r	Fortsetzung (und leere Bl.)	
10	71r	Eier	A schwarz
	75r	Fisch	B rot
11	79r	Küche	C schwarz
	84r	Spezerei	E rot
12	87r	Küsterei	G schwarz
	90r	Haus	H rot
13	96r	Bau	I schwarz
	102r	Hof	K rot
	105r	Ausgaben für den Bau	

Zur äußeren Form sei hier nur so viel angemerkt, dass die einzelnen Kapitel mit abwechselnd rot und schwarz gestalteten Majuskelbuchstaben gekennzeichnet wurden, die offenbar auf eine Rubrikenordnung verweisen. Auch wenn die jeweils an den Seitenrändern eines neu beginnenden Kapitels auf kleinen Reitern aus Pergament angebrachten Buchstaben teilweise abgerissen sind, lässt sich feststellen, dass die Teile der Rechnung vor den Berichten der Schaffnerin die Buchstaben T bis Z aufweisen, die darauffolgenden Abschnitte durch die Buchstaben A bis K gekennzeichnet sind.[66] Die zentralen Abrechnungen der Schaffnerin aber sind durch zwei angeklebte schwarze Kreuze deutlich hervorgehoben.

Zusätzliche Hilfen beim Blättern in der Rechnung wurden durch das Ankleben dünner Pergamentstreifen mit der Aufschrift eines Kurzbetreffs und einer römischen Jahreszahl angebracht, etwa nach dem Muster: „Im LXXXV in neme Korn“[67] Diese Streifen ergänzen die ohnehin im Text vorhandenen Angaben zum Beginn eines neuen Rechnungsjahres, der offenbar auf den Tag Johannes des Täufers (24. Juni), des Klosterpatrons, fiel.

66 So beginnen etwa die Ausgaben für die Eier (Ayer) mit „A“ in Schwarz, die Ausgaben für Fisch folgen unter „B“ in Rot. Unter „C“ in Schwarz beginnt eine neue Lage mit den Ausgaben für die Küche usw.

67 A 493 Bü 1, fol. 21v.

Mittels der sachlichen Rubriken und zusätzlicher Zeitangaben wird die Kirchheimer Rechnung als Zeugnis pragmatischer Schriftlichkeit repräsentativ gestaltet und wirkt zugleich sehr professionell und modern, erlaubt sie doch eine schnelle Orientierung innerhalb der einzelnen Abrechnungsposten.

Der zentrale Abschnitt der Kirchheimer Rechnung, die Abrechnungen der Schaffnerin, befindet sich in der achten und neunten Lage und trägt die Überschrift „Monat- und Jarsrechnung". Die erste Jahresrechnung beginnt mit einem eigenhändigen Eintrag des Johannes Pruser, Lesemeister des erst 1474 gegründeten Stuttgarter Dominikanerkonventes, der an der Reform einer Reihe in Württemberg liegender Dominikanerinnenkonvente beteiligt war[68] und nun ein Jahr nach Einführung der Observanz in Kirchheim zur Rechnungsabnahme weilte.

„Anno 1478 am Freitag nach dem heiligen Pfingsttag ward das Closter Reformiert und von dannen über ein Jahr an pfingstobent in dem Neunundsiebenzigsten Jahre hab ich Bruder Johannes Prawser in der zyt vicarius Jarezrechnung Ingenommen von S. Barbara von Spyer Schaffnerin vor der muter Priorin und Ratsschwestern auch ettliche von der Gemayn."[69] Mit der Reform und der mit ihr einhergehenden Wiedereinführung der Klausur waren die Anforderungen an die Frauen gestiegen, die regelmäßig Rechnung abzulegen hatten. Pruser vermerkt weiter: „In der Rechnung war vil zu Innemen gesatzt, das nicht dar in gehort, aber es wart der Schaffnerin darumb alles gerechnet, das man erkunte, wie sie des closters gelt handelt."[70] Er wies die Schaffnerin auf Fehler hin und unterstützte sie bei der Ablegung der Rechnung. Zwar handelte es sich bei Barbara von Speyer um eine erfahrene Reformschwester, die nach der Kirchheimer Chronik auf mehr als vierzehn Jahre im elsässischen Dominikanerinnenkloster Sylo zurückblicken konnte, offenbar aber musste sie auch im folgenden Jahr 1480 bei der Rechnungsführung wieder korrigiert werden. Pruser, der am 29. Juni zur Rechnungsabhör kam, stellte nun fest: „Die Schuld und Widerschuld ward nicht verrechnet, wenn es was grossez Irrsal das Jahr der Reblut halben, das ich keinen gemut mocht darinnen finden."[71] Diese Probleme bemerkte er auch noch im Jahr 1481: „Und da by ist zumerken, das in den jaresrechnungen groß s Irrung geschen ist und off ein dinck dreymal oder zweymal ist geschriben zum Innemen und besonder mit den früchten und wyn. Darumb hab ich uff daß jar ein Nuwe rechnung mit Innemen und ußgeben angefangen und alle spenn zu ruh gelegt. Mein hantschrifft".[72]

Der eigenhändige Eintrag des Vikars stammt vom 8. Juni 1481. Auf demselben Blatt folgt einen Monat später die erste Abrechnung der Schaffnerin: „uff Samstag nach ulricus hat die schaffnerin gerechnet [...]".[73]

68 Er war ferner beteiligt an den Reformen in Reutin, Offenhausen, Weiler und Steinheim. Vgl. dazu Dieter STIEVERMANN: Landesherrschaft und Klosterwesen im spätmittelalterlichen Württemberg, Sigmaringen 1989, S. 261–289; ders.: Gründung, Reform und Reformation des Frauenklosters zu Offenhausen. Der Dominikanerinnenkonvent Gnadenzell im Spannungsfeld zwischen Stifterfamilie und Landesherrschaft, in: ZWLG 47 (1988), S. 149–202, bes. S. 165–173; zu Pruser vgl. Bernhard NEIDIGER: Das Dominikanerkloster Stuttgart, die Kanoniker vom gemeinsamen Leben in Urach und die Gründung der Universität Tübingen. Konkurrierende Reformansätze in der württembergischen Kirchenpolitik am Ausgang des Mittelalters (Veröffentlichungen des Archivs der Stadt Stuttgart 58), Stuttgart 1993, S. 33.

69 HStA Stuttgart A 493 Bü 1, fol. 57r.

70 Ebd.

71 Ebd., fol. 57v.

72 Ebd., fol. 58r.

73 Ebd.

Die Abfassung der vorliegenden Monatsabrechnungen der Schaffnerin wurde also nicht von außen – durch den Schirmherrn – veranlasst, sondern erfolgte auf Geheiß des visitierenden Ordensoberen, der für die Reform und alles, was daraus folgte, verantwortlich zeichnete. Offenbar war sofort nach der Reform, nach Pfingsten 1478, mit einer neuen Rechnung begonnen worden. Da diese aber fehlerhaft war und zu Streitereien führte, zog der Vikar die Konsequenzen und legte im Sommer 1481 selbst eine neue Rechnung an. Seine kurzen Berichte über die Rechnungsabhör der Jahre seit der Reform – 1479 bis 1481 – stellte er mit eigener Hand an den Anfang der neuen Schaffnerinnenrechnung. Es folgen für das Jahr 1481 sieben Einträge der Schaffnerin vom 7. Juli bis zum 18. Dezember, die bis auf den ersten Eintrag alle in der ersten Person abgefasst sind. Für das Jahr 1482 weist die Rechnung beginnend mit dem 12. Februar elf Einträge bis zum 3. Dezember auf, was den Vorgaben einer monatlichen Abrechnung einer Schaffnerin aus dem Ämterbuch des Johannes Meyer entspricht.

> „Item sie sol rechnung geben von alen dingen vor der priorin, suppriorin vnd rat swestren, als dick sie es fordern sint, vnd sol haben ein register, in das sie schreibe teglichen mit alem fleiß, was sie ein nimpt vnd auß gibet, also daz nit unter wegen beleibe von vergeslicheit wegen. Dar an sol sie auch eigenlichen schreiben die gelegenheit des closters in zeitlichen sachen, besunder was man dem closter schuldig sey oder was das closter sey schuldig“.[74]

1483 setzt die Abrechnung mit dem 10. Januar ein. Der dreizehnte Eintrag folgt am 20. Dezember. 1484 folgen elf, 1485 zehn, 1486 nur sieben Einträge, da die Rechnung mit dem 22. August abbricht. Bis auf vier Einträge, die unsere besondere Aufmerksamkeit verdienen, sind alle Abrechnungen nun in der dritten Person abgefasst.[75]

Vier Einträge der Jahre 1483 bis 1486 wurden nicht nur in der ersten Person abgefasst, sondern die Schaffnerin, Barbara von Speyer, nennt sich hier mit Namen.[76] Da die Handschrift von den übrigen Einträgen abweicht, kann man davon ausgehen, dass es sich hier um eigenhändige Notizen der Barbara von Speyer handelt,[77] während sie die übrigen Abrechnungen möglicherweise der Unterschaffnerin Christina von Rheinau[78] diktierte.

Die Einträge der Barbara von Speyer fallen länger aus. Sie nennt nicht nur allgemein Einnahmen, Ausgaben und Schulden, sondern zählt die einzelnen Bereiche auf, über die abgerechnet wurde: Zinsgeld, Leibgedinge, Mühlenabgaben, Wein, Korn, Handlohn und Weglöse sowie die Schulden des Klosters und die Schulden gegenüber dem Kloster an Gülten, Wein und Getreide. Es handelt sich genau um die Bereiche, über die die Aufzeichnungen der Jahre 1481 bis 1485 den Rechnungen der Schaffnerin vorangebunden sind. Man könnte daher die ersten sieben Lagen des vorliegenden Rechnungsbuches als Beilagen der Schaffnerinnenrechnung begreifen. Dies liegt auch deshalb nahe, weil sie ebenso wie die eigenständige Rechnung der Schaffnerin mit dem Jahr 1481 einsetzen.

74 Zitiert nach Leipzig, Universitätsbibliothek, MS 1548, fol. 30r (aus Kloster Maria Medingen OP, Mödlingen) 1483; online verfügbar über Manuscripta Mediaevalia: http://www.manuscripta-mediaevalia.de/dokumente/html/sigrefsLeipzig|||Universitätsbibliothek Leipzig|||Ms 1548: *Von dem ampt der schaffnerin.*

75 Es heißt dann immer: „hat die schaffnerin gerechnet“.

76 HStAS A 493 Bü 1, fol. 62v–63r, 65r, 67r und 69v.

77 Eine genaue Beschreibung der Hand findet sich bei Nigel Palmer: Die Chronik der Nonne von Kirchheim (im vorliegenden Band), der Barbara von Speyer als Schreiberin der Kirchheimer Chronik identifiziert.

78 Sattler: Geschichte des Herzogthums Würtemberg (wie Anm. 8), S. 179: „Die fünffte swester Cristina von Rinow, die wart raderin und underschaffnerin“. Vgl. Ecker: Geschichte (wie Anm. 1), S. 105, Nr. 198.

Die eigenhändigen Einträge Barbaras erfolgten immer in der Mitte des Jahres bzw. in der zweiten Jahreshälfte und markieren offenbar den Beginn des neuen oder vielmehr das Ende des vergangenen Rechnungsjahres. Der erste Eintrag nach dem Tag des Klosterpatrons St. Johannes des Täufers wurde eigenhändig durch die Schaffnerin Barbara angebracht und hielt den Abschluss des vorhergegangenen Rechnungsjahres fest. Es heißt hier nämlich: „[...] hab ich S. Barbara von Spir, schaffnerin, jar rechnung geton," während bei den anderen monatlichen Eintragungen nur von „rechnung" die Rede ist. Es werden Summen gezogen, Einnahmen und Ausgaben gegeneinander aufgerechnet und Schulden benannt. Derartige Einträge liegen für die Jahre 1483, 1484, 1485 und 1486 vor.

1483 und 1486 legte die Schaffnerin die Rechnung zudem nicht nur vor Priorin, Subpriorin und Ratsschwestern ab, sondern auch der Vikar, jetzt Dr. Ludwig Fuchs, Prior zu Ulm, war dabei zugegen. Hier wird nochmals deutlich, dass es sich bei der Rechnungslegung und Wirtschaftsführung nach der Reform des Dominikanerinnenklosters um eine ordensinterne Angelegenheit handelte. Dies bestätigt auch die Kirchheimer Chronik in ihrer Reaktion auf die Forderung einer Rechnung durch den weltlichen Schirmherrn: „Und darnach in der heyligen vasten war dick die rechnung erfordert, die wir doch nit tun wollten wider unsers ordens fryheyt, die wir dem gotzhuse nit verlieren wolten und wirs och nit tun sollen noch möchten on unser obren und mans ouch nye gefordert noch geton hettent [...].[79]

Nachdem die Priorin Eberhard dem Jüngeren den Zutritt verweigert hatte, verlangte er über seinen Kaplan, den ehemaligen Augustinermönch Dr. Conrad Holzinger, die Vorlage einer Rechnung für die neun Jahre seit der Reform.[80] Derartige Versuche der weltlichen Herrschaft, Einfluss auf das Rechnungswesen und die Wirtschaftsführung in den Frauenkonventen zu gewinnen, gab es auch in anderen Dominikanerinnenklöstern, wie das oben ausgeführte Beispiel Gotteszells zeigt.[81]

Nach der durch Graf Ulrich den Vielgeliebten veranlassten Transferierung der Adelberger Nonnen in das Dominikanerinnenkloster Lauffen am Neckar forderte der Adelberger Abt 1478 als Visitator eine jährliche Rechnungslegung, die aber, wie er betont, zwischen ihnen – nach Ordensbrauch – geheim bleiben sollte.[82]

Die Forderung nach Vorlage der Rechnung für die Jahre seit der Einführung der Obervanz durchzieht die Kirchheimer Chronik wie ein roter Faden. Immer wieder wird von Bedrückungen der Schwestern und Hungerblockaden berichtet, die in der Weigerung der Vorlage der Rechnung begründet waren. In der Aussage „und also vieng der kummer an"[83] wird dies deutlich zum Ausdruck gebracht. Allerdings erscheint die Forderung des Landesherrn und seiner Vertreter nach Rechnungsabhör immer gekoppelt mit anderen Forderungen, nämlich der Ausweisung der Reformerinnen aus dem Konvent und der Wiedereinsetzung der ehemaligen Amtsinhaberinnen in ihre Funktionen.

79 SATTLER: Geschichte des Herzogthums Würtemberg (wie Anm. 8), S. 183f.

80 vgl. Dieter STIEVERMANN: Der Augustinermönch Dr. Conrad Holzinger. Kaplan, Rat und Kanzler des Grafen bzw. Herzogs Eberhard d. J. von Württemberg am Ende des 15. Jahrhunderts, in: Josef ENGEL (Hg.): Mittel und Wege früher Verfassungspolitik. Kleine Schriften 1 (Spätmittelalter und Frühe Neuzeit. Tübinger Beiträge zur Geschichtsforschung Bd. 9), S. 356–405, hier 380ff.

81 Vgl. StA Ludwigsburg: Kloster Gotteszell, B 185 Bü 2.

82 Adelberger Reformordnung, abschriftlich überliefert: StA Sigmaringen Dep. 30/12 T4 Nr. 240.

83 SATTLER: Geschichte des Herzogthums Würtemberg (wie Anm. 8), S. 183. Ferner heißt es hier: „und wir soltent das wissen, das der jung herr die reformierin nit hie wissen noch habent wolt und sy mustent im rechnung tun von den IX iaren her und muestent darzu enweg,"

Unter dem Druck der Ereignisse zeigten sich die Kirchheimerinnen schließlich kompromissbereit, indem sie in die Vorlage der Rechnung einwilligten, aber an der Reform und deren Vertreterinnen festhielten:

> „so sollten wir rechnung tun vor unserm obern und vor eynem oder zweyen prelaten uß würtemberger land, des warent unser obren und wir ganz willig und fro, darum daz der Argwohn uß getriben würde und die warheyt an den tag kem, so man vernemen würde, daz wir recht und erberlich mit des closters gut werent umgangen, so wollten wir die rechnung von IX jahren her tun wie groß arbeyt daruff gieng [...]."[84]

Dennoch kam es trotz wiederholter Anläufe nicht zur Rechnungsabhör, da die Forderung abgelehnt wurde, eine der Reformgegnerinnen, namentlich Anna Dürr, die das Kloster verlassen hatte, an der Prüfung zu beteiligen. Da die Rechnung im Archiv des Klosters und nicht in demjenigen des Grafen von Württemberg überliefert wurde, ist sie offenbar nie an diesen abgeliefert worden. Sie betrifft nicht den gesamten Zeitraum von neun Jahren seit der Reform, sondern nur die Zeit bis St. Johannes Baptista 1485/86. Die Monats- und Jahresrechnungen der Schaffnerin Barbara von Speyer wurden durch den Ordensvikar Johannes Pruser begonnen. Der Schreibanlass war also nicht von außen motiviert, sondern es handelt sich um eine ordensinterne Angelegenheit, um im Kloster selbst einen Überblick über Einnahmen und Ausnahmen zu erhalten.

Allerdings deutet die Zusammenfügung dieser Rechnung mit den Beilagen für die Zeit von 1481 bis 1485 darauf hin, dass die Schaffnerinnenrechnung einer Prüfung unterzogen werden sollte, bei der die Belege leicht greifbar waren. Die Anbringung von Reitern mit Sach- und Zeitangaben sowie der Rubrikenordnung scheint nachträglich erfolgt zu sein, um einem Außenstehenden die Orientierung in der Zusammenstellung der verschiedenen Teile des vorliegenden Konvolutes zu erleichtern.

Die ersten Jahre nach der Reform scheinen ohne Belege auf, da die Schaffnerin Probleme bei der Rechungslegung hatte, auf die Johannes Pruser hinweist. Er spricht ja von einer neuen Rechnung, die er aus diesem Grund begann. Die „alten" Monatsrechnungen für die Zeit von 1478 bis 1481 samt Belegen müssen als verloren gelten. Dass die Zeit nach 1485/86 fehlt, liegt daran, dass im Kloster durch drei aufeinander folgende Hungerblockaden keine normale Wirtschaftsführung möglich war. Nachdem Graf Eberhard der Jüngere im Sommer 1486 erstmals die Vorlage der Rechnungen verlangt hatte, begann die Schaffnerin nach anfänglichen Widerständen offenbar damit, die von ihr verantworteten Register und Abrechnungen aus der Zeit von 1481 bis 1485 zusammenzufügen und mit Rubriken zu versehen. Durch die in der Kirchheimer Chronik dramatisch geschilderten Zeitumstände der Bedrohung des Konventes durch denselben Grafen musste ihre Zusammenstellung zwangsläufig unvollständig bleiben.

Nicht also die Anlage der Rechnungen der Schaffnerin Barbara von Speyer, sondern deren Zusammenfügung mit Beilagenregistern aus den Jahren 1481 bis 1485/86 wurde von außen, von weltlicher Seite veranlasst. Vor diesem Hintergrund stellt die Kirchheimer Rechnung nicht nur eine wertvolle Quelle zu Wirtschaft und Alltag in einem reformierten Dominikanerinnenkloster dar, sondern sie ist auch ein herausragendes Zeugnis für den Konflikt um die Einführung der Observanz in einem Dominikanerinnenkonvent des 15. Jahrhunderts.

Wenn auch die Kirchheimer Rechnung aus geschilderten Gründen nicht dem Grafen von Württemberg vorgelegt wurde, so zeigt doch die Anwesenheit des württembergischen Pfle-

84 Ebd., S. 209f. und auch S. 211.

gers bei der Erneuerung des Kirchheimer Lagerbuches wenige Jahre später, 1492, dass sich die Landesherrschaft mit ihrem Anliegen, die Wirtschaft des ihr unterstellten Klosters zu kontrollieren, durchgesetzt hatte. Freilich war Eberhard der Jüngere 1489 entmachtet worden,[85] aber auch Eberhard im Bart zeigte mit der Entsendung des Konrad Saltzmann zur Erneuerung des Kirchheimer Lagerbuchs von 1492 seinen Anspruch auf die Kontrolle der Wirtschaft der Kirchheimer Dominikanerinnen, die mit seiner Unterstützung reformiert worden waren. Ähnlich verhielt es sich nach der Einführung der Observanz in Gotteszell und anderen reformierten Dominikanerinnenkonventen.

Am 24. Mai tat Bruder Jakob Sprenger, Doktor der heiligen Schrift und Oberer der deutschen Provinz Predigerordens, Bürgermeister und Rat von Gmünd kund, dass er von der Priorin Agnes Schürstabin, der Subpriorin Agnes Hegerserin und der Schaffnerin Elisabeth Schützin Rechnung empfangen und gefunden habe, dass das Kloster Gotteszell in allen seinen Einkommen nicht abgenommen, sondern sich gebessert habe.[86] Derselbe Sprenger trat 1495 bei der Rechnungsabhör in Steinheim auf, die die Schwester Els von Offenhusen „zur zyt Schaffnerin" in Gegenwart der Priorin vorlegte.[87]

Diese Beispiele zeigen wie die Kirchheimer Rechnung, dass nach der Reform eine regelmäßige Rechnungskontrolle und Wirtschaftsaufsicht von Seiten der Ordensprovinz erfolgte. Wie bei der Reform selbst arbeiteten die Ordensoberen im Bereich der Wirtschaft aber hier mit der weltlichen Gewalt zusammen, indem sie diese an der Rechnungsabhör beteiligten oder ihr darüber berichteten. Ebenso zeigt sich hier die Bedeutung, die die Aufsicht über die Wirtschaft bei der Reform der Frauenklöster für die jeweilige Landesherrschaft spielte.

Fazit

Hatte die strenge aktive und passive Klausur als wichtigstes Merkmal der dominikanischen Frauenklöster im 13. Jh. zunächst die Wertschätzung der Zeitgenossen als besonders strenge Lebensform zur Folge, führte sie im Laufe der Zeit gerade weg vom ursprünglichen Ideal. Sollte die Klausur sie aus der Verflechtung mit der Welt und äußeren Abhängigkeiten lösen, so wurde gerade das Gegenteil erreicht. Die Frauen waren von Anfang an auf grundherrliche Abgaben und schließlich Leibrenten angewiesen, die sie nur durch die Verflechtung mit der Welt erhielten. Weder die Nonnen in Kirchheim, noch die Dominikanerinnen in Gotteszell lebten im späten Mittelalter jenseits einer materiellen Welt, ganz im Gegenteil: Stifter und Stifterinnen, in der Regel adliger oder patrizischer Herkunft, mussten ihren Gründungen eine ausreichende materielle Basis durch Schenkungen, Zinsen oder Renten verschaffen, damit der Hauptzweck der Gründung, das für die Stifterfamilie oder weitere Wohltäter zu leistende Gebet erfüllt werden konnte.

Die Dominikanerinnen von Kirchheim und Gotteszell passten sich, was den Besitz der einzelnen Nonnen anbetraf, den Entwicklungen in anderen Frauengemeinschaften an. Die Nonnen erlangten im Laufe des 14. Jahrhunderts Verfügungsrechte über ihre Mitgift. Die aus Leib-

85 Die Rolle, die Eberhard der Jüngere bei der Reform verschiedener Klöster wie z. B. auch Gotteszell und Söflingen spielte, stellt ein eigenes Thema dar.

86 StA Ludwigsburg B 185 Bü 4.

87 HStA Stuttgart A 524 Bü 25

gedingen und Erbschaften fließenden Einkünfte konnten sie selbst verwalten. Ihre finanziellen Möglichkeiten kamen in wirtschaftlichen Krisen sogar dem eigenen Konvent zugute. Der notwendige Kontakt mit der Welt aber musste zur Durchbrechung der Klausur führen. Nicht zuletzt deshalb war die Klausur der Hauptgegenstand der Reform Ende des 15. Jahrhunderts.

Das Zusammenwirken von Dominikanerorden und Landesherr – seien es die Grafen von Württemberg oder die Reichsstadt Gmünd – führte zum Erfolg der Reform in den Dominikanerinnenkonventen von Kirchheim und Gotteszell. Durch die Wiedereinführung der strengen Klausur wurden die Nonnen weitgehend von der Verwaltung und Wirtschaft entlastet, um sich wieder auf die wesentlichen Aufgaben, nämlich die Kontemplation und Pflege der Memoria konzentrieren zu können. Diese Ansicht teilten offenbar auch die Familien, die ihre Töchter in die Konvente schickten und dort in ihr Seelenheil investierten, da die Reform und die damit einhergehende strengere Lebensform zu einer Zunahme von Stiftungen führten. Die Klosterfrauen, die die alltäglichen Geschäfte mit Unterstützung ihrer Hofmeister weitgehend selbständig geführt hatten, sahen sich nun nicht nur mit der Aufsicht der Visitatoren aus dem Orden, sondern mit der Kontrolle der Wirtschaftsverwaltung durch die weltliche Herrschaft konfrontiert.

Für die Nonnen selbst bedeutete die Wiedereinführung der Klausur daher die deutlichste Einschränkung ihres Handlungspielraumes gerade im Bereich der Wirtschaftsführung.

Kloster Kirchheim im Reformnetzwerk der Dominikanerinnen[1]

GISELA MUSCHIOL

1. Das Interesse an Reformen

Traditionellerweise ist in der Forschungsgeschichte zur Observanz des Dominikanerordens immer schon gefragt worden, welche Zeitgenossen in welchem Umfang Interesse an den Reformen zeigten und wie sie ihre Interessen durchsetzten.[2] Ebenso traditionellerweise standen dabei verschiedene Gruppen im Fokus der Forschung. Aus einer landesgeschichtlichen Perspektive heraus wurde häufig an erster Stelle das Interesse des Landesherrn an einer insgesamt geordneten und im Sinne der Landesherrschaft beherrschbaren Klosterlandschaft diskutiert. Diese Diskussion schloss ein tatsächliches religiöses Interesse der Landesherren nicht gerade aus, stand diesem aber – ob zu Recht oder zu Unrecht, sei dahingestellt – eher skeptisch gegenüber.[3] Insbesondere im Hinblick auf Frauenkonvente galt eine ähnliche Aufmerksamkeit den Familien der Ordensangehörigen. Während einerseits die Absicht der Familien herausgearbeitet wurde, ihre Töchter in streng reformierten Konventen zu wissen,[4] konnte man andererseits auch wahrnehmen, dass Familien gerade nicht eine reformierte Variante, sondern die herkömmliche und bewährte Form des dominikanischen Lebens wollten.[5] Handelnde Personen dieser Konflikte waren aber – so scheint es – vor allem Angehörige, nicht so sehr die Dominikanerinnen selbst.

1 Besonderer Dank gilt denen, die durch ihre Diskussion auf der Tagung in Kirchheim, aber auch in anderen Zusammenhängen, Anregungen für die vorliegenden Überlegungen geliefert haben. Stellvertretend genannt seien Sigrid Hirbodian, Sabine von Heusinger, Nigel Palmer, Eva Schlotheuber und Jennifer Wenner.

2 Grundlegend mit neueren Fragestellungen zur Reform vgl. Gert MELVILLE: Aspekte zum Vergleich von Krisen und Reformen in mittelalterlichen Klöstern und Orden, in: DERS., Anne MÜLLER (Hgg.): Mittelalterliche Orden und Klöster im Vergleich. Methodische Ansätze und Perspektiven (Vita Regularis, Bd. 34), Berlin 2007, S. 139–160. Dieter MERTENS: Klosterreform als Kommunikationsereignis, in: Gerd ALTHOFF (Hg.): Formen und Funktionen öffentlicher Kommunikation im Mittelalter (Vorträge und Forschungen, Bd. 51), Stuttgart 2001, S. 397–420. Zu dominikanischen Reformbewegungen vgl. Eugen HILLENBRAND: Die Observanzbewegungen in der deutschen Ordensprovinz der Dominikaner, in: Kaspar ELM: Reformbemühungen und Observanzbestrebungen im spätmittelalterlichen Ordenswesen (Berliner Historische Studien, Bd. 14; Ordensstudien, Bd. 6), Berlin 1989, S. 219–272. Sabine von HEUSINGER: Johannes Mulberg OP (+1414). Ein Leben im Spannungsfeld von Dominikanerobservanz und Beginenstreit (Quellen und Forschungen zur Geschichte des Dominikanerordens, NF Bd. 9), Berlin 2000.

3 Die landesgeschichtliche Forschung für Württemberg zusammenfassend und den geistlichen Impuls der Landesherren durchaus würdigend vgl. Bernhard NEIDIGER: Die Reformbewegungen der Bettelorden im 15. Jahrhundert, in: Wolfgang ZIMMERMANN, Nicole PRIESCHING (Hgg.): Württembergisches Klosterbuch. Klöster, Stifte und Ordensgemeinschaften von den Anfängen bis in die Gegenwart, Ostfildern 2003, S. 77–90. Grundlegend vgl. Dieter STIEVERMANN: Landesherrschaft und Klosterwesen im spätmittelalterlichen Württemberg, Sigmaringen 1989.

4 Vgl. NEIDIGER: Reformbewegungen (wie Anm. 3), S. 81f.

5 Vgl. zu den unterschiedlichen Ansprüchen familialer Umgebung Sigrid SCHMITT [jetzt HIRBODIAN]: Geistliche Frauen und städtische Welt. Kanonissen – Nonnen – Beginen und ihre Umwelt am Beispiel der Straßburger Frauenkonvente im Spätmittelalter (1250–1525). Ungedruckte Habilitationsschrift, Mainz 2001.

Weitere Interessen vertraten offenbar die männlichen Ordensoberen – zuerst die jeweiligen Provinziale der Teutonia oder der Saxonia,[6] ob nun aus dem konventualen oder dem observanten Zweig stammend. In den Quellen werden jedenfalls die Prioren der jeweils mit der Seelsorge für Frauenkonvente betrauten Männerklöster und ihre Vorgehensweise sichtbar. Noch einmal anders handelten die Generaloberen in Rom, die beispielsweise an Schwestern noch Genehmigungen für Badefahrten erteilen konnten,[7] während sie kurz zuvor die strenge Reform dreier Frauenkonvente bestätigt hatten.[8]

Johannes Meyer, jener unermüdliche und doch auch kritisch zu befragende Propagandist der Reform, hat auch die Schwestern selbst zu Wort kommen lassen, vor allem die reformwilligen und reformeifrigen – selbstverständlich mit seinen eigenen Worten, das ist zu berücksichtigen.[9] In den Blick der Forschung sind die Interessen der Dominikanerinnen erst in jüngerer Zeit gerückt. Das Interesse dieses Beitrags wird sich genau darauf konzentrieren: Im Mittelpunkt steht die Frage, wie die Dominikanerinnen selbst in den Reformnetzwerken des 15. Jahrhunderts agierten, welche Bedeutung für die Reform das Agieren der Schwestern hatte und auf welche Art und Weise die Interessen der Schwestern sichtbar wurden.

2. Die Dominikanerinnen im 15. Jahrhundert

2.1 Reformkontexte

Was Reform bedeutete, scheint schnell beschrieben zu sein: Als Reform galt die Wiedereinführung der strengen Klausur und die Rückkehr zur Lebensweise nach der ursprünglichen Regel.[10] Aber weder ist strenge Klausur eindeutig definiert, noch ist der Begriff „Rückkehr" immer zutreffend – und was die ursprüngliche Regel war, wäre für jedes Kloster gesondert zu definieren. Der Gedanke der Rückkehr zum Ursprung wurde häufig bereits im Reformgeschehen zum Topos. Im Namen des „Ursprungs" setzten die jeweiligen Reformer durch, was sie selbst für angemessen und ursprünglich hielten. Klausurierung spielte in diesem Zusammenhang tatsächlich eine wichtige Rolle, sie war aber allerhöchstens eine der Grundlagen von

6 Aufgrund der regionalen Zugehörigkeit Kirchheims beschränkt sich dieser Beitrag auf die Provinz Teutonia. Quellen zu Frauenklöstern in der dominikanischen Provinz Saxonia müssen in großem Umfang noch erschlossen werden. Zu den Interessen der dominikanischen Oberen zusammenfassend vgl. Neidiger: Reformbewegungen (wie Anm. 3), S. 77f., S. 82.

7 Vgl. Benedikt Maria Reichert (Hg.): Registrum litterarium Raymundi de Capua (1386–1399). Leonardi de Mansuetis (1474–1480) (Forschungen zur Geschichte des Dominikanerordens in Deutschland, Bd. 6), Leipzig 1911, S. 135: "S. Affra predicta et sor. Anna Wolgemüetin monasterii Augustensis possunt propter suas infirmitates ire ad balnea naturalia et redire ad monasterium sine inferioris molestia. Dat. ut supra. (Rom 13. Dezember 1478)."

8 Vgl. ebd., S. 131: "Confirmatur reformacio talium monasteriorum sororum ordinis nostri scilicet Wilperg, Wilerii et Kirchen in dominio comitum de Wirtemberg facta per rev^dum^ provincialem. Dat. rome 15. iulii 1478."

9 Vgl. Benedikt Maria Reichert (Hg.): Johannes Meyer Ord. Praed. Buch der Reformacio Predigerordens. (Quellen und Forschungen zur Geschichte des Dominikanerordens in Deutschland, Bd. 2), Leipzig 1908/09, S. 57–61. Vgl. zu Meyer auch Markus Ries: Art. Meyer, Johannes, in: Neue Deutsche Biographie 17 (1994), S. 355f.

10 Vgl. Sigrid Schmitt [jetzt Hirbodian]: „Wilde, unzucht- und ungaistlich swestern". Straßburger Frauenkonvente im Spätmittelalter, in: Dies. (Hg.): Frauen und Kirche, Stuttgart 2002, S. 71–94. Vgl. Heike Uffmann: Innen und außen. Raum und Klausur in reformierten Nonnenklöstern des späten Mittelalters, in: Gabriela Signori (Hg.): Lesen, Schreiben, Sticken und Erinnern. Beiträge zur Kultur- und Sozialgeschichte mittelalterlicher Frauenklöster (Religion in der Geschichte. Kirche, Kultur und Gesellschaft, Bd. 7), Bielefeld 2000, S. 185–212. Gisela Muschiol: Versorgung, Unterdrückung, Selbstbestimmung? Religiöse Frauengemeinschaften als Forschungsfeld, in: Rottenburger Jahrbuch für Kirchengeschichte 27 (2008), S. 13–26, hier S. 17.

Reform.[11] Die Errichtung von Pforten und Sprechfenstern, die Neuordnung von Wirtschaft und Finanzen des Konvents sowie Bildungsmaßnahmen wie Unterricht in Lesen, Schreiben und Latein gehörten zu den Reformkonstanten. Schriftlichkeit insgesamt war ein wichtiges Merkmal der Reform.[12] Ebenso aber gehörten Veränderungen der Liturgie zum Reformgeschehen: Betroffen sein konnten Sprache, Form und Häufigkeit des Stundengebets, auch die Feier der Messe wurde in diese Veränderungen einbezogen. Die Einführung einer veränderten Liturgie wie die Implantierung der gesamten Reform geschah vor allem durch Schwestern aus anderen Konventen. Diesen umherwandernden Nonnen, die mit einem vorläufigen Arbeitsbegriff „geistliche Migrantinnen" genannt werden sollen, gilt das besondere Interesse.[13]

2.2 Netzwerke der Reform

Der Dominikaner Johannes Meyer beschreibt in seinem fünften *Buch der reformacio Predigerordens* ausführlich und natürlich mit besonderem Eigeninteresse die Vorgänge um die Reform der jeweiligen Frauenkonvente. Die Einführung der Observanz in den verschiedenen Konventen zeigt eine auffällige Gemeinsamkeit: Reform geschah nicht durch die Übergabe von Texten und Verordnungen, sondern durch Einführung einer Gruppe von Schwestern aus bereits reformierten Konventen. Es ging kreuz und quer durch den Süden des Reiches; am Anfang der ‚Wanderungen' stand der Dominikanerinnenkonvent von Schönensteinbach im Elsass. Die Karte versucht, einen Teil dieser Wanderungsbewegungen zu veranschaulichen:[14] Aus Schö-

11 Zur Klausur als Topos und Problem vgl. Gisela MUSCHIOL: Die Regelauslegung der Hildegard von Bingen, in: Erbe und Auftrag 84 (2008), S. 263–272. Vgl. Annette KERN-STÄHLER: Zur Klausur von Nonnen in englischen Frauenklöstern des späten Mittelalters. Die Lincolner Visitation Returns 1429–1449, in: Falk EISERMANN, Eva SCHLOTHEUBER, Volker HONEMANN (Hgg.): Studien und Texte zur literarischen und materiellen Kultur der Frauenklöster im späten Mittelalter. Ergebnisse eines Arbeitsgesprächs in der Herzog August Bibliothek Wolfenbüttel, 24.–26. Februar 1999 (Studies in Medieval and Reformation Thought, Bd. 99), Leiden 2004, S. 103–118. Vgl. Gisela MUSCHIOL: Klausurkonzepte. Mönche und Nonnen im 12. Jahrhundert. Ungedruckte Habilitationsschrift Münster 2000.

12 Vgl. Burkhard HASEBRINK: Tischlesung und Bildungskultur im Nürnberger Katharinenkloster. Ein Beitrag zu ihrer Rekonstruktion, in: Martin KINTZINGER, Sönke LORENZ, Michael WALTER (Hgg.): Schule und Schüler im Mittelalter. Beiträge zur europäischen Bildungsgeschichte des 9.–15. Jahrhunderts (Beihefte zum Archiv für Kulturgeschichte, Bd. 42), Wien 1999, S. 187–216. Vgl. Marie-Luise EHRENSCHWENDTNER: Die Bildung der Dominikanerinnen in Süddeutschland vom 13. bis 15. Jahrhundert (Contubernium. Tübinger Beiträge zur Universitäts- und Wissenschaftsgeschichte, Bd. 60), Stuttgart 2004,S. 119–148. Vgl. Eva SCHLOTHEUBER: Sprachkompetenz und Lateinvermittlung. Die intellektuelle Ausbildung der Nonnen im Spätmittelalter, in: Nathalie KRUPPA, Jürgen WILKE (Hgg.): Kloster und Bildung im Mittelalter (Veröffentlichungen des Max-Planck-Instituts für Geschichte, Bd. 219. Studien zur Germania Sacra, Bd. 28), Göttingen 2006, S. 61–87, mit einigen Hinweisen zu Dominikanerinnen. Vgl. Heike UFFMANN: Wie in einem Rosengarten. Monastische Reformen des späten Mittelalters in den Vorstellungen von Klosterfrauen (Religion in der Geschichte. Kirche, Kultur und Gesellschaft, Bd. 14) Bielefeld 2008, S. 80–97. Vgl. Eva SCHLOTHEUBER: Die gelehrten Bräute Christi. Geistesleben und Bücher der Nonnen im Hochmittelalter, in: Helwig SCHMIDT-GLINTZER (Hg.): Die gelehrten Bräute Christi. Geistesleben und Bücher der Nonnen im Hochmittelalter. Vorträge (Wolfenbütteler Hefte, Bd. 22), Wiesbaden 2008, S. 39–81. Vgl. Henrike LÄHNEMANN: Der Auferstandene im Dialog mit den Frauen. Die Erscheinungen Christi in den Andachtsbüchern des Klosters Medingen, in: Linda Maria KOLDAU (Hg.): Passion und Ostern in den Lüneburger Klöstern, Kloster Ebstorf 2010, S. 105–134.

13 Ähnliche Fragen hat die Verfasserin in zwei weiteren Aufsätzen diskutiert, vgl. Gisela MUSCHIOL: Geistliche Migrantinnen? Liturgietransfer und Reform im Spätmittelalter, in: Wolfgang BRANDIS/Hans-Walter STORK (Hg.): Weltbild und Lebenswirklichkeit in den Lüneburger Klöstern. IX. Ebstorfer Kolloquium vom 23.–26. März 2011, Berlin 2015, 129–143. Vgl. Gisela MUSCHIOL: Migrating Nuns – Migrating Liturgy? The Context of Reform in Female Convents of the Late Middle Ages, in: Teresa BERGER (Hg.): Liturgy in Migration – From the Upper Room to Cyberspace, Collegeville 2012, S. 83–100.

14 Die Karte am Schluß des Beitrags ist ein erster Versuch zur Kartierung der Reform nach REICHERT (Hg.): Meyers Buch der Reformacio (wie Anm. 9). Die württembergischen Dominikanerinnenkonvente werden in diesem Werk nicht genannt und wären auf einer endgültigen Karte zu ergänzen – wie Reformkonvente anderer Regionen auch.

nensteinbach gingen insgesamt in den Reformjahrzehnten fünf Schwestern nach Colmar, zehn Schwestern nach Nürnberg, zwei Schwestern nach Pforzheim, die aber zuerst in Nürnberg waren, drei Schwestern gingen nach Freiburg zu den Reuerinnen, fünf zogen nach Medlingen bei Augsburg und schließlich vier nach Wyk im Bistum Utrecht – insgesamt also 29 Schwestern, die Schönensteinbach in andere Konvente aussandte.[15] Nach der Reform des Klosters Colmar zogen von dort aus 13 Schwestern nach Basel (darunter jene fünf aus Schönensteinbach), acht nach Straßburg, mehrere Schwestern nach Speyer. Wie verschlungen die Wege sein konnten, zeigt der zweite Reformversuch in Speyer: Mehrere Schwestern kamen aus Himmelkron bei Worms, darunter eine, die ursprünglich aus Colmar stammte, dann Himmelkron mitreformiert hatte und nun in Speyer wieder auf ihre ursprünglichen Colmarer Mitschwestern traf. Aber Colmar gab noch weitere Schwestern ab: sechs zogen nach Freiburg – insgesamt waren mehr als 20 Schwestern von Colmar-Unterlinden aus zur Reform unterwegs.[16] Das reformierte Baseler Kloster schloss sich diesem System an: sechs Schwestern gingen nach Himmelkron (davon drei ursprünglich aus Schönensteinbach, die nach Colmar und Basel mit Himmelkron ihren vierten Konvent ansteuerten); Basel gab weiter vier Schwestern nach Straßburg ab, die dort auf weitere acht Reformschwestern aus Colmar trafen, drei Baselerinnen gingen nach Bern.[17] Das von Schönensteinbach reformierte Nürnberg setzte die Reihe der geistlichen Migrantinnen fort: drei Schwestern zogen nach Tulln in Oberösterreich, zehn Schwestern nach Pforzheim (darunter wiederum zwei Schönensteinbacherinnen), vier Schwestern nach Bamberg, fünf Schwestern nach Altenhohenau – Nürnberg stellte insgesamt 20 Dominikanerinnen für dieses ‚Schwesternkarussell' zur Verfügung.[18]

Schaut man sich dieses Umherziehen genauer an, dann ist beispielsweise Katharina von Mühlheim eine typische Vertreterin dieser Reformgruppen: 1428 war sie von Schönensteinbach nach Nürnberg gezogen, 1436 zog sie von dort weiter zur Reform nach Tulln, wo sie 30 Jahre lang Priorin war und schließlich 1466 zu einem vierten Konvent gesandt wurde, nach Brünn in Mähren.[19] Von den Mühen der Reform wird einiges in einem Brief sichtbar, den Katharina an ihre ehemalige Priorin in Schönensteinbach schickte: „Niemals hätte ich gedacht, daß ich mein Leben allein mit einer einzigen Schwester aus Schönensteinbach verbringen sollte. Du solltest wissen, dass es mich sehr traurig macht, so weit entfernt von Schönensteinbach zu leben und überdies so weit von all meinen Schwestern."[20]

15 Zu den Zielen der Schwestern aus Schönensteinbach vgl. REICHERT (Hg.): Meyers Buch der Reformacio (wie Anm. 9), S. 52, S. 64–66, S. 102f., S. 120, S. 147f.

16 Zu den Zielen der Schwestern aus Colmar vgl. ebd., S. 52–54, S. 80, S. 114f., S. 123, S. 198.

17 Zu den Zielen der Schwestern aus Basel vgl. ebd., S. 78f., S. 80f., S. 101f.

18 Zu den Zielen der Schwestern aus Nürnberg vgl. ebd., S. 95–98, S. 102f., S. 107f., S. 122.

19 Vgl. Anne WINSTON-ALLEN: Convent Chronicles. Women Writing About Women and Reform in the Late Middle Ages, Pennsylvania 2004, S. 104f.

20 Vgl. Johann von SCHLUMBERGER (Hg.): Seraphin Dietlers Chronik des Klosters Schönensteinbach, Gebweiler 1897, S. 406. Vgl. auch WINSTON-ALLEN: Convent Chronicles (wie Anm. 19), S. 105.

2.3 Praxis der Reform

Die geistlichen Migrantinnen übernahmen in den neuen Konventen meist die zentralen Ämter, unter anderem das Amt der Küsterin[21] und der Sängerin[22], damit also jene Ämter, die unmittelbar mit der Liturgie verbunden waren. Ebenso gehörten zu den geistlichen Migrantinnen jeweils solche, die hohe Schreibfertigkeiten besaßen und insbesondere Chorbücher schreiben konnten.[23] Besonders ausführlich sind die Quellen über die Reform in den drei dominikanischen Frauenkonventen in Freiburg/Breisgau; Johannes Meyer war dort offenbar persönlich anwesend. Die Reform in Adelhausen begann mit dem Gang in die Kirche: Am Marienaltar wurde die Antiphon *Sub tuum* gesungen, danach zogen die Reformschwestern in den Nonnenchor, sangen dort den Hymnus *Veni creator* samt Versikel, es folgte die passende *oratio*. Johannes Meyer bezeichnet dieses Geschehen „als man denn pfligt zu tun, so man an closter reformieren ist".[24] Ähnliches geschah im zweiten Freiburger Konvent St. Agnes: Die Reform begann ebenfalls mit dem Einzug in die Kirche, einem knieend gesungenen *Salve Regina* sowie dem anschließend im Chor gesungenen *Veni Creator*.[25] Und ebenso im letzten der drei Freiburger Konvente, bei den Reuerinnen – auch hier wieder die Antiphon *Sub tuum*, danach der Hymnus *Veni creator*, schließlich „sungent der wirdigen sant Maria Magdalena, der matron des selben closters, die antiphon ‚Intercede'"[26] – gefolgt von einer abschließenden Predigt.

Johannes Meyer stellte die Praxis der Reform und die Praxis der Liturgie in einen unlösbaren Zusammenhang, und die Überlieferung der Konvente bestätigt dieses Bild. Ein ebensolcher Zusammenhang besteht zwischen Reform und Schriftlichkeit, zumal Liturgiereform nicht ohne Schriftlichkeit denkbar ist.[27] Aus dem Dominikanerinnenkonvent Nürnberg sind insgesamt mehr als 600 volkssprachliche Handschriften überliefert, vermutlich die größte Bibliothek eines Frauenkonvents im deutschsprachigen Raum. Der überwiegende Teil dieser Bücher ist im Zuge der Reform entstanden.[28] Für Nürnberg sind die liturgischen Handschriften insgesamt noch nicht ausgewertet worden. Aber schon Johannes Meyer überliefert, dass die neu angekommenen Schwestern das Singen, Lesen und Schreiben lehrten.[29] Meyer berichtete über die Schwester Margret Kartäuserin, die mehr als 30 Jahre lang *cantrix* war und als eine der Reformschwestern die Gesangbücher neu geschrieben hat.[30] Überliefert ist auch die Bü-

21 In Straßburg, St. Agnes, zum Amt der Küsterin, vgl. REICHERT (Hg.): Meyers Buch der Reformacio (wie Anm. 9), S. 134; in Basel ebenso, vgl. REICHERT (Hg.): Meyers Buch der Reformacio, Bd. 5, S. 54.

22 In Straßburg, St. Nikolaus in undis, wird Schwester Agnes Rössen als neue Vorsängerin genannt, vgl. REICHERT (Hg.): Meyers Buch der Reformacio (wie Anm. 9), S. 83; in Nürnberg, St. Katharina, übernahm Schwester Margret Kartäuserin das Amt der Vorsängerin, vgl. REICHERT (Hg.): Meyers Buch der Reformacio, Bd. 5 (wie Anm. 9), S. 66.

23 Zu Colmar-Unterlinden vgl. REICHERT (Hg.): Meyers Buch der Reformacio, Bd. 5 (wie Anm. 9), S. 101.

24 Ebd., S. 118.

25 Ebd., S. 119.

26 Ebd., S. 120.

27 Aus der reichhaltigen Literatur zu diesen Fragen vgl. grundlegend EHRENSCHWENDTNER: Bildung (wie Anm. 12), S. 149–157.

28 Vgl. Antje WILLING: Literatur und Ordensreform im 15. Jahrhundert. Deutsche Abendmahlsschriften im Nürnberger Katharinenkloster (Studien und Texte zum Mittelalter und zur Frühen Neuzeit, Bd. 4), Münster 2004. Vgl. Barbara STEINKE: Paradiesgarten oder Gefängnis? Das Nürnberger Katharinenkloster zwischen Klosterreform und Reformation, Tübingen 2006.

29 Vgl. REICHERT (Hg.): Meyers Buch der Reformacio (wie Anm. 9), S. 61.

30 Vgl. EHRENSCHWENDTNER: Bildung (wie Anm. 12), S. 289, die aus dem Schwesternbuch von St. Katharina, Wil zitiert: „Es haut muter margret cartuserin mer denn xxx iar canterin gesin und hat stät darzu geschriben und genotiert. Die ist der reformiererin aini irs closters und haut gross schriben vil iar geton und alle ire gesang bucher by kurtzen iaren nuw geschriben und notiert, sölichi schöni bucher, wer die siecht, dem ist es nit wol zu gelobind, dz ain frowen bild so wol kan arbaiten, und hat denocht ir ampt on sumnus im chor geton".

cherausleihe zwischen observanten Frauenkonventen: Die Dominikanerinnen in St. Gallen liehen sich, neben erzählenden Texten, ein Graduale und ein Evangeliar aus Nürnberg[31], ebenso das Handbuch der Küsterin, in dem sämtliche gottesdienstliche Abläufe eines Jahres mit allen notwendigen liturgischen Vorbereitungen verzeichnet waren.[32] Aus Nürnberg schickte man mit den Schwestern ein Rituale nach Altenhohenau; Reform des Konvents und Reform der Liturgie gehörten auch hier zusammen.[33] Die geistlichen Migrantinnen brachten eine veränderte, aus ihrer Perspektive korrektere Liturgie mit sich und führten diese im Zuge der gesamten Reform im neuen Konvent ein. Ähnliche Aktionsmuster lassen sich auch in den folgenden Jahrzehnten in anderen klösterlichen Zusammenhängen beobachten: die Reform von Benediktinerinnen- und Zisterzienserinnenkonventen am Ende des 15. Jahrhunderts verlief nach dem gleichen Schema.[34] Auch bei den Dominikanerinnen blieb dieses Prinzip der „geistlichen Migrantinnen“ über die erste Reformwelle hinaus erhalten.

3. Kloster Kirchheim im Reformnetzwerk

Johannes Meyer erzählt in seinem *Buch der reformacio Predigerordens* keine Reformgeschichte zu Kloster Kirchheim, doch in seinem *Buch der Ersetzung* finden sich Randnotizen in der Freiburger Handschrift, die auf die Reformen in Wildberg, Weiler und Kirchheim im Jahre 1478 hinweisen.[35] Ebenso ergänzte Meyer, wie Claudia Heimann dargelegt hat,[36] zu verschiedenen Zeitpunkten in unterschiedlichen Handschriften seiner Texte (heute in Basel und Straßburg liegend) auf diversen Listen weitere Informationen zu Reformen beispielsweise in Regensburg oder zu gescheiterten Versuchen wie in Basel-Klingental. Die ‚schönen Geschichten‘ jedoch wie im *Buch der reformacio*, die Stimmen der Schwestern, blieb Meyer für Kirchheim schuldig. Umso wichtiger ist die Darstellung der Magdalena Kremerin und die Überlieferung diverser Briefe im Reformprozess rund um Kirchheim.

3.1 Landesherrschaft

Ulrich von Württemberg, der im April 1478 an die Priorin des Klosters Sylo in Schlettstadt schrieb, berief sich auf die „*Ingebung des heylgen Geystes*“ und die Unterstützung seines Sohnes Eberhard und seiner Räte, um die Reform aller, nicht nur der dominikanischen, Frauenkon-

31 Vgl. Ehrenschwendtner: Bildung (wie Anm. 12), S. 291.

32 Vgl. Gerhard Weilandt: Alltag einer Küsterin. Die Ausstattung und liturgische Nutzung von Chor und Nonnenempore der Nürnberger Dominikanerinnenkirche nach dem unbekannten ‚Notel der Küsterin‘ (1436), in: Anna Moraht-Fromm (Hg.): Kunst und Liturgie. Choranlagen des Spätmittelalters. Ihre Architektur, Ausstattung und Nutzung, Ostfildern 2003, S. 159–187, hier S. 165.

33 Vgl. Ehrenschwendtner: Bildung (wie Anm. 12), S. 292.

34 Vgl. dazu Muschiol: Geistliche Migrantinnen? (wie Anm. 13) und Muschiol: Migrating Nuns (wie Anm. 13), S. 92–99.

35 Vgl. Claudia Heimann: Beobachtungen zur Arbeitsweise von Johannes Meyer OP anhand seiner Aussagen über die Reform der Dominikanerkonvente der Teutonia, besonders der *Natio Austriae*, in: Archivum Fratrum Praedicatorum 72 (2002), S. 187–220, hier S. 198.

36 Vgl. ebd., S. 217f.

vente seiner Herrschaft in Angriff zu nehmen.[37] Er hatte Kenntnis davon, dass „etliche closterfrowen uß unseren clôstren zu uch komen sint“ [38] und bat nun um Unterstützung aus Schlettstadt für die Reform in Kirchheim. Nur einen Tag später unterstützte seine Frau Margretha diese Bitte und versprach den aus Schlettstadt kommenden Schwestern, „die frowen sollent an uns han gnedige beschirmerin und getruwe muter, und in allen dingen ein gutwillige swester.“[39] Das Hauptinteresse an der Reform, so überliefern es diese Briefe, hatten die Grafen von Württemberg. Es wurden vor allem geistliche Gründe angeführt, aber auch der Besuch seiner Söhne samt Gefolge im Kloster Kirchheim im Jahre 1476, der Graf Ulrich sehr erzürnte, scheint Motiv dafür gewesen zu sein, Gäste und Tanzereien im Kloster abzustellen.[40] Welche weiteren, wirtschaftlichen oder politischen Gründe im Hintergrund der Reformidee standen,[41] ob beispielsweise Konflikte Ulrichs mit seinen Söhnen und Nachfolgern von Bedeutung waren, ist im vorliegenden Rahmen nicht zu untersuchen.

3.2 Familienbande

Zu fragen ist, in welcher Weise führende Familien Württembergs im Hintergrund der Reform gewirkt haben. Offensichtlich waren mehrere Frauen aus Kirchheim und der Region in den Jahren und Jahrzehnten vor der Reform ins Kloster Sylo eingetreten und hatten somit ein reformiertes Kloster als neuen Lebensort gewählt.[42] Zu nennen sind Barbara Bernheimerin von Kirchheim, die erste Priorin der Reform, dann noch Anna Luetlin, Elizabeth Russin, drei Schwestern aus der Familie von Gültlingen sowie Elisabeth Herwertin von Augsburg, die ursprünglich aus dem dortigen Kloster St. Katharinen stammte und nach Sylo gewechselt war.[43] Zu fragen wäre daher nach den Kirchheimer Familien, nach der Niederadelsfamilie Rüß und natürlich nach den nicht allein landesherrlichen, sondern auch familiären Interessen Ulrichs von Württemberg, dessen natürliche Tochter Elisabeth seit 1476 Schwester in Kirchheim war.[44] Auch die Familien jener Schwestern, die nach 1478 nun in ein observantes Kloster eintraten, dürften bestimmte Interessen an einer Reform vermutlich schon im Vorfeld artikuliert haben. Ohne Zweifel stellte sich neben der vielzitierten ‚geistlichen Frage‘ auch die wirtschaft-

37 Schreiben Gr. Ulrichs zu Wirtenberg an das Frauen Closter zu Schlettstatt um einige Closterfrauen zur Reformation des Closters zu Kircheim, 8. April 1478, in: Christian Friedrich SATTLER (Hg.): Geschichte des Herzogtums Württemberg unter der Regierung der Graven, Bd. 4, Ulm 1768, Beilage 74, S. 114: „Uß sonderlicher vermanung gottes und ingebung des heylgen geystes habent wir mit unserm lieben sun und andern unsern reten ernstlich furgenomen ond beslossen, uns, unserem Lande und vil menschen zu sellickeit, dem allgechtigen gott zu loub und ere zu reformieren alle frowen closter uwers und anderer orden in unserm Lande gelegen ...“.

38 Vgl. ebd., S. 115.

39 Schreiben Gr. Ulrichs Gemahlin an das bemeldte Frauen Closter zu Schlettstatt, genannt zu Silo, 9. April 1478, in: SATTLER: Geschichte, Bd. 4 (wie Anm. 37) Beilage 76, S. 116.

40 Vgl. Ulrich P. ECKER: Die Geschichte des Klosters S. Johannes-Baptista der Dominikanerinnen zu Kirchheim u. Teck, Freiburg 1985 (Diss. Freiburg 1981), S. 158.

41 Vgl. zu Hintergründen landesherrschaftlicher Reforminteressen insgesamt NEIDIGER: Reformbewegungen (wie Anm. 3), S. 86f.

42 Vgl. die Einzelnachweise bei ECKER: Geschichte (wie Anm. 40), S. 101–105.

43 Christian Friedrich Sattler (Hg.): Chronik des Klosters Kirchheim, in: DERS. (Hg.): Geschichte des Herzogtums Württemberg unter der Regierung der Graven, Bd. 5, Ulm 1768, Beilage 42, S. 173–280, S. 178–181 mit den Namenslisten und zugehörigen Erläuterungen.

44 Vgl. ECKER: Geschichte (wie Anm. 40), S. 102. Zu weiteren familiären Interessen vgl. ebd., S. 123–155; sowie den Aufsatz von DEIGENDESCH im vorliegenden Band.

liche Frage: Mit der Mitgift jeder Schwester sollten Geld und Landbesitz in Württemberg gehalten werden und nicht in andere Regionen abwandern.[45]

3.3 Ordensprovinz

Ohne die Mitwirkung der Ordensleitung hätte Ulrich von Württemberg die Reform in Kirchheim weder planen noch durchführen können. Daher trat er in Kontakt sowohl mit dem Generaloberen der Dominikaner in Rom als auch mit dem Provinzial der Teutonia. Leonhard Mansuetis als Generaloberer war kein strikter Reformbefürworter, doch nach zweijährigem Bitten erhielt schließlich der Provinzial Jacob von Stubach durch Mansuetis den Auftrag, mit der Reform im Territorium der Grafen von Württemberg zu beginnen.[46] Ulrich von Württemberg selbst ‚aktivierte' den Provinzial und bat ihn um die Auswahl der passenden Reformnonnen aus Sylo. Provinzial Stubach wiederum delegierte diese Aufgabe an Johannes Meyer. Zu dessen Unterstützung oder auch zur Kontrolle stellte Ulrich von Württemberg einen weiteren Dominikaner ab, den ehemaligen Prior ‚seines' observanten Stuttgarter Dominikanerkonvents, Johannes Prausser.[47] Die Arbeit Johannes Meyers und Johannes Praussers bezog sich nicht nur auf die Reform in Kirchheim, sondern im gleichen Zusammenhang wurden sie für die Reform im Kloster Weiler/Esslingen aktiv – mit Besuchen im Konvent Sylo und im Konvent St. Margaretha in Straßburg. Die beiden Dominikaner organisierten auch die Reise der geistlichen Migrantinnen ins Württembergische mit drei verhängten Wagen, die die Gräfin selbst samt Pferden und Fuhrknechten zur Verfügung gestellt hatte.[48] Gerade die Reise der Nonnen mit verschiedenen Stationen weist auf das intakte observante Netzwerk der Dominikanerinnen hin: Man reiste von Schlettstadt über Straßburg, Lichtenau, Ettlingen, machte wegen des Pfingstfestes eine etwas längere Rast im Dominikanerinnenkloster in Pforzheim, bevor die Reisegruppe in Stuttgart vom Provinzial empfangen wurde. Zuerst stand die Reform von Weiler/Esslingen durch die Straßburger Schwestern an, nur drei Tage später erschienen die Syloer Schwestern zusammen mit vier Ordensbrüdern, nämlich Stubach, Meyer, Prausser und dem Kirchheimer Beichtvater Jakob Dienstlin, in Kirchheim.[49]

45 Vgl. Neidiger: Reformbewegungen (wie Anm. 3), S. 86 sowie Ders.: Standesgemäßes Leben oder frommes Gebet? Die Haltung der weltlichen Gewalt zur Reform von Frauenklöstern, in: Rottenburger Jahrbuch für Kirchengeschichte 22 (2003), S. 201–220.

46 Vgl. Reichert: Registrum (wie Anm. 7), S. 121 (vom 16. Januar 1478): "Rev[do] provinciali magistro Iacobo de Stubach precipitur, quod ad omnen requisicionem dominorum Ulrici et Eberhardi, comitum de Wirtenberg et Monte Peligardi reformet monasteria sita in eorum dominio, confirmando commissionem alias sibi factam. Dat. Rome 16. ian." Vollständiger Text bei Gabriel M. Löhr: Die Teutonia im 15. Jahrhundert. Studien und Texte vornehmlich zur Geschichte ihrer Reform (Quellen und Forschungen zur Geschichte des Dominikanerordens in Deutschland, Bd. 19), Leipzig 1924, S. 107–110.

47 Vgl. Credenz-Schreiben Grav Ulrich an gedachtes closter, 8. April 1478, in: Sattler: Geschichte Bd. 4 (wie Anm. 37), Beilage 75, S. 115: „Wir schickent zu Euch unsern lieben besundern andechtigen und geystlichen bruder Johannes Prausser Lesmeister von dem closter predier ordens zu stutgarten,..."

48 Sattler: Chronik (wie Anm. 43), S. 176: „Also do das volbracht ward do ritt der vatter Johannes Prausser wider zu der her'schafft zu Wüertenberg, und bracht gute wider botschafft wie die gute sach so ferre kumen were, und das man unverzogenlichen fürbas die sach tryb. Also bracht er in x tagen mit im wider gan stroßburg und gan slettstatt erliche und sycher geleytschafft mit verhengten hangenen wegen der warent iii die besten wegen so unser gnedigen frowen von würtenberg hettent die schykenten sy von lieb mit guten furknechten und rossen disen swestern. und darzu mit ersamen personen die sy so ferren wege geleytenten mit kostlicher zerung das als unser gnediger her' grave Ulrich ußrychtet."

49 Vgl. Sattler: Chronik (wie Anm. 43), S. 176–178.

3.4 Klosterfrauen

Schaut man auf die Interessen der Klosterfrauen im Reformnetzwerk, so ist an erster Stelle wohl noch einmal auf jene Schwestern aus der Stadt Kirchheim zu verweisen, die in den Jahren vor 1478 bewusst in einen observanten Konvent eingetreten waren.[50] Sie hatten durch dieses Verhalten ihre von der bisherigen Norm abweichenden Vorstellungen klösterlichen Lebens sichtbar gemacht. In Magdalena Kremerin fanden sie eine schreibkundige und eloquente Berichterstatterin.[51] Von vier Schwestern wird berichtet, dass sie den Konvent wegen der Reform verließen, zum Teil aber wiederkamen.[52] Ob daraus geschlossen werden kann, dass alle anderen dort lebenden Schwestern die Reform akzeptierten, wird durch Magdalena Kremerin in ihrer Chronik nicht vermerkt. Die turbulenten Ereignisse neun Jahre später weisen auf Spannungen auch innerhalb des Konvents hin, die die Reform nicht beseitigt hatte. So wird – gerade mit Blick auf die Schwestern – nicht nur das Netzwerk der Reform, sondern auch die antireformerische Richtung sichtbar. Ob beispielsweise die nichtreformierten Dominikanerinnenkonvente ein ähnliches Netzwerk wie die reformierten bildeten, ist bislang nicht untersucht. Zu fragen wäre, in welchen Zusammenhängen die Reformgegnerinnen das Wort ergriffen und wie es um die Überlieferung dieser Gegnerschaft bestellt ist.

4. Reformen in Kirchheim und Weiler

4.1 Kontexte der Reform

Magdalena Kremerin beschreibt den Beginn der Reform – und die Formen dieses Beginns sind gut vertraut:

> „Do enpfieng man uns gar erlich. und warent da die zwen herren von würtenberg, er elter grave eberhart, den man da zu mal nant grave Eberhart von urach. und den jungen grave Eberhart von stuckart, dise zwen herren giengent in das closter mit uns, mit anderem adel und gelerter meyster und prelaten, geystlich und weltlich lůt, als doktor wernher von stuckart, doctor ludwig dumprobst zu stuckart und hie da zu mol kircher. der prior und visitator vom guten stein, der probst von denckendorff derselbe segnet uns in, und als wir durch die kirch giengent in chor und fůr den alter nider knůwten und singent veni creator. da sang der alt convent frŏlich mit uns, und noch dem segen von dem probst giengent wir alle in das capitul das hieltt unser wirdiger vatter provincial ... und wurdent alle ding ordentlich volbracht als dann darzu gehört und wann man die empter besetzen mußt."[53]

Sichtbar werden in dieser Schilderung und auch in den folgenden Abschnitten der Kirchheimer Chronik die vertrauten Abläufe: Der Beginn der Reform in der Kirche, der Gesang des *Veni creator* und schließlich die Neubesetzung der Ämter im Kapitel. Wiederum wurden die zentralen Ämter des Konvents von den geistlichen Migrantinnen übernommen – Barbara Bernheimerin wurde Priorin, Elisabeth Herwertin wurde Subpriorin, Barbara von Speyer

50 Vgl. ebd. S. 180.
51 Ebd., S. 179: „S. magdalena kremerin die kam von Stroßburg gan syl. die wart hie custerin, texturschriberin, novitzien meysterin und obersengerin".
52 Vgl. ebd., S. 177.
53 Ebd., S. 178.

wurde Schaffnerin – und mit einer Kumulation von Ämtern als Küsterin, Schreiberin, Novizenmeisterin und Cantrix erwähnt sich jene Magdalena Kremerin selbst, die dazu ihre Chronik hinterlassen hat.[54] Neu besetzt oder vielleicht auch neu geschaffen wurde das Amt der Raderin, mit großer Verantwortung angesichts der in Kirchheim wohl vorhandenen vier Kontaktfenster,[55] wie die spätere Beschreibung des Konflikts es vermuten lässt, nämlich Küsterinfenster, Kommunionfenster, Beichtfenster, Redefenster. Schließlich wurde das Amt der Zyrkerin besetzt, die sich um die Einhaltung der geistlichen Lebensform aller Schwestern kümmern sollte.[56]

4.2 ‚Reformstammbäume'

Es scheint notwendig, einen Blick auf den Kirchheimer ‚Reformstammbaum' zu werfen, sinnvollerweise auch das Kloster Weiler zum Vergleich hinzuzunehmen. Die geistlichen Migrantinnen, die nach Kirchheim zogen, kamen aus Sylo – einem Konvent, der bis zum Auszug nach Kirchheim nur an der Reform des Kölner Dominikanerinnenklosters St. Gertrud beteiligt gewesen war. Dass Sylo zur Reform Kirchheims herangezogen wurde, hängt vermutlich vor allem mit den dort lebenden Frauen aus Kirchheim zusammen. Der Stammbaum der Reform für Kirchheim macht noch einmal das leitende Prinzip der Observanz deutlich: Es ist die Präsenz der bereits reformierten Schwestern, die sich gegenseitig unterstützen und gemeinsam für die erfolgreiche Durchführung von Reformen aktiv werden.[57]

Im Zusammenhang der späteren Unruhen nennt Magdalena Kremerin eine Art dominikanisches Gebetsnetzwerk, dem die Männerklöster Ulm, Stuttgart, Esslingen, Schwäbisch Gmünd und Pforzheim sowie, kumulativ genannt, weitere Dominikanerinnenkonvente angehören, in denen mit Messen und Litaneien für die Kirchheimer Schwestern in ihrer Not gebetet wurde.[58] Bemerkenswert ist, dass über die Gemeinschaft der Dominikanerinnen hinaus auch die Klöster Güterstein,[59] Lorch[60] und Blaubeuren[61] genannt werden, die sich in dieses Gebetsnetz einklinkten. Magdalena Kremerin erwähnt just in diesem Kontext die Probleme um die Reform in Basel-Klingental.[62] Es scheint durchaus möglich, dass dieses dominikanische Gebetsnetzwerk einschließlich weiterer württembergischer Konvente auch die Einführung der Reform bereits betend und messefeiernd unterstützt hat.

54 Vgl. ebd., S. 178–180.
55 Ebd., S. 187: „Am custer rad. an den Herrgott venstren. am bychtvenster. und am rad und red venster".
56 Vgl. Ecker: Geschichte (wie Anm. 40), S. 170.
57 Kirchheim gehörte zur ‚dritten Welle' der reformierten Konvente: Eine erste Welle ist, von Schönensteinbach ausgehend, in den 1420er Jahren festzustellen, eine zweite Welle bis in die 1470er Jahre in der Teutonia, die württembergischen Konvente schließlich in einer dritten Reformwelle von 1475–1482, vgl. dazu Neidiger: Reformbewegungen (wie Anm. 3), S. 78. Welche kirchlichen und politischen Konstellationen insbesondere das Elsaß und die dortigen Konvente der Dominikaner und Dominikanerinnen zu den großen Antreibern der Reform machte, wäre weiter zu untersuchen.
58 Vgl. Sattler: Chronik (wie Anm. 43), S. 206.
59 Kartause Güterstein, vgl. Roland Deigendesch: Art. Güterstein, in: Württembergisches Klosterbuch (wie Anm. 3), S. 252f.
60 Benediktinerabtei Lorch, vgl. Klaus Graf: Art. Lorch, in: Württembergisches Klosterbuch (wie Anm. 3), S. 328–330.
61 Benediktinerabtei Blaubeuren, vgl. Immo Eberl: Art. Blaubeuren, in: Württembergisches Klosterbuch (wie Anm. 3), S. 195f.
62 Vgl. Sattler: Chronik (wie Anm. 43), S. 206.

Dass angesichts der Vielzahl von Faktoren, die eine Reform zum Erfolg werden ließen, die Präsenz der Schwestern von besonderer Bedeutung war, zeigt die Geschichte der Reform in Weiler/Esslingen. Der erste Reformversuch im Jahre 1431 geschah durch den Provinzial Nicolaus Nottel im Auftrag Henriette von Mömpelgards; Orden und Landesherrschaft agierten gemeinsam.[63] Auch der zweite Reformversuch im Jahre 1447 hatte vergleichbare Akteure: Der Ordensprovinzial versuchte im Auftrag Graf Ulrichs von Württemberg zu reformieren, aber der Konflikt innerhalb des Ordens selbst, genauer mit den Esslinger Dominikanern, verhinderte den Erfolg.[64] Erst der dritte Reformversuch im Jahre 1478 schließlich war von dauerhaftem Erfolg gekrönt.[65] Entscheidend waren nicht der Landesherr und nicht die Ordensaktivitäten, sondern, so lässt sich für Weiler schlussfolgern, die Schwestern aus St. Margaretha in Straßburg mit ihrer Reformtradition, die sich auf die langjährigen Reformerfahrungen mehrerer Generationen stützen konnten.

5. Rivalisierende Netzwerke?

Dominikanerinnen in Kirchheim und anderen Orten wurden sichtbar als Agentinnen ihrer eigenen Reform. Sie waren aktiver Teil gelingender Reformen, so jedenfalls zeigen es die Quellen der Observanz. Sichtbar wird ein Netzwerk von Frauenkonventen, deren Schwestern sich aktiv mit den Anliegen der Observanz auseinandersetzten und diese zu ihren eigenen Anliegen machten. Dennoch bleibt die Frage, wer sich dieser geistlichen Migrantinnen bediente, welche weitgespannten Netzwerke – ob landesherrschaftlich oder familiär oder ordensintern – mit den eigenen Agenden der Schwestern konkurrierten. Nicht alle Schwestern waren begeisterte Anhängerinnen von Reformen. Auch in Kirchheim verließen Schwestern den Konvent, weil sie ihr gewohntes Leben ebenso als geistlich empfanden und nicht bereit waren, diese Lebensform aufzugeben. Ihre Netzwerke werden in den Texten der Reform nicht sichtbar, denn im Reformkontext konnte diese austretenden Schwestern nur verurteilt werden. Notwendig wäre es, womöglich die Familien der austretenden und der reformierenden Schwestern zu vergleichen, denn die Frage liegt nahe, ob im Umfeld der Konvente rivalisierende alte und neue Eliten sichtbar werden – somit wieder einmal, allerdings nun in einem anderen Zusammenhang, die wirtschaftliche Rolle der Konvente zu thematisieren wäre.

Schaut man auf die Bewegung der Observanz insgesamt, mit ihren Rückschlägen und Erfolgen, so scheint ein bestimmtes Muster eindeutig zu sein: Weder landesherrliche noch familiäre noch ordensinterne Interessen allein konnten Reform garantieren.[66] Wenn Schwestern selbst an der Reform beteiligt waren, mit ihren eigenen observanten Traditionen die Reform als „geistliche Migrantinnen“ auf den Weg brachten, dann war der Reform durchaus Erfolg beschieden – was auch immer für die Schwestern „Erfolg“ bedeuten mochte und welche Dauer

63 Vgl. Susanne UHRLE: Das Dominikanerinnenkloster Weiler bei Esslingen (1230–1571/92) (Veröffentlichungen der Kommission für geschichtliche Landeskunde in Baden Württemberg, Reihe B, Bd. 49), Stuttgart 1968, S. 65, S. 218.

64 Vgl. ebd., S. 66, S. 222.

65 Vgl. SATTLER: Chronik (wie Anm. 43), S. 177. Vgl. UHRLE: Dominikanerinnenkloster (wie Anm. 63), S. 66f., S. 232f., S. 251f.

66 Anders NEIDIGER: Reformbewegungen (wie Anm. 3), S. 86: „Die Reform eines Klosters war im 15. Jahrhundert nur durchzusetzen, wenn die weltliche Gewalt, d. h. Landesherren bzw. Reichsstädte, sie unterstützte.“

auch immer dieser „Erfolg“ hatte. In Kirchheim stellte sich die Frage nach Erfolg, Reform und Rivalität bereits neun Jahre nach der Reform mit großer Vehemenz.

Abbildungen

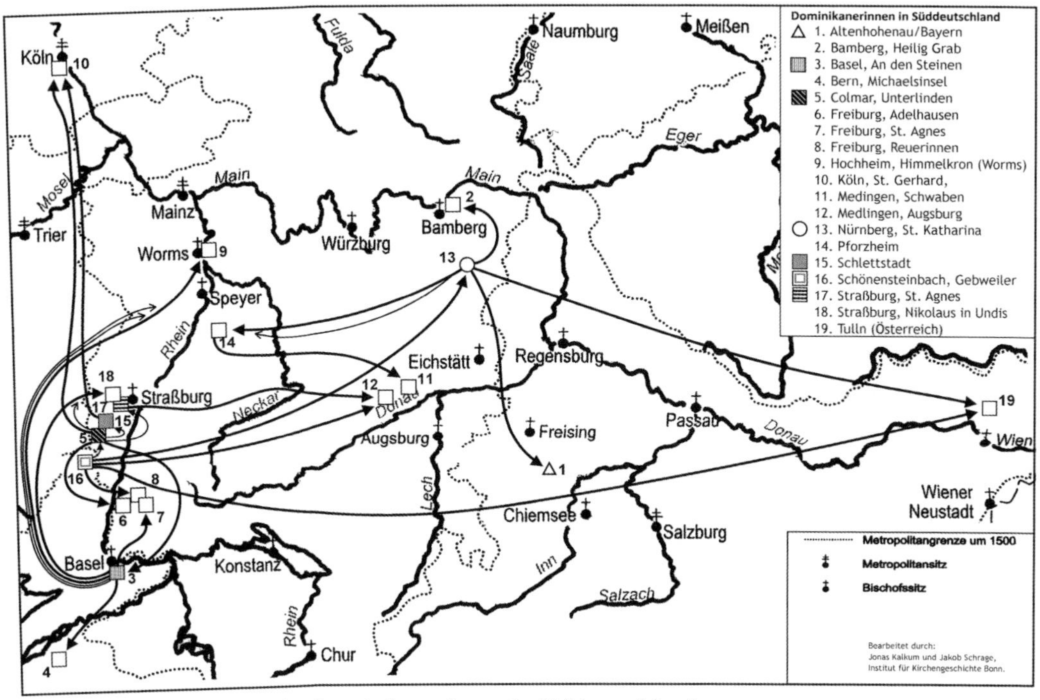

Abb. 1: Verbreitungskarte der Dominikanerinnen in Süddeutschland

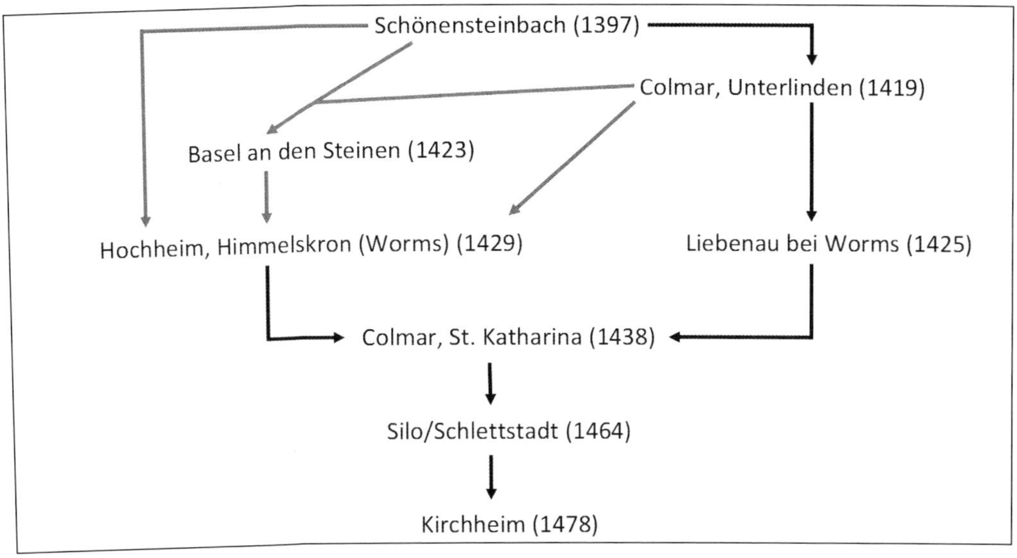

Abb. 2: Reformstammbaum Kirchheim

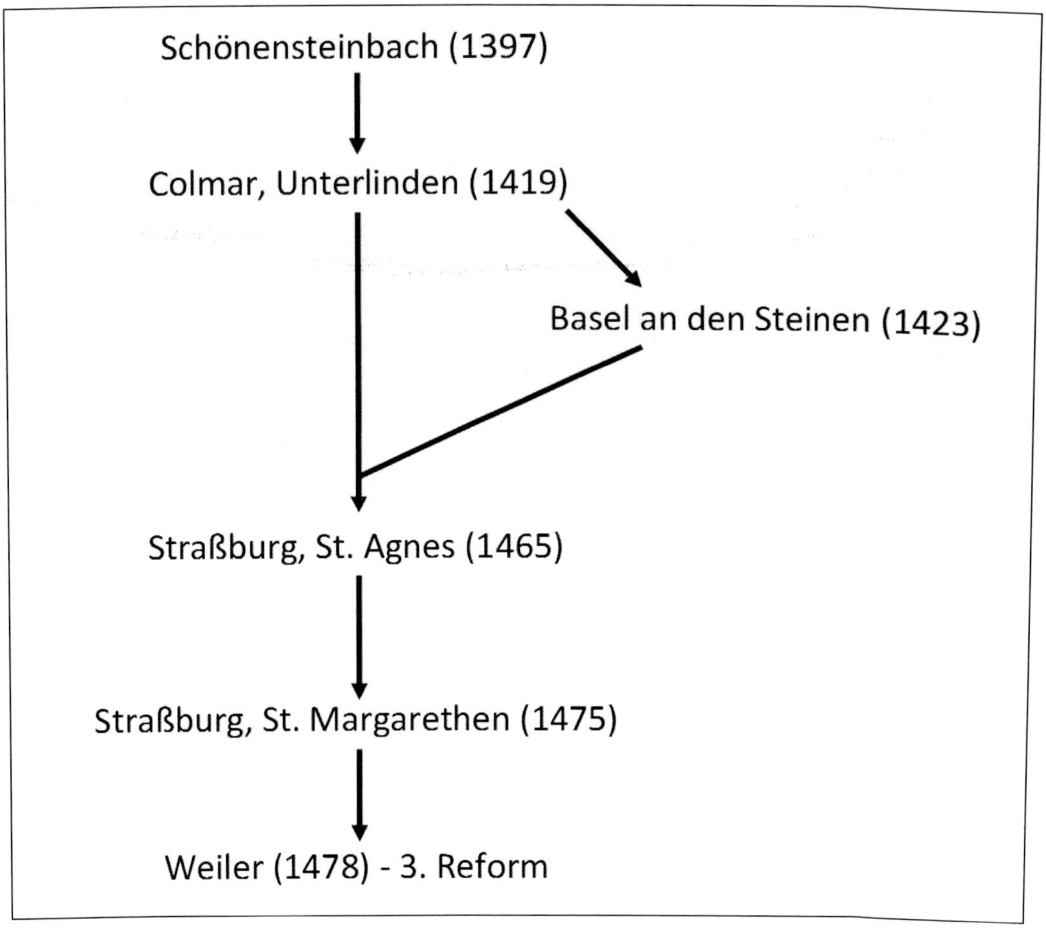

Abb. 3: Reformstammbaum Weiler

Die Kirchheimer Chronik – Ein Werk für die Observanz

Stefanie Monika Neidhardt

Zu Ende des 15. Jahrhunderts wurde im observanten Dominikanerinnenkonvent in Kirchheim unter Teck ein fast 300 Seiten umfassendes Werk verfasst, das später als Kirchheimer Chronik bekannt werden sollte. Die Chronik wandte sich an die Mitschwestern und späteren Leserinnen des Kirchheimer Konvents:

> „Item es ist ouch zů wissen allen unsern nachkummenden zů besserung das wir in allem unsern kummer betrübnüß und mangel nye deste minder gesůngen und gelesen hant. Wir hant wol me gesingen und gelesen."[1]

Mit diesem Zitat versicherte die Schreiberin den ihr nachfolgenden Schwestern im Kloster Kirchheim, dass die Gemeinschaft trotz der Konflikte und Probleme im Konvent nie ihre Pflicht, das Singen des Chorgebets, vernachlässigte. Stattdessen sangen, beteten und lasen sie die Texte der Bibel ausführlicher und häufiger als sie eigentlich mussten. So steht es außer Frage, dass die Kirchheimer Chronik im ersten Sinn für den Konvent von Kirchheim verfasst wurde und intendiert war. Heute wird die Chronik gerne als Beispiel für die Darstellung des Konflikts zwischen Graf Eberhard dem Älteren und seinem Cousin Eberhard dem Jüngeren um die Landesteilung herangezogen und als ein wichtiger Schritt für den Aufstieg Graf Eberhards des Älteren zum Herzog von Württemberg gesehen.[2] Dabei sollte nicht außer Acht gelassen werden, dass die Chronik auch einen wichtigen Beitrag für die kirchengeschichtliche Forschung leisten kann und eine seltene Rezeption der Observanz aus der Perspektive geistlicher Frauen gegen Ende des 15. Jahrhunderts darstellt.[3]

Auf dem Hintergrund der Fragen, mit welcher Intention die Kirchheimer Chronik verfasst wurde und inwiefern sie als Werbung für die Observanz zu verstehen ist, soll dieser Beitrag in zwei Teile unterteilt werden. Zunächst gilt es, die Kirchheimer Chronik in ihrem Inhalt nicht nur als wichtiges Werk für das politische, wirtschaftliche und soziale Leben von geistlichen Frauen im Mittelalter vorzustellen, sondern auch als Text zu verstehen, der wichtige Referenzen für die christliche Identität geistlicher Frauen in Bezug auf ihren Konvent und den Dominikanerorden zu Ende des Spätmittelalters bietet. Dieser Überblick über die Kirchheimer

1 HStA Stuttgart A 493 Bü 2, S. 78.

2 Vgl. Sigrid Hirbodian: Was ist Landesgeschichte? Überlegungen am Beispiel einer spätmittelalterlichen Klosterchronik, in: Anna Esposito u. a. (Hgg.): Trier – Mainz – Rom. Stationen, Wirkungsfelder, Netzwerke. Festschrift für Michael Matheus zum 60. Geburtstag, Regensburg 2013, S. 27–45. Oliver Auge: Holzinger, Enzlin, Oppenheimer. Günstlingsfälle am spätmittelalterlichen und frühneuzeitlichen Hof der Württemberger, in: Jan Hirschbiegel, Werner Paravicini: Der Fall des Günstlings. Hofparteien in Europa vom 13. bis zum 17. Jahrhundert (Residenzforschung 17), Ostfildern 2004, S. 365–399. Klaus Graf: Eberhard im Bart und die Herzogserhebung 1495, in: Stephan Molitor: 1495: Württemberg wird Herzogtum. Dokumente aus dem Hauptstaatsarchiv Stuttgart zu einem epochalen Ereignis, Stuttgart 1995, S. 9–39. Dieter Stievermann, Die württembergischen Klosterreformen des 15. Jahrhunderts. Ein bedeutendes landeskirchliches Strukturmerkmal und ein Kontinuitätsstrang zum ausgebildeten Landeskirchentum der Frühneuzeit, Zeitschrift für Württembergische Landesgeschichte 44, 1985, S. 65–103.

3 Vgl. Andreas Holzem: Die Geschichte des „geglaubten Gottes". Kirchengeschichte zwischen „Memoria" und „Historie", in: Andrea Leinhäupl-Wilke, Magnus Striet: Katholische Theologie studieren. Themenfelder und Disziplinen (Münsteraner Einführungen Theologie Bd. 1), Münster 2000, S. 73–103.

Chronik soll einen Rückschluss ermöglichen, wer maßgeblich an der Abfassung dieses Werkes beteiligt war. In einem zweiten Teil wird anhand des Kapitels der Chronik über die Feier von Weihnachten die Intention der Kirchheimer Autorin eruiert. Dabei sollen die folgenden Fragen geklärt werden: Wie argumentiert die Verfasserin und wie nutzt sie die ihr zur Verfügung stehenden Mittel wie Zitate aus der Bibel? Welche observanten Werte, die ihr vom Orden vermittelt wurden, sind für sie und ihre Leserinnen wichtig? Welches Selbstbild schafft sie damit von ihrem eigenen Konvent für die zukünftigen Mitschwestern?

Die Botschaft der Kirchheimer Chronik

Die Kirchheimer Chronik stellt sich als eine wohl konstruierte und reflektierte Arbeit vor, die vielfältige Informationen über die Umwelt der Schwestern vermittelt. Zur Erörterung der besonderen Perspektive der Verfasserin soll dabei zuerst auf die politischen und sozialen Aspekte und Abläufe des Kirchheimer Konflikts eingegangen werden, um einen Überblick über den Inhalt der Chronik zu geben.

Landeshistorisch betrachtet stellt diese Handschrift der Kirchheimer Schwestern ein Zeugnis für den Konflikt zwischen Eberhard dem Älteren und Eberhard dem Jüngeren in drei Phasen dar.[4] Damit ist die Kirchheimer Chronik eine wichtige Quelle für die württembergische Geschichte, da sie einen Schritt der Entstehung eines Territorialstaates dokumentiert.[5] Neun Jahre nach der Reform durch Graf Ulrich den Vielgeliebten[6] im Jahr 1478 entstand ein Streit zwischen seinem Sohn Eberhard dem Jüngeren und dem Kloster, weil die Kirchheimer Dominikanerinnen nicht bereit waren, dessen überzogenen Ansprüchen nachzukommen.[7]

4 Letztendlich konnte die Kirchheimer Chronik nur bis heute überliefert werden, weil sie aus landeshistorischem Interesse von einer Hand in die nächste gegeben wurde. Evangelische Pastoren bewahrten die Chronik in ihren Bibliotheken auf, versahen sie mit Marginalien und ermöglichten durch Weitergabe eine Edition, bevor sie ihren heutigen Platz im Landeshauptstaatsarchiv in Stuttgart fand. Die erste Edition fertigte Christian Friedrich Sattler an: Christian Friderich SATTLER (Hg.): Geschichte des Herzogthums Würtenberg unter der Regierung der Graven, Bd. 5, Ulm 1768, Beilage Nr. 42, S. 173–280. Die erste Seite der Kirchheimer Chronik gibt Auskunft über ihren Verbleib nach der Aufhebung des Klosters 1567: M. Wendelini Bilffingeri sum. Rechts darunter: „Dono dedit vidua D[omi]ni consulis Bülffingen b. m. M. Christophoro Jacobo Klupfellio, Pastori Ensing[ensis]infer[ioris] 1730. Daneben: Filius Dni Klupfelii dono reliquit Christiano Friderico Sattlero Archivario Wirtenb[ergico] 1742. Oben: Christianus Fridericus Sattler Archivo Ducali donat in hui[us] memoriam die 1. Nov. 1771."
Die Handschrift gelangte wohl nicht mit dem Umzug von drei Schwestern ins Kloster Kirchberg, und dann ins Kloster St. Blasien. Im 17. Jahrhundert befand sie sich zunächst im Privatbesitz des evangelischen Dekans, herzoglichen Rats und Abts von Lorch Johann Wendelin Bilfinger (1647–1722), dann in dem des Magisters Christoph Jakob Klupffel (1683–1740), Pfarrer in Ensingen, und ging anschließend in den Besitz des Archivars und Geschichtsschreibers Christian Friedrich Sattler über.

5 Vgl. HIRBODIAN: Landesgeschichte (wie Anm. 2), S. 38–39. Dazu Georg Wendts Aufsatz in diesem Band.

6 Zu Ulrich V. von Württemberg: Thomas FRITZ: Ulrich V., der Vielgeliebte, in: Sönke LORENZ, Dieter MERTENS, Volker PRESS u. a. (Hgg.): Das Haus Württemberg. Ein biographisches Lexikon, Stuttgart 1997, Stuttgart 1997, S. 86–89, hier: S. 88; Thomas FRITZ: Ulrich der Vielgeliebte (1441–1480). Ein Württemberger im Herbst des Mittelalters. Zur Geschichte der württembergischen Politik im Spannungsfeld zwischen Hausmacht, Region und Reich (Schriften zur südwestdeutschen Landeskunde, Bd. 25), Leinfelden-Echterdingen 1999.

7 Vgl. dazu: Ulrich P. ECKER: Die Geschichte des Klosters S. Johannes-Baptista der Dominikanerinnen zu Kirchheim u. Teck (Diss., Freiburg 1981), Freiburg 1985. Zu Kloster Kirchheim und Magdalena Kremerin: Rolf GÖTZ: Die älteste Urkunde des Kirchheimer Frauenklosters, in: Kloster, Bauernkrieg, Landstandsrecht, Revolution 1848, Notgeld, jüdische Mitbürger, Fürstenbilder, Lithograph Gebhardt hg. vom Stadtarchiv Kirchheim unter Teck (Schriftenreihe des Stadtarchivs Kirchheim unter Teck, Bd. 3), Kirchheim 1985, S. 7–23; Roland DEIGENDESCH: Die „Frau von Mantua" und das Dominikanerinnenkloster in Kirchheim unter Teck, in: Von Mantua nach Württemberg: Barbara Gonzaga und ihr Hof. Begleitbuch und Katalog zur Ausstellung des Landesarchivs Baden-Württemberg, hg. vom Landesarchiv

Eberhard der Jüngere hatte als Kastvogt seine Rechte über die Maßen ausgereizt und die Bereitstellung von Spanndiensten nach Nürnberg, Landshut und Speyer sowie mehr Personal zur Hundehaltung und für die Jagd gefordert. Anlass für den offenen Ausbruch des Konflikts waren Anschuldigungen aus den eigenen Reihen der Schwestern über Unregelmäßigkeiten der Finanzen zwischen den Klöstern St. Nicolaus, genannt Silo, in Schlettstadt und St. Johannes Baptista in Kirchheim. Deswegen forderte Eberhard der Jüngere im Februar 1487 durch seinen Kanzler eine Offenlegung der Finanzen des Konvents über die zurückliegenden Jahre und verlangte vehement die Aufhebung der fast zehn Jahre zuvor stattgefundenen Einführung der Observanz.[8] Da die Reformschwestern[9] aus Schlettstadt sich weigerten das Kloster in Kirchheim zu verlassen, wurde der Konvent in der ersten Phase der Auseinandersetzungen auf Befehl Eberhards des Jüngeren von den Kirchheimer Bürgern belagert und eingeschlossen. Der Berater Eberhards, der Augustinermönch Conrad Holzinger, bedrängte die geistlichen Frauen mit dem Ziel, die aus Schlettstadt stammenden Reformschwestern zu vertreiben. Hunger, Bedrohung und ständige Angst waren die Folge. Der Verwalter der Schwestern wurde festgenommen und selbst die von der Regel geforderte Visitation durch den Dominikanerprovinzial Jakob von Stubach konnte nicht wie geplant stattfinden, sondern musste verkürzt werden.[10]

Der Konflikt konnte durch das Eingreifen Eberhards im Bart und Verhandlungen auf dem Reichstag in Nürnberg vorläufig ausgesetzt werden. Durch die öffentliche Demütigung erzürnt, forderte Eberhard der Jüngere allerdings kurze Zeit später wiederum die Einsicht in die Finanzen des Klosters und wollte mit der erneuten Belagerung das Einlenken der Schwestern erzwingen.[11] Sieben Wochen lang mussten diese die Androhung von Gewalt gegenüber ihnen selbst und ihrem Beichtvater erdulden.[12] Als der Bischof von Konstanz mit dem Bann über die Kirchheimer und Eberhard den Jüngeren drohte, war der Graf bereit, die Anwesenheit von Vertretern des Ordens bei einer Offenlegung der Vermögensverhältnisse des Klosters zuzulassen. Allerdings erweiterte er am vereinbarten Tag den Personenkreis der Anwesenden ohne Absprache. Die Schwestern zogen sich daraufhin empört zurück und die Belagerung ging in die dritte Phase.[13]

Die erneute Hungerblockade traf die Schwestern härter als die vorherigen. Sie hatten bald kein „Milchschmalz“[14] mehr und nur noch wenig Holz, dafür noch Mehl für sechs Wochen vom „vorigen krieg“[15]. Kein Kirchheimer oder anderer Bittsteller durfte die Dominikanerinnen besuchen, nicht einmal ihr Beichtvater. Brote zu Todestagen wurden nicht mehr auf die Gräber im Klosterhof gelegt, sondern direkt in der Stadtkirche an die Armen verteilt, weil man

Baden-Württemberg, Hauptstaatsarchiv Stuttgart, bearb. von Peter Rückert, Stuttgart ²2012, S. 161–167; Sönke Lorenz: Kremer, Magdalena OP, in: Die deutsche Literatur des Mittelalters. Verfasserlexikon, Bd. 11 (²2004), Sp. 892–830; Anne Winston-Allen, Convent Chronicles. Women Writing about Women and Reform in the Late Middle Ages, Pennsylvania 2004.

8 Vgl. Ecker: Geschichte (wie Anm. 7), S. 187f.

9 Reformschwestern seien im Folgenden als die geistlichen Frauen verstanden, die aus dem Kloster St. Nicolaus in Schlettstadt nach St. Johannes Baptista in Kirchheim gekommen waren, um die dortigen Schwestern die Observanz zu lehren.

10 Vgl. HStA Stuttgart A 493 Bü 2, S. 34–36.

11 Vgl. ebd., S. 52–54.

12 Vgl. ebd., S. 54–56.

13 Vgl. ebd., S. 93–95.

14 Rahm oder Sahne, wichtig für die Herstellung von Butter.

15 HStA Stuttgart A 493 Bü 2, S. 118.

befürchtete, dass die Schwestern sich aus Hunger an dem Brot vergreifen könnten.[16] Die Ausweisung des Beichtvaters Leibold vergrößerte noch die Not. Die Dominikanerinnen begannen im Refektorium selbst zu backen, da die Bäcker von Kirchheim ihnen kein Brot mehr liefern durften. Dafür verbrannten sie das Holz eines alten abgebrochenen Sommerhauses und fällten Bäume in ihrem Klostergarten. Sogar das Chorgestühl sollte im Notfall verbrannt werden.[17] Dieser Zustand führte beim Bischof von Konstanz zur Verhängung des Kirchenbanns über Eberhard den Jüngeren und die Stadt Kirchheim. Letztendlich konnte aber nur Eberhard der Ältere den Konflikt mit militärischen Mitteln beenden, indem er im Februar 1488 mit 4000 Mann gegen die Kirchheimer Bürger zog. Eberhard der Ältere setzte sich gegen seinen Cousin durch und entzog ihm alle 1485 zugewiesenen Gebiete, was von Kaiser Maximilian am 10. Oktober 1488 im Nachhinein gebilligt wurde.[18]

Somit ist die Kirchheimer Chronik ein einzigartiges Beispiel für das Werden eines territorialen Gebiets, da sie nicht nur die Auseinandersetzung zwischen Eberhard dem Älteren und Eberhard dem Jüngeren und die Handlungsmöglichkeiten von geistlichen Frauen zu Ende des Mittelalters aufzeigt, sondern auch die Geschichte eines von Menschen gemachten, administrativen, kulturellen und sozialen Raumes erzählt.[19]

Neben der Darstellung der Auseinandersetzungen mit Eberhard dem Jüngeren zeichnet die Kirchheimer Chronik die Ereignisse dezidiert im Sinn der Observanz innerhalb des Kirchheimer Konvents und des Dominikanerordens. So kann anhand der Chronik ein Rückschluss auf die christliche Identität der geistlichen Frauen nach einer observanten Reform gezogen werden. Diese spezielle Ausprägung der Observanz in Kirchheim wurde festgehalten, weil die Kirchheimer Chronistin sich die Frage stellen musste, wem der Konvent in Zukunft aus kirchenrechtlicher Sicht folgen sollte: dem weltlichen Kastvogt oder dem Orden, der nach der Reform stärker versuchte, Einfluss auf den Konvent auszuüben. Diese Auseinandersetzung fand für die Schwestern spürbar innerhalb des Konvents und mit dem Orden statt. So wurde die Chronik, wenn sie über die Ereignisse im Inneren berichtete, zur Lehrschrift für den Umgang mit Konflikten nach der Einführung der Observanz. Nach der Reform 1478 trafen die observanten Reformschwestern auf einen disparaten Konvent in Kirchheim: Einerseits gab es von der Observanz überzeugte Schwestern, andererseits Unentschlossene und sogar Unwillige. Dabei berichtet die Kirchheimer Chronik auch von zahlreichen Rückschlägen, aus denen spätere Generationen lernen sollten: Grund für die Unruhen im Konvent war vermutlich die Unzufriedenheit einiger früher hoch gestellter Schwestern, die im Zuge der Reform von 1478 ihre Posten an die bereits observanten Schwestern aus Silo hatten abgeben müssen. Diese vier oder fünf Schwestern hatten in den neun Jahren bis zum Ausbruch des Konflikts weiterhin die Observanz mit der strengeren Armut, der Einhaltung von neuen Ämtern und Gebetszeiten verweigert.[20] Es gelang dieser kleinen Gruppe von Schwestern nicht nur, sich selbst gegen die Übernahme der observanten Werte zu sperren, sondern auch für die Entlassung des observanten Beichtvaters Leibold zu sorgen, indem sie ihm aus Misstrauen die Beichte verweigerten

16 Auch Almosen konnten die Schwestern nicht mehr an die Armen austeilen.

17 Vgl. ebd., S. 119.

18 Vgl. Rolf GÖTZ: Von der ersten urkundlichen Nennung im Jahre 960 bis zur Mitte des 16. Jahrhunderts, in: Rainer KILIAN: Kirchheim unter Teck. Marktort, Amtsstadt, Mittelzentrum, Kirchheim 2006, S. 97–275, hier S. 191.

19 Vgl. HIRBODIAN: Landesgeschichte (wie Anm. 2), S. 44.

20 Vermutlich kam es nicht wie in anderen Klöstern zu einem großem Aufbegehren der Schwestern bei der Reform, weil 1478 Graf Ulrich der Vielgeliebte und Eberhard im Bart hinter der Reform standen und anwesend waren. Vgl. ECKER: Geschichte (wie Anm. 7), S. 181–183.

und vorwarfen, er würde sich selbst nicht an die observanten Werte halten.[21] Der Austausch von Briefen zwischen dieser Gruppe von Schwestern und Eberhard dem Jüngeren sollte die geistlichen Frauen über die Ereignisse außerhalb des Konvents unterrichten und sie der späteren Übernahme wichtiger führender Ämter im Konvent versichern. Somit liefert die Kirchheimer Chronik auch eine Darstellung der Auseinandersetzung zwischen zwei Fraktionen im Konvent, bei der sich die observante Gruppe de facto und argumentativ durchsetzen konnte. Ziel der observanten Dominikanerinnen aus dem Kloster in Schlettstadt musste sein, den Konvent Stück für Stück zu einen. Mittel dazu waren nicht Bestrafung oder direkte Belehrung, sondern selbst ein gutes Beispiel zu geben, mit Gelassenheit und Geduld.

Zudem schärfte die Kirchheimer Chronik durch die Darstellung der Auseinandersetzungen die Aufgabenbereiche und das Profil der observanten Dominikaner. Die Amtsträger des Predigerordens traten in dieser Notsituation aus ihren vorgeschriebenen Funktionen heraus in Erscheinung. Weil Visitation, Beichte und Predigt durch die Belagerung nur noch eingeschränkt stattfinden konnten, berichtet die Kirchheimer Chronik über zusätzlich übernommene Aufgaben der Dominikaner und hält wichtige Persönlichkeitsmerkmale der Reformer außerhalb ihres normalen Amtes fest. Damit stellt die Kirchheimer Handschrift ein seltenes Zeugnis für die Beziehung zwischen Dominikanern und Schwestern aus der Sicht der geistlichen Frauen dar.

Um fehlende geistliche Betreuung zu kompensieren und sich gegenüber den ihrer Meinung nach überhöhten Forderungen des Kastvogts an eines ihrer in den Orden inkorporierten Klöster durchzusetzen, bemühten sich die Dominikaner um den Aufbau eines Informationsnetzwerkes. Ständiger Briefverkehr zwischen dem belagerten Konvent und dem Provinzial Jakob von Stubach sowie dem Ordensvikar Jakob Dienstlein sollte einerseits beide Parteien über die jeweils unternommenen Schritte informieren und anderseits die Schwestern im Kloster zur Einhaltung der Observanz aufrufen.[22] Zudem stellte der Ordensvikar Dienstlein Kontakt zu allen umliegenden Frauenkonventen her, sodass die Gemeinschaft im Falle der feindlichen Übernahme durch Graf Eberhard den Jüngeren auf andere observante Dominikanerinnenklöster verteilt werden könnte.[23] Ein Notfallplan Jakob Dienstleins wurde nie in die Tat umgesetzt. Seine Ausformung stellte einen stummen, aber öffentlichen Protest gegen Eberhard den Jüngeren dar: Im Fall der angedrohten Brandschatzung des Klosters sollten die Schwestern in einer wohl geordneten Prozession mit Bildern und Kreuzen in den Händen zum nächst gelegenen observanten Frauenkonvent nach Weiler bei Esslingen ziehen. Auf halbem Weg würde ihnen der in Esslingen beheimatete Männerkonvent entgegen kommen. Diese Prozession nach der Einnahme des Konvents hätte Eberhard des Jüngeren Ruf weiter geschädigt und er hätte die geistliche Elite des Klosters unwiederbringlich verloren.[24]

21 Vgl. HStA Stuttgart A 493 Bü 2, S. 224.

22 Vgl. HStA Stuttgart A 493 Bü 2, S. 126, 158.

23 Vgl. ebd., S. 149.

24 Ein solcher Umzug hatte schon im Kloster St. Brigitta in Schönensteinbach wegen des Heereszugs Karls des Kühnen statt gefunden. Der Konvent wurde in kleine Gruppen gespalten und lebte in der darauf folgenden Zeit in Klöstern in der Umgebung, bis er nach Schönensteinbach zurückkehren durfte. Vgl. ebd. Benedikt Maria Reichert (Hg.): Johannes Meyer Ord. Praed. Buch der Reformacio Predigerordens. Buch 1 bis 3 (Quellen und Forschungen zur Geschichte des Dominikanerordens in Deutschland 1–3), Leipzig 1909, S. 68.

Die Kirchheimer Chronik stellt nicht nur den Einsatz des Provinzials Jakob von Stubachs und des Vikars Jakob Dienstlein auf politischer Ebene[25] dar, sondern beschreibt am Beispiel Leibolds auch die Hilfe des Beichtvaters für die Schwestern über sein Amt hinaus. Dieser vermittelte nicht nur den für die Dominikanerinnen lebensnotwendigen Kontakt zu den Kirchheimer Bürgern vorbei an den belagernden Soldaten, sondern versorgte die Schwestern auch mit Lebensmitteln, die er über die Klostermauern warf.[26] Zudem trat er in den Auseinandersetzungen mit dem Kanzler Eberhards des Jüngeren, Conrad Holzinger, für die Schwestern ein und wurde für sie zum Vorbild im Argumentieren für die Observanz. So berichtet die Chronik, dass Beichtvater Leibold, als er von Conrad Holzinger mit der Schuld am Konflikt konfrontiert wurde, bedacht und ruhig blieb. Er wies jede Verantwortung des Ordens zurück und wurde zum Vorbild für die observanten Tugenden: Ohne viel Prunk und in einfachen Sätzen setzte er sich für die Schwestern ein und widerstand den Bestechungsangeboten von Seiten Eberhards des Jüngeren und seines Kanzlers.[27]

Die Autorenschaft der Kirchheimer Chronik

An die Chronik mit ihrer besonderen Darstellung der Observanz muss die Frage gestellt werden, aus welcher Perspektive sie verfasst wurde. Dies ist umso relevanter, als sich die Komplexität der Kirchheimer Chronik nicht nur auf verschiedenen inhaltlichen Ebenen, sondern auch in zeitlichen Vor- und Rückgriffen, gedeuteter Geschichte und einer eindeutigen Spannungskurve spiegelt. [28] Die Handschrift befasst sich nicht nur mit der Darstellung der Reform 1478 und des neun Jahre später folgenden Konflikts, sondern deutet die Ereignisse dezidiert im Sinne der Observanz. Man kann gerade wegen der Komplexität dieses Werkes von literarischen Vorarbeiten der Schwestern ausgehen, die allerdings nicht erhalten sind. Da eine Kopie der Chronik überliefert ist, waren wohl auch andere Konvente an der Geschichte der Schwestern interessiert.[29]

25 Jakob von Stubach setzte sich auf einem Hoftag in Nürnberg für die Aussetzung des Konflikts bei Kaiser Maximilian und den Fürsten ein. Zusätzlich dazu nahm er Kontakt zum Bischof von Konstanz und zum Erzbischof von Mainz auf und informierte sie über Eberhard den Jüngeren und die Dominikanerinnen von Kirchheim. Vgl. HStA Stuttgart A 493 Bü 2, S. 89–90.

26 Vgl. ebd., S. 57.

27 Vgl. ebd., S. 61.

28 Diese ist in ihrer heute erhaltenen Fassung nach 1490 entstanden.

29 Wiener Schottenstift, Cod. 307. Die Abschrift der Kirchheimer Chronik, die sich heute im Wiener Schottenstift befindet, wurde im 15. Jahrhundert mit dem Titelschild „buͤchlen von (kir)chen von irem leiden" versehen. Im 18./19. Jahrhundert erhielt sie den Titel „Reformation des Klosters Kirchen Predigerordens". Sie besteht aus 172 Blättern. Die in gotischer Kursive abgefasste Handschrift ist, anders als das Original, in schwäbischer Schreibsprache verfasst. Auffällig ist der weiße Halbledereinband des Buches mit Blindstempeln aus dem 15. Jahrhundert. Die Chronik aus dem Schottenstift macht einen noch unfertigen Eindruck: So fehlen zum Beispiel zu Beginn vieler Kapitel die Initialen und rote Unterstreichungen lateinischer Zitate. Sie wurde vermutlich zu Ende der Bearbeitungsschicht der Kirchheimer Chronik begonnen, denn sie übernimmt fast alle Korrekturen des Originals. Um die Verteilung der Seiten parallel zur ersten Kirchheimer Chronik zu gewährleisten, ließ die Schreiberin der zweiten Chronik mehrere Male halbe Seiten frei. Die in der Kirchheimer Chronik durchgehend rubrizierten Überschriften beginnen in der Abschrift aus dem Schottenstift erst mit dem Kapitel über den Beginn der dritten Phase des Konflikts. Die folgenden Überschriften beider Chroniken ergänzen sich von diesem Punkt in der Erzählung an weitgehend, wobei die Chronik aus dem Schottenstift die Überschriften gerne ausbaut, um stärkere Betonung auf Gottes Eingreifen in der Geschichte zu legen. Siehe dazu: Vgl. Albert HÜBL: Catalogus codicum manu scriptorum qui in Bibliotheca Monasterii B. M. V. ad Scotos Vindobonae servantur, Wien/Leipzig 1899, S. 253f. (Kat. Nr. 233). Stefanie Monika NEIDHARDT: Die Reise

Bei einem Autor oder einer Autorin des observanten Zweigs des Dominikanerordens, der die Ereignisse um eine observante Reform darstellen wollte, handelte es sich in den meisten Fällen entweder um einen Reformer[30] oder um eine sogenannte Reformschwester, die aus einem bereits observanten Konvent zur Reform in ein anderes Kloster berufen wurde. Eine solche Dominikanerin hatte schon mehrere Jahre in einem observanten Konvent gelebt und in diesem durch die Übernahme mehrerer Ämter Erfahrung gewonnen. Sie konnte das Chorgebet singen und hatte die Einführung der strengen Klausur und Armut internalisiert. In vielen Fällen war eine für eine größere Schrift prädestinierte geistliche Frau schon in ihrem Heimatkonvent durch ihre Fähigkeit zu schreiben aufgefallen.[31] Mit der Reform übernahm jede Reformschwester wichtige Ämter im neuen Kloster, die entweder hohe Verwaltungsaufgaben oder für die Einführung der Reform wichtige Dienste umfassten.[32] Diese Schwestern verstanden sich immer als Teil einer Gruppe reformierender geistlicher Frauen, die gemeinsam die neue Aufgabe auf sich nahmen und verwirklichen wollten.

Bis vor kurzem ging die Forschung davon aus, dass es sich bei der Autorin der Chronik um die Küsterin und Novizenmeisterin Magdalena Kremerin handelte.[33] Allerdings, so argumentiert Nigel Palmer in seinem Aufsatz in diesem Band, entstand die Kirchheimer Chronik aus dem Wissensfundus der reformierten Siloer Schwestern in mehreren Bearbeitungsschichten und war vermutlich eine Gemeinschaftsarbeit innerhalb des Konvents.[34] Geht man davon aus, dass die Verfasserin fundierte Bibelkenntnisse und Zugriff auf liturgische Werke gehabt haben muss, tritt jedoch Magdalena Kemerin wegen ihrer Bildung und Vita innerhalb des Klosters hervor.

Die neuentdeckte Abschrift einer Urkunde, die die Übertragung von Magdalena Kremerins Besitz an das Kloster Silo dokumentiert, gibt nähere Auskunft zu ihrer Herkunft und stärkt die These, dass sie federführend an der Entstehung der Chronik beteiligt war.[35] Magdalena Kremerin stammte aus Oberkirch in der Nähe von Straßburg und war vor 1468 mit ihrer

der Dominikanerinnen von Silo nach Kirchheim unter Teck 1478 im Kontext der spätmittelalterlichen Klosterreform, in: Zeitschrift für Württembergische Landesgeschichte 72 (2013), S. 105–130, hier S. 295–296. Christian Sigel: Das evangelische Württemberg. Seine Kirchenstellen und Geistlichen von der Reformation bis auf die Gegenwart, Gebersheim 1910–1932, S. 337.

30 Als Beispiel sei hier Johannes Meyer genannt, der die Chronik des Klosters St. Michael in Bern überarbeitete und mit seinem Buch der Reformacio Predigerordens eine Gesamtschau der Einführung observanter Reformen für die Schwestern verfasste. Vgl. Breslau, Universitätsbibliothek Breslau, Codex IV F 194ª. Reichert (Hg.): Meyers Buch der Reformacio (wie Anm. 24), 1–5. Meri Heinonen: Johannes Meyer's Buch der Reformacio Predigerordens, in: Oxford German Studies 42, 2013, S. 237–258.

31 So Anna von Sissach und Adelheid von Ow. Vgl. Breslau, Universitätsbibliothek Breslau, Codex IV F 194ª, fol. 127v–128r, fol. 129r. Seraphin Dietler's Chronik des Klosters Schönensteinbach, ed. v. Johann von Schlumberger, Gebweiler 1897, S. 464.

32 Bei einer solchen Reform wurden immer das Amt der Priorin und Subpriorin und oft das der Novizenmeisterin, Obsersängerin, Küsterin, Hörerin und Raderin zur Neuerlernung des Chorgebets und der Einführung der Klausur neu besetzt. Vgl. HStA Stuttgart A 493 Bü 2, S. 16.

33 Vgl. Götz: Erwähnung (wie Anm. 18), S. 185. Jeffrey F. Hamburger: Magdalena Kremer, Scribe and Painter of the Choir and Chapter Books of the Dominican Convent of St. Johannes-Baptista in Kirchheim unter Teck, in: Richard Linienthal, James Marrow, William Noel (Hgg.): The Medieval Book. Glosses from Friends & Colleagues of Christopher de Hamel, Houten 2010, S. 124–149, passim.

34 Nigel Palmer vermutet hinter der hauptsächlichen Verfasserin der Chronik die Schaffnerin Barbara von Speyer. Siehe Nigel Palmers Aufsatz in diesem Band.

35 An dieser Stelle möchte ich Francis Rapp danken, der Magdalena Kremerin im Zusammenhang mit geistlichem Leben im Elsass in seinen Aufzeichnungen vermerkte. Vgl. Straßburger Stadtarchiv: Kontaktstube, Bd 4, fol. 182. Stefanie Monika Neidhardt, Die Kirchheimer Chronik der Magdalena Kremerin, in: Rottenburger Jahrbuch für Kirchengeschichte 32 (2013), S. 293–309, hier S. 293. Dies., Kremerin, Magdalena (vor 1467–1501/2) BBKL Bd. XXXV, Herzberg 2014, Sp. 828–830.

Schwester Anna als Novizin in das Kloster Silo in Schlettstadt eingetreten. Die Abschrift der Urkunde berichtet, dass Magdalena und Anna, die Töchter Hans Kremers, sich zur Profess im Kloster Silo entschieden hatten: „[…] als swester Magdalen und swester Ennel Kremer Hans von oberkirch seligen döchtern sich ir geistlich leben got dem herren zu dinen nemlich in unser closter ergeben und profess geton haben."[36] Während Anna um 1468 verstarb,[37] blieb Magdalena Kremerin nach ihrer Profess zunächst weiter im Kloster Silo in Schlettstadt. Zu diesem Zeitpunkt war Magdalenas Vater Johannes Kremer bereits verstorben. Deswegen übernahm ihr Vormund Hans Leitgast der Kacheler[38] ihre Vermögensverwaltung. Johannes Kremer selbst lässt sich anhand von Urkunden 1448 als Stadtschreiber in Oberkirch nachweisen.[39] Aufgrund des Berufs ihres Vaters hatte Magdalena Kremerin wohl schon vor ihrer Profess Kenntnisse als Schreiberin und Malerin. Über die Zeit nach ihrer Profess im Kloster Silo ist nichts bekannt, doch vermutlich durchlief sie für die Observanz wichtige Ämter. Zehn Jahre später, im Jahr 1478, reformierte sie zusammen mit sechs Schwestern unter der Leitung der Priorin Barbara Bernheimerin von Schlettstadt aus das Kloster Kirchheim.[40] Auf dem Weg von Kloster Silo in Schlettstadt über Straßburg nach Kirchheim unter Teck machten die Schwestern Halt im observanten Dominikanerinnenkloster Pforzheim, wo eine des Schreibens kundige Schwester – wohl Magdalena Kremerin – zwei Pforzheimer Schwestern während der beiden Tage ihres Aufenthalts Texturschreiben und Malen lehrte.[41] Im neuen Kloster versah Magdalena Kremerin nach Aussage der Chronik gleichzeitig die Ämter der Texturschreiberin, Novizenmeisterin, Obersängerin, und Küsterin.[42]

Mit diesen Ämtern war Magdalena Kremerin geradezu prädestiniert, beim Projekt des Abfassens einer Chronik eine führende Rolle zu spielen. Als Texturschreiberin und Malerin kannte sie sich mit den aus dem Elsass importierten Schreibpraktiken aus und konnte sie in den Kirchheimer Konvent einführen. Als Novizenmeisterin beherrschte sie die observante Lebensform in allen Nuancen von Grund auf. Zudem waren ihr die gängigen Belehrungspraktiken auf der Argumentationsgrundlage der Regel und der Dominikanertradition geläufig, die in die Kirchheimer Chronik mit einflossen.[43] Als Obersängerin und Küsterin kannte sie die Abläufe und Inhalte des Chorgebets und der Eucharistie und flocht das daraus entstandene biblische und theologische Wissen in ihre Begründungsmuster für das Verhalten des Ordens und der observanten Schwestern ein.[44]

Ihre Herkunft und ihre Ämterlaufbahn weisen sie als eine geistliche Frau aus, die eine längere Schrift planen, mit der Bibel deuten und die Ereignisse im Sinn der Observanz auslegen konnte. So spricht vieles dafür, dass sie einen maßgeblichen Anteil an der Abfassung der Kirchheimer Chronik hatte.

36 Vgl. Straßburger Stadtarchiv: Kontaktstube, Bd. 4, fol. 182.

37 Ebd. […] darum die eigen Swester Ennel selbige […] auch von Tode abgegangen ist.

38 Vermutlich ein Töpfer, der in die Gilde der Maurer aufgenommen wurde.

39 Vgl. Archiv der Freiherren von Schauenburg Oberkirch, Urkundenregesten 1188–1803, bearb. von Magda FISCHER, Stuttgart 2007, S. 205. An dieser Stelle herzlichen Dank an Dr. Irmgard Schwanke für diese Information.

40 Vgl. HStA Stuttgart A 493 Bü 2, S. 11–18.

41 Vgl. ebd. HAMBURGER: Magdalena Kremer (wie Anm. 33), passim.

42 Vgl. HStA Stuttgart A 493 Bü 2, S. 16.

43 Vgl. Sarah Glenn DEMARIS (Hg.): Johannes Meyer. Das Amptbuch (Monumenta Ordinis Fratrum Praedicatorum Historica XXXI), Rom 2015, S. 249–291.

44 Vgl. ebd., S. 195–212.

Die Feier von Weihnachten aus kirchenhistorischer Sicht

Die Kirchheimer Chronik ist vor allem durch ihre Darstellung aus der Perspektive einer observanten geistlichen Frau geprägt. Dies zeigt sich besonders an der Schilderung der Weihnachtsfeier, bei der die Verfasserin weit über eine bloße Darstellung der Ereignisse hinausging. Deswegen soll mit einem Dreischritt die Intention und Sicht dieses Abschnittes untersucht werden. Die Arbeitsweise der Chronistin, wichtige observante Motive und das daraus resultierende Gesamtbild werden helfen, den Blick für die christliche Identität einer observanten Dominikanerinnengemeinschaft zu schärfen.

Die Feier des Weihnachtsfestes ereignete sich in der dritten Phase des Konflikts, als die Schwestern weder genug Holz zum Heizen noch Nahrung hatten. Von außen wiederum belagert, gelang den Schwestern nur unter schwierigen Bedingungen die Kommunikation mit ihrem Orden, sie mussten ohne die geistliche Unterstützung ihres Beichtvaters im klausurierten Kloster leben und jederzeit damit rechnen, vertrieben zu werden. Die Helfer Eberhard des Jüngeren hatten ihnen sogar gedroht, das Kloster anzuzünden, wenn die Reformschwestern es nicht verließen. In dieser Situation griff die Chronistin erzähltechnisch ein und deutete die Feier des Weihnachtsfestes im Kloster Kirchheim mit Hilfe der Bibel und Heiligenlegenden. So wollte sie einerseits vermitteln, dass Gott die Schwestern unbedingt unterstützte und andererseits die positive Einstellung des Konvents darstellen, welcher der äußeren Bedrohung und Anfeindung gottgewisse Fröhlichkeit und das Verharren in der Observanz entgegensetzte.

Das Kapitel mit der Beschreibung von Weihnachten trägt einen didaktischen, stark ermahnenden Zug, ist theologisch-biblisch untermauert und weist eine sorgfältige Kompilation von Belehrung und historisch gedeuteter Erzählung auf. Einerseits war das Ziel der Kirchheimer Schreiberin, die auch nach dem Konflikt zaudernden Schwestern im eigenen Kloster von der Observanz zu überzeugen und zu ermahnen. Andererseits intendierte die Schreiberin mit dieser Belehrungsschrift[45] nicht nur die späteren Generationen über die Auseinandersetzungen um das Kirchheimer Dominikanerinnenkloster zu informieren, sondern auch zu erbauen und zur religiösen Bildung der Schwestern beizutragen.[46] So wird verständlich, dass sich die Kirchheimer Chronik nicht nur auf die oben dargestellten Erzählungen der äußeren Abläufe beschränkt, sondern die Klostergeschichte durch Bibelzitate ergänzt.

Die Arbeitsweise der Kirchheimer Chronistin

Die Arbeitsweise in der Chronik zeigt, dass die Kirchheimer Autorin mit ihrem Wissen aus der Bibel und Heiligenlegenden die Geschichte deutete. Bibelzitat und Tradition dienen der Versicherung, dass Gott mit den Schwestern ist und die Observanz in der Krise unterstützt.

45 Vgl. HStA Stuttgart A 493 Bü 2, passim; beispielhaft S. 78: „Item es ist ouch zů wissen allen unsri nachkummenden zu besserung [...]".

46 Vgl. Marie-Luise Ehrenschwendtner: Die Bildung der Dominikanerinnen in Süddeutschland vom 13. bis 15. Jahrhundert (Contubernium. Tübinger Beiträge zur Universitäts- und Wissenschaftsgeschichte, Bd. 60), Stuttgart 2004, S. 152–176, besonders S. 158.

Mit lateinischen und deutschen Bibelzitaten griff die Chronistin wertend in das Geschehen ein und zeigte damit, dass sie lateinische Texte nicht nur verstand, sondern auch in ihre Argumentation einbinden konnte. So beschrieb sie ihre Situation mithilfe des lateinischen Zitats Psalm 124: „Cum exsurgerent super nos homines forsitan vivos absorbuissent nos cum irasceretur furor eorum super nos forsitan aquae circumdedissent nos.“ [47] Wie im Psalm das Volk Israel rückblickend von Gefahren und Gottes Rettung berichtete, drohten auch die Schwestern von einer äußeren Bedrohung, ihren Feinden, verschlungen zu werden, gegnerische Wassermassen ergossen sich bildlich über sie und ließen sie beinahe ertrinken. Ihre Kenntnis der deutschen Übersetzung der Psalmen bewies die Chronistin mit Psalm 150. Um ihre Freude, dennoch im Konvent zu leben, zu betonen, feierten die Schwestern Weihnachten:

> „So warent sy doch frölich im lob gottes mit frölichem uñd mit der orgelen singen. Als der Prophet spricht: laudate eūm in tympano et choro laudate eūm in chordis et organo. Laudate eūm cymbalis bene sonantibus. Die cymbalen liessent wir frölichen erklyngelen zu der elevierung in der heylgen meß. uñd wir sprachen dick zůsammen.“[48]

Hier setzte die Chronistin neben die erzählte Geschichte der Bibel ihre eigenen Erlebnisse. Die Grenze zwischen biblischem Text und von den Schwestern wahrgenommener Realität wurde aufgehoben, wortwörtlich wurde der biblischen Text zur eigenen Erfahrung stilisiert.

Die Kenntnis dieser lateinischen und deutschen Psalmteile stammte vermutlich vom Singen des Chorgebets.[49] Indem die Autorin sich auf diese viel gelesenen und gedeuteten Bibelstellen bezog, bewies sie nicht nur ihre eigene Kenntnis der Bibel. Sie tradierte ihren Leserinnen gleichzeitig Argumentationsstrukturen für ein observantes Leben und begründete diese mit Bibelstellen, die die Leserinnen kannten und einordnen konnten.

Die deutschen und lateinischen Bibelzitate begriff die Kirchheimer Chronistin nach dem mittelalterlichen Verständnis des vierfachen Schriftsinns. Dabei nutzte sie vor allem tropologische und anagogische Auslegungen, bei der Beschreibung von Weihnachten allerdings bezeichnenderweise nur anagogische Interpretationen.[50] Endzeitlich deutend griff die Chronistin zum Beispiel in die Darstellung der Ereignisse ein, wenn sie ihren Konvent mit den Jüngern Jesu nach dessen Tod am Kreuz verglich. Die Dominikanerinnen sollten, wie die Gemeinschaft der Apostel mit Jesus Christus als Mittelpunkt zusammenstehen: „wa zwey oder iii stat gesamelt in minem namen da byn ich in irem mittel“[51]. Der Konvent konnte sich nur durch die Gemeinschaft und die gemeinsamen observanten Glaubensinhalte erhalten und den Feinden

47 Vgl. HSTA Stuttgart A 493 Bü 2, S. 125. Die Chronistin hat bei diesem Zitat die Vulgata falsch zitiert.

48 HStA Stuttgart A 493 Bü 2, S. 125. Psalm 150,4–5. Sehr wahrscheinlich besaß der Konvent neben einer lateinischen auch eine deutsche Bibel. Karin Schneider kann nachweisen, dass die observanten Dominikanerinnen aus St Katharina in Nürnberg nach der Reform mindestens 3 deutsche (Teil-)Bibeln besaßen. Sogar ein apokryphes Evangelium ließ sich in der Bibliothek des Klosters finden. Vgl. Karin SCHNEIDER (bearb.): Die Handschriften der Stadtbibliothek Nürnberg. Die deutschen mittelalterlichen Handschriften, Bd. 1, Wiesbaden 1965, S. 1–7.

49 Die Schwestern sangen im Chorgebet vermutlich einmal die Woche den ganzen Psalter. Eine vertiefte Auseinandersetzung mit der Bibel fand in den Lesungen und der Eucharistie statt, sodass ein Konvent im Laufe eines Jahres die ganze Bibel vorgelesen bekam. Bei den Tischlesungen wurden die Schwestern mit Kirchenväterliteratur, Predigten und Bibelauslegungen weiter im Umgang mit den biblischen Texten unterwiesen. Vgl. Thomas LENTES, Text des Kanons und Heiliger Text. Der Psalter im Mittelalter, in: Erich ZENGER (Hg.): Der Psalter in Judentum und Christentum. Norbert Lohfink zum 70. Geburtstag (Herders biblische Studien. Herder's Biblical Studies 18), Freiburg 1998, S. 323–355. EHRENSCHWENDTNER: Bildung (wie Anm. 46), S. 323–355.

50 Der Mönch Johannes Cassianus entwickelte im 5. Jahrhundert eine Theorie der Bibelauslegung, bei der neben dem Literalsinn die typologische (dogmatisch-theologische), die tropologische (moralische) und die anagogische (endzeitlich-eschatologische) Auslegung der Bibel trat.

51 HStA Stuttgart A 493 Bü 2, S. 125. Mat. 18,20.

von außen widerstehen. Dies ist umso erstaunlicher, als die Chronistin vorher von erheblichen Problemen und Streit innerhalb der Gemeinschaft berichtete. Die Beschreibung der Weihnachtsfeier war für die Chronistin nicht nur Beweis, dass nichts die gewohnten Abläufe im Konvent stören konnte, sondern auch Dokumentation und liturgische Feier eines langwierigen Einigungsprozesses der Schwestern untereinander. Anagogisch ging sie bei der Beschreibung der Situation der Kirchheimer Dominikanerinnen vor, wenn sie darauf hinwies, dass Gott trotz der bedrückenden Situation der Gemeinschaft „die sinen syncken aber nit ertryncken"[52] ließe. Damit verhieß die Kirchheimer Chronistin schon vor dem Bericht über die Beendigung des Konflikts den Dominikanerinnen Rettung und ein gerechtes Gericht. Indem die Kirchheimer Chronistin ihre Geschichte selbstständig mit solchen Zitaten deutete, setzte sie sich in die Tradition der Bibel und projizierte für ihre Leserinnen Bilder besonders aus dem Alten Testament auf den eigenen Konvent. Damit legitimierte sie die Ereignisse im Konvent und das Ausharren der Schwestern. Moralisch wertend griff die Chronistin zum Beispiel in die Darstellung der Ereignisse ein, wenn sie den Kanzler Eberhard des Jüngeren und Feind des Klosters mit dem biblischen Buch der Sprichwörter verurteilte: „Der abtünnig mensch, der unnütz mann, der got mit verkertem munde, uñd wincket mit den ougen[53], er tryttet mit den füssen, er redt mit dem vinger, er trachtet das ubel mit bösem hertzen und säet die krieg zu allen ziten"[54].

Heiligenviten und Traditionswissen setzt die Chronistin ein, um das Verhalten des Konvents kritisch zu untersuchen und zu versichern, dass die Schwestern auch im Konflikt die Normen der Observanz bewahrten. So berichtete sie, dass die geistlichen Frauen in der Not dazu gezwungen waren, gegen die Fastenregeln zu verstoßen, da die in den Klosterhof getriebenen Schweine das einzige Nahrungsmittel waren, auf das sie Zugriff hatten. Sie versicherte, dass nur die kranken und schwachen Schwestern Fleisch bekamen und der Rest des Konvents wegen der Fastenzeit nur Schmalz und Suppe zu sich nahm. Als die Dominikanerinnen aber auf Dauer nichts anderes an Nahrungsmitteln außer Fleisch besaßen, musste der gesamte Konvent dieses essen. Im Blick auf den heiligen „Bryden"[55], der in der Armut nichts anders zu Essen hatte als Speck und deswegen sein Fastengebot brach, entschuldigte sie das Verhalten des Konvents.[56]

Letztendlich präsentiert sich durch die Untersuchung der Arbeitsweise der Chronistin eine Schreiberin, die mit Bezug auf den Klosteralltag den Schwestern bekannte Bibelzitate auswählte und diese für ihre Interpretation der Vorgänge nutzbar machte. In die Kette der Ereignisse flocht sie gezielt deutsche und lateinische Bibelzitate und Anspielungen auf Heilgenlegenden ein, um ihr Anliegen, die Absicherung observanter Werte, auch für die Zeit nach den Auseinandersetzungen zu wahren.

52 Ebd., S. 127.
53 Zwinkern den Augen bedeutet nach Sprichwörter 10,10: Leid zu schaffen.
54 HStA Stuttgart A 493 Bü 2, S. 63. Sprichwörter 6,12–13.
55 Damit ist der irische Heilige und Mönch Brendan gemeint, der um 512 als Priester zahlreiche Klöster gründete. Die im Mittelalter beliebte Erzählung von seiner Navigatio Santi Brendani schildert seine Erlebnisse bei der Reise zur Insel Terra Repromissionis sanctorum. Eine der beliebtesten Schilderungen ist dabei, wie seine Gemeinschaft den Fisch Jasconius mit einer Insel verwechselte. Dazu: Josef Semmler: Navigatio Brendani, in: Peter Wunderli (Hg.): Reisen in reale und mythische Ferne. Reiseliteratur in Mittelalter und Renaissance, Düsseldorf 1993, S. 103–123.
56 HStA Stuttgart A 493 Bü 2, S. 123.

Observante Werte im Konflikt

Mit Eingriffen in die Erzählung der Ereignisse wird die eigentliche Intention der Kirchheimer Chronistin deutlich: Sie wollte einerseits nachweisen, dass der Konvent die vom Orden geforderten observanten Werte jederzeit bewahrt hatte und dafür von Gott belohnt wurde. Andererseits zeigte die Autorin ihren Leserinnen, wie ein belagerter und von der Fürsorge des Ordens und der Außenwelt abgeschnittener Konvent dennoch seine strenge Lebensform beibehalten konnte. Mit dieser Intention stellte die Chronistin die von den observanten Reformern geforderte Einhaltung der Armut, das Singen des Chorgebets und das Verständnis einer Gemeinschaft aus ihrer Perspektive dar.[57]

Zu einem Leben in strenger Observanz gehörten die Aufgabe des Privatbesitzes und die persönliche Armut. Dies war ein Wert, der von den Dominikanerinnen nur ungern akzeptiert wurde und auch für den Kirchheimer Konvent ist bekannt, dass manche Schwestern noch Jahre nach der Einführung der Observanz die Fastenzeiten nicht einhielten und auch nicht auf konventuale Annehmlichkeiten verzichteten, wie etwa das Schlafen in Betten.[58] In der Situation, dass den geistlichen Frauen in Kirchheim nun von außen strenges Fasten aufgezwungen wurde, entwickelte die Chronistin aus der Not eine Tugend. Die wenige zur Verfügung stehende Nahrung führte zu einer Verherrlichung des Fastens. Sicherlich hatten die Passagen über den Umgang der geistlichen Frauen mit der wenigen Nahrung Vorbildfunktion für nachfolgende Schwestern. Wie die Dominikanerinnen trotz der widrigen Umstände die Fastengebote einhielten, so sollten die Dominikanerinnen auch in Zukunft bewusst die Essensregeln beachten. So lobte die Chronistin die Standhaftigkeit des Konvents, der weiter hungerte, wenn die einzige Nahrung, die die Frauen erhielten, aus Fleisch bestand. Obwohl es der Küchenschwester Fides gelang, mit dem Wegschauen der Wächter zwei Schweine von dem angrenzenden Hof in das Klosterinnere zu locken, ernährten die Dominikanerinnen sich nach der Schlachtung von Schmalz für die Suppe. Sie gaben, wie schon oben erwähnt, nur ihren Kranken und Alten Fleisch, da sie sich selber in der Fastenzeit befanden. Auch nach der erfolgreichen Beendigung der Belagerung ließen die Schwestern nicht in der Einhaltung der observanten Regeln nach. Als Eberhard der Ältere, nachdem er Kirchheim eingenommen hatte und mit seinen Soldaten im Kloster eingezogen war, den Schwestern etwas Gutes in Form von Fleisch zukommen lassen wollte, beorderte er seinen Koch ins Kloster, um für die geistlichen Frauen in angemessener Weise zu sorgen. Die Chronistin beschrieb dieses Ereignis nicht als eine Wohltat für die Dominikanerinnen, denn sie „mussten den tag und darnach am möntag alle fleysch essen“[59]. Dieses Essen wurde eher wie ein Opfer dargestellt als eine Freude.

Nach einer Reform veränderte sich in den Dominikanerinnenkonventen immer auch das Verständnis des Chorgebets. Dieses wurde von den Reformern mit liturgischen Büchern für alle Konvente vereinheitlicht und von nun an nicht mehr nur rezitiert, sondern gesungen. Stundenlanges Üben und Strafen für Unachtsamkeit sowie die Forderung nach dem vertieften Verständnis der gesungenen Texte waren die Folge. Das Chorgebet sollte dabei auch den Tendenzen der individuellen Gottesbegegnung des 14. Jahrhunderts entgegen wirken. Schon der

57 Siehe Sigrid Hirbodians Aufsatz in diesem Band.
58 Vgl. HStA Stuttgart A 493 Bü 2, S. 199.
59 HStA Stuttgart A 493 Bü 2, S. 176.

Reformer Johannes Meyer[60] berichtete in seinem Buch der Reformacio[61] von mystischen Erlebnissen der Schwestern, aber immer mit dem Hinweis, dass solche Erfahrungen in der Observanz nur zweitrangig waren und zugunsten von Chorgebet und observanten Werten zurückgedrängt werden sollten.[62] Folglich spielte das gemeinsame Chorgebet im spirituellen Alltag der Schwestern die Hauptrolle. Die schon in der Mystik beliebten Gottesbegegnungen und Jesusminne einzelner Schwestern erfuhren in der Kirchheimer Chronik durch die mäßigende Wirkung des Dominikanerordens eine Modifikation: Nicht eine Schwester alleine wurde von Jesus so sehr geliebt, dass sie in Ekstase geriet, sondern die Gemeinschaft erfuhr gleichermaßen die innige Beziehung zu Gott. Die Heraushebung einer einzelnen Schwester und die Reaktionen des Konvents mit Absonderung und Neid waren von der Observanz nicht intendiert. Ziel war es, die Gesamtheit der Schwestern in gemäßigten Bahnen zu halten und die observanten Normen nicht zu gefährden. Anstelle dessen stärkten gemeinsame Andachtsübungen den Konvent und legten religiöse Vorstellungen für alle fest. Die Kirchheimer Chronistin aktivierte das vom Orden auferlegte Traditionswissen und zeigte mit ihrer Beschreibung des Chorgebets, wie die Schwestern auf diesem Weg zu einer Einheit zusammenwuchsen. Mit der Feier der Geburt Jesu empfanden die Dominikanerinnen im Chor die Armut nach, unter der Maria und Joseph zu leiden hatten. Für sie war die Teilhabe am Leben Jesu eine ihrer geistlichen Aufgaben im Kloster: Der Mangel, den sie in der Belagerung durchlitten, führte zu noch stärkerer Zuwendung zu „dem sussen kindlin jhūs uñd zů syner reynen junckfröwlichen můter“[63].

Daneben wurde das Chorgebet während des Konflikts gegen Eberhard den Jüngeren als geistliche Waffe funktionalisiert: Im Auftrag ihres Vikars und ihres Fürsprechers Eberhard im Bart sollten die Schwestern Gott milde für sich stimmen und so ein für sie positives Ende herbeiführen.[64] Deswegen berichtete die Kirchheimer Chronistin, dass die Schwestern in der Not „wol me gesingen und gelesen“[65] hatten. Das Ergebnis dessen sah die Chronistin in positiven Gotteserfahrungen der Schwestern. Viele der Dominikanerinnen beteten zu Weihnachten gemeinsam zur Mutter Gottes und wurden von ihr getröstet, sodass sie sich sicher sein konnten, dass der Konflikt zu ihren Gunsten enden würde: „es sprachent vil schwestri zu winachten zů samen dz sy die můter gottes mitt irem lieben kind in irem gebett als recht wol getröstet hetten in irem hertzen das sy glych keynen zwyfel hetten es würde wol gan“[66].

Über die Vorgaben der Dominikaner hinaus war das Einzelgebet für die Kirchheimer Chronistin dienlich, wenn es zum Nutzen der gesamten Gemeinschaft stattfand. So sah die Chronistin die Möglichkeit, dass eine mit der Situation unzufriedene Schwester mit Gott in laute Zwiesprache eintreten konnte, um ihre Probleme nicht auf die Klostergemeinschaft zu übertragen. Im Anschluss an die Weihnachtsfeier beschreibt die Kircheimer Chronistin das Gebet

60 Johannes Meyer wurde 1422 in Zürich geboren und trat zehn Jahre später in den Dominikanerorden ein. Ab 1442 schloss er sich der Observanz an und wechselte deswegen in den Konvent von Basel. Stationen in seiner Karriere als observanter Beichtvater waren St. Michael in Bern ab 1454, St. Brigitta in Schönensteinbach ab 1458, St. Nicolaus in Schlettstadt ab 1467, zu unserer lieben Frau in Liebenau bei Worms 1473 und zu unserer lieben Frau in Adelhausen in Freiburg kurz vor seinem Tod. Vgl. DeMaris: Amptbuch (wie Anm. 43), S. 1–12.

61 Johannes Meyers Buch der Reformacio berichtet, ausgehend von der Einführung der Observanz im Kloster St. Brigitta in Schönensteinbach, von der Reform der Frauenkonvente der Provinz Teutonia.

62 Reichert (Hg.): Johannes Meyer Buch der Reformacio (wie Anm. 24), Bd. 3, S. 59.

63 HStA Stuttgart A 493 Bü 2, S. 124.

64 Vgl. Ebd., S. 168.

65 Ebd., S. 78.

66 Ebd., S. 127.

einer Kirchheimer Schwester: Sie war so voller Zorn, dass sie der Mutter Gottes ihren Kummer berichtete und ihren Unmut mit „geistlichem Schimpfen" vertrieb: „uñ sy vertryb also iren ůnmut in geystlichem schympfen uñd wart danach ouch wol getröst, dañ es ist nut bessers den synen kūmer gott clagē der lat nyemant ungetröst"[67]. Dadurch und im Gebet konnte sie Trost finden. Die Chronik bewertet geistliches Schimpfen als positiv, da es besser sei, mit Gott Krieg zu führen, als mit den Menschen, denn Gott kenne das Herz der Schimpfenden.[68] Ganz im Sinne der Observanz berichtet die Chronistin von keiner mystischen Gotteserfahrung mit Ektase, die der schimpfenden Schwester widerfährt. Dennoch war das Gebet zu Gott immer dem Schimpfen innerhalb der Gemeinschaft vorzuziehen.

Insgesamt intendierten die observanten Reformer mit ihren Forderungen nach Armut und dem Singen des Chorgebets eine neue Form der Gemeinschaft im Konvent. Dies nahm die Kirchheimer Autorin in ihr Werk auf und modifizierte es aus ihrer Situation des uneinigen Konvents heraus, der durch die Feier des Weihnachtsfestes zueinander fand. Bei der Feier des Weihnachtsfestes beschreibt die Kirchheimer Chronistin die Gemeinschaft der Schwestern mit einem Bibelzitat: „wa zwey oder iii sint gesamelt in minem namen da byn ich in irem mittel"[69]. Nur wenn die Schwestern wie an Weihnachten eine Einheit innerhalb des Konvents bildeten, würde Gott ihre Sache unterstützen. Mit dieser Intention lässt sich die Beschreibung des Festes verdeutlichen. Dabei berief die Chronistin sich vor allem auf die Forderung des Ordens nach Frieden unter den Schwestern. Deswegen fügte die Autorin, um das Wunder der Einheit des Konvents am Weihnachtsfest herauszuheben, einen Brief der Kirchheimer Priorin an ihren Ordensvikar Jakob Dienstlein ein. In diesem antwortete die Priorin auf die Frage, wie der Konvent die Belagerung ertragen würde, dass die Gemeinschaft weiterhin stark bliebe. Es sei ein Wunder, dass, bei all der Not, der Kirchheimer Konvent die Reformschwestern aus Silo nicht selber aus dem Kloster treiben würde.[70] All das nähmen die Schwestern auf sich, um als Gemeinschaft gegen den Druck von außen zu bestehen und die Observanz aufrechtzuerhalten. In Abgrenzung nach außen rechtfertigte die Autorin die Gemeinschaft der Dominikanerinnen: Nur mit einer starken Mehrheit von zur Observanz willigen Schwestern konnten sie sich der Belagerung widersetzen und gegen die Intrigen der Schwestern von innen wehren. Nur mit einem geeinten Konvent war das Singen des Chorgebets möglich. Deswegen feierten die geistlichen Frauen „und wir warent dick frölich dañ die die uns das lyden antetten"[71]. So konnte für die Kirchheimer Chronistin die Observanz nur Bestand haben, wenn alle Schwestern innerhalb des Klosters an einem Strang zogen. War auch nur eine Dominikanerin von den observanten Normen nicht überzeugt, konnte dies zu Streit innerhalb des Konvents und Verrat nach außen führen. Zur Feier des Weihnachtsfestes schien der Konflikt insoweit eingedämmt, dass alle geistlichen Frauen froh waren, mit Gottes Hilfe nicht mehr Hunger leiden zu müssen.

Nicht in der Beschreibung des Weihnachtsfestes, aber doch prominent in der Chronik ist die Betonung der Einhaltung der Klausur der Schwestern. Der Chronistin war es wichtig deutlich zu machen, dass die Chorschwestern trotz Belagerung und Hungers niemals die Klausur verließen und lieber im Kloster überfallen würden, als dieses aufzugeben. Dahinter stand der Konflikt mit Eberhard dem Jüngeren, der die strenge Klausur als ein Merkmal der Observanz

67 Ebd., S. 128.
68 Vgl. ebd., S. 197.
69 Ebd., S. 125. Matthäus 18, 20.
70 Vgl. ebd., S. 125.
71 Ebd.

sah und dieses rückgängig machen wollte. Aus diesem Grund betonte die Chronistin, dass sich die Chorschwestern immer ihre Reinheit bewahrten, selbst als Eberhards des Älteren Soldaten das Kloster für kurze Zeit einnahmen.[72]

Der Blick auf die in der Chronik betonten observanten Motive zeigt die Akzeptanz dieser Werte. Dennoch passte die Autorin die allgemeinen Vorgaben der Observanz an ihren Konvent an und überhöhte sie, um den Konvent in Zukunft zu stärkerer Einhaltung bestimmter Werte wie des Fastens aufzurufen. Besonders wichtige Eigenschaften der Gemeinschaft wie den Frieden untereinander versuchte sie zu stärken, indem sie für ihre Leserinnen ein Idealbild zeichnete.

Ein Selbstbild für die Observanz

Aufgrund der in der Beschreibung des Weihnachtsfestes festgestellten Arbeitsweise und der daraus resultierenden Betonung observanter Werte in der Kirchheimer Chronik ergibt sich ein Selbstbild der Verfasserin für die Zeit des Konfliktes. Dieses lässt sich mit den in der Weihnachtsszene verwendeten Bibelstellen am besten beschreiben.

Gerade in der Not entwickelten observante Reformer oder Schwestern Bilder für sich, mit denen sie ihre eigene Situation mit jener biblischer Gestalten verglichen. Die daraus resultierenden Allegorien waren im Spätmittelalter ein beliebtes Stilmittel, um sich mit der eigenen Situation auseinanderzusetzen. Indem man sich die eigene Situation im Vergleich zur Bibel vor Augen führte, konnte man in das vertiefte Gebet eintreten, über den Zustand des Konvents nachdenken und sich innerlich stärken. Dominikanische Reformer setzten diese Form des vergleichenden Gebets gerne für die Einübung von Tugenden ein, um die Schwestern zu erbauen. Eine Dominikanerin sollte sich bildlich die Tugend vorstellen und diese dann für sich verinnerlichen, um sie im Alltag auch leben zu können.[73]

Die Kirchheimer Chronistin antwortete mit ihrer Schaffung eines vergleichenden Bildes für den Konvent auf die Grundprobleme im Konflikt: Man musste sich gegen den Vorwurf Eberhards des Jüngeren zur Wehr setzen, dass die Reformschwestern im Konvent unrechtmäßig handeln würden und Kirchheim so schnell wie möglich zu verlassen hatten. Gleichzeitig wollte die Autorin sich gegen die ungerechten Übergriffe auf den Konvent von Seiten der weltlichen Herrschaft wehren und den Einfluss auf den Orden stärker machen.

Da die Kirchheimer Schwestern durch den Konflikt verunsichert waren und nach Vorbildern suchten, fanden sie diese im Alten Testament. Wie das Volk Israel, dargestellt in den Psalmen 124 und 150, litt der Konvent in der Not, war aber mit Gottes Unterstützung letztendlich siegreich. Solche Vergleiche finden sich häufig in der Kirchheimer Chronik und wurden insgesamt gerne von Beichtvätern oder Lehrern der Schwestern herangezogen, um einerseits die Haltung der Schwestern mit der Tradition der Bibel als rechtmäßig darzustellen und andererseits Vorbilder für die späteren Dominikanerinnen zu schaffen, an denen sie richtiges Verhalten im Konvent messen konnten.

72 Vgl. HStA Stuttgart A 493 Bü 2, S. 190.

73 Vgl. Thomas Lentes, Die Symbolik des Gartens in der Frömmigkeitsgeschichte. Von der Scheidung zwischen Natur und Kultur zur Sehnsucht der Natur, in: Im Zeichen der Schöpfung oder der Weg ins Paradies, hg. v. Museum Heimathaus Münsterlang, Telgte 2004, S. 14–21, hier S. 14.

Mit Psalm 124[74] zog die Chronistin die Parallele zwischen der Situation des Volkes Israel und dem Konvent.[75] Dabei sollte die Bedrohung von außen veranschaulicht werden. Der Psalm berichtet in einer Rückblende aus der Rettung heraus von den Gefahren die das Volk Israel durchlebte: Zornige Feinde drohten sie lebendig zu verschlingen, Wassermassen hätten sich über sie ergossen und fast zum Ertrinken gebracht. Eberhard der Jüngere und seine Helfer wurden als die Feinde dargestellt, die wie ein bedrohliches Gewitter über das Kloster zogen und die Schwestern in Angst und Schrecken versetzten: „und wie wol dick eyn gantzer guß wassers des ungewitters durch gangen hatt unser sel mit schrecken und forchten."[76] Wie ein Ungewitter sollte der Konflikt die Schwestern aber nur verstören, zum Ausharren bewegen und sie sollten sich sicher sein, dass der Konvent die Auseinandersetzungen unbeschadet überstehen würde. Wie im Psalm beschrieben sollte auch im Fall Kirchheims Gott sein Volk aus höchster Not vor übermächtigen Feinden und der Angst zu unterliegen retten: „Hätte sich nicht der Herr für uns eingesetzt – so soll Israel sagen – hätte sich nicht der Herr für uns eingesetzt, als sich gegen uns Menschen erhoben, dann hätten sie uns lebendig verschlungen, als gegen uns ihr Zorn entbrannt war."[77] Wie das Volk Israel im Psalm widerstand das Kloster allen Verfolgungen und Versuchungen des Bösen. Die Schwestern benötigten dieses theologische Konzept, um den Konflikt zu bewältigen. Die Chronistin brauchte für ihre Auslegung der Situation allerdings zusätzlich für die bedrohliche Beschreibung von außen einen weiteren Psalm, um ihren Leserinnen richtiges Verhalten im Inneren vor Augen zu führen.

So feierten die Schwestern analog zu Psalm 150 Weihnachten und stellten ihre Situation im Inneren dar. Wie im Psalm 150 waren die Schwestern voller Freude und lobten Gott in ihrem Kloster. Gemeinsam sangen sie, spielten Orgel und läuteten sogar Glocken bei der Messfeier.[78] Die festliche Feier im Chor war in der Not nicht selbstverständlich, sondern verabredet, denn die Schwestern unterhielten sich oft miteinander in der Vorbereitungszeit darüber: „es sprachnt vil swestern zu winachtē zůsamen."[79] Dies taten sie nach der Erzählung der Chronistin als Dank für die von Gott ermöglichte Gemeinschaft. Sie konnten in Geduld das Ende des Konflikts erwarten, weil sie sich sicher waren, dass Gott unter ihnen weilte.[80] Weil sie sich an die observante Lebensweise hielten, die Horen weiterhin sangen, beteten und sich trotz der Auseinandersetzungen nicht trennen ließen, konnten sie im Konflikt nicht verlieren.

Neben der Freude über die Ermöglichung der Feier sieht die Chronistin dennoch die Bedrohung von außen.

74 Psalm 124, 1–8: Hätte sich nicht der Herr für uns eingesetzt – so soll Israel sagen –
hätte sich nicht der Herr für uns eingesetzt, als sich gegen uns Menschen erhoben,
dann hätten sie uns lebendig verschlungen, als gegen uns ihr Zorn entbrannt war.
Dann hätten die Wasser uns weggespült, hätte sich über uns ein Wildbach ergossen.
Dann hätten sich über uns die Wasser ergossen, die wilden und wogenden Wasser.
Gelobt sei der Herr, der uns nicht ihren Zähnen als Beute überließ.
Unsere Seele ist wie ein Vogel dem Netz des Jägers entkommen, das Netz ist zerrissen und wir sind frei.
Unsre Hilfe steht im Namen des Herrn, der Himmel und Erde gemacht hat.

75 So sagt die Chronistin selber: „Es sy dann das der her nit wer gewesen in uns. Sag an israhel wer der her nit gewesen in uns." (HStA Stuttgart A 493 Bü 2, S. 126).

76 Ebd., S. 127.

77 Pslam 124, 1.

78 Psalm 150: Halleluja! Lobt Gott in seinem Heiligtum, lobt ihn in seiner mächtigen Feste!
Lobt ihn für seine großen Taten, lobt ihn in seiner gewaltigen Größe! Lobt ihn mit dem Schall der Hörner,
lobt ihn mit Harfe und Zither! Lobt ihn mit Pauken und Tanz, lobt ihn mit Flöten und Saitenspiel!
Lobt ihn mit hellen Zimbeln, lobt ihn mit klingenden Zimbeln! [...]

79 Ebd., S. 127.

80 Vgl. ebd., S. 125.

Mit dem Vergleich des Alten Testaments schuf die Chronistin eine theologisch mit der Bibel begründete Rechtfertigung für die Existenz und die Handlungen ihres Konvents. Wie das Volk Israel war die Gemeinschaft der Schwestern als Ganzes in der Not und ungerecht verfolgt. Und wie das Volk Israel schützte sie ihre starke Gemeinschaft und das Vertrauen auf Gott vor dem Scheitern. Indem die Chronistin diese Parallelen schuf, stellte sie ihren Konvent in die Tradition der Bibel und deutete ihre Geschichte dezidiert in ihrem Sinn. Eine starke Gemeinschaft mittels der Kirchheimer Chronik darzustellen, die im Inneren nicht geschwächt mithilfe der Observanz standhaft im Glauben blieb, war das eigentliche Ziel für das Abfassen dieses Textes.

Fazit

Insgesamt beschreibt die Kirchheimer Chronik in komplexer Form nicht nur die kulturellen, politischen und sozialen Gegebenheiten in einem observanten Konvent zu Ende des 15. Jahrhunderts. Neben einer Darstellung der Entstehung eines Territorialstaates gibt die Chronistin Einblicke in einen observanten Konvent in einer konfliktreichen Zeit. Zudem wird aus der Sicht geistlicher Frauen der observante Zweig der Dominikaner beschrieben.

Allein schon die Beschreibung der Weihnachtsfeier präsentiert dem Leser die Kirchheimer Chronik als eine in sich kompakte theologische Deutung der Ereignisse um die wiederholte Belagerung des Klosters Kirchheim. Die Kirchheimer Chronistin wollte eine Erinnerungsschrift für die nachfolgenden Generationen schaffen, wie die Schwestern im inneren mit Gegnern der Observanz umgingen. Mit der Schilderung von Weihnachten orientierte sie sich an jenen Trost- und Lobespsalmen, die den observanten Schwestern durch Chorgebet gut bekannt waren, um sich selbst als Gemeinschaft zu feiern. Die Darstellung des Weihnachtsfestes wird zum liturgischen Höhepunkt der Kirchheimer Chronik und zur Vorwegnahme der Errettung der Schwestern.

In der Chronik sah die Autorin die Observanz nicht in der Krise, sondern den Konflikt als eine Möglichkeit, die Einheit im Kloster unter den Schwestern zu stärken und weiterhin in der Gemeinschaft nach den Regeln der Dominikaner die Klausur, das Chorgebet und das gemeinsame Beten zu leisten. Durch den Konflikt kamen die Schwestern in intensiveren Kontakt mit ihren Ordensoberen, die ihnen mit Andachtsübungen und Ermutigungsbriefen Identifikationsangebote für das Leben im Kloster machten, die die Kirchheimer Chronistin in ihr Werk einfließen ließ und so gegen Ende des 15. Jahrhunderts ein einzigartiges Opus theologischer Geschichtsdeutung für das Leben im Konvent schuf.

Mit der Einflechtung von Bibelzitaten in deutscher und lateinischer Sprache und der daraus resultierenden Deutung der Ereignisse wollte die Chronistin nicht nur Ereignisse abbilden, sondern aus ihrer Sicht für nachfolgende Leserinnen und andere Konvente die Observanz als ein leb- und durchsetzbares Konzept darstellen. So zeichnete sie das Bild einer Gruppe von geistlichen Frauen, die noch vor der Reformation zu einer geistlichen Erneuerung bereit waren und Reformen selbstständig argumentativ begründen konnten.

Ordensreform im 15. Jahrhundert und die Literarisierung dominikanischer Nonnen. Zum Bildungshintergrund der Magdalena Kremerin

Werner Williams-Krapp

Die 1490 vollendete Chronik[1] der Reform des Kirchheimer Dominikanerinnenklosters ist ein beachtliches Werk, verfasst von einer erzählerisch begabten und für die damalige Zeit außergewöhnlich gebildeten Frau. Die Verfasserin muss aufgrund genauerer Kenntnisse der Ereignisse, die vor der Durchführung der Reform stattfanden,[2] zu den Schwestern aus Silo gehört haben, die nach Kirchheim entsandt wurden. Dass Magdalena Kremerin[3] auch die Autorin dieses umfänglichen anonymen Werks ist, lässt sich zwar nicht mit allerletzter Sicherheit beweisen, aber die in der Chronik ihr zugeschriebenen Fähigkeiten und Ämter lassen m. E. daran kaum Zweifel aufkommen.[4] Keine der anderen sechs Chorschwestern, die im Text erwähnt und charakterisiert wird, lässt sich so wie Magdalena als potentielle Verfasserin annehmen.[5] Auch wenn – wie Nigel Palmer in seinem Beitrag in diesem Band feststellen konnte – Barbara von Speyer die Stuttgarter Handschrift verfertigt hat, dürfte sie als Schaffnerin des Klosters doch weniger in der Lage gewesen sein, eine derart anspruchsvolle Chronik zu verfassen als Magdalena. Da die Chronik offenbar mehrfach im Dienste der Propagierung und Festigung von Reformen abgeschrieben wurde, überrascht es nicht unbedingt, dass eine geübte Schreiberin wie Barbara von Speyer eine Abschrift herstellte. Magdalena war durch ihre höhere Bildung in der Lage, zugleich die anspruchsvollen Ämter der Küsterin, Texturschreiberin, Novi-

1 Ediert von Christian Friedrich Sattler (Hg.): Chronik des Klosters Kirchheim, in: Ders. (Hg.): Geschichte des Herzogthums Würtemberg unter der Regierung der Graven, Bd. 5, Ulm 1768, Beilage 42, S. 173–280. Stellen zitiere ich hier allerdings nach der von Sattler abgedruckten Handschrift im Hauptstaatsarchiv (HStA) Stuttgart A 493 Bü 2, da Sattler neben Verlesungen auch einige für die Schriftsprache typischen Diakritika nicht wiedergibt; z. B. fehlt stets diakritisches *o* in ů. Auch Korrekturen einer späteren Hand übernimmt er unkritisch (vgl. Anm. 19). Die Handschrift hat eine moderne Seiten-, keine Blattzählung. Ich gebe, wenn sinnvoll, jeweils beide Quellen an. Zitate aus der Stuttgarter Handschrift werden im Folgenden mit HStA Stuttgart A 493 Bü 2 gekennzeichnet.

2 Ein Kapitel wird z. B. mit „Als wir" (also die Schwestern aus Silo) „gan kirchen in das closter komment" überschrieben (HStA Stuttgart A 493 Bü 2 (wie Anm. 1), S. 14; SATTLER: Chronik (wie Anm. 1), S. 178).

3 Vgl. Sönke Lorenz: Kremerin, Magdalena OP, in: Burghart Wachinger et al. (Hgg.): Die deutsche Literatur des Mittelalters. Verfasserlexikon, Bd. 11, Berlin, New York ²2004, Sp. 892f.

4 Es fällt z. B. auf, dass nebenbei erwähnt wird, dass auf dem Weg von Silo nach Kirchheim es „vnder den von Syl" eine Schwester gab, „die konde wol textur schreiben vnd ouch molen" und die bei einem Zwischenaufenthalt im Dominikanerinnenkloster in Pforzheim an zwei Tagen zwei Schwestern in diesen beiden Spezialgebieten „lerte". Eine spätere Hand identifiziert diese Lehrerin am Blattrand der Stuttgarter Handschrift als „magdalena kremerin" (HStA Stuttgart A 493 Bü 2 (wie Anm. 1), S. 12). Ich denke, dass das knappe Einbringen eines eigentlich im Erzählkontext nebensächlichen Ereignisses ohne ursprüngliche Nennung der Schwester als zusätzliches Indiz für die Verfasserschaft der Kremerin gewertet werden kann. Die Stelle bei SATTLER: Chronik (wie Anm. 1), S. 176f.

5 Vgl. SATTLER: Chronik (wie Anm. 1), S. 178f. Zum Beispiel würde eine demütige Dominikanerin sich kaum als „wol wissende geschyckte ersami liebe swester in geystlichen vnd zitlichen sachen" selbst beschreiben – so die Priorin Barbara Bernheimerin – oder als „vasst ein ernsthafftig andechtige swester" – so die Raderin und Unterschaffnerin Christina von Rheinau (Vgl. HStA Stuttgart A 493 Bü 2, S. 15, S. 17). Die Kremerin erwähnt nur ihre Herkunft aus Straßburg und die von ihr begleiteten Ämter.

zinnenmeisterin und Obersängerin[6] zu übernehmen.[7] Dass sie im Nebenamt wohl auch Buchmeisterin des Klosters war, ist anzunehmen. Spätestens ab 1495 war sie dann auch Priorin. Zwar ist in einer Urkunde nur von einer Priorin Magdalena die Rede,[8] aber da es bis 1563 nur zwei weitere Schwestern mit diesem Namen im Konvent gab, die allerdings kaum in Frage kommen dürften,[9] wird es sich um die Kremerin handeln. Ab 1501 übernimmt Clara Trutwinin das Amt.[10] Magdalenas große Bedeutung für das Kloster wird auch im Nekrolog evident. Anders als bei allen anderen Schwestern wurde ihr Name mit roter Tinte und in Textura notiert.[11]

Magdalena verfügte über ein bemerkenswertes narratives Talent, das einen Vergleich mit dem volkssprachigen Erzählstil von *litteraten* Männern in dieser Zeit der schlichten geistlichen Prosa keineswegs scheuen muss. Hinzu kommen bei ihr achtbare Lateinkenntnisse sowie bemerkenswertes Wissen im Bereich der Gelehrtenliteratur, die sie sich offensichtlich beim Studium von lateinischem Schrifttum angeeignet hatte. Zudem vermochte sie Handschriften von hoher Dignität herzustellen und sie auch zu illustrieren.[12] Offensichtlich war sie auch musikalisch begabt und in der Liturgie bestens bewandert.

Bei der Schilderung der politisch stark umkämpften Reform Kirchheims zeigt Magdalena ein hohes Maß an analytischer Schärfe und intellektueller Souveränität, unterstützt ihre Argumente und Meinungen zum Vorgefallenen immer wieder mit gelehrtem Wissen, vor allem mit einer Vielzahl an Zitaten aus der gesamten Vulgata, die sie, wie in volkssprachigen Predigten und Traktaten üblich, anschließend übersetzt, und zwar fehlerlos. Vor allem wenn es um und gegen den die Reformschwestern bedrohenden, seine Gelehrsamkeit betonenden (angeblichen Dr.) Konrad Holzinger[13] geht, kontert sie selbstbewusst mit gelehrter Argumentation. In ihrem Werk zitiert sie die *Dialogi* Gregors, Werke des Augustinus, die *Vitas patrum*, die dominikanischen *Vitas fratrum* des Gerhard von Fracheto – das literarische Vorbild der dominikanischen Klosterchroniken (oder Schwesternviten)[14] –, das lateinische *Ämterbuch* des Humbert von

6 Zu einer Beschreibung der Ämter nach dem *Ämterbuch* des Johannes Meyer, siehe: Sarah Glenn DeMaris (Hg.): Johannes Meyer. Das Amptbuch (Monumenta Ordinis Fratrum Praedicatorum Historica XXXI), Rom 2015; siehe auch Jeffrey F. Hamburger: Magdalena Kremer. Scribe and Painter of the Choir and Chapter Books of the Dominican Convent of St. Johannes-Baptista in Kirchheim unter Teck, in: Richard Linenthal, James Marrow, William Noel (Hgg.): The Medieval Book. Glosses from Friends & Colleagues of Christopher de Hamel, Houton 2010, S. 124–149, hier S. 125–129. Der Beitrag ist in deutscher Übersetzung in diesem Band enthalten. Zu Johannes Meyer siehe Werner Fechter: Meyer, Johannes, in: ^{2}VL (wie Anm. 3), Bd. 6 (1984), Sp. 474-489.

7 Sattler: Chronik (wie Anm. 1), S. 178.

8 Vgl. Ulrich P. Ecker: Die Geschichte des Klosters S. Johannes-Baptista der Dominikanerinnen zu Kirchheim u. Teck (Diss., Freiburg 1981), Freiburg 1985, S. 109, S. 347 Nr. 541.

9 Im Kirchheimer Nekrolog, fol. 7^{v}: „Obiit Magdalena rottengetterin“. Roland Deigendesch, dem ich diese Hinweise verdanke, meint, diese Nonne sei erst nach der Reform eingetreten. Vgl. dazu auch Benedikt Maria Reichert (Hg.): Registrum Litterarum (Quellen und Forschungen zur Geschichte des Dominikanerordens in Deutschland, Bd. 10), Leipzig 1914, S. 163 (1513, Kloster Steinheim): „[...] quod possint retinere d. Magdalena Rottengatterin in habitu seculari sine spe recessus et inde egrediendi.“ Überhaupt nicht in Frage kommt Magdalena Köppin, die bei Ecker: Geschichte (wie Anm. 8), S. 360 Nr. 592, erwähnt wird und 1563 starb; so der Nekrolog, fol. 23^{v}: „[...] et S Magdalena köppin a<nn>o 63.“

10 Vgl. Ecker: Geschichte (wie Anm. 8), S. 109 Nr. 227.

11 Benediktinerstift St. Paul im Lavanttal, Cod. 71/1, fol. 28^{v}. Siehe dazu den Beitrag von Roland Deigendesch in diesem Band.

12 Dazu Hamburger: Magdalena Kremer (wie Anm. 6).

13 Zu ihm vgl. Dieter Stievermann: Der Augustinermönch Dr. Conrad Holzinger. Kaplan, Rat und Kanzler des Grafen bzw. Herzogs Eberhard d. J. von Württemberg am Ende des 15. Jahrhunderts, in: Josef Engel (Hg.): Mittel und Wege früher Verfassungspolitik (Spätmittelalter und Frühe Neuzeit, Bd. 9), Stuttgart 1979, S. 356–405.

14 Zu dieser Gattung siehe zuletzt Anne Winston-Allen: Convent Chronicles: Women Writing about Women and Reform in the Late Middle Ages, University Park 2005; zu Magdalena Kremerin, passim; siehe auch Constance

Romans[15] u. a. m. Zwar gab es von den genannten Werken vielfach auch deutsche Übersetzungen, aber Magdalena verwendet mitunter auch den jeweiligen lateinischen Werktitel, wenn sie aus den von ihr genannten Werken nur auf Deutsch zitiert. Den Straßburger Münsterprediger Johann Geilers von Kaysersberg scheint sie ebenfalls gekannt zu haben: „eyn wolgelerter vnd frummer meyster vnd pfaff zů stroßburg in der hohen styfft."[16] Auch in der Hagiographie ist sie bestens bewandert. Der heilige Thomas Becket, der sich im 12. Jahrhundert gegen den Zugriff einer säkularen Macht auf kirchliche Zuständigkeiten wehrte und aufgrund seines Widerstands ein Martyrium erlitt, wird von Magdalena aus naheliegenden Gründen zweimal als Vorbild genannt.[17]

Die Stuttgarter Handschrift ist wahrscheinlich die erste Abschrift des Originals. Barbara von Speyer korrigiert dabei durchgehend eigene Schreibfehler, ändert während der Abschrift bisweilen die Syntax und fügt gelegentlich weitere geschichtliche Details der Erstfassung hinzu.[18] Eine spätere Hand unternimmt es zwar, in einigen wenigen Fällen den Text an eigentlich völlig unproblematischen Stellen zu korrigieren, zeigt aber an einer besonders auffälligen Stelle, dass ihr Wissen nicht an das von Magdalena heranreicht.[19]

Wie kam diese intellektuell begabte und ambitionierte Dominikanerin zu solcher Bildung und solchen Fähigkeiten und welche Art von Bildungsinfrastruktur stand ihr dafür zur Verfügung?

Zweifellos war Magdalena Kremerin eine für damalige Verhältnisse außergewöhnlich gut gebildete Frau, auch wenn in der zweiten Hälfte des 15. Jahrhunderts Lesefähigkeit und religiöses Wissen keineswegs auf nur wenige beschränkt waren, zumal im urbanen Bereich. In Städten wie Nürnberg, Augsburg und Straßburg rechnet man mit einer alphabetisierten Bevölkerung von ca. 30 %, was auch der Handschriften- und Druckbesitz sowie Druckausgaben

Proksch: Klosterreform und Geschichtsschreibung im Spätmittelalter (Kollektive Einstellungen und sozialer Wandel im Mittelalter N. F., Bd. 2), Köln, Weimar, Wien 1994.

15 Heike Uffmann: Wie in einem Rosengarten. Monastische Reformen des späten Mittelalters in den Vorstellungen von Klosterfrauen (Religion in der Geschichte, Bd. 14), Bielefeld 2008, S. 147f.

16 SATTLER: Chronik (wie Anm. 1), S. 181.

17 So etwa im Zusammenhang mit Drohungen Holzingers: „do sprach der swestern eyne" (die Kremerin?) „zů den andren inen zů trost, es ist hút des lieben Sant thomas tag des byschoffs von cantzelberg, der stryt vmb die gerechtickeit syner kirchen byß in den tod vnd wart darumb gemartert" (HStA Stuttgart A 493 Bü 2, S. 107; SATTLER: Chronik, S. 217).

18 So greift Barbara von Speyer z. B. auf HStA Stuttgart A 493 Bü 2, S. 70, stilistisch ein. Auf HStA Stuttgart A 493 Bü 2, S. 37, fügt die damalige Schaffnerin am oberen Blattrand Näheres über das großzügige Verhalten der Schwestern in Bezug auf die Verteilung der knappen Lebensmittel im Kloster hinzu. Die Versorgung der Schwestern war ja immerhin ihre zentrale Aufgabe.

19 Eine wenig geübte „Korrekturhand" ändert beispielsweise den Namen des Klosters Offenhausen zu „Gnadenzell" (HStA Stuttgart A 493 Bü 2, S. 19), obwohl beide Namen in der Zeit Verwendung fanden. Zweimal wird die von Magdalena dem Esslinger Dominikaner Jakob Dienstlin gegebene Bezeichnung „lesmeyster" von der späteren Hand zu „vicarius" geändert (HStA Stuttgart A 493 Bü 2, S. 47). Beides stimmt, denn Dienstlin war sowohl ein gelehrter Reformer als auch Vikar des Klosters. Diese Änderung von „lesmeyster" erfolgt nur auf dieser Seite, später nennt ihn Magdalena selbst auch „vicarius" (vgl. SATTLER: Chronik, S. 236, S. 245 u. ö.). Dilettantisch ist der Eingriff der Hand auf HStA Stuttgart A 493 Bü 2, S. 107. Dort vergleicht Magdalena zunächst Konrad Holzingers Ansprache an die Schwestern mit denen des Simon magus „zů Sant peter vnd zů Sant paulo", wie es in den etwa in der Petrus-Legende der *Legenda aurea* des Jacobus de Voragine erzählt wird. Dort sagt Simon den beiden, dass sie keine Märtyrerkrone erhalten werden, wie sie sie begehren. Bei Magdalena sagt Holzinger: „wenent ir, ob ir darumb martirerin werent, ob ir also styrbent?" Im nächsten Satz vergleicht sie Holzingers Rede mit den Drohungen des Julianus Apostata gegen die „lieben heylgen Johannes vnd paulo". Offenbar in Unkenntnis der Petrus-Legende streicht die Korrekturhand *symon magus* und *petrus* und ändert sie zu „Julianus apostata und Johanne", was das Nachfolgende zur Wiederholung macht. Magdalenas Vergleich von Holzingers Verhalten mit dem des Julianus bezieht sich auf Ereignisse in der Passio der Hll. Johannes und Paulus, zweier Märtyrer aus der Mitte des vierten Jahrhunderts, denen eine Zehntagesfrist gesetzt wurde, um gehorsam zu werden. Die Korrektur wird von SATTLER: Chronik, S. 217, leider übernommen.

und Auflagenzahlen zu belegen vermögen. Eine im 15. Jahrhundert in Bezug auf Bildung stark veränderte deutschsprachige Welt, in der die verbreitete Lesefähigkeit durch die leichte Verfügbarkeit des nun wesentlich preisgünstigeren Papiers die Buchproduktion radikal verbilligte, nahmen bereits zu Beginn des Jahrhunderts auch die Hochgelehrten als unumkehrbare Tatsache zur Kenntnis. Sie beschlossen, im Sinne der den theologischen Diskurs dominierenden sog. Frömmigkeitstheologie, die Lesenden mit geistlicher Literatur in der Volkssprache als idealer Form der Selbstpastoration zu versorgen. Dabei wurde auch das beachtliche, z. T. höchst anspruchsvolle Angebot von im 14. Jahrhundert entstandenen Werken – kritisch selektiert – für die *illitterati* in den Klöstern sowie in Laienkreisen verbreitet, etwa die Werke Heinrich Seuses und Marquards von Lindau. Ca. 70–80 % des im Umlauf befindlichen Schrifttums waren geistliche Werke.[20]

Nicht nur die laikale Oberschicht konnte nun Bildung erwerben, sondern auch die gutsituierte Mittelschicht strebte danach. Bildung wurde unter städtischen Laien zum Statussymbol. Dies zeigt sich zum Beispiel in eindrucksvoller Weise bei einer imponierenden Zahl von Nürnberger Handwerkern, die theologisch durchaus anspruchsvolle Meisterlieder verfassten, was ihnen das fortschrittliche Nürnberger Schulwesen ermöglicht hatte.[21] Auch Frauen profitierten stark von den gewaltigen Bildungsfortschritten im 15. Jahrhundert. Nun gehörten Kenntnisse im Lesen, Schreiben und Rechnen wie nie zuvor zu den Grundvoraussetzungen für den wirtschaftlichen Erfolg, ja fürs Überleben nicht nur von Handwerkerbetrieben. In den Meisterbetrieben übernahmen Frauen oft Verwaltungstätigkeiten; in Augsburg verdiente Clara Hätzlerin mit der berufsmäßigen Herstellung von Handschriften sogar ihren Lebensunterhalt.

Wenden wir uns den süddeutschen Dominikanerinnen in der Ordensprovinz Teutonia zu, worauf ich mich beschränken werde. Begründet wird die wichtige Rolle, die die religiöse Literatur im Ordensalltag spielen sollte, in prägnanter Weise in der anonymen deutschen Bearbeitung der *Expositio regulae sancti Augustini* des Humbert von Romans: „wann die diern gotz soll[en] stetigklich lesen," denn Lesungen sind „dy waffen, damit dy schwestren den tüfel vertreibent, das sind die wercktzüg, da mit man ewig selikait erkriegt."[22] Es sei aber betont, dass die besondere Förderung von Bildung nicht nur ein zentrales Anliegen des Ordens bei der Reform der Frauenklöster war, sondern zu den wichtigsten Zielen der Reformer überhaupt gehörte. Denn auch eine stark verbesserte Bildung des männlichen Klerus war Teil der zentralen Vorhaben der angestrebten Kirchenreform *in capite et in membris*, für die die Ordensreform nur einen ersten, wenngleich folgenreichen Schritt bedeuten sollte.

Zwar lässt sich die beachtliche Literarisierung observanter Nonnen des Predigerordens am genauesten studieren, da dessen Reformunternehmungen im Süden erfolgreicher und daher

20 Siehe dazu Werner Williams-Krapp: *Praxis pietatis*: Heilsverkündigung und Frömmigkeit der *illiterati* im 15. Jahrhundert, in: Werner Röcke und Marina Münkler (Hgg.): Die Literatur im Übergang vom Mittelalter zur Neuzeit (Hansers Sozialgeschichte der deutschen Literatur vom 16. Jahrhundert bis zur Gegenwart, Bd. 1), München, Wien 2004, S. 139–165; jetzt auch in Werner Williams-Krapp: Geistliche Literatur des späten Mittelalters. Kleine Schriften (Spätmittelalter, Humanismus, Reformation, Bd. 64, hg. von Kristina Freienhagen-Baumgardt und Katrin Stegherr), Tübingen 2012, S. 3–28.

21 Vgl. Frieder Schanze: Meisterliche Liedkunst zwischen Heinrich von Mügeln und Hans Sachs, 2 Bände. (Münchener Texte und Untersuchungen zur deutschen Literatur des Mittelalters, Bd. 82/83), München, Zürich 1984; Horst Brunner und Burghart Wachinger (Hrsg.): Repertorium der Sangsprüche und Meisterlieder des 12. bis 18. Jahrhunderts, 16 Bände, Tübingen 1986–2002.

22 Zitiert nach Simone Mengis: Schreibende Frauen um 1500: Scriptorium und Bibliothek des Dominikanerinnenklosters St. Katharina St. Gallen (Scrinium Friburgense, Bd. 28), Berlin, Boston 2013, S. 192.

prominenter waren als die der anderen Orden, aber schaut man auf den allgemeinen Bildungshorizont von Schwestern sowie auf die Bibliotheken in den observanten Konventen der Klarissen, Augustinerinnen, Benediktinerinnen und Zisterzienserinnen, ist der kaum geringer als der der Dominikanerinnen einzuschätzen. So sorgte zum Beispiel eine gewisse Schwester *Margaretha dicta Regula* im reformierten Zisterzienserinnenkloster Lichtenthal für die Erweiterung und zweckorientierte Ausgestaltung der Bibliothek durch das Kopieren geeigneter Literatur und verfasste selbst ein umfangreiches Legendar mit ausschließlich weiblichen Heiligen, indem sie lateinische Legenden übersetzte, z. T. mit deutschen Vorlagen verknüpfte und dabei die Texte immer wieder mit Blick auf die observante Lebensform ihrer Mitschwestern kommentierte.[23]

Bei den Klarissen sticht bekanntermaßen die Nürnbergerin Caritas Pirckheimer hervor.[24] Sie verblüffte als Vierzehnjährige den visitierenden Generalvikar der Observanten mit ihren hervorragenden Lateinkenntnissen, als er mit ihr „latein redet vnd [sie] in verstin küntt."[25] In Humanistenkreisen war sie kurz nach 1500 bereits bekannt und stand mit einer Vielzahl gelehrter Korrespondenten in Verbindung. Der deutsche ‚Erzhumanist' Conrad Celtis, der die klausurierte Nonne mit seinem Lob zu einer öffentlichen Person machte, pries ihre Gelehrsamkeit in der Vorrede zu seiner Ausgabe der Werke Hrotsvits von Gandersheim und verfasste 1502 ein neunstrophiges Lobgedicht auf sie, worin er sie zur deutschen Sappho erklärte. Für den durch kulturell und moralisch akzentuierten Patriotismus motivierten Celtis waren Hrotsvit und Caritas glänzende Beispiele dafür, dass auch nördlich der Alpen ähnliche *puellae eruditae* wie die humanistisch gebildeten Frauen Italiens hervorgebracht wurden. In Caritas' Zeit als Äbtissin entstand auch hier eine ausführliche lateinische Chronik des Konvents, an deren Übersetzung sie mitarbeitete und die Arbeit daran maßgeblich betreute.[26] Sie schrieb Predigten bedeutender franziskanischer Patres von Wort zu Wort mit. Zudem verfasste sie mindestens 75 deutsche und lateinische Briefe, unter anderen an Papst Julius II. und an Celtis. Allerdings ist sie mit ihrer überaus eindrucksvollen Gelehrsamkeit ein Sonderfall für Frauen in dieser Zeit gewesen.

Unter den reformierten Dominikanerinnenklöstern ist deren eigentliches Reformzentrum St. Katharina in Nürnberg mit seiner beispiellosen Bibliothek bisher am eingehendsten untersucht worden. Deren gewaltiger Bestand wurde in einem zwischen 1455–57 erstellten Katalog mit fortlaufenden Ergänzungen minutiös inventarisiert. Zwischen 500 und 600 Handschriften und Drucke dürften den gut gebildeten Nonnen bis zum Ende des 15. Jahrhunderts zur

23 Vgl. Astrid BREITH: Textaneignung. Das Frauenlegendar der Lichtenthaler Schreibmeisterin Schwester Regula (Studien und Texte zum Mittelalter und zur frühen Neuzeit, Bd. 17), Münster u. a. 2010.

24 Siehe Lotte KURRAS: Pirckheimer, Caritas OSCl, in: ²VL (wie Anm. 3), Bd. 7 (1989), Sp. 697–701; Eva SCHLOTHEUBER: Humanistisches Wissen und geistliches Leben. Caritas Pirckheimer und die Geschichtsschreibung im Nürnberger Klarissenkonvent, in: Franz FUCHS (Hg.): Die Pirckheimer. Humanismus in einer Nürnberger Patrizierfamilie (Pirckheimer Jahrbuch, Bd. 21), Wiesbaden 2005, S. 89–118.

25 Dieter HARMENING: Eine unbekannte Handschrift aus dem Klarakloster zu Nürnberg mit einer Briefnotiz über Charitas Pirckheimer (1481), in: Jahrbuch für fränkische Landesforschung 32 (1972), S. 45–54, hier S. 54.

26 Siehe jetzt dazu: Lena VOSDING (Hg.): „Schreib die Reformation von Munchen gancz daher." Teiledition und historische Einordnung der Nürnberger Klarissenchronik (um 1500) (Quellen und Forschungen zur Geschichte und Kultur der Stadt Nürnberg, Bd. 37), Nürnberg 2012.

Verfügung gestanden haben,[27] darunter eine Vielzahl lateinischer Handschriften.[28] Im Blick auf das Bildungsniveau der Schwestern mag ein offenbar stark benutztes Exemplar des *Vocabularius Ex quo*,[29] des verbreitetsten lateinisch-deutschen Wörterbuchs des Mittelalters, einen weiteren Beleg für den ohnehin anzunehmenden intensiveren klosterinternen Lateinunterricht bieten. Über weitere Handschriften im Schulbetrieb sind wir leider unzureichend informiert, da diese wohl außerhalb der Bibliothek aufbewahrt und daher nicht im Bibliothekskatalog verzeichnet wurden. Zudem brachten viele Schwestern Handschriften mit anspruchsvollen Inhalten beim Eintritt mit.

Was den Bildungsstand und die Verfügbarkeit von Literatur, den Bibliotheksbestand und die Lese- und Vorlesekultur betrifft, so ist das Katharinenkloster zweifellos eine beispiellose Ausnahme unter den Frauenklöstern des 15. Jahrhunderts. Von besonderer Bedeutung ist das Kloster auch, weil von hier aus eine Reihe anderer Konvente mit Hilfe seiner Schwestern der Reform zugeführt und dabei das ehrgeizige Nürnberger Bildungskonzept auch dorthin exportiert wurde. Dennoch ist – bemerkenswerterweise – im Katharinenkloster ein Werk von der Qualität der Kirchheimer Chronik nicht entstanden. Das einzigartige mystische ‚Tagebuch' der Laienschwester Katharina Tucher wurde, anders als Marie-Luise Ehrenschwendtner vermutet,[30] nicht im Kloster verfasst, sondern lange vor Katharinas Eintritt in den 1440er Jahren.

Welche Folgen die Reform für die Entwicklung des Bildungsangebots in einzelnen Klöstern zeitigen konnte, lässt sich zum Beispiel an dem von Nürnberg aus reformierten Konvent Altenhohenau (bei Wasserburg) beobachten, von dem ebenfalls eine stattliche Bibliothek überliefert ist, in der sich auch eine Vielzahl lateinischer Codices und Drucke befindet. Gegen Ende des Jahrhunderts schafften die Schwestern sogar mehr lateinische als deutsche Bücher an.[31] Auch bestand die Bibliothek des sich unter umfassender Mithilfe der Nürnbergerinnen erst 1482 selbst reformierenden St. Galler Dominikanerinnenklosters St. Katharina im frühen 16. Jahrhundert aus mindestens 323 Bänden, die, soweit sich das rekonstruieren lässt, zum allergrößten Teil im Zuge der neuen Observanz entstanden sind, dem Kloster geschenkt oder von ihm gekauft wurden.[32] Ähnliches ließe sich auch von einer Reihe weiterer observanter

27 Dazu Antje Willing: Literatur und Ordensreform im 15. Jahrhundert. Deutsche Abendmahlsschriften im Nürnberger Katharinenkloster (Studien und Texte zum Mittelalter und zur frühen Neuzeit, Bd. 4), Münster u. a. 2004; Dies.: Die Bibliothek des Klosters St. Katharina zu Nürnberg. Synoptische Darstellung der Bücherverzeichnisse, 2 Bände, Berlin 2012.

28 Vgl. Karin Schneider: Die lateinischen mittelalterlichen Handschriften, Teil 1: Theologische Handschriften (Die Handschriften der Stadtbibliothek Nürnberg, Bd. II,1), Wiesbaden 1967, S. XI-XIII.

29 Es handelt sich um Dresden, Sächsische Landesbibliothek, Mscr. A 199. Vgl. Franz Schnorr von Carolsfeld: Katalog der Handschriften der königlichen öffentlichen Bibliothek zu Dresden, Bd. I, Leipzig 1882 (Korrigierter und verbesserter Nachdruck: Katalog der Handschriften der Sächsischen Landesbibliothek zu Dresden, Bd. I, Dresden 1979), S. 85f.

30 Vgl. Marie-Luise Ehrenschwendtner: Die Bildung der Dominikanerinnen in Süddeutschland vom 13. bis 15. Jahrhundert (Contubernium. Tübinger Beiträge zur Universitäts- und Wissenschaftsgeschichte, Bd. 60), Stuttgart 2004, S. 63; ohne Kenntnis der Ausgabe von Ulla Williams und Werner Williams-Krapp (Hgg.): Die ‚Offenbarungen' der Katharina Tucher (Untersuchungen zur deutschen Literaturgeschichte, Bd. 98), Tübingen 1998.

31 Vgl. Eva Schlotheuber: Bücher und Bildung in den Frauengemeinschaften der Bettelorden, in: Dies., Helmut Flachenecker, Ingrid Gardill (Hgg.): Nonnen, Kanonissen und Mystikerinnen. Frauengemeinschaften in Süddeutschland. Beiträge zur interdisziplinären Tagung vom 21. bis 23. September 2005 in Frauenchiemsee (Veröffentlichungen des Max-Planck-Instituts für Geschichte, Bd. 235; Studien zur Germania Sacra, Bd. 31), Göttingen 2008, S. 241–262; Karin Schneider: Beziehungen zwischen den Dominikanerinnenklöstern Nürnberg und Altenhohenau im ausgehenden Mittelalter, in: Peter Kesting (Hg.): Würzburger Prosastudien II. Untersuchungen zur Literatur und Sprache des Mittelalters. Kurt Ruh zum 60. Geburtstag (Medium Aevum, Bd. 31), München 1975, S. 211–218.

32 Vgl. Mengis: Schreibende Frauen (wie Anm. 22).

Klöster berichten.[33] Bisweilen schenkten sich reformierte Konvente verschiedener Orden Bücher oder liehen Vorlagen aus, was unter reformierten und nichtreformierten Konventen desselben Ordens offensichtlich höchst selten geschah. Einen Beleg dafür habe ich jedenfalls bisher nicht finden können.

Reformklöster sollten sich bei der Anschaffung von Literatur gegenseitig unterstützen, z. B. durch den großzügigen Verleih zum Zwecke der Abschrift. Der Reformer Johannes Meyer formulierte dafür klare Regeln und machte dabei selbst ein interessantes Angebot: Wenn Verleih vereinbart wurde, dann müsse sowohl eine Notiz erstellt als auch ein Pfand entrichtet werden. Darüber hinaus habe er „ettliche der grősten und der nůtzlichest bůcher ... zůsomen gefűgt, uf das ir sy wissen fűr uwer clőster zů bestellen."[34] Literatur sollte zum einen bei der strengen Reglementierung der gemeinsamen täglichen Zusammenkünfte von Nutzen sein. So waren z. B. Legendare und Predigtsammlungen für die tägliche Tischlesung vorgesehen, bei der alle „sweigen" mussten, also keinesfalls „wyspeln oder reden" durften.[35] Zum anderen sollte für die Privatlektüre in der Zelle ausreichende katechetische und erbauliche Literatur zur Verfügung stehen, um eine konsequente asketische *vita contemplativa* zu ermöglichen.

Es zeichnet sich aber immer wieder ab, dass observante Schwestern Ambitionen entwickelten, auch an höherem Bildungsgut teilzuhaben, wie sich das ebenfalls in der Laienschaft – zumal durch das Aufkommen des Humanismus um die Jahrhundertmitte beflügelt – feststellen lässt. Dass Laien bisweilen besser Latein konnten als der lokale Säkularklerus, ist eine häufig anzutreffende Klage der Reformer. Solide Lateinkenntnisse waren sicherlich bei den Nonnen nicht Usus, aber dennoch keine Seltenheit, wie die Untersuchungen von Marie-Luise Ehrenschwendtner und vor allem von Eva Schlotheuber jüngst gezeigt haben.[36] Als Novizinnen sollten die Mädchen zunächst Singen und Lesen sowie die wichtigsten Teile der lateinischen Liturgie auswendig lernen, auch das Erlernen des Verfertigens von Handschriften konnte dazukommen. Dabei wollten die Ordensoberen dem Wissensdrang der Schwestern keine allzu festen Grenzen setzen, im Gegenteil. Johannes Meyer schreibt in seinem *Ämterbuch*, dass intellektuell begabte Schwestern durchaus in den „freyen künsten", vor allem „in der künst grammaticka" unterrichtet werden könnten.[37] Meyer hat sich sicherlich gut vorstellen können, dass es bei manchen Schwestern nicht dabei bleiben würde. Allerdings sah er hier wohl keinerlei drohenden Konflikt mit der traditionellen Einstellung der Kirchenhierarchie zur Ausbildung des *sexus fragilis*, da er davon ausgehen konnte, dass es feste Grenzen des Wissenserwerbs auch ohne Verbote gab. Das dafür erforderliche Lehrpersonal im Kloster (die *magistrae*) verfügte schließlich selbst nur über eine begrenzte Ausbildung. Zudem fehlte der für höhere Bildung erforderliche lateinische Bibliotheksbestand bei den Frauen. Für die Brüder war allerdings klar, dass man reformorientierte, intellektuell begabte Frauen von höherer Bildung

33 Vgl. zuletzt mit weiterführender Literatur zum Thema Ordensreform und geistliche Literatur im 15. Jahrhundert: Werner WILLIAMS-KRAPP: Kirchenreform und die Literarisierung der *illitterati* im 15. und frühen 16. Jahrhundert, in: Dieter R. BAUER, Dieter MERTENS und Wilfried SETZLER (Hgg.): Netzwerke Landesgeschichte. Gedenkschrift für Sönke LORENZ (Tübinger Bausteine zur Landesgeschichte, Bd. 21), Tübingen 2013, S. 269–281; DERS.: Observanzbewegungen, monastische Spiritualität und geistliche Literatur im 15. Jahrhundert, in: Internationales Archiv für Sozialgeschichte der deutschen Literatur 20 (1995), S. 1–15 (jetzt auch in: DERS.: Geistliche Literatur (wie Anm. 21), S. 173–188).

34 Heribert Chr. SCHEEBEN: Handschriften I, in: Archiv der deutschen Dominikaner 1 (1937), S. 149–202, hier S. 186f.

35 Theodor VON KERN: Die Reformation des Katharinenklosters zu Nürnberg im Jahre 1428, in: Jahrbuch des historischen Vereins für Mittelfranken. Beilage I (1863), S. 1–20, hier S. 18.

36 Vgl. EHRENSCHWENDTNER: Bildung (wie Anm. 30), passim; SCHLOTHEUBER, Bücher und Bildung (wie Anm. 31).

37 DEMARIS: Johannes Meyer (wie Anm. 6), S. 270, Z. 667, 672.

nicht völlig fernhalten konnte und sollte, zumal dies auch zu kontraproduktiven Entwicklungen innerhalb eines Klosters hätte führen können. Was in frühen Statuten des Ordens den Frauen an Bildung verboten wurde, zum Beispiel der Grammatikunterricht, wurde – wie gesehen – offenbar jetzt nicht mehr sonderlich ernst genommen, wenn man die Werke betrachtet, die im Rahmen des ‚frauenmystischen' Diskurses des 14. Jahrhunderts entstanden sind. Die Bildungsrevolution des 15. Jahrhunderts stellte solche normativen Vorstellungen ohnehin in Frage, darauf richteten sich Reformer wie der Ordensgeneral Bartholomäus Texery auch ein, der gute Lateinkenntnisse bei den observanten Schwestern sogar voraussetzte.[38] Es zeigt sich jedenfalls immer wieder, dass die männlichen Betreuer des Klosters gegen eine Übersetzungstätigkeit der Schwestern keine nennenswerten Einwände hatten, sondern mitunter sogar hohe Anerkennung für solche Leistungen bekundeten.

Trotz dieser als aufgeschlossen anmutenden Haltung gab es nur sehr wenige eigenständige Werke von observanten Nonnen. Dies war von den Brüdern auch nicht unbedingt erwünscht, da das Verfassen von religiöser Unterweisungsliteratur Frauen nicht zustand. Zudem galt es zu unterbinden, dass erneut Werke von dominikanischen Frauen entstehen könnten, ähnlich wie das aus dem 14. Jahrhundert heute als ‚frauenmystisch' qualifizierte Schrifttum, das von den supranaturalen Erlebnissen angeblich begnadeter Schwestern erzählte, die vom Reformklerus des 15. Jahrhunderts rundum als fehlgeleitete Spiritualität gewertet wurden. Die dubiose religiöse Egozentrik solcher Ekstatikerinnen lenke vom regelkonformen Alltag ab, sei hochmütig und führe letztlich zu persönlichem Unglück, da solche Erlebnisse in der Regel vom Teufel veranlasst würden.[39]

Eine der literarischen Gattungen des ‚mystischen Diskurses', die Klosterchroniken, die für dominikanische Autorinnen zu den beliebtesten des 14. Jahrhunderts gehörte, griff Johannes Meyer auf, denn sie erzählten immerhin ganz im Sinne der Observanz von der überaus vorbildlichen, d. h. in der Gegenwart nachzuahmenden Spiritualität eines gesamten Klosters. So redigierte er die Schwesternbücher von Töß, Ötenbach, Adelhausen und St. Katharinental, versah sie aber mit deutlichen Warnungen, den dort erwähnten mirakulösen göttlichen Gnadenerweisen allzu großen Glauben zu schenken. Er habe aus zwei Gründen von „gesicht und offenbarung" nur wenig schreiben wollen, zum einen, weil es für das Seelenheil sinnvoller sei, über Tugenden zu schreiben als über „offenbarungen, trömen vnd erschinungen", und zum anderen, weil die Gefahr, vom Teufel betrogen zu werden, bei solchen Erlebnissen sehr groß sei.[40] Auch Magdalena Kremerin greift dieses Thema ganz im Sinne Meyers an einer Stelle auf.[41] Im Stil der alten Klosterchroniken verfasste Meyer als ersten Teil seines *Buchs der Reformacio Predigerordens* eine Chronik des ersten reformierten Dominikanerinnenklosters überhaupt, des elsässischen Konvents Schönensteinbach. In diese literarische Tradition stellte auch Magdalena Kremerin ihr Werk. Sie kannte Meyer ja bestens als Beichtvater in Silo und als einen der maßgeblich Beteiligten bei der Einführung der Observanz in Kirchheim. In seiner Zeit in Schlettstadt hatte er 1469 auch die *Vitas fratrum* Gerhards von Fracheto zusammen mit

38 Vgl. Schlotheuber: Bücher und Bildung (wie Anm. 32), S. 245.

39 Siehe dazu zuletzt Werner Williams-Krapp: Mystikdiskurse und mystische Literatur im 15. Jahrhundert, in: Freimut Löser u. a. (Hgg.): Neuere Aspekte germanistischer Spätmittelalterforschung, Wiesbaden 2012, S. 261–285.

40 Benedikt Maria Reichert (Hg.): Johannes Meyer Ord. Praed. Buch der Reformacio Predigerordens. Buch 1 bis 3 (Quellen und Forschungen zur Geschichte des Dominikanerordens in Deutschland, Bd. 2), Leipzig 1909, S. 57–61.

41 Sie warnt vor „semlichen fantasyen", bei denen man Rat suchen soll, „by denen die vns wissen zu roten" (Sattler: Chronik (wie Anm. 1), S. 182).

anderen Quellen zu einem deutschen *Leben der Brüder Predigerordens* zusammengestellt, das er allen Dominikanerinnen widmete.[42]

Um Magdalenas Bildungsweg in etwa nachzeichnen zu können, lohnt es sich, auf gewisse Schwestern in observanten Klöstern in Magdalenas Heimat, dem Elsass, einen Blick zu werfen. Es zeigt sich nämlich, dass ihr Bildungsgrad keineswegs so singulär war. Da die Schwestern durch reisende Beichtväter und Visitatoren von besonderen Ereignissen und außergewöhnlich gebildeten Frauen in anderen Klöstern zweifellos erfuhren, konnten Vorbilder in Bezug auf Bildung entstehen, die zur Eigeninitiative anregten. Der Export von Bildung und Bildungsinfrastruktur durch Schwestern, die zur Reform in andere Konvente geschickt wurden, führte wiederum zur Etablierung neuer Bildungsstandards.

Da wäre zunächst die lateinkundige Claranna von Hohenburg zu erwähnen, die erste Priorin von Schönensteinbach, deren Gelehrsamkeit Johannes Meyer in seiner lateinischen *Chronica brevis* preist, und zwar als einzige Schwester in diesem an seine Mitbrüder adressierten Werk.[43] Über sie schreibt Meyer im *Buch der Reformacio Predigerordens*: „Sy verstůnd so mercklich die hailgen geschrifft, daz sy von sweren latynschen bychern den text zu ordenlichen tüsch bringen kond."[44] Über Elisabeth Kempf (1415–1485),[45] die als Sechsjährige ins Colmarer Dominikanerinnenkloster Unterlinden gegeben wurde, wurde nach ihrem Tod in einer lateinischen Vita geschrieben: „notabiliter erudita erat in scripturis."[46] Ihre große intellektuelle Begabung wurde offenbar früh erkannt. Der Unterricht im Kloster wird deshalb darauf abgezielt haben, ihr zu ermöglichen, sich auch Gelehrtenliteratur aneignen zu können. Ihre Kenntnisse seien derart tiefgreifend gewesen, dass sie ihre *magistra* öfters habe belehren müssen und sich sogar auf Latein habe unterhalten können.[47] Im Selbststudium beschäftigte sie sich besonders mit den Werken des Augustinus, die ihr wohl von Colmarer Dominikanern zur Verfügung gestellt wurden. An einer Stelle berichtet sie, dass ihr ein „búchli ... gelichen wurde von eim grossem leszmeister."[48] Mit Bewunderung spricht der Visitator Konrad von Asti von den beachtlichen Kompetenzen Elisabeths. Ähnlich wie Magdalena Kremerin widmete sich Elisabeth der Gattung Klosterchronik. Nach 1469 übersetzte und ergänzte sie die lateinischen *Vitae sororum* der Katharina von Gueberschwihr aus dem frühen 14. Jahrhundert (das sog. *Unterlindener Schwesternbuch*), „zů andacht denen, die daz latin nit verstond." Sie tat dies nicht nur für Unterlinden, sondern auch für andere Klöster ihres Ordens. Eine hagiographisch stilisierte Vita Elisabeths wurde von einer weiteren über beachtliche Lateinkenntnisse verfügenden anonymen Unterlindener Schwester verfasst, und sie war nicht die einzige mit derartigen Fähigkeiten, denn in diesem Kloster gab es offenbar eine sehr rege Bildungskultur.

42 FECHTER: Meyer (wie Anm. 6), Sp. 475.

43 EHRENSCHWENDTNER: Bildung (wie Anm. 30), S. 143.

44 REICHERT (Hg.): Meyers Buch der Reformacio, Buch 1 bis 3 (wie Anm. 40), S. 63.

45 Karl-Ernst GEITH: Elisabeth Kempf (1415–1485), Priorin und Übersetzerin, in: Annuaire de la Société d'Histoire et d'Archéologie de Colmar 29 (1980/81), S. 47–73; DERS.: Kempf, Elisabeth, in: ²VL (wie Anm. 3) Bd. 4 (1983), Sp. 1115-1117 (siehe auch die Korrekturen in Bd. 11 (2004), Sp. 836f.); DERS.: Elisabeth Kempfs Übersetzung und Fortsetzung der „Vitae Sororum" der Katharina von Gueberschwihr, in: Annuaire de la Société d'Histoire et d'Archéologie de Colmar 32 (1984), S. 27–42.

46 Jeanne ANCELET-HUSTACHE (Hg.): Les 'Vitae Sororum' d'Unterlinden. Edition critique du manuscrit 508 de la Biblioteque de Colmar, in: Archives d'Histoire Doctrinale et Litteraire du Moyen Age 5 (1930), S. 317–517, hier S. 505,32–506,6.

47 EHRENSCHWENDTNER: Bildung (wie Anm. 30), S. 144, S. 230f.

48 GEITH: Kempf, Elisabeth (wie Anm. 45), Sp. 1116.

Denn überliefert sind weitere von Nonnen des Klosters verfasste Werke, so etwa die *Geistliche Meerfahrt* der Margareta Ursula von Masmünster.[49] Sie stammte aus einer elsässischen Adelsfamilie und wurde bereits als Vierjährige dem Kloster Schönensteinbach übergeben. Dort entwickelte sie sich zu einer vorbildlichen Schwester und wirkte bei der Reform Unterlindens und dem Basler Steinenkloster mit, wo sie dann auch 1426 Priorin wurde und „dar nach vil jar". Es ist davon auszugehen, dass sie eine gehobenere Bildung erfuhr, denn sie verfasste eine lehrhafte Schrift, was reformierte Nonnen nur selten wagten. Ihre *Geistliche Meerfahrt*, die sie „zůsamen gefügt" habe (so Johannes Meyer), dürfte zunächst als Einzeltext verbreitet gewesen sein, bevor Meyer sie in sein *Buch der Ersetzung* integrierte.

Die allegorische Deutung einer Schifffahrt soll die Nonnen in der vorösterlichen Fastenzeit (ab Septuagesima) dazu anregen, sich in das Leiden Christi zu vertiefen und beim gemeinsamen Bestreben innerhalb der Klostergemeinde üble Neigungen und ein ungesittetes Leben hinter sich zu lassen sowie Untugenden zu widerstehen und so über das „wütind mer alter boͤser gewonheit" zu fahren. Das Bild des stürmischen Meers und dessen Gefahren findet sich dann auch durchgehend bei der Erläuterung von Verstößen gegen die Ordensregeln Verwendung. Die Schwestern sollten sich in das Schifflein des Lebens und Leidens Christi auf eine Pilgerfahrt nach Jerusalem begeben, wobei das Schiff auch als „vnser hailger orden vnd sin geseczt" zu verstehen ist. Die Bauteile des Schiffes werden dabei auch auf die *passio* hin allegorisch gedeutet: der Mast sei das Kreuz, das Segel das Kleid, in dem Jesus verspottet wurde usw. Indem Meyer die *Geistliche Meerfahrt* in sein Werk einfügte, ist anzunehmen, dass er durch die Einbindung einer von einer Schwester verfassten Schrift wohl in erster Linie mit einem besonders positiven erbaulichen Effekt auf Nonnen des Ordens rechnete.

Im frühen 16. Jahrhundert übersetzte Dorothea von Kippenheim in Unterlinden Predigten von Augustinus und Bernhard von Clairvaux sowie acht Legenden, darunter die Viten der Augsburger Stadtheiligen Afra und Ulrich (nach Bern von Reichenau) sowie des Straßburger Bischofs Arbogast.[50] Sie habe „disz bůch usz dem latin zů tutzsch geschrieben".

Durch die Entdeckung einer Straßburger Urkunde aus dem Kloster Silo durch Stefanie Neidhardt – siehe ihren Beitrag in diesem Band – war Magdalena Kremerin Tochter des Oberkirchner Stadtschreibers Johannes Kremer, was ihre besonderen Fähigkeiten beim Schreiben und Illustrieren von Handschriften zumindest teilweise erklären dürfte. Sie und ihre Schwester waren zwar vor 1468 in das 1464 reformierte Silo eingetreten, da sie aber in der Chronik schreibt, „Magdalena Kremerin die kam von Stroßburg gan syl", wird sie sich nach ihrem Eintritt zumindest eine Zeitlang in einem Straßburger Konvent aufgehalten haben. Es bleibt noch ungeklärt, um welches Kloster es sich dabei handeln könnte, obwohl höchstwahrscheinlich nur ein observantes in Frage kommt. Denkbar wäre, dass sie mit ihren besonderen Fähigkeiten zur Reform des außerhalb der Stadtmauern gelegenen Klosters St. Agnes entsandt wurde, das nach heftigsten Turbulenzen 1465 der Observanz zugeführt wurde. Das St. Agnes-Kloster wurde während der Auseinandersetzung zwischen Karl dem Kühnen und Straßburg allerdings zehn Jahre später (1475) aufgegeben, die Nonnen wurden ins Kloster St. Margaretha

49 Dietrich Schmidtke, Margareta Ursula (Gredursula) von Masmünster, in: ²VL (wie Anm. 3), Bd. 5 (1985), Sp. 1250–1251.

50 Werner Williams-Krapp, Dorothea von Kippenheim, in: ²VL (wie Anm. 3), Bd. 2 (1980), Sp. 217f., und Korrekturen in Bd. 11 (2004), Sp. 380; Karl-Ernst Geith: Eine deutsche Übersetzung der „Vita Sancti Udalrici" des Bern von Reichenau aus Unterlinden zu Colmar, in: Wernfried Hofmeister und Bernd Steinbauer (Hgg.): „Durch aubenteuer muess man wagen vil." Festschrift für Anton Schwob zum 60. Geburtstag (Innsbrucker Beiträge zur Kulturwissenschaft. Germanistische Reihe, Bd. 57), Innsbruck 1997, S. 109–118.

innerhalb der Stadtmauern verlegt, das durch die Zusammenlegung auch zum observanten Konvent wurde.[51] Magdalena könnte vielleicht danach nach Silo zurückgegangen sein.

In St. Agnes lebte um 1465 die noch junge Anna Schott (um 1450 bis nach 1521), die Mitschwester von Magdalena Kremerin hätte sein können.[52] Auch die intellektuell hochbegabte Anna verfügte über eine bemerkenswerte Bildung, wobei bei ihr wie bei Caritas Pirckheimer die Verbindung zum städtischen Humanismus eine wichtige Rolle spielte. Erhalten ist ein an sie gerichteter Brief vom Jahre 1476 von ihrem in Bologna die Rechte studierenden jüngeren Bruder Peter Schott dem Jüngeren,[53] der auf einen regen liebevollen Briefverkehr zwischen den beiden Geschwistern schließen lässt. Peter Schott ist als Autor humanistischer Schriften bekannt, eine Briefsammlung von ihm wurde posthum von Jakob Wimpfeling herausgegeben. In dem erhaltenen Brief an Anna verteidigt Peter sein Fach, das seine Schwester als „dorechte kunst" bezeichnet hatte. Gegen Ende des Briefs schreibt er: „Ich bitte dich ouch, schreib mir, wen du kanst, und in sunderheit von diner lere, wie gelert du jetz sigest, wan mir darußz viel freid wurd entston."[54] Später sollte sich Peter der Theologie zuwenden und sogar Priester werden. Also befasste sich Anna wie Elisabeth Kempf und Magdalena Kremerin mit gelehrtem Schrifttum, wobei sie offensichtlich von ihrem Bruder unterstützt wurde, der sie auch mit lateinischer Gelehrtenliteratur versorgte.[55] Zwei von ihr geschriebene Handschriften sind erhalten, eine mit deutschen Werken und eine, die 1870 beim Brand der Straßburger Stadtbibliothek vernichtet wurde, enthielt *historiam sanctorum quorundam*.

Anna Zorn, die vor der Reform von St. Agnes nach Colmar ins observante Unterlinden gewechselt war und dann nach erfolgter Durchsetzung der Reform in ihr Straßburger Heimatkloster zurückkehrte, verfügte ebenfalls über eine hervorragende Bildung. Wenn sie diese noch nicht bereits vor ihrem Weggang aus Straßburg erworben haben sollte, so hätte sie ideale Möglichkeiten in Unterlinden vorgefunden, ihre später so beeindruckenden Lateinkenntnisse zu verfeinern. Es ist zum Beispiel überliefert, dass die tatkräftige Anna, die auch erste Priorin des nun zusammengelegten Straßburger Klosters wurde, einen lateinischen Brief an Maximilian I. über die demütige Kleidung ihrer Mitschwestern schrieb. Bei dessen Besuch am 5. April 1507 hielt sie sogar eine lateinische Ansprache und soll wegen ihres guten Stils mehrere Privilegien für ihr Kloster erhalten haben.[56]

Es zeigt sich also, dass Magdalena Kremerin neben dem, was ihr Vater ihr möglicherweise beigebracht hat, durchaus gehobenere Bildung in einem monastischen Umfeld hat erwerben können, in dem weibliche Gelehrsamkeit keineswegs auf Widerstand stieß. Ganz im Gegenteil, die hochkompetenten Frauen wurden von den Beichtvätern und Visitatoren sogar bewundert, was auch Johannes Meyer immer wieder hervorhebt. Negative Äußerungen seinerseits findet man jedenfalls nicht. Lesefähigkeit gehörte sogar nach seiner Meinung zu den Voraussetzungen für den Beitritt in ein observantes Kloster. Ich betone erneut, die besonders gebil-

51 Vgl. etwa Sigrid Hirbodian: Dominikanerinnenreform und Familienpolitik. Die Einführung der Observanz im Kontext städtischer Sozialgeschichte, in: Stephan Mossman, Nigel F. Palmer, Felix Heinzer (Hgg.): Schreiben und Lesen in der Stadt. Literaturbetrieb im spätmittelalterlichen Straßburg (Kulturtopographie des alemannischen Raums, Bd. 4), Berlin, Boston 2012, S. 1–16.

52 Zu Anna vgl. Armin Schlechter: Eine deutsche mystische Handschrift der Straßburger Dominikanerin Anna Schott aus der Bibliothek von Johann Nikolaus Weislinger, in: Zeitschrift für die Geschichte des Oberrheins, N. F. 106 (1997), S. 462–473.

53 Vgl. Franz-Josef Worstbrock: Schott, Peter d. J., in: ²VL (wie Anm. 3), Bd. 8 (1992), Sp. 831–838.

54 Schlechter: Handschrift (wie Anm. 52), S. 464.

55 Ehrenschwendtner: Bildung (wie Anm. 30), S. 145.

56 Schlechter: Handschrift (wie Anm. 52), S. 464f.; Ehrenschwendtner: Bildung (wie Anm. 30), S. 146.

deten Frauen wie die hier erwähnten waren sicherlich Ausnahmeerscheinungen, der Erwerb weitergehender Lateinkenntnisse, wie die, über die Magdalena Kremerin verfügte, gehörte zwar mitnichten zu den Forderungen an reformierte Nonnen, aber tiefe Frömmigkeit gepaart mit intellektuellem Ehrgeiz führten bei nicht wenigen doch zu einem Streben nach Höherem. Immerhin diente die Ordenspatronin Katharina von Alexandrien als ausgezeichnetes Vorbild für die Schwestern. Sie soll nach der Legende fünfzig der besten Philosophen in einem Streitgespräch besiegt haben, woraufhin diese sich taufen ließen.

Dennoch waren nicht nur passive Lateinkenntnisse unter den Nonnen verbreitet, wie Eva Schlotheuber in einem 2006 erschienen Beitrag zeigen konnte, in dem sie sich allerdings schwerpunktmäßig auf den norddeutschen Raum konzentriert.[57] Es lässt sich beobachten, wie sich einige Klöster wie Unterlinden oder St. Agnes/St. Margaretha zu regelrechten Bildungsbiotopen für besondere Begabungen entwickelten. Auch wenn die dortigen Mitglieder des männlichen Klerus das Streben nach höherer Bildung bei den Frauen stets mit Wohlwollen registrierten, wird man dennoch davon ausgehen, dass immer wieder mit solchen *lermeistern* beraten wurde, wie etwa dem, von dem Elisabeth Kempf lateinische *búchli* erhalten hatte. Es ist anzunehmen, dass Magdalena in Silo oder einem Straßburger Konvent zumindest Grundkenntnisse in Latein erworben haben wird, vielleicht sogar wesentlich mehr, wenn sie tatsächlich in St. Agnes zusammen mit den möglichen Mitschwestern Anna Schott und Anna Zorn ausgebildet wurde.

Wann genau Magdalena in Silo eintrat – eben vor 1468 – ist nirgends belegt, wahrscheinlich aber erst nach der Durchführung der Reform im Jahre 1464, denn sie wird von Johannes Meyer im *Buch der Reformacio Predigerordens* bei der Auflistung der Schwestern, die bei der Reform Silos aktiv waren, nicht erwähnt.[58] Er kannte ja die Umstände der Reform Silos genauestens, da er dort von 1467 bis 1470 als Beichtvater tätig war. Es ist aber nicht völlig auszuschließen, dass Magdalena, wie die sechs Schwestern aus Kirchheim, auch vor der Reform ins Kloster Silo gekommen war. Gute Möglichkeiten, höhere Bildung zu erwerben, konnten sich Magdalena in Schlettstadt jedenfalls ergeben haben, denn dort stand ihr eine hochkompetente Schwester in Margaretha Meyrin (oder Merin)[59] oder – abhängig von ihrem Eintritt in Silo – eine ihrer Schülerinnen als mögliche Lehrerin zur Verfügung. Von Margaretha berichtet Johannes Meyer, dass sie 1464 als Reformschwester vom Colmarer Katharinenkloster nach Schlettstadt gekommen sei, wo sie „underschaffnerin, cirkerin" wurde und dabei „a(i)n wol geschickte swöster war zů malen, schreiben und worzů man ir bedorfft."[60] Es liegt nahe, dass

57 Vgl. Eva Schlotheuber: Sprachkompetenz und Lateinvermittlung. Die intellektuelle Ausbildung der Nonnen im Spätmittelalter, in: Nathalie Kruppa und Jürgen Wilke (Hgg.):Kloster und Bildung (Studien zur Germania Sacra, Bd. 28; Veröffentlichungen des Max-Planck-Instituts für Geschichte, Bd. 218), Göttingen 2006, S. 61–87.

58 Siehe Benedikt Maria Reichert (Hg.): Johannes Meyer Ord. Praed. Buch der Reformacio Predigerordens, Buch 4 und 5 (Quellen und Forschungen zur Geschichte des Dominikanerordens in Deutschland, Bd. 3), Leipzig 1908, S. 122–124.

59 Johannes Meyer nennt sie sowohl „Merin" als auch „Meyrin"; siehe Reichert (Hg.): Meyers Buch der Reformacio, Buch 1 bis 3 (wie Anm. 40), S. 114, S. 146.

60 Es bleibt unklar, ob sie identisch ist mit „Margret Merhiltin", die auf einem eingelegten Zettel in einem lateinischen Stundenbuch (einer Faszikelhandschrift), das sich zuletzt in Silo befand, eingetragen ist. Zu dieser Handschrift, cod. HB I 99 der Württ. Landesbibliothek Stuttgart, siehe Johanne Autenrieth und Virgil Ernst Fiala unter Mitarbeit von Wolfgang Irtenkauf: Die Handschriften der ehemaligen Hofbibliothek Stuttgart, Bd. 1: Codices ascetici, Teil 1 (HB I 1–150) (Die Handschriften der Württembergischen Landesbibliothek Stuttgart, Reihe 2, Bd. 1,1), Wiesbaden 1968, S. 180–185, hier S. 180.

Magdalena von ihr oder einer ihrer Schülerinnen auch Weiteres zur Herstellung von anspruchsvollen Handschriften gelernt habe.[61]

Wie dem auch sei, es ist jedenfalls bemerkenswert, dass zu den wenigen erhaltenen Handschriften aus Silo[62] eine Sammlung von lateinischen Werken des dominikanischen Erzreformers Johannes Nider gehörte, die im Kolophon als Klostereigentum bezeichnet wird: „Dis bůch ist der geistlichen kind des closters vnser lieben frowen zů Sletstat in syl." Es folgt der Wunsch: „Bittent Got für bruder Caspar Martin prediger Ordens ein wirdiger lesmeister vnd vnser getruwer bichtvater in zit gewesen."[63] Caspar Martin wird auch zu Beginn der Kirchheimer Chronik von Magdalena mit ähnlichem Wortlaut als der „bychtvatter zu syl und wirdiger leßmeister" bezeichnet, der um 1478, im Jahr der Kirchheimer Reform, amtiert habe.[64] Es fragt sich, ob beim fortgeschrittenen Lateinunterricht, der vielleicht auch von einem Lehrer Caspar Martin, wenn auch nur indirekt, mit dem Verleih von entsprechendem Schrifttum, unterstützt wurde, unter anderen lateinischen Werken auch gerade die des hochverehrten Verfechters der Observanzbewegung, Johannes Nider, als ideale Übungslektüre Verwendung fanden. Zudem ist in der Bibliothèque municipale in Schlettstadt eine weitere lateinische Handschrift aus Silo überliefert. Die Handschrift Nr. 22 enthält den *Liber confessionum* des Augustinus mit dem wörtlich identischen Kolophon wie in der Nider-Handschrift, also auch mit dem Hinweis auf Caspar Martin.[65] Diese Handschrift ist insofern von Interesse, da Magdalena Augustinus mehrmals in der Chronik zitiert. Es dürfte also zumindest eine Auswahl an Schriften des Kirchenvaters in der Bibliothek Silos gegeben haben, die gewisse Schwestern auf Latein studieren konnten. Hat Martin Silo mit lateinischem Schrifttum versorgt?

Margaretha Meyrin blieb allerdings nicht lange in Silo: Bereits zwei Jahre später (1466) ging sie als Reformschwester in das wieder besiedelte Kloster Engelporten in Gebweiler. In der Zeit danach könnte Magdalena einige von Margaretha bekleidete Ämter in Silo übernommen haben. Es ist zwar eher unwahrscheinlich, dass die berühmte, von Erasmus mit einem poetischen Lob bedachte humanistische Schule in Schlettstadt[66] zumindest mittelbar – etwa über Brüder wie Caspar Martin – Einfluss auf das Bildungsangebot in Silo gehabt haben könnte, der Gedanke daran ist aber nicht gänzlich von der Hand zu weisen.

Wo hatte Margaretha Meyrin aber ihre besonderen Fähigkeiten erworben? Blicken wir einige Jahre zurück: Als 1438 das Colmarer Katharinenkloster, aus dem Margaretha 26 Jahre später nach Schlettstadt wechselte, reformiert wurde, gehörte eine gewisse Magdalena Franckengrünerin zu den dorthin entsandten Schwestern, über die Johannes Meyer folgendes

61 Dazu HAMBURGER: Magdalena Kremer (wie Anm. 6).

62 Vgl. Sigrid KRÄMER (Red.): Handschriftenerbe des deutschen Mittelalters. Teil 2: Köln-Zyfflich (Mittelalterliche Bibliothekskataloge Deutschlands und der Schweiz, Ergänzungsband I, Teil 2. Im Auftrag der Bayerischen Akademie der Wissenschaften hg. von Bernhard BISCHOFF), München 1989, S. 712. Neben den von KRÄMER genannten Handschriften aus Silo käme evtl. ein lateinischer *Liber ordinarius officii*, der zweite Teil von Nürnberg, Germ. Nationalmuseum, cod. 4981, hinzu. Siehe dazu Hardo HILG: Die lateinischen mittelalterlichen Handschriften, Teil 1: Hs. 17a–22921 (Kataloge des Germanischen Nationalmuseums Nürnberg, Bd. 2,1), Wiesbaden 1983, S. 46-48.

63 Margit BRAND: Studien zu Johannes Niders deutschen Schriften (Dissertationes historicae, Bd. 23), Rom 1998, S. 31.

64 SATTLER: Chronik (wie Anm. 1), S. 176.

65 Catalogue Général des Manuscrits des Bibliothèques publiques des Départements, Tome III (Saint-Omer, Épinal, Saint-Dié, Saint-Mihiel, Schlestadt), Paris 1861, S. 553.

66 Siehe dazu Francis RAPP: Die Lateinschule von Schlettstadt – eine große Schule für eine Kleinstadt, in: Bernd MOELLER, Hans PATZE und Karl STACKMANN (Hgg.): Studien zum städtischen Bildungswesen des späten Mittelalters und der frühen Neuzeit. Bericht über Kolloquien der Kommission zur Erforschung der Kultur des Spätmittelalters, 1978–1981 (Abhandlungen der Akademie der Wissenschaften in Göttingen. Philologisch-historische Klasse, Folge 3, Nr. 137), Göttingen 1983, S. 215–234.

schreibt: „diese swöster hat under ander ir arbait dem closter wol gehulfen mit schriben, besunder mit den schönen bücher des cors by dem götlichen dienst."[67] Sie blieb jedenfalls im Colmarer Kloster bis 1466, danach ging sie nach Köln, wo sie Subpriorin des in diesem Jahr reformierten Kölner Konvents wurde.

Es zeigt sich nicht nur an diesen Stellen in Meyers Reformchronik, welch zentrales Anliegen es für die Reformer war, in den observanten Konventen eine rege Buchkultur zu etablieren und zugleich sicherzustellen, dass eine solide Grundbildung sowie die handwerklichen und künstlerischen Fähigkeiten bei der Herstellung von Handschriften innerhalb des observanten Netzwerks von Generation zu Generation weitergegeben wurden. Meyer betont immer wieder diejenigen Fähigkeiten, die für die Etablierung einer klösterlichen Buchkultur vonnöten sind, die Magdalena später bei einer Beschreibung ihrer Ämter ebenfalls hervorhob. Sie war schließlich auch Novizenmeisterin, d. h. mit der Bildung neuer Kandidatinnen betraut. Es fällt dabei auf, dass die Schwestern, die zur Reform anderer Konvente ausgewählt wurden oder sich dafür freiwillig meldeten, in der Regel über Kompetenzen im Bereich der Handschriftenherstellung verfügten. Offensichtlich mangelte es an fähigen Schreiberinnen in vielen nichtreformierten Klöstern, was auch einer der Hauptgründe für deren völlig unbedeutenden Anteil an der Verbreitung religiöser Literatur in der Volkssprache gewesen sein wird. Die Fähigkeit, lesen zu können, bedeutete eben keineswegs, dass man deshalb auch in der Lage war, eine Handschrift kompetent herzustellen.

Inwiefern die Rezeption von geistlichem Schrifttum zum Alltäglichen im Konvent geworden war, wird im heftigen Streit zwischen Konrad Holzinger und den observanten Kirchheimer Nonnen angesprochen, als er die Reformierten zum Abzug aus dem Kloster überreden will. Er behauptet, dass alle im Kloster „die geystlicheit wol on úch halten könnten. Die alten sint nun wol getemt, dz sy můssent geystlichen syn", also die alten wenigen Renitenten im Kloster seien ja schließlich auf Linie gebracht worden. „Die jungen" – also die nach der Reform eingetreten sind – „die hant ir regel, ir statut, vnd ander gůte tútzsche bůcher, also das sy wol wissen zů halten die geystlicheit."[68] Sie benötigen laut Holzinger die auswärtigen Reformschwestern nicht mehr. Durch die erfolgreiche Etablierung einer Buchkultur im Kloster seien irreversible Zustände in ihrem Sinne hergestellt worden.

Ich komme zum Schluss: Es ist davon auszugehen, dass Magdalena Kremerin gerade aufgrund ihres Bildungshintergrunds und besonderen Fähigkeiten für die Kirchheimer Reform ausgewählt wurde, da es wie in den anderen observanten Konventen auch dort galt, eine Bibliothek einzurichten, von der allerdings leider nur Weniges erhalten geblieben ist. Zudem musste für die in Bezug auf Bildung durchaus bedürftigen Nonnen des zu reformierenden Klosters ein von den Reformkräften einzurichtender Unterricht gestaltet werden, wobei selbstverständlich auch der Erwerb von Lateingrundkenntnissen zum Curriculum gehört haben wird. Obwohl die Chronik von wesentlich anderen Dingen erzählt, ist davon auszugehen, dass Magdalena in Kirchheim sowohl den Bibliotheksaufbau vorantrieb als auch für einen geregelten Unterricht sorgte. Als ehrgeizige Pädagogin hatte sie jedenfalls bereits Erfahrung, wovon sie in einer von ihr in der dritten Person erzählten Anekdote berichtet, dass sie im ob-

67 Reichert (Hg.): Meyers Buch der Reformacio, Buch 4 und 5 (wie Anm. 58), S. 101.
68 HStA Stuttgart A 493 Bü 2, S. 134; Sattler: Chronik (wie Anm. 1), S. 227.

servanten Konvent in Pforzheim zwei Schwestern in „textur schreiben vnd ouch molen" unterrichtete.[69]

Auf diesem bildungsgeschichtlichen und literarhistorischen Hintergrund, der hier nur skizzenhaft gezeichnet werden kann, lässt sich die Kirchheimer Chronik einordnen. Es bestehen keinerlei Zweifel, dass Magdalena Kremerin in der Schönensteinbacher Chronik, dem ersten Teil des *Buchs der Reformacio Predigerordens* des ihr als Beichtvater auch persönlich bestens bekannten Johannes Meyer ein literarisches Vorbild sah. Auch bei ihr gibt es Berichte von außergewöhnlichen, wohl von Gott veranlassten Erfahrungen observanter Schwestern, die sehr an Meyers Werk und die Tradition der Klosterchroniken erinnern.[70] Wie Meyer geht es Magdalena in ihrer Chronik nicht nur um ein Dokumentieren bemerkenswerter historischer Ereignisse. In ihrer Reformchronik sollten spätere Schwestern des Klosters Rückhalt bei der Aufrechterhaltung strenger Observanz vorfinden können, indem ihnen detailliert und in drastischer Form davon erzählt wird, welche enormen Opfer erbracht wurden, um die spätere Beispielhaftigkeit und Vorbildlichkeit Kirchheims zu erreichen. Magdalenas Werk will identitätsstiftend sein, die damaligen tapferen Schwestern sollen den späteren als Vorbilder dienen. Auf der ersten unpaginierten Seite der Stuttgarter Handschrift, die von Sattler nicht abgedruckt wurde, wird dies auch verdeutlicht: „Hie stont der swestern namen, die in diß closter kumen synt noch der zit, als die anfechtung vnd die trůbsal úber diß closter vergieng, als hernach in disem bůchlin geschriben stot. Vnd wele swestern nun in diß closter kument, die sőllent her noch disen swestern geschriben werden." Es folgen jedoch nur fünf Namen von Schwestern, die demnach wohl noch vor 1490, also vor Abschluss der Chronik eingetreten waren.[71] Im Anschluss an die Berichte über die Ereignisse von 1488 bietet Magdalena eine Art Traktat, versehen mit einem lateinischen Thema,[72] in dem sie eingehend die Observanz verteidigt und sich dabei mindestens viermal in der ersten Person als Lehrerin einbringt.[73] Zwar erzählt sie hier auch von Ereignissen in Kirchheim, stellt sie aber auch in einen ordensgeschichtlichen Zusammenhang. Am Ende ihres Werks berichtet sie noch von der Gefangenahme Holzingers, die Johannes Reuchlin 1488 mitveranlasst hatte („Ouch durch an gebens doctor rechlins, eyn wol gelereten andechtigen mans von stůckart."[74]). Auch diesbezüglich ist sie genauestens informiert.

Obwohl die Reformkräfte durchaus auch anderswo auf vehementen Widerstand stießen, war der Kampf um die Reform Kirchheims in seiner extremen Härte geradezu beispiellos.[75] Dass die Chronik auch außerhalb von Kirchheim Verbreitung fand, wovon eine ostschwäbische Parallelhandschrift aus dem Wiener Schottenstift zeugt, spricht dafür, dass sie als Propagandaschrift für die Observanz auch in weiteren Konventen eingesetzt wurde.[76] Um dies zu

69 Vgl. (wie Anm. 4).

70 SATTLER: Chronik (wie Anm. 1), S. 207f.

71 ECKER: Geschichte (wie Anm. 8), S. 105 (Nr. 203–206), S. 109 (Nr. 230).

72 HStA Stuttgart A 493 Bü 2, S. 186–216; SATTLER: Chronik (wie Anm. 1), S. 247–258.

73 HStA Stuttgart A 493 Bü 2, S. 191, S. 197, S. 206, S. 213; SATTLER: Chronik (wie Anm. 1), S. 249, S. 251, S. 254, S. 257.

74 HStA Stuttgart A 493 Bü 2, S. 285; SATTLER: Chronik (wie Anm. 1), S. 277.

75 Ähnlich umkämpft, aber mit einem Sieg der Nichtobservanten endend, war das Dominikanerinnenkloster Kloster Klingental in Basel. Hier wurden die Reformerinnen nach harten Auseinandersetzungen, in denen sogar Papst Sixtus IV. involviert war, letztlich wieder vertrieben. Siehe dazu Renée WEIS-MÜLLER: Die Reform des Klosters Klingental und ihr Personenkreis, Basel 1956.

76 Eine Kurzbeschreibung der Handschrift bei Albert HÜBL: Catalogus codicum manu scriptorum qui in Bibliotheca Monasterii B. M. V. ad Scotos Vindobonae servantur, Wien, Leipzig 1899, S. 253f. (Nr. 233). Vgl. auch: URL: http://www.handschriftencensus.de/16013 (zuletzt aufgerufen am 17.09.2015). Als Provenienz kämen z. B. zwei observante schwäbische Frauenklöster in Frage, aus denen Handschriften im Schottenstift zu finden sind: das dominikanische

ermöglichen, wird Magdalenas Werk auf Wohlwollen bei den reformorientierten Brüdern gestoßen sein, die offensichtlich keineswegs Magdalenas Belesenheit und Bildungsbeflissenheit als Anmaßung und unangemessenes weibliches Betreten des ansonsten wohlbehüteten Reichs der *litterati* werteten.

Medingen (Hs. 413) und das augustinische Inzigkofen (Hs. 308), wobei von der Schriftsprache der Handschrift her eher Medingen in Frage käme. Den Einsatz von Magdalenas Werk außerhalb der Klosterwelt, etwa als Propagandaschrift für Eberhard den Älteren, halte ich aufgrund der sehr spezifischen kloster- und ordensinternen Bezüge für sehr unwahrscheinlich. Hätte Eberhard dies gewollt, hätte er die Chronik drucken lassen.

Die Chronik der Nonne von Kirchheim: Autorschaft und Überlieferung

Nigel F. Palmer

Die *Chronik der Nonne von Kirchheim*,[1] wie ich die nach 1490 entstandene Reformchronik des Klosters im Anschluss an Dieter Stievermann für die Zwecke dieses Aufsatzes bezeichnen möchte,[2] berichtet über die gewalttätigen Auseinandersetzungen um das Dominikanerinnenkloster Kirchheim unter Teck zwischen Eberhard dem Älteren (Eberhard V., Graf von Württemberg-Urach) und Eberhard dem Jüngeren (Eberhard VI., Graf von Württemberg-Stuttgart), die in den Jahren 1486–1489 stattfanden, aus der spezifischen Sicht der Vertreter der durch Eberhard den Älteren geförderten dominikanischen Observanz.[3] Die methodische Frage, wie man die Auswirkungen dieser expliziten Parteinahme für eine der beiden politischen Gruppen auf die Darstellung der historischen Ereignisse in der Chronik zu bewerten habe, ist sowohl für das historische als auch für das literarische Verständnis der Chronik zentral. Es geht mir im Folgenden nicht in erster Linie um die ganz breit gestellte Frage nach einer angemessenen Hermeneutik für historisches Schreiben an der Schwelle der frühen Neuzeit, obwohl dieser Aspekt notwendigerweise stets zu bedenken ist, sondern um eine Reihe von spezifischen Fragen zu der literarischen Machart der Kirchheimer Chronik, die bei einem umfassenderen Versuch, diese auf mehreren Diskursebenen funktionierende und besonders kunstvoll verfasste Reformchronik zu „verstehen", zu berücksichtigen wären. Ich frage in den beiden ersten Teilen meiner Untersuchung nach den Konturen der Textgeschichte unter Berücksichtigung der beiden heute in Stuttgart und Wien liegenden Handschriften, in einem dritten Teil nach der für die Württemberger Region recht ungewöhnlichen Schreibsprache der Handschriften, in einem vierten Teil nach der Gestaltung der Autorrolle, die in der bisherigen Forschung zu sehr vereinfachend mit der historischen Person der aus Straßburg stammenden Dominikanerin Magdalena Kremerin, die von Kloster Silo in Schlettstadt nach Kirchheim gekommen war, gleichgesetzt wurde, und in einem letzten, fünften Teil nach dem Status der Stuttgarter Handschrift und der in dieser Handschrift enthaltenen Korrekturen und Änderungen im Hinblick auf die Frage, in welchem Sinne diese Handschrift als ein Autograph oder

1 Zitiert nach den Seitenzahlen der Handschrift HStA Stuttgart A 493 Bü 2 unter Heranziehung des Abdrucks von Christian Friderich Sattler (Hg.): Geschichte des Herzogthums Würtenberg unter der Regierung der Graven, Bd. 5, Ulm 1768, Beilage Nr. 42, S. 173–280 (künftig: Sattler: Chronik); online von Boston Public Library. Vgl. die Neuauflage desselben Werks, Bd. 4, Tübingen 1777, Beilage Nr. 42, S. 152–247 (online von der Universitätsbibliothek Heidelberg), die sich nur in der Seiteneinrichtung und -zählung von der im Folgenden zitierten Erstausgabe unterscheidet. Die bei längeren Zitaten ergänzte Interpunktion ist von mir und dient nur zur Erleichterung der Lektüre.

2 Dieter Stievermann: Der Augustinermönch Dr. Conrad Holzinger. Kaplan, Rat und Kanzler des Grafen bzw. Herzogs Eberhard d. J. von Württemberg am Ende des 15. Jahrhunderts, in: Josef Engel (Hg.): Mittel und Wege früher Verfassungspolitik (Spätmittelalter und Frühe Neuzeit, Bd. 9), Stuttgart 1979, S. 356–405; Ders.: Landesherrschaft und Klosterwesen im spätmittelalterlichen Württemberg, Sigmaringen 1989, S. 282f.

3 Für den historischen Kontext und die Reform des Kirchheimer Klosters siehe Ulrich P. Ecker: Die Geschichte des Klosters S. Johannes-Baptista der Dominikanerinnen zu Kirchheim u. Teck (Diss., Freiburg 1981), Freiburg 1985, insbes. S. 156–192.

eine autornahe Überlieferung anzusehen ist. Die von Sönke Lorenz in seinem Artikel *Kremerin, Magdalena OP* im *Verfasserlexikon* vertretene Forschungsmeinung, dass Magdalena, die er für die Verfasserin der Chronik hält, „zweifellos mit der Schreiberin identisch" gewesen sei, geht auf die ältere Forschung zurück, insbesondere auf eine Formulierung aus dem Jahr 1768 von Christian Friedrich Sattler im vierten Band seiner *Geschichte des Herzogthums Württenberg unter der Regierung der Graven*, dessen Aussage streng genommen nur auf die Verfasserschaft bezogen war: „Ich besitze eine geschriebene Nachricht von einer Nonne, welche von Schletstatt nach Kircheim als Texturschreiberin berufen wurde und uns den Hergang diser Reformation also beschreibt: Do man zalte von Cristi geburt MCCCCLXXVI [...]."[4] Dabei bezieht sich Sattler auf den Bericht im ersten Teil der Chronik über die Reise der Reformschwestern aus Kloster Silo nach Kirchheim, nach dem „ein swester was vnder den von syl die konde wol textur schriben vnd ouch molen / die lerte zuwo swestern zů pfortzen die zwen tag" und wozu eine zeitgenössische Nachtragshand am Rande der Handschrift notierte: „<m>agdalena <k>remerin".[5] An späterer Stelle wird die Identifizierung der „texturschriberin" mit der aus Straßburg stammenden Schlettstädter Nonne Magdalena Kremerin, die nach Kirchheim gekommen war, noch einmal ausdrücklich erwähnt.[6] Diese Annahmen über die Entstehungsumstände der Chronik und die Anfertigung der heute in Stuttgart liegenden Abschrift, die sich im 18. Jahrhundert im Besitz von Christian Friedrich Sattler befunden hat, sollen hier hinterfragt werden.

Ich werde die Hypothese vertreten, dass die durchgehend eingehaltene Anonymität der Verfasserin, die sich gelegentlich als „ich" oder „wir" – und als eine Frau – bezeichnet, intentional eingesetzt wird und die Funktion erfüllt, die Stimme der Chronistin als Sprachrohr für die observante Gemeinschaft erkennen zu lassen. Die oben angedeutete Frage nach dem Status der Stuttgarter Handschrift lässt sich auf Grund einer Indizienbeweisführung mit großer Wahrscheinlichkeit zugunsten der bisher angenommenen These entscheiden, dass es sich um ein von der Verfasserin der Chronik selbst angefertiges Autograph handelt. Die Schrift dieser Schreiberin lässt sich durch den Vergleich mit einer zeitgenössischen archivalischen Quelle aus Kloster Kirchheim als die Schreiberhand der Schaffnerin des Klosters, Barbara von Speyer, identifizieren, deren eigenhändige Einträge dort viermal mit ihrem Namen unterschrieben sind. Aus diesen Überlegungen ergibt sich meine These, dass die anonyme Verfasserin der Chronik nicht wie seit dem achtzehnten Jahrhundert ohne stringente Argumentation angenommen mit der Küsterin, Cantrix und Novizenmeisterin Magdalena Kremerin identifiziert werden kann, und dass stattdessen die Schafferin Barbara von Speyer, die im Jahre 1478 zusammen mit Magdalena Kremerin und anderen Reformschwestern aus dem elsässischen Schlettstadt nach Kirchheim kam, als die federführende Verfasserin der *Chronik der Nonne von Kirchheim* anzusehen ist, auch wenn diese sich nicht als eine biographisch-historische Person im Sinne einer modernen Autorin im Text der Chronik präsentiert.

4 Christian Friderich SATTLER: Geschichte des Herzogthums Württenberg unter der Regierung der Graven, Bd. 4, Ulm 1768, S. 146 Anm. (b); wieder abgedruckt in der Neuauflage desselben Werks, Bd. 3, Tübingen 1777, S. 124 Anm. (b). Vgl. Sönke LORENZ: Kremerin, Magdalena OP, in: Die deutsche Literatur des Mittelalters. Verfasserlexikon, 2. Aufl., Bd. 11 (2004), Sp. 892f.

5 HStA Stuttgart A 493 Bü 2, S. 12; die Randnotiz bei SATTLER: Chronik (wie Anm. 1), S. 176f. nicht berücksichtigt.

6 HStA Stuttgart A 493 Bü 2, S. 16; SATTLER: Chronik (wie Anm. 1), S. 179.

1. Die Stuttgarter Handschrift im Vergleich mit dem Kirchheimer Rechnungsbuch

Bisher wurde nur die Handschrift des Hauptstaatsarchivs Stuttgart von der Forschung berücksichtigt, die unter der Signatur A 493 Bü 2 im Archivalienbestand des Dominikanerinnenklosters Kirchheim unter Teck aufbewahrt wird und ausschließlich die *Chronik der Nonne von Kirchheim* enthält.[7] Es handelt sich um eine Papierhandschrift von 215 Blättern in Quartformat (ca. 21,5/21,8 x 15,5/15,8 cm, Schriftraum ca. 15 x 10,5 cm). Diese sind in 19 Lagen zusammengesetzt.[8] Die Blätter mit dem Text der Chronik, der nicht gleich am Anfang der Handschrift, sondern auf dem ersten Blatt der zweiten, auf der ersten Rectoseite mit der Signatur „ij" versehenen Lage beginnt, sind von späterer Hand mit roter Tinte paginiert (HStA Stuttgart A 493 Bü 2, S. 1–293). Davor steht eine erste Lage, deren zehn Blätter bis auf einen Eintrag auf der Rectoseite des dritten Blattes (s. u.) unbeschrieben geblieben sind. Das erste Blatt klebt als Papierspiegel im vorderen Buchdeckel, das zweite Blatt dieser ersten Lage dient als Vorsatzblatt. Der Schluss der Chronik ist insofern unregelmässig gestaltet, als die sechs Textzeilen der allerletzten paginierten (Recto-)Seite (S. 292) nicht am Ende einer Lage stehen, sondern auf der ersten Seite einer sonst leer gebliebenen Lage (Lage 14). Es handelt sich bei der Lage 14 um einen Quinio mit einem fehlenden Blatt, also insgesamt nur neun Blätter. Darauf folgen 49 unbeschriebene Blätter und der Papierspiegel im rückwärtigen Buchdeckel, der zur letzten Lage des Buchblocks gehört. Die vielen leeren Blätter waren bei einer Handschrift von diesem Umfang kaum dafür vorgesehen, den Band aufzufüllen, und man gewinnt daher den Eindruck, dass sie für eine von der Schreiberin antizipierte Fortsetzung der Chronik gedacht waren, die nicht zustande gekommen ist. Das könnte der Grund für das Fehlen eines Schreiberkolophons auf der letzten Seite sein.

Auf dem dritten Blatt der ersten Lage, das auf den Vorderspiegel und ein leeres Vorsatzblatt folgt, steht ein Eintrag von der Schreiberin der Chronik:[9]

> „Hie stont der swestern namen Die in diß closter kumen synt / noch der zit. als die anfechtung vnd die trübsal v̂ber diß closter vergieng als hernach in disem büchlin geschriben stot. vnd wele swestern nun in diß closter kument die söllent hernoch disen swestern geschriben werden."

---

7 Eine Katalogbeschreibung der Handschrift fehlt. Vgl. aber den entsprechenden Eintrag im Findbuch des Hauptstaatsarchivs Stuttgart: http://www.landesarchiv-bw.de/plink/?f=1–17423 (zuletzt aufgerufen am 24.04.2014) und die Angaben zu der Handschrift, die im Handschriftencensus der Marburger Repertorien gesammelt sind: http://www.handschriftencensus.de/5840 (zuletzt aufgerufen am 24.04.2014). Siehe auch Rolf GÖTZ: Von der ersten urkundlichen Erwähnung im Jahre 960 bis zur Mitte des 16. Jahrhunderts, in: Kirchheim unter Teck. Marktort, Amtsstadt, Mittelzentrum, im Auftrag der Stadt Kirchheim unter Teck hg. von Rainer KILIAN, Kirchheim unter Teck 2006, S. 97–273, S. 889–904 (S. 186f. Farbabbildungen einer Doppelseite und des Einbands); Stefanie Monika NEIDHARDT: Die Reise der Dominikanerinnen von Silo nach Kirchheim unter Teck 1478 im Kontext der spätmittelalterlichen Klosterreform, in: Zeitschrift für Württembergische Landesgeschichte 72 (2013), S. 105–130 (S. 128–130 drei Abbildungen aus der Handschrift). Erwin FRAUENKNECHT und Peter RÜCKERT (beide HStA Stuttgart) habe ich für wertvolle Hinweise und Hilfestellung zu danken.

8 Die Bindung, die original sein dürfte, ist insofern etwas ungewöhnlich, als der Buchbinder keine eigenen Vorsatz- und Spiegelblätter hinzufügte, sondern jeweils nur das äußere Blatt der ersten und letzten Lage des Buchblocks als Spiegelblätter auf die Innenseiten der Holzdeckel klebte. Es handelt sich demnach nicht um die Arbeit einer professionellen Buchbinderwerkstatt, sondern um eine interne Klosterarbeit.

9 Schreibarbeit ist naturgemäß nicht genderspezifisch. Es handelt sich dennoch in dem spezifischen Fall der Stuttgarter und Wiener Handschriften der *Chronik der Nonne von Kirchheim* um Codices, die höchstwahrscheinlich von klausurierten Schwestern angefertigt wurden, so dass es sehr unwahrscheinlich ist (auch im weniger sicher zu beurteilenden Fall der Wiener Handschrift), dass männliche Schreibkräfte an der Produktion beteiligt waren.

Darauf folgen die Namen von fünf Schwestern, Margaretha Marsstalerin von Stuttgart, Agnes Schůlerin von Kirchheim, Agatha von Franckenstein, Fronica von Wernau und Barbara Gesin von Neifen, die alle in einem Schreibvorgang von der Schreiberin der Chronik eingetragen wurden. Die Liste wurde nicht wie von der Schreiberin beabsichtigt weitergeführt, obwohl es ziemlich sicher sein dürfte, dass die fünfzehn darauf folgenden Leerseiten zu diesem Zweck gedacht waren. Dieser Eintrag beweist, dass die Stuttgarter Handschrift als ein Unikat, als ein Einzelexemplar für den internen Gebrauch im Kloster Kirchheim erstellt wurde.

Der Text der Chronik wird durch eine mit der gewöhnlichen schwarzen Tinte geschriebene und von der Schreiberin rot unterstrichene dreizeilige Überschrift eingeführt, die sich streng genommen nur auf den ersten Textabschnitt der Chronik auf S. 1–20 bezieht, auf denen die Reformierung von Kloster Kirchheim in den Jahren 1476–1478 erzählt und dokumentiert wird: „Wie diß loblich closter zů Sant Johannes baptisten zů kirchen vnder deck predier. ordens reformiert ist worden vnd durch wǒlich personen.“ Man hat zwar zu berücksichtigen, dass die *Chronik der Nonne von Kirchheim* in der erhaltenen Reinschrift keine ausgefeilte, regelmäßig gestaltete Textgliederung aufweist, die es aus Systemgründen erforderlich machen würde, den Texteingang besonders hervorzuheben und dekorativ zu gestalten.[10] Man gewinnt dennoch den Eindruck, wenn man die Handschrift aufschlägt, dass der eigentliche Texteingang durch die siebenzeilige rote Überschrift am Anfang der ersten Lage und die nicht weiter ausgeführte Liste der Schwestern gebildet werden sollte, die nach dem erfolgreichen Sieg der Reformschwestern über die durch Graf Eberhard den Jüngeren unterstützte Gegenpartei eintraten.

Der ganze Text wurde von einer einzigen Schreiberhand in einer sehr sorgfältigen und zierlichen spätmittelalterlichen Bastarda geschrieben, die aus unten näher zu erklärenden Gründen sehr wahrscheinlich mit der Hand einer uns namentlich bekannten Nonne von Kloster Kirchheim zu identifizieren sein dürfte. Die Schreibsprache ist westalemannisch bzw. oberrheinisch. Auf die besonderen Eigenheiten von Schrift und Sprache gehe ich unten etwas ausführlicher ein. Die Fertigstellung der Handschrift ist nicht datiert, aber da die letzten Einträge der Chronik sich auf die Jahre 1489 und 1490 beziehen, wird man 1490 als terminus post quem annehmen dürfen. Wenn angenommen wird, wie unten gezeigt werden soll, dass die Handschrift als eine von der Autorin eigenhändig angefertigte Reinschrift anzusehen ist, dürfte sie nicht allzu lange nach 1490 entstanden sein. Gegen eine sehr frühe Datierung in den 1490er Jahren spricht dennoch die Problematik, die sich aus der nur teilweise erfolgten Übernahme nächträglicher Verbesserungen in einer zweiten Handschrift der Chronik ergibt, deren Schreiberkolophon eine Datierung mit Vorbehalt auf 1501 erlauben würde (s. u.).

Während die Schrift der Stuttgarter Handschrift sehr sorgfältig und elegant, fast wie die Hand eines professionellen Schreibers wirkt, gibt es Gründe dafür, anzunehmen, dass sie einer der Kirchheimer Nonnen gehört. Als Basis für den hier nur ansatzweise ausgeführten Vergleich mit anderen Kirchheimer Handschriften biete ich im Folgenden eine etwas genauere

10 Die Textgliederung ist unregelmäßig und besteht zum großen Teil aus Initialenabschnitten, die jeweils durch zweizeilige rote Lombarden eingeleitet werden. Der Übergang vom ersten Zeitabschnitt (1476–1478) zum zweiten, in dem beginnend auf HStA Stuttgart A 493 Bü 2, S. 20; Sattler: Chronik (wie Anm. 1), S. 181 die Chronistin von den Ereignissen des Jahres 1486 berichtet, wird wie die anderen Paragraphen dieses Teils ohne Überschrift oder sonstige besondere Hervorhebung durch eine zweizeilige rote Lombarde markiert. Erst auf HStA Stuttgart A 493 Bü 2, S. 93; Sattler: Chronik (wie Anm. 1), S. 211 am Anfang der Erzählung von der dritten Blockade wird ein zweites Mal eine rot unterstrichene Überschrift von der Hand der Schreiberin zur Markierung eines Übergangs verwendet. Es gibt nachträglich eingefügte rote Überschriften von der Hand der Schreiberin auf den Seiten 14, 32, 38, 43, 66, 78, 80, 87, 106, 113, 118, 122, 155 und 177. Zahlreiche Initialenabschnitte haben keine Überschrift.

Beschreibung der Schrift. Es handelt sich um eine spätmittelalterliche Bastarda, welche die Hauptmerkmale der Kursive (einbogiges a, Schleifen auf b, h, k und l, die Schäfte von f und langem s weit unter die Zeile verlängert) mit Eigenheiten der Buchschrift wie z. B. gebrochenen Bögen (besonders bei a und o) und regelmäßig auf der Zeile umgebrochenen Schaftenden (sogar bei den ersten Kurzschäften von m und n) verbindet.[11] Das unziale d wird ohne Schleife geschrieben, die Oberlänge zierlich und spitz nach rechts umgebogen. Die Unterlängen von f und langem s sind vertikal unter die Zeile heruntergezogen und enden spitz oder leicht abgeschrägt. Der Kopfteil von g hat häufig – und damit vergleichbar dem Buchstaben a – oben eine Spitze und wird oft dreieckig gebildet, der untere, ziemlich weit heruntergezogene Bogen steht offen. Der Bogen von h wird tief unter die Zeile verlängert, die untere Spitze leicht nach links umgebogen. Ähnliches gilt für Schluss-n, dessen letzter Schaft häufig hinuntergezogen und an der unteren Spitze vergleichbar dem h leicht nach links umbogen wird. r ist immer aufrecht, auch nach runden Buchstaben. Rundes s im Auslaut wird häufig leicht überhöht. v und w haben einen kurzen Ansatz von links her. y zeichnet sich durch den feinen und schräg nach links heruntergezogenen langen Schwanz aus. z wird wie eine 3 gebildet, aber mit tief unter die Zeile gezogenem Schwanz. s-z (ß) wird wie langes s mit vertikalem Schaft unter die Zeile verlängert und durch das 3-förmige z abgeschlossen, das sich eng anschließt. Dadurch unterscheidet sich dieser Buchstabe, der durchaus als eine Ligatur betrachtet werden könnte, von der Abkürzung für „ser", die aus dem langen s und einer nach links gebogenen Schleife besteht, welche die Unterlänge durchkreuzt, um noch einmal nach rechts umgebogen zu werden. Die häufigsten Diakritika sind e (zwei schräge Punkte), o (bei u oberhalb des Buchstaben, aber nach rechts gerückt) und ein vereinfachtes komma-artiges i bei u und v für mittelhochdeutsch ü oder iu. Der Duktus macht einen insgesamt ruhigen Eindruck. Die Buchstaben sind etwas in die Breite gezogen und werden selten zusammengerückt: die runden Formen dominieren. Damit hängt zusammen, dass Bogenverbindungen außer bei bl, ll und pp, wo sie obligatorisch sind, weitgehend fehlen. Dafür gibt es jedoch Bogenberührungen („Kissing" [12]), wie z. B. gelegentlich bei be, de, we und wo. Verzierungen werden kaum verwendet. An wenigen Stellen ist jedoch zu beobachten, dass die Oberlängen von h[13] und l[14] dreieckig verdickte Ansätze von links her und eine Gabelung aufweisen. Als weitere Merkmale sind eine zierliche Form des Majuskel-D, das aus zwei nicht miteinander verbundenen Schleifen besteht,[15] und das Majuskel-J (oder I), das mit einem runden u-förmigen Ansatz von links her eingeleitet wird,[16] zu bemerken. Der Gesamteindruck lässt auf eine in der Fertigstellung von Handschriften recht erfahrene und gebildete Person schließen, aber ohne dass man deswegen von einer individuell geprägten Schrift sprechen könnte, wie das bei vielen Handschriften aus der Zeit nach 1480 festzustellen ist.[17]

11 Für die Definition der Kursive siehe vor allem Albert DEROLEZ: The Palaeography of Gothic Manuscript Books. From the Twelfth to the Early Sixteenth Century (Cambridge Studies in Palaeography and Codicology, 9), Cambridge u. a. 2003, Fazit S. 130–132. Vgl. Karin SCHNEIDER: Paläographie und Handschriftenkunde für Germanisten. Eine Einführung (Sammlung kurzer Grammatiken germanischer Dialekte. Ergänzungsreihe B, Bd. 8), Tübingen ²2009, S. 56–65 (Kursive), S. 66–80 (Bastarda).

12 Den Terminus übernehme ich von Erik Kwakkel (Leiden).

13 Z. B. HStA Stuttgart A 493 Bü 2, S. 6 und 34.

14 Bei den roten Überschriften ebd. auf S. 14, 32 und 38 und beim lateinischen Zitat auf S. 60.

15 Z. B. ebd., S. 1, 2, 6, 7 und 9.

16 Z. B. ebd., S. 1, 16, 18, 19, 20 – am häufigsten bei den Wörtern „Johannes" und „Jtem".

17 Zu diesem Phänomen siehe SCHNEIDER: Paläographie (wie Anm. 11), S. 70f.

Genau dieselben kalligraphischen Eigenheiten, und zwar bei fast allen Buchstabenformen lassen sich in der Schrift einer anderen, nur wenige Jahre früher in Kirchheim entstandenen Handschrift nachweisen, so dass die Frage zu stellen ist, ob wir es bei den beiden Handschriften mit der gleichen Schreiberhand zu tun haben könnten

Es handelt sich bei der Handschrift HStA Stuttgart A 493 Bü 1 um ein Kopert in Schmalfolio (29,8 x 11 cm) mit 131 Blättern.[18] Der Umschlag ist aus zwei Makulaturblättern einer Handschrift des neunten Jahrhunderts zusammengeklebt. Bis auf einen Bericht über die Bestätigung der Rechnungen für die Jahre 1478–1481, die eigenhändig durch den aus Nürnberg stammenden Vikar Johannes Prausser OP in einer individuellen Kursivschrift auf Bl. 69r–70r eingetragen wurde,[19] und drei kurze Textabschnitte auf Bl. 70r-v wurden alle Rechnungen und sonstige Einträge des Rechnungsbuches in einer sehr gut lesbaren Bastardschrift eingetragen. Diese zeichnet sich durch die üblichen Merkmale der Kursive (mit unzialem d ohne Schleife) kombiniert mit Bogenbrechungen und „Kissing" (seltener Bogenverbindungen wie gelegentlich bei de) aus. Es könnten mehrere Hände an der Handschrift beteiligt gewesen sein, wahrscheinlicher scheint es mir jedoch, dass es hauptsächlich zwei Hände sind, die sich im Laufe der Zeit einige kleine Variationen unter Beibehaltung desselben Vorrats an Buchstabentypen erlaubt haben (eventuell mit Einsatz einer dritten Hand für kurze Strecken).[20] Die Schrift, die ich als Hand 1 bezeichne, erhält durch die enge Zusammenrückung der Buchstaben in der Kombination mit langen Ober- und Unterlängen (z. B. bei f, h, j, l, langem s und z) einen betont vertikalen Aspekt, während bei Hand 2 die Schleifen und runden Buchstabenteile dominieren. An besonderen Unterschieden sind zu notieren: die kantige Form des gebrochenen Bogens bei einbogigem a (Hand 1) im Unterschied zum einfacher gestalteten rundlichen a mit Spitze (Hand 2); der tief vertikal heruntergezogene Schlussstrich von h und auslautendem n (Hand 1) im Unterschied zu einer Variante mit leicht nach links gebogener Spitze (Hand 2); das ungewöhnliche y, das wie ein tief nach unten gezogenes v mit zwei schrägen Strichen oben (wie auch häufig bei u) geschrieben wird (Hand 1) im Unterschied zur geläufigeren Form mit schräg nach links heruntergezogenem Schwanz (Hand 2); die Nichtunterscheidung von s-z und der Abkürzung s' (=„solidus/-i" oder „ser") (Hand 1) im Gegensatz zur Unterscheidung zwischen der Ligatur s-z (langes s mit anschließendem z) und dem langen s mit angefügtem Schlussstrich (Hand 2); Majuskel-J z. B. in „Jtem" mit Ansatz von unten (Hand 1) gegenüber Majuskel-J mit dem oben erwähnten runden u-förmigen Ansatz von links her (Hand 2). Der Unterschied zwischen den beiden J-Formen ist recht markant.

Die kleinen Variationen in der Schrift, die bei der gleichen Hand im Laufe der Zeit zu beobachten sind, und die Möglichkeiten, die bestehen, zwei oder möglicherweise drei Hände voneinander zu unterscheiden, werden in den Lagen des Rechnungsbuches besonders deutlich, die durch die Überschriften *Monat und Jarszrechnung* und *Lantgarben* eingeleitet werden und in

18 Eine Beschreibung der Handschrift fehlt. Vgl. den entsprechenden Eintrag im Findbuch des Hauptstaatsarchivs Stuttgart: http://www.landesarchiv_bw.de/plink/?f=1_17422 (zuletzt aufgerufen am 20.04.2014). Ich möchte mich ganz besonders bei Maria Magdalena und Peter Rückert bedanken, die mich zuerst auf die eventuelle Bedeutung des Rechnungsbuchs für die Beurteilung der Chronik aufmerksam machten.

19 Für Johannes Prausser siehe Stievermann: Landesherrschaft (wie Anm. 2), S. 282f.; Peter Renner: Johannes Prausser OP, in: ²VL 7 (1989), Sp. 810f.; Bernhard Neidiger: Das Dominikanerkloster Stuttgart, die Kanoniker vom gemeinsamen Leben in Urach und die Gründung der Universität Tübingen. Konkurrierende Reformansätze in der württembergischen Kirchenpolitik am Ausgang des Mittelalters (Veröffentlichungen des Stadtarchivs Stuttgart, Bd. 58), Stuttgart 1993, S. 33 mit Anm. 173 und 176.

20 Z. B. HStA Stuttgart A 493 Bü 1, Bl. 13r, 70r-v.

denen auf Bl. 70r–81v die Berichte, welche die Schaffnerin mehrmals im Jahr vor der Priorin, der Subpriorin und den Ratsschwestern über Ein- und Ausgaben vorzulegen hatte, für die Jahre 1480–1486 schriftlich aufgezeichnet sind. Es gehörte nämlich zu den Pflichten der Schaffnerin, so wie sie in dem *Ämterbuch* des dominikanischen Reformers Johannes Meyer (ca. 1422–1485) formuliert sind, solche Berichte abzugeben und ein „Register" oder Rechnungsbuch zu führen, das in seiner Anlage genau der Kirchheimer Handschrift entspricht:

> „Item sie sol rechnung geben von alen dingen vor der priorin, suppriorin vnd rat swestren, als dick sie es forderen sint, vnd sol haben ein register, in das sie schreibe teglichen mit alem fleiß, was sie ein nimpt vnd auß gibet, also daz nit vnter wegen beleibe von vergeslicheit wegen. Dar an sol sie auch eigenlichen schriben die gelegenheit des closters in zeitlichen sachen, besunder was man dem closter schuldig sey oder was das closter sey schuldig."[21]

Viermal identifiziert sich die Schreiberin des Rechnungsbuches, die ich als Hand 2 bezeichne, namentlich, zuerst i. J. 1483 als „ich S barbara von spir schaffnerin",[22] danach dreimal mit identischem Wortlaut in den Jahren 1484, 1485 und 1486 als „ich Swester barbara von spir".[23] Barbara von Speyer, die eine Nonne in Kloster Silo in Schlettstadt gewesen war, gehörte zu der Gruppe von Reformschwestern, die nach Angabe der Chronik nach ihrer Ankunft in Kirchheim Schaffnerin wurde: „Item die dritte swester S<wester> barbara von spir die wart schaffnerin. dise swester was zů syl e es reformiert wart vnd sy was eyne die dar zů halff vnd iren willen dar zů gab das. das selb closter zů syl r[a]eformiert wart".[24] Kloster Silo wurde i. J. 1464 reformiert, so dass Barbara von Speyer, die nach der Nachricht der Chronik die Klosterreform schon damals aktiv unterstützt hatte, auf mehr als vierzehn Jahre im elsässischen Dominikanerinnenkloster zurückblicken konnte, als sie nach Kirchheim kam.[25] Als Schaffnerin hatte sie in Kirchheim die Aufgabe, sich um die Verwaltung des Klosters zu kümmern und regelmäßig, wie aus den auf Bl. 70r–81v aufgezeichneten Berichten hervorgeht, auf Grund der detaillierten Angaben, die im Rechnungsbuch gesammelt wurden, über die Finanzen des Klosters Rechenschaft zu geben. Damit bekleidete sie ein Klosteramt, bei dem man es täglich mit schriftlichen Aufzeichnungen zu tun hatte, so dass es nicht verwundert, dass sie über eine professionell wirkende Schrift verfügte.

War Barbara von Speyer die Schreiberin der Stuttgarter Chronik-Handschrift? Wenn wir uns, um sicher zu gehen, für den Vergleich mit der Schrift der nach 1490 entstandenen Abschrift der Chronik auf die vier von Barbara von Speyer mit ihrem Namen versehenen Ab-

21 Zitiert nach Universitätsbibliothek Leipzig, Ms 1548, Bl. 30ra (aus Kloster Maria Medingen OP, Mödlingen, 1483); online verfügbar über Manuscripta Mediaevalia. Vgl. die vor kurzem erschienene Ausgabe, die hier nicht mehr berücksichtigt werden konnte: Sarah Glenn DEMARIS (Hg.): Johannes Meyer. Das Amptbuch (Monumenta Ordinis Fratrum Praedicatorum Historica XXXI), Rom 2015, S. 186, Z. 42–49 (mit dem gleichen Wortlaut).

22 HStA Stuttgart A 493 Bü 1, Bl. 74v.

23 Ebd., Bl. 77r, 79v (Abb. 1), 81v.

24 HStA Stuttgart A 493 Bü 2, S. 16; SATTLER: Chronik (wie Anm. 1), S. 179.

25 Für Kloster Silo siehe Médard BARTH: Handbuch der elsässischen Kirchen im Mittelalter, 2 Bde. (Archives de l'Eglise d'Alsace, Bd. 27/29 = N. S., Bd. 11/13; Etudes générales, Bd. 4), Straßburg 1960–1964, Bd. 2, S. 1908f.; Paul ADAM: Histoire religieuse de Sélestat. Vol. 1: Des origines à 1615, Schlettstadt 1967, S. 207–221, zur Klosterreform S. 218f. Für einen Bericht über die angeblich ziemlich reibungslose Einführung der Observanz in Kloster Silo, die i. J. 1464 durch den Vikar Heinrich Schretz mit Hilfe von fünf Schwestern aus dem Kloster St. Katharina in Colmar eingeführt wurde, siehe: Benedikt Maria REICHERT (Hg.): Johannes Meyer Ord. Praed. Buch der Reformacio Predigerordens. Buch 1 bis 3 (Quellen und Forschungen zur Geschichte des Dominikanerordens in Deutschland, Bd. 3), Leipzig 1909, S. 112–114. Schwester Barbara von Speyer wird in diesem Bericht nicht erwähnt.

schnitte für die Jahre 1483–1486[26] beschränken, dann fällt schon hier auf, dass trotz des zeitlichen Abstands fast alle oben erwähnten Eigenheiten der Buchstabenformen in beiden Handschriften übereinstimmen. Das gilt auch für die Variationen, die bei Hand 2 des Rechnungsbuches im Unterschied zu Hand 1 festzustellen waren. Auch bei Kleinigkeiten, wie z. B. bei den in beiden Handschriften ganz selten auftretenden Verzierungen auf den Oberlängen von Buchstaben wie l und k, welche die sonstige Schleife ersetzen, stimmen die Schriftzüge sehr genau überein. Die Positionierung des i-Strichs (etwas nach links gerückt, weniger häufig in der Chronik als im Rechnungsbuch zu belegen) ist identisch, so auch die Position des nach rechts gerückten o als diakritisches Zeichen bei mittelhochdeutsch uo. Das Rechnungsbuch weist gattungsbedingt mehr Abkürzungen auf als die Chronik (u. a. ' = er, dz = daz), was auch mit den kurzen Zeilen des Schmalfolio-Formats zusammenhängen könnte. Die Bogenbrechungen sind stärker ausgeprägt (z. B. bei d), die Unterlängen länger und zierlicher, so dass im Gesamtaspekt der Schrift Unterschiede erkennbar sind, aber diese sind weniger auffallend als die Gegensätze, die zwischen Hand 1 und Hand 2 des Rechnungsbuches festzustellen waren. Die Schreiberin, die wahrscheinlich doch an beiden Handschriften gearbeitet hat, wird ihre Schreibkünste in den frühen 1460er Jahren gelernt haben, als sie in Schlettstadt war, so dass ihre Art zu schreiben durchaus durch die Gepflogenheiten des Schreibbetriebs in einer Zeit geprägt war, als der Buchdruck die Gesamtsituation für Schreibtätigkeit noch nicht verändert hatte. Damit wird es zusammenhängen, dass Barbara von Speyer keine individuelle Schrift praktizierte, die es erlauben würde, ihre Schriftzüge von denen ihrer Kollegin Hand 1 des Rechnungsbuches immer mit Sicherheit zu unterscheiden. Das war mit ein Grund, warum die hier vorgetragene These, dass die aus Schlettstadt stammende Kirchheimer Schaffnerin Barbara von Speyer Schreiberin der Chronikhandschrift war, etwas ausführlicher begründet werden musste.[27]

Wie lange die Handschrift der Chronik in Kirchheim aufbewahrt wurde, wissen wir nicht, aber sie lässt sich schon in der ersten Hälfte des 17. Jahrhunderts in württembergischem Privatbesitz nachweisen. Der Vorderspiegel enthält datierte Besitzvermerke von Wendelin Bülffinger (1629), Christoph Jakob Klupfsel (oder Klüpfsel) Pastor in Ensingen (1730) und Christian Friedrich Sattler, der die Handschrift als Geschenk von Klupfsels Sohn i. J. 1742 erhielt; und schließlich Sattlers Übergabevermerk an das Herzogliche Archiv in Stuttgart am 1. November 1771.[28] Die für die frühe Neuzeit nachweisbare Wertschätzung der Handschrift, die durch die vielen Randbemerkungen (zum Teil – aber nicht nur – von der Hand Sattlers) und durch die Textausgabe v. J. 1768 dokumentiert ist, gehört in den Kontext der Geschichte der württembergischen Historiographie und kann nicht an dieser Stelle weiter verfolgt werden.

26 HStA Stuttgart A 493 Bü 1, Bl. 74v, 77r, 79v, 81v.

27 Ihr Tod wird im Nekrolog von Kloster Kirchheim am III. Kal. April (30. März: ohne Jahresangabe) aufgeführt; St. Paul im Lavanttal, Stiftsbibliothek, Cod. 71/1, Bl. 11v (zur ersten Schicht der Nekrologeinträge gehörig). Vgl. Ecker: Geschichte (wie Anm. 3), S. 105. Für die St. Pauler Handschrift habe ich den Mikrofilm im HStA Stuttgart verwendet.

28 Zu diesen Einträgen siehe Neidhardt: Reise (wie Anm. 7), S. 109f. mit Anm. 20.

2. Die Wiener Handschrift

Im Jahre 1899 kam bei der Katalogisierung der Handschriften des Schottenklosters in Wien die Existenz einer zweiten Papierhandschrift der Chronik zum Vorschein, und zwar der dortige Cod. 307 (alte Signatur I D e 14).[29] Die Provenienz ist unbekannt. Diese Handschrift, die immer noch in ihrem Originaleinband gebunden ist, besteht aus vierzehn Lagen und insgesamt 172 Blättern in Quartformat (20,2 x 15 cm, Schriftraum 15–16 x 11 cm). Der Texteingang, der auf Bl. 3r steht, ist mit der gleichen einfachen dreizeiligen Überschrift wie bei der Stuttgarter Handschrift gestaltet, die Liste der später eingetretenen Schwestern fehlt. Am Schluss des Werks, dessen letzter Absatz mit dem Bericht über den Besuch von Barbara Gonzaga im Kloster zu Ostern 1489 beginnt und bis auf die Wiederholung ihres Ausrufs „Fiat" in dem Satz „diß bild [das von ihr an das Kloster geschenkte Gnadenbild der Auferstehung Christi] sȯllent ir haben von mynen wegen vnd myn da by zů gedencken. „Fiat fiat" (in Wien nur einmal „fiat") identisch mit der Stuttgarter Handschrift zu Ende geführt wird, steht in roter Tinte ein Eintrag der Schreiberin (Hand 3), der zu lesen ist: „requiescaᵗnd [= requiescat] in pace auß geschriben an Sant diᵒnisio tag Anno primus [!]" (Abb. 3c).[30]

Während man sich nur darüber wundern kann, dass Albert Hübl und Hermann Menhardt beide das Wort „Anno" falsch bzw. gar nicht lesen konnten, erlauben die sechs Kurzschäfte des allerletzten Worts, wenn man es unabhängig vom Kontext zu lesen versucht, mehrere Deutungen (neben „imu" z. B. „uuu" oder „nnn"). Der letzte Buchstabe hat von der graphischen Gestalt her als unsicher zu gelten, trotzdem scheint mir die Lesung -s (im Unterschied zu -o, das auf Grund des grammatischen Kontexts nicht undenkbar wäre) relativ sicher zu sein. Eine Schreiberin, die im ersten Teil dieses Eintrags für „requiescat" zuerst „requiescand" geschrieben hat, wird auch fähig gewesen sein, bei „primus" den falschen Casus verwendet zu haben, so dass es naheliegt, den Eintrag als eine Datierung auf den 9. Dezember 1501 aufzufassen. Andererseits muss man in Erwägung ziehen, dass die sonst unverständliche Formulierung „requiescat in pace" sich auf den Tod der im letzten Absatz der Chronik genannten Herzogin von Württemberg Barbara Gonzaga beziehen könnte, die erst 1503 gestorben ist und im Kloster Kirchheim begraben wurde.[31]

Drei Schreiberinnen (Abb. 3) waren an der Erstellung dieser Handschrift beteiligt:[32] Hand 1 (Bl. 3r–16v [Lage 1] und 43r–48r [Lage 4/1r–6r]), Hand 2 (Bl. 17r–42v [Lagen 2–3]), Hand 3

29 Vgl. Albert HÜBL: Catalogus codicum manu scriptorum qui in Bibliotheca Monasterii B. M. V. ad Scotos Vindobonae servantur, Wien/Leipzig 1899, S. 253f. (Kat. Nr. 233). Siehe auch die handgeschriebene Akademiebeschreibung von Hermann MENHARDT von Juli 1934 (online: http://www.bbaw.de/forschung/dtm/HSA/wien_700446030000.html; zuletzt aufgerufen am 24. April 2014), der die Handschrift mit „um 1488" zwar etwas zu früh datiert, aber wertvolle Angaben zu den drei Schreiberhänden und den Wasserzeichen der zwei Teile (Bl. 1–54 und 56–172 = Zwei Kreise an einer Stange bzw. Dreiberg mit Krone) bietet. Weitere Angaben sind im Handschriftencensus der Marburger Repertorien verzeichnet: http://www.handschriftencensus.de/16013 (zuletzt aufgerufen am 24. April 2014).

30 Vgl. HÜBL: Catalogus (wie Anm. 29), S. 254, liest: „Fiat requiescand [!] in pace ausgeschriben an Sant dionisio tag" (unter Weglassung der beiden letzten Wörter!). MENHARDT liest: „fiat requiescanᵗd in pace auß geschriben an Sant diᵒnisio tag q'nüs prnnᵘ·o".

31 Vgl. NEIDIGER: Dominikanerkloster (wie Anm. 19), S. 78; Roland DEIGENDESCH: Die „Frau von Mantua" und das Dominikanerinnenkloster in Kirchheim unter Teck, in: Von Mantua nach Württemberg: Barbara Gonzaga und ihr Hof. Begleitbuch und Katalog zur Ausstellung des Landesarchivs Baden-Württemberg, hg. vom Landesarchiv Baden-Württemberg, Hauptstaatsarchiv Stuttgart, bearb. von Peter RÜCKERT, Stuttgart ²2012, S. 161–167 (S. 166f.); vgl. S. 293–295 (Katalogteil).

32 Im Folgenden wird zitiert aus: Schottenkloster Wien, Cod. 307.

(Bl. 48v–172r [Lage 4/6v–12v sowie Lagen 5–14]). Alle drei verfügen über die gleiche ostoberdeutsche Schreibsprache (dazu s. u.). Hand 1 verwendet eine spätmittelalterliche deutsche Bastarda vom gleichen Typ wie die Stuttgarter Handschrift, aber auf etwas niedrigerem Niveau. An Besonderheiten sind zu notieren das Wechseln von b, h, k und l mit und ohne Schleife, das unziale d (immer ohne Schleife) mit kurzem abgebrochenem Schaft, g mit offenem und horizontal nach links ausgestrecktem offenem unterem Bogen und das zierliche geschwänzte z mit einem schwungvollen durch einen Ansatz von rechts her eingeleiteten Kopfstrich. Brechungen sind häufig, besonders stark ausgeprägt bei den Füßen der Schäfte (z. B. bei b, h, k und l) und beim Bogen des d. Hand 2 der Wiener Handschrift macht einen ganz anderen Eindruck, denn die Schreiberin verwendet eine schleifenlose Bastarda,[33] die sich durch stark ausgeprägte kantige Brechungen und streng vertikal hinausgezogene Ober- und Unterlängen auszeichnet. Die Buchstaben stehen voneinander abgetrennt eng nebeneinander und sind nur in wenigen Kombinationen (wie z. B. ch, ge und Kombinationen mit m- und n-) miteinander verbunden. g zeichnet sich durch den hochgezogenen Schaft aus, der vertikal über den oberen Bogen hinausragt, und durch die leicht nach links gebogene Unterlänge, die den unteren Bogen ersetzt. z ist stark vereinfacht und hat die Form einer 3, der Kopfteil gerade und die Unterlänge wie ein Haken nach links gezogen. Hand 3, die ganze 247 Textseiten geschrieben hat, ist wiederum eine spätmittelalterliche deutsche Bastarda. Die Buchstaben, die bei der Kursivschrift Schleifen aufweisen würden, haben jeweils eine hochgezogene Oberlänge, die oben nach rechts umgebogen ist. Der Schaft des unzialen d endet mit einer leicht nach rechts umgebogenen Spitze. g hat einen hochgezogenen spitzen Schaft und einen offenen unteren Bogen. z ist 3-förmig mit einer tief nach unten gezogenen nach links gebogenen Unterlänge. Der Gesamteindruck dieser Schrift wird durch die Kombination der häufig verdickten vertikalen Schäfte und Unterlängen von b, f, g, h, k, l, p und langem s mit den zierlichen gerundeten Unter- und Oberlängen der Buchstaben d, h, j, v und z bzw. cz bestimmt. Es ist auffallend, dass die Hände 1 und 3 gut miteinander harmonisieren, während Hand 2 einen völlig selbständigen Eindruck macht.

Die Wiener Handschrift (künftig: W) ist eine direkte Abschrift der Stuttgarter Handschrift (künftig: Stg). Das hat insofern Konsequenzen für die Beurteilung der Stuttgarter Überlieferung, als bei unterschiedlichen Lesarten (wie z. B. bei der oben genannten Stelle mit „Fiat fiat" Stg: „fiat" W) die Handschrift Stg aus textgeschichtlicher Sicht immer den Vorzug verdient. Außerdem bietet der Vergleich mit W die Möglichkeit, die Randnotizen und Korrekturen in Stg neu zu bewerten, denn es wird sich herausstellen, dass nur eine ältere Schicht dieser Zusätze vorhanden war, als die Abschrift W erstellt wurde. Die Abhängigkeit ist beim näheren Vergleich beider Handschriften offenkundig, aber es ist trotzdem notwendig, die Feststellung einmal argumentativ zu begründen – oder wenigstens Beispiele für die unterschiedlichen Argumente zu bringen, die eine solche Feststellung erlauben.

Wichtig für die Beurteilung des Schreibvorgangs in W ist die Tatsache, dass die Einteilung der Schreibarbeit zwischen den Händen 1–3 am Anfang der Handschrift sich nach der materiellen Zusammensetzung der Lagen in Stg richtet:

33 Vgl. dazu Schneider: Paläographie (wie Anm. 11), S. 72–76.

(Abb. 1 und 2 im Bildtafelteil)

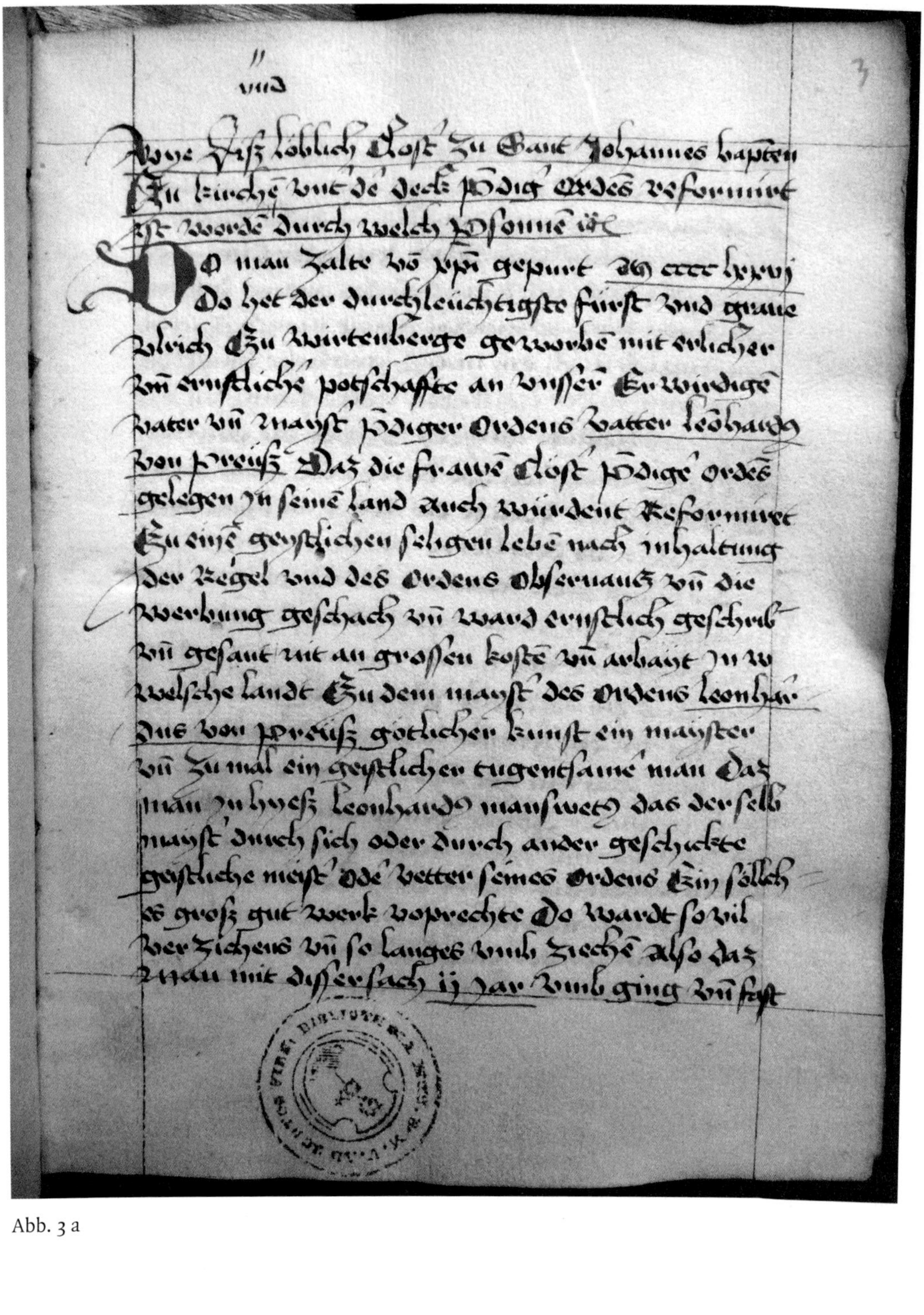
vnd

Wye disz löblich Closter zu Sant Johannes baptisten
zu kirchen vnd des ... prediger ordes reformiret
ist worden durch welch personne etc
Do man zalte von xpi gepurt m cccc lxxvij
Do het der durchleüchtigste fürst vnd graue
Ulrich zu wirtenberge geworbe mit erlicher
vnd ernstliche potschaffte an vnser erwirdige
vater vnd mayster prediger ordens vatter leonhardus
von preusz Daz die frawe closter prediger ordes
gelegen in seine land auch wurdent reformiret
zu eine geystlichen seligen lebe nach inhaltung
der regel vnd des ordens obseruantz vnd die
werbung geschach vnd ward ernstlich geschrib
vnd gesant mit an grossen koste vnd arbait in w
welsche landt zu dem mayster des ordens leonhar-
dus von preusz gotlicher kunst ein mayster
vnd zu mal ein geystlicher tugentsame man daz
man in hyesz leonhardus mansuetus das der selb
mayster durch sich oder durch ander geschickte
geystliche meister oder vetter seines ordens ein söllich
es grosz gut werk volprechte Do wardt so vil
verziehens vnd so langes vmb ziechen also daz
man mit disser sach ij jar vmb ging vnd fast

Abb. 3 a

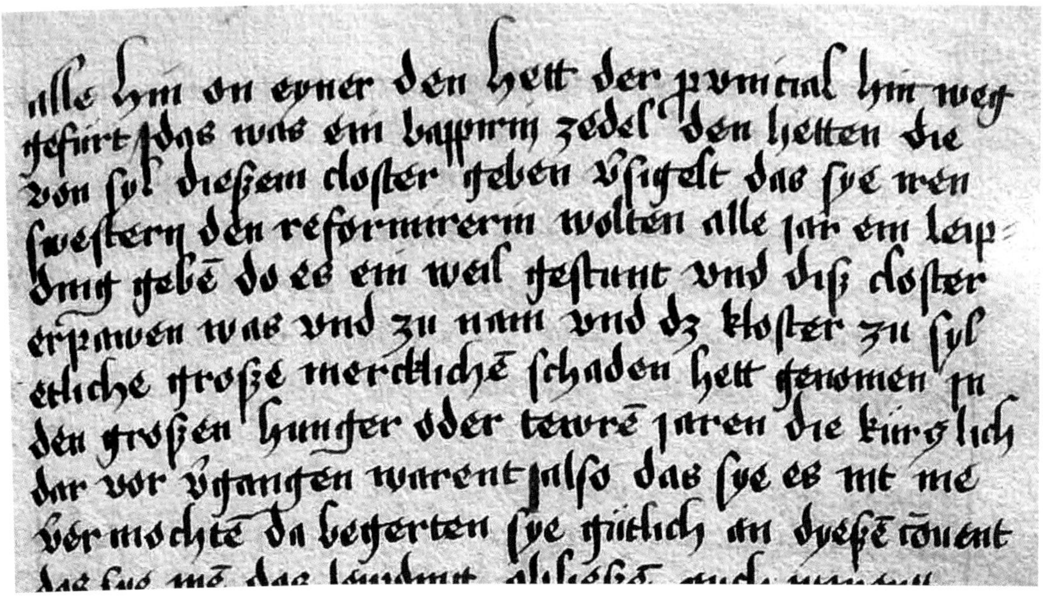

Abb. 3 b

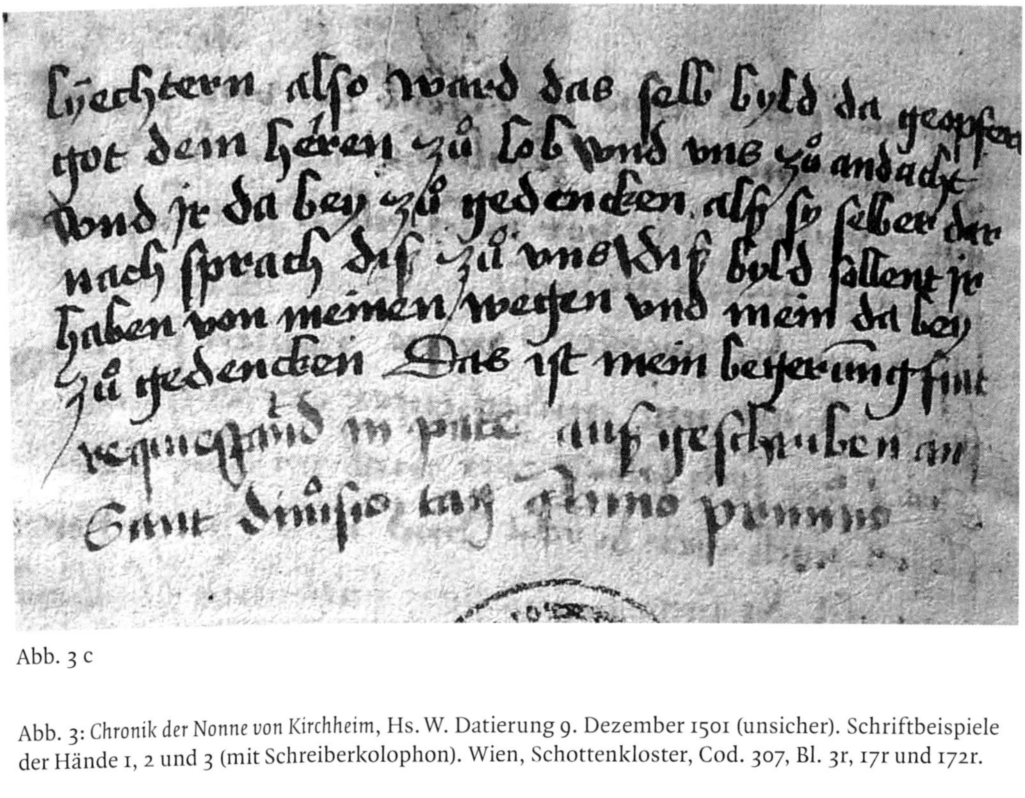

Abb. 3 c

Abb. 3: *Chronik der Nonne von Kirchheim*, Hs. W. Datierung 9. Dezember 1501 (unsicher). Schriftbeispiele der Hände 1, 2 und 3 (mit Schreiberkolophon). Wien, Schottenkloster, Cod. 307, Bl. 3r, 17r und 172r.

Handschrift Stuttgart (Stg)	**Handschrift Wien (W)**
Lage 1: S. 1–24	Lage 1: Bl. 1r–2v leer, Bl. 3r–16v [Hand 1], Leerraum von 12 Zeilen auf Bl. 16v
Lage 2: S. 25–48	Lage 2: Bl. 17r–28v [Hand 2]
Lage 3: S. 49–76	Lage 3: Bl. 29r–42v [Hand 2]
Lage 4 (Bl. 1–6): S. 77–82	Lage 4 (Bl. 1r–6r): Bl. 43r–48r [Hand 1], Leerraum von 4 Zeilen auf Bl. 48r
Lage 4 (Bl. 7–10): S. 83–86	fehlt in W
Lage 4 (Bl. 11–12): S. 87–88	Lage 4 (Bl. 6v–12v): Bl. 48v–54v [Hand 3], danach Übergang von 21 zu 24 Zeilen auf der Seite

Das lässt nicht nur erkennen, dass W unmittelbar nach Stg abgeschrieben wurde, sondern zeigt auch, dass die Schreiberinnen von W die Lagen 1, 2–3 und 4 der Handschrift Stg, die sich im ungebundenen Zustand befunden haben muss, zwischen sich aufteilen konnten, um parallel zueinander daran zu arbeiten, denn nur so lassen sich die Leerräume unten auf Bll. 16v und 48r erklären. Warum die Schreiberin von W die Erzählungen von der Nonne, die eine Fledermaus im Traum tötete, und von der Nonne, die das Heilige Kreuz verehrte,[34] weggelassen hat, ist nicht vollkommen ersichtlich,[35] aber es gibt auch sonst einige Passagen in Stg, die wie diese in der Abschrift W ausgeschieden wurden.[36] Stärkere Beweiskraft für die sekundäre Stellung von W haben die Augensprünge und Missverständnisse, die in dieser Handschrift nachzuweisen sind. Ein Beispiel von Augensprung in W, der durch die Zeileneinteilung von Stg zu erklären ist, begegnet bei der Abschrift auf S. 37, wo in Stg zu lesen steht: „[...] aber die kuchenmeysterin die sprach das sy eben als vil eyer vnd smaltz hett als do mans teglichen koufft. so [man] möcht man von eyner wochen zů der andren kum gnůg kouffen / and da koufft man wol in iiij oder v wochen nút [...]“[37] Die Schreiberin von W (Hand 2) übergeht versehentlich nach dem Wort „koufft“ am Ende der zweiten Zeile die ganze dritte Zeile und fährt mit „kaum gnung“ weiter, merkt aber dann gleich ihren Fehler und streicht die beiden Wörter durch, bevor sie ihre Schreibarbeit mit dem richtigen Text fortsetzt (W Bl. 23r). Ein Beispiel für ein Missverständnis, das durch die graphische Gestaltung der Vorlage verursacht wurde, bietet eine Stelle in der Liste der Schwestern, die nach der Reform in Kloster Kirchheim eingetreten waren, wo die Schreiberin von Stg geschrieben hatte: „Item zům dem|ersten Swester Margretha lútzin von tywingen.“[38] Nach dem Buchstaben m in „demersten“ wurde nachträglich ein dünner vertikaler Strich eingefügt. Die Schreiberin von W scheint diese Stelle als einen Ortsnamen aufgefasst zu haben und schrieb: „Item zum dyemer stayn Schwester marg<retha> lüczin von tübingen.“ (W Bl. 13r-v). Diese Beispiele ließen sich vermehren.

34 Vgl. HStA Stuttgart A 493 Bü 2, S. 83–86; SATTLER: Chronik (wie Anm. 1), S. 207f.

35 Möglicherweise wurde die Erzählung von dem Traum, in dem die Fledermaus, die im darauf folgenden Kommentar als Augustinermönch Dr. Holzinger gedeutet wird, die Nonne mit Urin bespritzt, als unpassend empfunden.

36 So werden z. B. die beiden offenen Briefe an Herzog Eberhard den Jüngeren, die jeweils von Hermann von Sachsenheim und sieben weiteren Personen und Ulrich von Westerstetten und acht weiteren Personen unterschrieben sind, in W weggelassen, obwohl die Namen der Unterzeichner vollständig aufgeführt sind (HStA Stuttgart A 493 Bü 2, S. 282–284; SATTLER: Chronik (wie Anm. 1), S. 276f.; Schottenkloster Wien, Cod. 307, Bl. 167r.).

37 HStA Stuttgart A 493 Bü 2, S. 37; SATTLER: Chronik (wie Anm. 1), S. 188.

38 HStA Stuttgart A 493 Bü 2, S. 19; SATTLER: Chronik (wie Anm. 1), S. 180 – siehe Abb. (2 a).

3. Die Schreibsprache der Handschriften Stg und W

Jeffrey F. Hamburger stellt bei seiner Behandlung von zwei heute in St. Paul im Lavanttal aufbewahrten illuminierten Handschriften aus Kirchheim fest, dass sie aus kunsthistorischer Sicht eine bemerkenswerte Verwandtschaft mit einer Gruppe elsässischer Handschriften aufweisen, die mit den Dominikanerinnenklöstern in Colmar (Unterlinden), Schlettstadt und Straßburg in Verbindung zu bringen sind. Der Malstil der Kirchheimer Handschriften ist als ein „elsässischer Import" anzusehen.[39] Diese sehr bemerkenswerte Entdeckung wird erst dann vollkommen verständlich, wenn man mit Hamburger die Angabe in der *Chronik der Nonne von Kirchhheim* heranzieht, nach welcher die Schlettstädter Nonne Magdalena Kremerin, die in Kirchheim Küsterin und Novizenmeisterin wurde, „wol textur schriben vnd ouch molen" konnte und wegen ihres Doppeltalents in der Lage war, bei einem kurzen Aufenthalt in Pforzheim während der Reise nach Kirchheim zwei Tage lang Schreib- und/oder Malunterricht an zwei Pforzheimer Nonnen zu geben.[40] Wir werden jetzt sehen, dass was für die Buchillumination festzustellen war, erstaunlicherweise auch für die Schreibsprache der Stuttgarter Handschrift gilt, denn die elsässischen Nonnen in Kirchheim verwendeten in den 1480er Jahren bis in die Zeit nach 1490 immer noch ihren elsässischen Dialekt: auch die Schreibsprache ist also als ein „elsässischer Import" anzusehen.

Die auffallendsten Unterschiede zwischen der oberrheinisch-elsässischen Sprache, wie sie in der Stuttgarter Handschrift belegt ist, und der im schwäbischen Raum üblichen Art zu schreiben, wie man sie in einer Handschrift aus dem Herzogtum Württemberg östlich des Schwarzwalds um diese Zeit erwarten würde, lassen sich an Hand der graphischen Wiedergabe von wenigen markanten und häufig vorkommenden Spracheigenheiten aufweisen:

- die oberrheinisch-elsässische Schreibung <ei, ey> für mittelhochdeutsches ei in solchen Wörtern wie „arbeit", „bescheydenheyt", „eyn", „keyn" und „keyser", in denen man östlich einer Linie etwa von Nagold – Sulz – Rottweil – Lenzkirch – Schaffhausen in dieser Periode immer <ai, ay> geschrieben hat;[41]
- die oberrheinisch-elsässische Normalschreibung[42] <o> für mittelhochdeutsches â in solchen Wörtern wie „geton", „jor", „lossen", „noch" (Präposition), „stont" (zu „stehen") und „strosse", die nach Ausweis des Sprachatlas auf das Gebiet westlich einer Linie am westlichen Rande des Schwarzwalds Schwarzach – Allerheiligen (Oppenau) – Gengenbach – Tennenbach – St. Peter beschränkt war;[43]

39 Vgl. Jeffrey F. Hamburger: Magdalena Kremer. Scribe and Painter of the Choir and Chapter Books of the Dominican Convent of St. Johannes-Baptista in Kirchheim unter Teck, in: Richard Linenthal, James Marrow, William Noel (Hgg.): The Medieval Book. Glosses from Friends & Colleagues of Christopher de Hamel, Houton 2010, S. 124–149; deutsche Übersetzung in diesem Band S. 170–190. Vgl. Rolf Götz: Eine einmalige Gelegenheit. Handschriften aus dem Kirchheimer Kloster werden in St. Blasien ausgestellt, in: Beiträge zur Heimatkunde des Bezirks Kirchheim unter Teck N. F. 38 (1984), S. 3–8.

40 Vgl. HStA Stuttgart A 493 Bü 2, S. 12; Sattler: Chronik (wie Anm. 1), S. 176f.

41 Diese Angaben nach Wolfgang Kleiber, Konrad Kunze, Heinrich Löffler: Historischer Südwestdeutscher Sprachatlas. Aufgrund von Urbaren des 13. bis 15. Jahrhunderts (Bibliotheca Germanica, Bd. 22), 2 Bde., Berlin, München 1979, Karte 62; künftig: HSS.

42 Ich verwende den Terminus „Normalschreibung" in dem Sinne, dass es sich bei der genannten Graphie um die regelmäßige und am häufigsten in der Handschrift verwendete Schreibung handelt, die aber durchaus neben anders geschriebenen „Sonderschreibungen" für denselben Laut stehen kann.

43 Vgl. HSS (wie Anm. 41), Karte 40.

- das gänzliche Fehlen von Schreibungen mit <sch> vor l, m, n und w in solchen Wörtern wie „ansleg", „beslossen", „smalz", „versmahet", „besnyden", „swester", „beswernis", was nach den Angaben des Sprachatlas mit dieser Konsequenz nur westlich des Schwarzwalds zu belegen ist;[44]
- die Normalschreibung „hett" (im Gegensatz zu „hatt" etc.) für die 3. Person Präsens von „haben", die nach den Angaben des Sprachatlas bis auf das Kloster Heiligkreuztal im Bereich östlich einer Linie Wildbad – Sulz/Neckar – Balingen – Beuron – Weingarten in der archivalischen Überlieferung nicht belegt ist;[45] die in der Handschrift sonst unübliche ostoberdeutsche Schreibung „hatt" ist zweimal auf HStA Stuttgart A 493 Bü 2, S. 4 in einem Brief von Graf Ulrich V. von Württemberg bezeugt, was vorlagenbedingt sein könnte.

Andere auffallende und das Gesamtbild prägende Spracheigenheiten wie z. B. die Beibehaltung der mittelhochdeutschen Monophthonge <i, y>, <u, v> und <ú, u, v> für î û iu und der Diphthonge <ie, ye>, <ů, v̊>, <ü, ye>[46] für ie uo üe bzw. <ou, ö, ow> und <ö, o̊> für ou und öu sind gesamtalemannisch und für die Frage nach dem Anteil ihrer oberrheinischen Herkunft an der Schreibsprache der seit 1478 im württembergischen Kirchheim lebenden Barbara von Speyer unerheblich. Es kommen einige weitere deutlich oberrheinische oder südwestalemannische Schreibungen hinzu, wie z. B. „zů" mit dem Gerundivum auf -ende („zů tůnde"[47]) und „det" für „tet",[48] die als weniger häufig belegte Formen für die Gesamtcharakterisierung der Sprache nicht so bedeutend sind. Spezifisch elsässische Schreibungen (wie z. B. Metathese), die nur linksrheinisch zu erwarten wären, sind in der Stuttgarter Handschrift, soweit ich sehe, nicht belegt.

Trotz diesem Befund lassen sich einige wenige Spracheigenheiten erkennen, die nur schwer mit der oberrheinischen Grundhaltung der Sprache vereinbar sind und die darauf hindeuten, dass die Schreiberin zwar keine Mischsprache verwendet, aber einiges aus ihrer neuen Umgebung in Kirchheim aufgenommen hat. Es lassen sich nach meinen Untersuchungen, die mit Sicherheit vertieft werden könnten, vor allem vier Punkte nennen:

- schwäbisches <au, ou> für â, soweit ich sehe bis auf einmal „aucht" für „acht" (HStA Stuttgart A 493 Bü 2, S. 280) nur wortgebunden in dem Wort „aubent" ebd. S. 37, 124, 285, „oubent" S. 71, „pfyngstaubent" S. 12; außer den Sonderfällen der Urbare aus Basel, St. Blasien und Tennenbach, die einer besonderen Erklärung bedürften, bieten die Karten 38 und 39 des HSS keine Beispiele für <au> westlich der Linie Pforzheim – St. Georgen – Waldshut, die den östlichen Rand des Schwarzwaldes bildet;
- auslautendes <y> beim Femininabstraktum auf -i (Typus „riuti") in „gehorsamy" (S. 2 und 3); nach HSS Karte 95 im Elsass nicht belegt, aber dort einzelne Belege aus Stuttgart, Echterdingen, Esslingen und Bebenhausen, am häufigsten im rechtsrheinischen Gebiet südlich von Kenzingen und Tennenbach – und vor allem in der Nordschweiz, die im HSS leider nicht berücksichtigt wird;

44 Vgl. ebd., Karten 173–176.

45 Vgl. ebd., Karte 46.

46 Die Entrundungsgraphie <ye> für üe (z. B. „geyebt" HStA Stuttgart A 493 Bü 2, S. 3) ist im gesamten alemannischen Gebiet bezeugt, vgl. HSS (wie Anm. 41), Karte 86 (mit Straßburg, Schlettstadt und Colmar, aber auch Stuttgart und Bebenhausen).

47 Vgl. HSS (wie Anm. 41), Karten 216 und 217.

48 Vgl. HSS (wie Anm. 41), Karte 154.

– ostoberdeutsches <p> für <b> im Anlaut an solchen Stellen wie „vns arme plöde wyplich pylde" (S. 114); häufiger belegt, vgl. HSS Karten 136 und 137: Stuttgart, Esslingen und Bebenhausen mit <p>, nur sehr wenige Belege für <p> südlich einer Linie Straßburg – Gengenbach – St. Peter – Heiligkreuztal;
– die wortgebundene Schreibung „loub" für „lob", z. B. S. 4, 7, 8 und 290; vgl. HSS Karte 28 („houf" für „hof"): sehr selten belegt, neben Straßburg und Eschau/Elsass vor allem Beispiele am Oberrhein zwischen Säckingen und Salem, an der Donau zwischen St. Georgen und Ulm und in Reutlingen (und bei den Grafen von Helfenstein).

Es stellt sich jetzt die Frage, in welchem Verhältnis die für die Chronik verwendete oberrheinische Schreibsprache zu den anderen schriftlichen Erzeugnissen des Klosters Kirchheim steht. Dafür bietet das oben für den Schriftvergleich verwendete Rechnungsbuch ein durchaus in Frage kommendes Untersuchungsobjekt, denn es enthält neben den für den Sprachvergleich weniger ergiebigen Rechnungen die stereotyp formulierten periodischen Berichte für die Jahre 1481–1486 über den finanziellen Stand des Klosters in deutscher Sprache, die von der Schaffnerin verlangt wurden und in der Handschrift von drei verschiedenen Händen aufgezeichnet wurden. Überraschenderweise sind auch diese Texte in oberrheinischer Schreibsprache abgefasst (mit <ei> für ei, <o> für â, <sw> in „swester", „het" oder „hett" für das im württembergischen Raum zu erwartende „hat(t)", gelegentlich <d> in „dag"). Nur ganz vereinzelt treten einzelne ostoberdeutsche Sonderschreibungen auf, wie man sie in der Region von Kirchheim erwarten würde:
– neben der Normalschreibung „het(t)" verschiedentlich „hot" (Hand 3 auf HStA Stuttgart A 493 Bü 1, Bl. 55r), „hatt" (Hand 1 auf Bl. 57r, Hand 2 auf Bl. 60v) und 9x „haut" (Hand 1 auf Bl. 61v–62r und 63v mit schwäbischem <au>);
– neben der Normalschreibung <ei> einmal ostoberdeutsches <ay> in „ayn" (Hand 1 auf Bl. 57r).
– Was die für eine schreibsprachliche Zuweisung weniger aussagekräftigen – aber recht umfangreichen – Rechnungen des eigentlichen „Registers" anbetrifft, bieten die für Orts- und Personennamen verwendeten Graphien ein ähnliches Bild: die oberrheinische Graphie <ei, ey> als Normalschreibung für ei („burgmeyger", „gemein", „heinrich", „heintz" etc.) neben wenigen Beispielen für die ostoberdeutsche Schreibung <ai, ay> in „stainbach", „mayer" (beide auf Bl. 1v), „keßmayer" Bl. 25r (neben „keßmeyger" Bl. 24v), „Mayger" Bl. 26v; oberrheinisches <o> für â in Überschriften (z. B. „Im lxxxiiij jor noch Johanne baptiste jn nemen zů kirchen [...]" Bl. 12v); und die (wortgebundene?) Schreibung <sw> in „swester" (z. B. Bl. 38r–39r), aber sonst immer <schl->, <schm->, <schn-> in Orts- und Personennamen einschließlich „Schmid" und „Schnider". Einen Unterschied in der schreibsprachlichen Haltung zwischen den Händen 1 und 2 konnte ich nicht feststellen. Im Gegensatz zur Sprache der Schreiberinnen des Rechnungsbuches sind Einträge auf Bl. 54r–55r für die Jahre 1478, 1480 und 1481, die von der Hand des Kirchheimer Vikars Johannes Prausser eingetragen wurden,[49] deutlich ostoberdeutsch gefärbt mit <ai, ay> (neben wortgebundenen Sonderschreibungen „ein" und „kein", einmal westalemannisch „teyl"), <a>

49 Prausser, dessen Name in der Chronik als „Pruser" geschrieben wird, schreibt selber „prawser" (Bl. 54r), „prawßer" (Bl. 54v) und „prwser" (Bl. 54v). Dass es sich um einen eigenhändigen Eintrag handelt, ergibt sich aus der Angabe „Min hantschrifft" (Bl. 53v, wiederholt Bl. 55r).

für â, <sw> in „swestern“, „nicht“ und „vsstende“, und passen damit in das zu erwartende Bild der Schreibsprache in der Stuttgarter Region und Württemberg.[50] Diese Feststellungen lassen erkennen, dass es tatsächlich in der Zeit nach der Reform so etwas wie eine oberrheinische Enklave in Kloster Kirchheim gegeben hat, ein Befund, zu dem die Machart der Chronik recht gut passt. Andererseits bietet der schreibsprachliche Befund Anlass, darüber nachzudenken, ob der zweidimensionale Raumbegriff, mit dem eine kartographische Darstellung wie der *Historische Südwestdeutsche Sprachatlas* notwendigerweise arbeitet, den realen Verhältnissen in den süddeutschen Domikanerinnenklöstern adäquat ist.

Der Wiener Codex der Kirchheimer Reformchronik führt aus sprachhistorischer Sicht in einen ganz anderen Bereich als der Stuttgarter, denn die regional distinktiven sprachlichen Eigenheiten dieser Handschrift weisen deutlich über das Württemberg-Schwäbische hinaus ins Ostoberdeutsche. Wir werden sehen, dass diese Feststellung nicht ganz unproblematisch ist, wenn wir es nicht einfach damit belassen möchten, die Schreibsprache charakterisiert und mit einer bestimmten Sprachlandschaft in Verbindung gebracht zu haben. Der ostoberdeutsche Charakter der Schreibsprache lässt sich einwandfrei bestimmmen. Das ergibt sich am deutlichsten aus der Behandlung der Langvokale und Diphthonge: <ei, ey>, <au> und <eü, eẅ> für î û iu in solchen Wörtern wie „seynem“, „auf“ und „durchleüchtigst“ (Sonderschreibung <i> in „inhaltung“), <ay>, <au, aw> und <eü> für ei ou öu in „mayster“, „auch“ und „geleüblich“ (Sonderschreibungen „ein“, „geystlichen“ und „heilligen“, aber auch „arbeyt“), sowie <ie, ye>, <u> (selten <ü>) und <ü> für ie uo üe in „hyeß“, „muter“ (vgl. „für“ = „fuhr“) und „geübet“. Langes â wird als <a> wiedergegeben. Bei den Konsonanten ist die fortschrittliche Behandlung der Verbindungen mit s- zu notieren: <schl> in „beschlossen“, <schn> in „schnell“, <schw> in „schwester“, daneben aber die Schreibungen mit <s> in „slug“, „smacheit“, „geswigen“, „swester“; außerdem die Normalschreibung <p> für anlautendes b (z. B. in „gepurt“ oder „potschaffte“) und die in allen Positionen verwendeten Schreibungen mit <k> (z. B. „kam“ und „werk“), wo in einem mittel- oder südbairischen Text wenigstens Spuren des ch-Konsonantismus zu erwarten gewesen wären. Es lassen sich andererseits immer wieder Schreibungen beobachten, die für den östlichen Bereich untypisch sind und die offensichtlich aus der unmittelbaren Vorlage Stg übernommen wurden, am auffallendsten im morphologischen Bereich, wo die alemannischen Endungen in -ent bei allen Personen des Plurals beim Verbum systematisch beibehalten sind. Schwäbische Kennzeichen wie <au> für â, wie sie z. B. in Augsburg oder Ulm zu erwarten wären, fehlen vollkommen, spezifisch Bairisches (wie z. B. „schol“ für „sol“ oder „chom“ für „kam“) ebenso. Wenn es nur darum ginge, auf Grund der Graphien die Möglichkeiten für eine sprachlandschaftliche Lokalisierung einzugrenzen, dann müsste man von den genannten Charakteristika die Verschiebung von mittelhochdeutsch ou zu <au> und öu zu <eu> hervorheben, denn diese Schreibungen, die in der Wiener Handschrift vollständig durchgeführt sind, wären an einem Produktionsort westlich des Lechs und südlich einer Linie Weißenburg – Wimpfen – Ellwangen recht unüblich.[51] Auch

50 Für „nicht“ im Gegensatz zu „nit“ oder „nút“ siehe Werner Besch: Sprachlandschaften und Sprachausgleich im 15. Jahrhundert. Studien zur Erforschung der spätmittelhochdeutschen Schreibdialekte und zur Entstehung der neuhochdeutschen Schriftsprache (Bibliotheca Germanica, Bd. 11), München 1967, S. 201f. und Karte 57. Für die Verteilung der Formen von „stân“ und „stên“ mit <a> und dem eher im Norden dieses Raums und in Bayern (einschließlich Augsburg) belegten <e> siehe ebd., S. 86 und Karte 6; HSS (wie Anm. 41), Karten 44f.

51 Vgl. HSS (wie Anm. 41), Karten 75 und 80.

die Schreibung <u> für uo in solchen Wörtern wie „gut", „muter" und „zu", ist hier zu berücksichtigen, die ebenfalls die Entstehung der Handschrift in der Region westlich des Lechs oder im Schwäbischen als sehr unwahrscheinlich erscheinen lässt.[52]

Wenn man davon ausgehen würde, dass das Interesse an der Chronik am ehesten bei Dominikanerinnen zu suchen ist, dann käme wohl vor allem Altenhohenau als das einzige südlich von Regensburg liegende Dominikanerinnenkloster in der unmittelbar östlich der Schwäbisch schreibenden Klöster Ulm und Medlingen liegenden Sprachlandschaft als Bezugspunkt für W in Frage.[53] Bei einer Provenienz der Handschrift aus den Dominikanerinnenklöstern Pettendorf (Regensburg), Schwarzhofen (östlich von Amberg) oder Frauenaurach (Erlangen) wären nordbairische Schreibungen zu erwarten, was hier nicht der Fall zu sein scheint. Trotz der isolierten Situation von Altenhohenau in der durch die Schreibsprache angezeigten Region muss man bei der Frage nach der Provenienz von W größte Vorsicht walten lassen, so dass eine Zuschreibung an dieses Kloster nur auf Grund von sprachlichen Indizien meines Erachtens allzu sehr gewagt und spekulativ wäre.

Zu bedenken gibt, dass die Handschrift von drei zusammenarbeitenden Schreibkräften angefertigt wurde, die sich in ihrer Schreibsprache nur unwesentlich von einander unterscheiden und denen die separaten Einzellagen der heutigen Stuttgarter Handschrift gleichzeitig zum Abschreiben vorlagen. Es ist kaum vorstellbar, dass diese drei Personen an einem anderen Ort als Kloster Kirchheim gearbeitet haben, denn eine Entstehung der Handschrift W in einem bayerischen Skriptorium, wo die Schreibsprache der örtlichen Umgebung entsprechen würde, müsste voraussetzen, dass die handschriftliche Vorlage Stg dahin transportiert wurde und dann wieder nach Kirchheim zurückgebracht wurde. Wir stehen hier vor einem unlösbaren Problem, bei dem es nicht sinnvoll wäre, verschiedene spekulative Erklärungen durchzuspielen. Wichtig ist es aber festzustellen, dass die *Chronik der Nonne von Kirchheim*, die, wie wir sehen werden, explizit für den Kirchheimer Convent verfasst wurde, innerhalb kürzester Zeit außerhalb der näheren Region auf Interesse gestoßen ist und nicht nur in Württemberg, sondern auch weiter östlich in Bayern Verbreitung gefunden hat.

4. Wer ist die Verfasserin der Chronik der Nonne von Kirchheim?

Die oben zitierte Überschrift, mit welcher die Chronik eingeleitet wird, bezieht sich mit der Formulierung „Wie diß loblich closter zů Sant Johannes baptisten zů kirchen vnder deck predier ordens reformiert ist worden vnd durch wölich personen"[54] explizit auf „dieses" Kloster

52 Vgl. Besch: Sprachlandschaften (wie Anm. 50), S. 79, 83 und Karte 29.

53 Vgl. die von der Sprache her gut vergleichbare Handschrift in der Bayerischen Staatsbibliothek München, Cgm 518 (Altenhohenau, datiert 1470, mit <ai, ei> für ei, <au> für û und ou, <u> für den Diphthong uo, <schl> neben <sn>, Digitalisat online von der Bayerischen Staatsbibliothek), während z. B. die Medlinger Handschrift Berlin, Staatsbibliothek zu Berlin – Preußischer Kulturbesitz, Ms. germ. fol. 741 (datiert 1496, mit <i> für î, <u> für û und <ů> für uo) in ihrer Schreibsprache vollkommen abweicht.

54 HStA Stuttgart A 493 Bü 2, S. 1; Sattler: Chronik (wie Anm. 1), S. 173. Vgl. die für die Nürnberger Klosterreform verwendete Überschrift im *Buch der Reformacio Predigerordens* von Johannes Meyer (wie Anm. 25): „Wie daz closter der swöstren prediger ordens zů sant Katherina in Nüremberg reformiert ist worden, und durch waz personen daz zů gangen ist" (V.15) – mit dem entscheidenden Unterschied „daz" anstatt „diß". Zitate aus dem *Buch der Reformacio Predigerordens* werden hier und im Folgenden mit Buch- und Kapitelzahl angeführt. Für Leben und Werk Johannes Meyers siehe Werner Fechter: Meyer, Johannes OP, ^{2}VL 6 (1987), Sp. 474–488; DeMaris: Johannes Meyer (wie Anm. 21), S. 1–37.

im Sinne von „unserem“ oder „meinem“ Kloster und richtet sich damit an eine implizite Leserschaft in Kloster Kirchheim.[55] Diese Haltung wird bis zu der Stelle eingehalten, als die Nonnen aus Schlettstadt kurz vor Pfingsten i. J. 1478 in Kirchheim eintreffen. Bis hierher werden die sieben Nonnen, die als Reformschwestern nach Kirchheim geschickt werden, in der dritten Person als „die sieben Schwestern“ bezeichnet, wie z. B. „Also fůrt man die zwen wegen gan sletstatt [~~we~~] vnd holtent *die vij swestern*, das sy kement gon stroßburg zů denen zů Sant Margrethen, das *sy* also mit einander fürent in diß lant. vnd also fůrent *die vij swestern* von syl uß [...]“.[56] Es geschieht jetzt ein Wechsel, denn die weitere Erzählung wird von einem Kollektiv-Wir weitergeführt, das sich vorerst nur mit den Schwestern aus Silo identifiziert: „Item als *wir* nun kumen warent gan kirchen mit den obgemelten wirdigen vettren vnd dem closter nahe worent, do enpfieng man *vns* gar erlich.“[57] Die weiteren Wir-Belege in der Chronik beziehen sich mehrheitlich auf die gesamte Klostergemeinschaft, an einer markanten Stelle am Anfang der Chronik sogar mit einer Erweiterung des Wir im Sinne des Kirchheimer Konvents auf „Wir Frauen“ insgesamt. Unmittelbar vor dem Bericht über den ersten Versuch durch Graf Eberhard den Jüngeren, die Klosterreform aufzulösen, flicht die Verfasserin einen Abschnitt über die Gründe ein, warum Gott es dem Teufel erlaube, dem Menschen Leiden zuzufügen. Unter anderem weist sie auf die Notwendigkeit hin, rechtzeitig Hilfe bei solchen Personen zu suchen, die mit Gott und den Seelen der Schwestern in Liebe verbunden sind und guten Rat geben können. Dabei fügt sie hinzu, dass dies „für uns schwache Frauen“ besonders wichtig sei, wo doch auch „starke Männer“ solche Beratung benötigten und es „in diesem Gotteshaus“ (Kirchheim) dazu gekommen sei, dass eigenwillige Schwestern durch unangemessene Beratung ihrer Mitschwestern, sich selbst geschadet und gegen den Gehorsam verstoßen hätten:

> „Vnd so vns grossen anfechtung anfallen vnd semlichen fantasyen, ist nút sycherers vnd besseres denn by gůter zit dar von ston vnd balde artznye sůchen vnd rot pflegen by denen, die vns wissen zů roten vnd die gottes ere lieb hant vnd vnser selen. Das ist dick wisen vnd starcken mannen not, wie vil me *vns krancken frowen*, die dick wenent, wir wöllent andren helffen, das wir vns selber enthelffen. Also ist es etlichen leyder in disem gotz huß ergangen, die nie gern vnder meysterschafft oder gehorsam worent [...].“[58]

Es gibt dann auch Stellen, wo mit dem Wir nur die reformwilligen Schwestern des Konvents unter Ausschluss ihrer Gegnerinnen gemeint sind. Andererseits kann es dazu kommen, dass das Wir sich auf die Gemeinschaft bezieht, während von den Reformschwestern aus Schlettstadt, zu denen die Verfasserin der Chronik als historische Person – als textexterne Größe – gehört haben dürfte, in der dritten Person gesprochen wird, wie z. B. in dem Satz:

> Und darnach in der heylgen vasten wart dick die rechnung erfordert, die wir doch nit tůn wolten wider vnsers ordens fryheyt [...] vnd wir ouch wol merckent, das nútz gůtz dar uß kummen möcht, denn das villycht etwas uffsatzs da wer, als wir dar nach innen wurdent, das es alles dar uff gieng, das *die reformiererin* enweg kement.[59]

55 Für die hier verwendete Terminologie siehe Hannelore LINK: Rezeptionsforschung. Eine Einführung in Methoden und Probleme (Urban-Taschenbücher, Bd. 215), Stuttgart u. a. 1976, S. 41–48.

56 HStA Stuttgart A 493 Bü 2, S. 11; SATTLER: Chronik (wie Anm. 1), S. 176.

57 HStA Stuttgart A 493 Bü 2, S. 14; SATTLER: Chronik (wie Anm. 1), S. 178. So auch in der Überschrift, mit welcher dieser Abschnitt anfängt: „Als wir gan kirchen in das closter koment“ (Ebd.). Diese Überschrift, die von der Schreiberin mit roter Tinte geschrieben wurde, ist möglicherweise als eine nachträgliche Hinzufügung in Stg zu bewerten, denn sie wurde in der Abschrift (W Bl. 10v) nicht übernommen.

58 HStA Stuttgart A 493 Bü 2, S. 22f.; SATTLER: Chronik (wie Anm. 1), S. 182.

59 HStA Stuttgart A 493 Bü 2, S. 26f.; SATTLER: Chronik (wie Anm. 1), S. 183f.

Ein Ich gibt es in der Chronik nur sehr selten, wobei ich die Stellen nicht in Betracht ziehe, an denen das als Allgemeinbegriff verwendete Pronominaladjektiv „mein" in der stereotypen Redewendung „mein Herr" eingesetzt wird, hier bezogen auf Graf Eberhard den Jüngeren, wie z. B. „Also bald er [= der Provinzial] ab gesasß, do kamm *min herre* mit synem volck zů dem [~~uolck~~] prouincial vnd hiesch von im, das er möchte her in gan".[60] Umso wichtiger sind zwei Stellen, an denen das Ich sich ausdrücklich als die Verfasserin der Chronik zu erkennen gibt, die den Text schreibt:

> „*Ich hett ouch dise ding nit geschriben*, werent sy nit allem land offenbar worden, des glychen ouch andre sachen, die hie vor geschriben sind. Gott der almechtig wöll in [= Dr. Conrad Holzinger] vnd ouch die andren siner mitgnossen bekeren vnd das sy mit bekantnis, rúw vnd leyt mögent erlangen daz ewige leben."[61]

> „Nach der selben anfechtung vnd betrúpniß ist sy von dem geyst gottes getriben worden inn die innere wiestung. Do spiset sy gott durch syne heylgen engel me dann xxx jar. *Das hab ich dar umb geschriben* vns zů eym bild, daz wir vns selber nit zů wol getrúwen, besunder das wir munder vnd allezit behůtsam vnd wacker syent mit grosser dapferheyt, nit alleyn eyn yecliche zů ir selber, besunder ouch zů eyn ander [...]."[62]

An beiden Stellen mit dem Verfasserin-Ich gibt die Erzählinstanz sich als eine Autorin zu erkennen, die ihre Vorgehensweise als Verfasserin der Chronik rechtfertigt. Im ersten Beispiel geht es um die Frage, ob der böse Augustinermönch Dr. Conrad Holzinger wegen seines besonderen Status als Priester eine besondere Behandlung durch Gott beanspruchen durfte, wobei sie Aaron, der sich gegen Mose gestellt hatte, aber im Unterschied zu Maria-Mirjam von Gott nicht bestraft wurde, als biblisches Vorbild für einen solchen gesetzmäßigen Ausnahmefall anführt. Es sei nur deswegen in Ordung, die Beschuldigungen des Priestermönchs Holzinger und anderes, was sie in der Chronik geschrieben habe, aufzuschreiben, weil die Vorgänge allgemein bekannt seien und es darum gehe, den Bösewichten eine Gelegenheit zu Reue zu geben. Im zweiten Beispiel erklärt sie ihre Gründe, die Maria Magdalena-Legende erzählt zu haben. Es gehe nämlich darum, ihren Rezipienten, ihrer impliziten Leserschaft im Kirchheimer Nonnenkonvent ein Beispiel zu bieten, aus dem sie lernen können, dass sie sich im Umgang mit Männern nicht leichtfertig auf ihre Tugendhaftigkeit verlassen dürfen und dass sie ständig auf der Hut sein sollten, nicht nur um eigene Verfehlungen, sondern auch den Verfehlungen der Mitschwestern vorzubeugen. Das Autor-Ich ist in beiden Textbeispielen mit einer explizit spezifizierten Absicht der Verfasserin in ihrer Kapazität als Schiftstellerin verbunden, und zwar ohne dass sie sich in dieser Ich-Rolle in irgendeiner Weise auf die biographisch-historische Position beruft, die es ihr als Augenzeugin der Ereignisse erlauben würde, den Wahrheitsgehalt des Berichteten implizit zu legitimieren.

Was wir hier beobachten, ist ein ziemlich unbekümmerter Umgang mit der Autor-Rolle von Seiten der Verfasserin der Chronik. Die Autorin nimmt die verschiedenen Positionen eines Sprecher-Ichs oder -Wirs ein, wie sie sich aus dem Kontext ergeben, und erstrebt damit keine kohärente Gesamtkonzeption, bei welcher die Verschiebungen von einer Position zur anderen eine bestimmte Funktion beanspruchen würden, wie wir das in einem neuzeitlichen Erzählwerk zu erwarten hätten. Diese Erkenntnis steht in einem gewissen Spannungsverhältnis zu

60 HStA Stuttgart A 493 Bü 2, S. 27; Sattler: Chronik (wie Anm. 1), S. 184.
61 HStA Stuttgart A 493 Bü 2, S. 213; Sattler: Chronik (wie Anm. 1), S. 257.
62 HStA Stuttgart A 493 Bü 2, S. 196f.; Sattler: Chronik (wie Anm. 1), S. 251.

der erstaunlichen literarischen Kompetenz, die wir bei der Behandlung von Dialogpartien, Erzählvorgängen und bis zu einem gewissen Punkt auch in der Gesamtstruktur der Kirchheimer Chronik beobachten. Die Verfasserin positioniert sich das ganze Werk hindurch als eine Nonne des Kirchheimer Konvents, aber es wird, soweit ich sehe, nicht einmal suggeriert, dass ihre Autorität, über die Ereignisse zu berichten, darauf beruht, dass sie alles selbst erlebt hat. Es ist nicht nur so, dass sie erzählt, was geschah und was gesagt wurde, sie kommentiert dieses Geschehen immer wieder mit moraltheologischen Erörterungen, sie lobt und verurteilt, manchmal ganz sarkastisch und ironisch. An einer Stelle gibt sie den Inhalt der Predigt wieder, die der Lesemeister und Vikar ihres Klosters Jakob Dienstlin nach dem glücklichen Ausgang der dritten Phase der Blockade vor den Nonnen hielt. Daran fällt auf, dass die Autorität, mit welcher der Prediger auf der Kanzel über die Ereignisse in Kirchheim spricht, von der Autorität der Autorin nicht zu unterscheiden ist, die sich nicht scheut, das Geschehen theologisch zu begründen, Beispielerzählungen aus der Bibel heranzuziehen und Zitate aus der Bibel und den Kirchenvätern als Stützen ihrer eigenen Position zu verwenden. Mit dem Kollektiv-Wir positioniert sie sich als Nonne des Konvents, als eine Frau, aber es gibt keine einzige Stelle, an welcher in irgendeiner Weise thematisiert wird, dass ihre Autorität, wenn es darum geht, das Geschehen zu deuten, durch ihre Gender-Rolle eingeschränkt wäre. Das alles geschieht, ohne dass die Verfasserin des Werks ihre Position als Autorin, als Schriftstellerin, reflektiert oder bis auf die beiden besprochenen Stellen explizit in ihr Schreiben integriert, eine Vorgehensweise, die durchaus der in mittelalterlichen Texten häufig zu begegnenden „unterdeterminierten“[63] Autor-Rolle entspricht, um eine glücklich gewählte Formulierung von Jan-Dirk Müller zu verwenden. Eine Erklärung dafür, was die Verfasserin veranlasst hat, diese umfangreiche Chronik zu schreiben, bietet sie nicht und darin dürfte sich die *Chronik der Nonne von Kirchheim* von zahlreichen anderen mittelalterlichen Schriften, die von Frauen verfasst wurden und in denen Fragen der Legitimation des Schreibens immer wieder berührt werden, grundsätzlich unterscheiden.[64] Umso bemerkenswerter sind die wenigen Stellen, an denen sie ihre Position als Frau thematisiert.

Eine vergleichbare, aber im Prinzip ganz andere, stärker Ich-bezogene Erzählhaltung wird im *Buch der Reformacio Predigerordens* Johannes Meyers von 1468 verwendet, das im Prolog zum ersten Buch die Angabe enthält, dass die fünf Bücher dieses Werks durch mehrere Personen („von semlichen personen“) zusammengebracht und verfasst wurden (I.prol.), aber danach ein streng anonym gehaltenes Ich im Singular für die Stimme des Verfassers verwendet, der sich an einen impliziten Rezipientenkreis von Nonnen richtet (z. B. „Nement war lieben swöstren“ I.11; „Nun min aller liebsten swöstren und kind [...] II.25; „so hab ich zů dem lob gottes und zů eren disem closter Schönenstainbach [...]“ III.prol.). Gelegentlich wird das Ich zu einem Wir erweitert, wenn der Berichterstatter seine Rezipienten in die Perpektive, aus welcher die Ereignisse beurteilt werden, einschließen möchte (z. B. I.12; I.18; II.25; III.4), wenn er sich beispielsweise auf „unseren“ Orden, den Dominikanerorden, bezieht (z. B. II.17; II.25) oder – viel seltener – ein Kollektiv-Wir verwendet, das die Klostergemeinschaft in Schönensteinbach meint, wo er bis 1465 als Beichtvater diente (z. B. „Wyr hattent an lay swöster genamt swöster Magt-

63 Jan-Dirk MÜLLER: Mediävistische Kulturwissenschaft. Ausgewählte Studien, Berlin 2010, S. 19.

64 Damit ist insbesondere zu kontrastieren die Konfiguration der Erzählerrolle in den dominikanischen Schwesternbüchern; vgl. die Zusammenstellung bei Susanne BÜRKLE: Literatur im Kloster. Historische Funktion und rhetorische Legitimation frauenmystischer Texte des 14. Jahrhunderts (Bibliotheca Germanica, Bd. 38), Tübingen, Basel 1999, S. 159–161 mit Anm. 3.

dalena Bechererin" III.39). Eine ungewöhnliche Variante der „anonymen" Erzählperpektive wird bei der Darstellung der Reform in den drei Freiburger Dominikanerinnenklöstern verwendet, wo zuerst ausführlich darüber berichtet wird, wie der „vatter Iohannes Meger", der hier zum ersten Mal namentlich erwähnt wird, die Reform, „die so tieff in sin hertz gesessen waz", durch „götliches insprechen" inspiriert wird, die notwendigen Schritte zu unternehmen, um die Reform in die Wege zu leiten (V.52). Sein Name wird auch in den drei Kapiteln, die der Reform der Freiburger Klöster Adelhausen, St. Agnes und St. Maria Magdalena gewidmet sind, jeweils einmal in der dritten Person erwähnt (V.54, 55, 56) und dann noch einmal in Kapitel IV.57, aber ohne jemals anzudeuten, dass er der Verfasser der Chronik sein könnte. Seine Verfasserschaft geht nicht aus Angaben in der anonym perspektivierten Chronik hervor, sondern aus einem selbst verfassten Brief über seine Schriften, der unabhängig von der Chronik überliefert ist.[65] Der Vergleich zwischen der Kirchheimer Reformchronik und Meyers *Reformacio* macht es deutlich, dass die Nonne von Kirchheim sich durch die Wahl einer anonymen Erzählhaltung in die Tradition einer Chronik stellt, die zwanzig Jahre vorher in ihrem eigenen Orden entstanden war und die sie gekannt haben muss. Es gibt aber deutliche Unterschiede zwischen den beiden Werken, unter anderem in der Zurückhaltung der Kirchheimerin im Einsatz der bei Meyer beliebten „Ich der Verfasser"-Perspektive und im Verzicht auf die indirekte Einbeziehung der eigenen Person, wo der Verfasser bzw. Verfasserin persönlich an dem Geschehen der Chronik beteiligt war.

Aber wer war die Nonne von Kirchheim? Sie wird wie schon oben erwähnt in der Literatur zur Kirchheimer Chronik seit Christian Friedrich Sattler i. J. 1768 immer – und fast immer ohne diese Identifizierung in irgendeiner Weise zu problematisieren – mit der in der Chronik als Mitglied der Gruppe von sieben Reformschwestern erwähnten Schlettstädter Nonne Magdalena Kremerin identifiziert, die neben anderen Ämtern als „texturschriberin" des Klosters Kirchheim bezeichnet wird.[66] Wenn man kriminalistisch vorgehen will, dann wird man feststellen müssen, dass die Verfasserin eine der sieben Reformschwestern gewesen sein muss, die i. J. 1478 aus Schlettstadt nach Kirchheim kamen, sonst hätte sie nicht „wir" sagen können, wenn von dieser kleinen Gruppe die Rede ist. Ich sehe keinen Grund, an dieser Identifizierung zu zweifeln, denn die Chronik arbeitet mit dem Rohmaterial der historischen Ereignisse, die bei der Klosterreform in Kirchheim und in den Jahren danach stattfanden, und die Identifizierung der Autorin der Chronik als eine der beteiligten Personen dient nicht in erster Linie dazu, die Glaubhaftigkeit des Berichts zu unterstreichen (eine Motivation, die höchstens indirekt anklingt), sondern sie ist in einem Erzählwerk, das die Positionerung des Erzählers nur an sehr wenigen Stellen thematisiert, durchaus glaubwürdig – als historische Überlieferung glaubwürdig. Die sieben Reformschwestern sind Barbara Bernheimerin, die 26 Jahre als Nonne in Kirchheim verbracht hatte, danach zwölf Jahre in Kloster Silo in Schlettstadt und jetzt i.J. 1478 als Priorin in ihr altes Kloster zurückkommt; Elisabeth Herwertin aus Augsburg, die zehn Jahre in Schlettstadt verbracht hatte und in Kirchheim Subpriorin wird; Barbara von Speyer, die schon vor der Reform von Kloster Silo i. J. 1464 in Schlettstadt gewesen war und in Kirchheim das Amt der Schaffnerin übernimmt; Magdalena Kremerin, die aus Straßburg nach Silo gekommen war und als Küsterin, „Texturschreiberin", Novizenmeisterin und Ober-

65 Textabdruck bei Heribert Chr. Scheeben: Handschriften I, in: Archiv der deutschen Dominikaner 1 (1937), S. 149–202, hier S. 185–189.

66 Vgl. HStA Stuttgart A 493 Bü 2, S. 16.; Sattler: Chronik (wie Anm. 1), S. 179.

sängerin bezeichnet wird; Christine Rinow, die Raderin und Unterschaffnerin wird; und die Laienschwester Fides, die auch Trüw genannt wird. Soweit ich sehe, besteht der einzige Grund, Magdalena Kremerin als die Verfasserin der Chronik anzusehen, darin, dass aus Gründen, die nicht explizit besprochen worden sind, ihr Profil unter den Kurzbiographien der sieben Reformschwestern am besten zu dieser Tätigkeit zu passen schien.

Gegen eine Identifizierung der Verfasserin mit Magdalena Kremerin spricht vor allem die Unsicherheit, die mit einer solchen Identifizierung verbunden ist, wenn sieben Kandidatinnen in Frage kommen, zwischen denen man nur auf Grund von vorgefassten Annahmen darüber wählen kann, was für ein Amt im Kloster und was für persönliche Fähigkeiten am besten mit der Verfassung einer Klosterchronik vereinbar sind. Wenn man die oben vorgetragene Hypothese akzeptiert, dass die Schreiberin der für den Kirchheimer Konvent erstellten Reinschrift, die in der Forschung meistens implizit – bei Lorenz und Deigendesch sogar explizit – für ein Autograph gehalten wurde, mit der Schaffnerin Barbara von Speyer zu identifizieren ist, dann wird es noch schwieriger, die Kremerin-These aufzurecht zu erhalten, es sei denn, man verabschiedet sich von der Vorstellung, dass Verfasserin und Schreiberin dieselbe Person gewesen sind (dazu s. u.).[67] Hinzu kommt das Problem, dass durch die Bezugnahme auf eine im Text der Chronik nicht angelegte Personalisierung der Verfasserschaft die moderne Forschung eine Verfälschung der Erzählinstanz vornimmt, die durchaus Konsequenzen für die Interpretation haben könnte.

Dass aus historisch-biographischer Sicht Magdalena Kremerin als Verfasserin anzusehen war, ergab sich für Sattler anscheinend aus der Tatsache, dass ihre Schreibkünste als „Texturschreiberin" zweimal in der Chronik erwähnt und damit besonders hervorgehoben werden, was dazu führte, dass er bei seiner ersten Erwähnung der Kirchheimer Chronik im vierten Band seiner *Geschichte des Herzogthums Würtenberg* Magdalenas Ämter und Beteiligung an der Klosterreform gar nicht erwähnt und nur berichtet, dass sie „von Schletstatt nach Kirchheim als Texturschreiberin berufen wurde" (s. o. S. 127). Schreiberin und Autorin waren für ihn die gleiche Person. Darin ist die bisherige Forschung ihm gefolgt, und zwar ohne die Möglichkeit einer Unterscheidung zwischen Verfasserin und Schreiberin in den Blick zu nehmen.

Bei der Interpretation der Stellen über die „Texturschreiberin" muss bedacht werden, dass der Bericht über die Reformierung von Kloster Kirchheim durch Schwestern aus dem Elsass, der im Rahmen einer groß angelegten Aufzählung der Personen, die an der Reform des Klosters beteiligt waren, durch das Vorbild der Reformberichte in Johannes Meyers *Buch der Reformacio Predigerordens* und sein Programm, „von den gnaden der personen der reformacio" und nicht nur das „wie und wann", sondern auch „durch welche personen sy worden sind reformiert" zu berichten (I.prol.; V.prol.), stark geprägt ist. Es werden hier zwar keine „Texturschreiberinnen" genannt, aber die Fähigkeit bestimmter Nonnen im Malen und im Schreiben liturgischer Handschriften wird immer wieder bei Meyer erwähnt. Das geschieht besonders ausführlich in der Kurzvita der i. J. 1438 verstorbenen niederländischen Schwester Luckart, Schaffnerin in Schönensteinbach, die zu einer älteren Generation von Reformschwestern im

67 Vgl. GÖTZ: Gelegenheit (wie Anm. 39), dessen Erwägungen zu der Möglichkeit eines Vergleichs zwischen der Schrift der Chronik-Handschrift und einem Kirchheimer Chorbuch implizit voraussetzen, dass die Chronik-Handschrift von Magdalena Kremerin geschrieben wurde; LORENZ: Kremerin (wie Anm. 4), Sp. 892 („Die Verfasserin, die über eine ausgeprägte, im kirchlichen Schriftum wurzelnde Bildung verfügte, ist zweifellos mit der Schreiberin identisch"); HAMBURGER: Magdalena Kremer (wie Anm. 39), S. 125 („The author of the document – most likely, given the numerous references to scribal activity, the ‚texturschriberin' herself [...]"); DEIGENDESCH: Mantua (wie Anm. 31), S. 163 („ [...] die von Magdalena Kremerin verfasste Chronik als ‚Autograph' erhalten").

Elsass als Magdalena Kremerin und Barbara von Speyer gehört. Insbesondere wird über Luckarts Tätigkeit als Schreiberin von liturgischen Büchern (einschließlich deren Ausstattung mit Noten) und als Übersetzerin lateinischer Texte berichtet:

> „sy waz niemer müssig, sy bekömret sich [...] mit dem schaffner ampt oder mit schriben, des sy gar an grosse maisterin gewesen ist, also wir wol sechen an den grossen, schönen, nützlichen corbüchern, die sy zů trost dem closter hat geschriben und genottiert und also wol us beraytet und volbracht, daz es mangen vatter und vil priester hat gewundret, die daz mess bůch zů der singenden mess gesechen habent, daz sy och hat geschriben, wie an frowenbild so an gůte, gerechte, ungeslechete geschrift schriben könd, und also ordenlich und glichlich voll harren. Sy waz an hoffliche, subtili, künsthriche person in manger hand werck und zimlich verstůnd sy die kunst der gramatica und latin zů tüsch machen, und mit vil gnaden waz sy von got rilich und wol begabet an dem inwendigen und uswendigen menschen. (III.26)"

Es dürfte sich um die gleiche Schwester Lucardis handeln, die an früherer Stelle als „schaffnerin und dar zů schryberin der mess bücher, gradal, antifüer [= antifner], lecte bücher und ander bücher des chores" bezeichnet wird (II.11). Im fünften Buch der *Reformacio* wird von einer gewissen Schwester Magdalena Frankengrünerin, die ursprünglich aus Worms stammte, berichtet, dass sie in Colmar schöne Chorbücher geschrieben hat.[68] Für die Beurteilung der Situation in Kirchheim dürfte der Bericht über die i. J. 1464 eingeführte Klosterreform in Schlettstadt an der Stelle besonders relevant sein, die Angaben über vier der aus Colmar stammenden Reformschwestern bringt, welche die Ämter der Priorin, Subpriorin, Küsterin und Sängerin sowie Unterschaffnerin und Zirkerin zugeteilt bekamen. Es wird hervorgehoben, dass die Unterschaffnerin und Zirkerin Margretha Merin – vergleichbar der Kirchheimer Küsterin Magdalena Kremerin – „an wol geschickte swöster zů malen, schriben und wor zů man ir bedorfft" gewesen ist (V.50).

Wenn die Angaben der Kirchheimer Chronik über die Fähigkeiten von Magdalena Kremerin als Schreiberin für die Frage nach der Autorschaft und/oder ihrer Beteiligung an der Entstehung der Stuttgarter Handschrift herangezogen werden, dann ist zu bedenken, dass es sich dort, wo Johannes Meyer über Nonnen berichtet, die schreiben oder malen konnten, immer um den Beitrag der Nonnen zur Ausstattung ihres Klosters mit Chorbüchern und sonstigen liturgischen Handschriften handelt. Einmal im Falle von Schwester Luckart in Schönensteinbach ist von Übersetzungsarbeit die Rede. Es werden also ganz andere Aspekte des klösterlichen Schreibbetriebs genannt als diejenigen, die nötig gewesen wären, um eine deutschsprachige Chronik zu verfassen.

Wenn die Nonne von Kirchheim davon spricht, dass Magdalena „konde wol textur schreiben,"[69] dann verwendet sie mit dem Wort „textur" einen Begriff, der nach der älteren Literatur zu urteilen bis zum fünfzehnten Jahrhundert in deutschen Quellen ganz allgemein für eine anspruchsvolle Buchschrift („Text-Schrift") benutzt wurde, aber in späterer Zeit eine Bedeutungsverengung erfuhr und nur noch für die „feierliche gotische gebrochene Schrift der liturgischen Bücher"[70] Verwendung fand. Die aus den Niederlanden und Norddeutschland

68 „under ander ir arbait dem closter wol gehulfen [hat] mit schriben, besunder mit den schönen bücher des cors by dem götlichen dienst" (V.42).

69 HStA Stuttgart A 493 Bü 2, S. 12; Sattler: Chronik (wie Anm. 1), S. 176.

70 Carl Wehmer: Die Namen der „gotischen" Buchschriften, in: Zentralblatt für Bibliothekswesen 49 (1932), S. 11–34, 169–176 und 222–234, besonders S. 170–175. Die älteren Literaturangaben, auf welche manchmal verwiesen wird, wie z. B. Wilhalm Wattenbach: Das Schriftwesen im Mittelalter, Leipzig [3]1896 (Nachdruck Graz 1958), sind wenig ertragreich.

stammenden Belege für „textura“, die von Bonaventura Kruitwagen herangezogen werden, zeigen, dass das Wort seit dem zweiten Jahrzehnt des fünfzehnten Jahrhunderts (Beleg Nr. 21 seiner Liste) fast ausschließlich als Bezeichnung für die Schrift von Chorbüchern verschiedener Art auf Pergament (Gradualia, großformatige Psalterien usw.) belegt ist.[71] Unter den Einträgen für das Jahr 1500 wird in der sogenannten *Chronik* (oder *Konventsbuch*) des reformierten Dominikanerinnenklosters St. Katharina in St. Gallen von der Herstellung eines Lektionars auf Pergament berichtet, das unter Heranziehung einer aus Nürnberg ausgeliehenen Vorlage in „textur“ geschrieben wurde.[72] Um 1511 soll nach derselben Quelle Regina Sattler Gesänge zur Hl. Katharina im gleichen Lektionar in „gutter textur“ nachgetragen haben.[73] Angesichts dieser Entwicklung und der recht gut vergleichbaren Parallelen bei Johannes Meyer wird man annehmen müssen, dass die Kirchheimer Schwester Magdalena Kremerin über die „Textur“-Schrift in diesem neueren Sinn verfügte und höchstwahrscheinlich an der Herstellung solcher Chorbücher wie die beiden von Hamburger besprochenen Handschriften in St. Paul im Lavanttal (cod. 62/1 ein illuminiertes Kollektar und cod. 72/1 das Kirchheimer Kapiteloffiziumsbuch) beteiligt war. Ob Magdalena Kremerin wegen ihrer durch das Schreiben liturgischer Handschriften bezeugten Beteiligung am Schreibbetrieb des Klosters oder die Schaffnerin Barbara von Speyer, die als Schreiberin der Chronik-Handschrift und des Rechnungsbuches eine Parallelfigur zu den bei Meyer genannten Schaffnerinnen in anderen Klöstern gewesen ist, deren Schreibarbeit hervorgehoben wurde, die wahrscheinlichere Kandidatin für die Verfassung der Chronik ist, soll vorerst offengelassen werden. Das Problem spitzt sich zu auf die Frage nach dem Stellenwert der von Barbara von Speyer geschriebenen Stuttgarter Handschrift in der Überlieferung: Autograph oder nur autornahe Reinschrift?

5. Ist die Stuttgarter Handschrift ein Autograph?

Es kommt im Laufe der Blockade des Klosters dazu, dass die Schwestern gebeten werden, Stellung zu einer brieflichen Anforderung Eberhards des Jüngeren zu nehmen, dass die Reformnonnen aus Kirchheim wegziehen sollten. Nur fünf reformunwillige Schwestern fühlen sich verpflichtet, sich gegen die Priorin und die „reformiererin(nen)“ zu stellen, und sie tun dies „eynhelliclich uß eynem ‚mund‘.“[74] In einer ersten Fassung dieser Szene wird die Antwort der fünf Gegnerinnen der Reform im Plural formuliert: „wir hant úch nit her begert oder geton, darumm wollent.“ An dieser Stelle bricht die Schreiberin ihren Satz ab, streicht diese ers-

71 Vgl. Bonaventura KRUITWAGEN: De drie soorten van Fratersschrift: Fractura, Rotunda, Bastarda, in: DERS.: Laatmiddeleeuwsche palaeografica, palaeotypica, liturgica, kalendalia, grammaticalia, Den Haag 1942, S. 23–78, besonders die Beispielliste auf S. 36–44 und das Kapitel „Textura“ S. 47–51. Die Bezeichnung „textura“ bzw. „textur “ wird auf dem Schriftmusterblatt des Zürcher Schreibmeisters Wilheln [!] Reider um 1400 nicht verwendet; vgl. Martin STEINMANN: Ein mittelalterliches Schriftmusterblatt, in: Archiv für Diplomatik, Schriftgeschichte, Siegel- und Wappenkunde 21 (1975), S. 450–458.

72 „Jtem wir hand geschriben vf bermet die letzgen von den hailgen die drig letzgen hand wie sy vńs von núrenberg hand geschickt textur het kostet permet vnd tinten zúg ij gulden“; Wil, Klosterarchiv St. Katharina, o. S. (‚Chronik‘), Bl. 88v. Vgl. Simone MENGIS: Schreibende Frauen um 1500. Scriptorium und Bibliothek des Dominikanerinnenklosters St. Katharina St. Gallen (Scrinium Friburgense, Bd. 28), Berlin u. a. 2013, S. 214 mit Anm. 44; Antje WILLING: Die Bibliothek des Klosters St. Katharina zu Nürnberg. Synoptische Darstellung der Bücherverzeichnisse, Berlin 2012, Bd. 1, S. LXXX, die den Eintrag auf 1505 datiert.

73 WILLING: Bibliothek, Bd. 1 (wie Anm. 72), S. LXXX.

74 HStA Stuttgart A 493 Bü 2, S. 224; SATTLER: Chronik (wie Anm. 1), S. 261; siehe (Abb. 2 b).

te Version der Aussprache der Nonnen durch und setzt eine zweite Fassung in den fortlaufenden Text, die inhaltlich praktisch identisch ist, aber welche die Aussprache „uß eynem mund" rhetorisch anders – diesmal in der ersten Person Singular – formuliert: „yetliche in sunderheyt Jch hab uwer nit her begeret oder her geton darumm wyll ich úch nit hie beheben." Eine solche Änderung ist kaum als die Verbesserung eines „Fehlers" einzuschätzen, denn es handelt sich viel eher um eine intentionale Veränderung von Seiten einer Autorin, die beim Abschreiben ihres eigenen Textes eine wirkungsvollere Möglichkeit findet, die Szene zu gestalten. Veränderungen dieser Art sind sehr selten, und es stellt sich die Frage, ob solche intentionale Eingriffe in der Stuttgarter Handschrift der Chronik eindeutig genug und zahlreich genug sind, um die Hypothese zu tragen, dass Schreiberin (Barbara von Speyer) und Verfasserin eine Person sind. In diesem Fall wäre die Stuttgarter Handschrift als ein Autograph anzusehen: nicht ein Autograph im Sinne eines Entwurfs oder einer ersten Niederschrift für den eigenen Gebrauch, sondern eine von der Verfasserin erstellte eigenhändige Reinschrift der vollständig ausgearbeiteten Textfassung, die im Kloster aufbewahrt werden sollte und als Vorlage für weitere Abschriften (wie z. B. die Handschrift W) dienen konnte.[75]

Dass es sich um eine eigenhändige Reinschrift von der Hand der Verfasserin handelt, ergibt sich aus dem Gesamtbefund der Fehler, Korrekturen und von der Schreiberin selbst vorgenommenen Textveränderungen. Die Handschrift ist sehr sorgfältig geschrieben und sehr gut lesbar, aber sie enthält eine ungewöhnlich hohe Anzahl von kleinen Verbesserungen, deren Notwendigkeit vermutlich schon beim Schreiben aufgefallen sein wird. Es handelt sich vor allem um die Hinzufügung von kleinen Wörtern wie zum Beispiel die Pronomina „er", „wir", „vns", „ir", „sy" und um Verbesserungen kleiner, aber sinnstörender Auslassungen wie z. B. „do wart er durch ‚gehorsamy' ir aller vicarie"[76] oder „vnd das closter zů ‚syl' etliche grosse merckliche schaden hett genomen."[77] Die Verbesserungen wurden von der Hand der Schreiberin zwischen den Zeilen oder am Rande eingetragen. Daneben gibt es eine Anzahl von ungewöhnlichen Korrekturen wie z. B. „das wir‘dig' closter,"[78] „der böse geyst versůcht den ~~men~~ [rot durchgestrichen] ‚menschen' dar vmb das er [...]",[79] „ein ‘ex'empel"[80] und „vnser wir‘diger' vatter"[81], die vielleicht durch die Beschaffenheit des als Vorlage dienenden Konzepts erklärt werden müssten. Gelegentlich musste die Schreiberin nachträglich kleine Ergänzungen an mehreren Stellen eines Satzes vornehmen, um einen sinnvollen Zusammenhang herzustellen,

75 Für die Definition eines mittelalterlichen Autographs siehe Astrid Houthuys: Middeleeuws kladwerk. De autograaf van de *Brabantsche yeesten*, boek VI (vijftiende eeuw) (Schrift en Schriftdragers in de Nederlanden in de Middeleeuwen, IV), Hilversum 2007, S. 53f. Siehe auch Monique-Cécile Garand: Auteurs latins et autographes des XIe et XIIe siècles, in: Scrittura e civiltà 5 (1981), S. 77–108; Michael D. Reeve: Errori in autografi, in: Paolo Chiesa, Lucia Pinelli (Hgg.): Gli autografi medievali. Problemi paleografici e filologici (Quaderni di cultura mediolatina, 5), Spoleto 1994, S. 37–60, dort auf S. 43 zu den Kriterien, die es erlauben, ein Autograph als solches zu erkennen; Volker Honemann, Gunhild Roth: Mittelalterliche Autographen und Textgenese. Am Beispiel von Peter Eschenloers *Geschichte der Stadt Breslau*, in: Martin J. Schubert (Hg.): Deutsche Texte des Mittelalters zwischen Handschriftennähe und Rekonstruktion. Berliner Fachtagung 1.–3. April 2004 (Beihefte zu editio, Bd. 23), Tübingen 2005, S. 217–236; und vor allem die grundlegende oben genannte Publikation von Houthuys, insbesondere S. 51–92 („Autografen").

76 Die Hinzufügung am Rande HStA Stuttgart A 493 Bü 2, S. 3; Sattler: Chronik (wie Anm. 1), S. 174.

77 HStA Stuttgart A 493 Bü 2, S. 25; Sattler: Chronik (wie Anm. 1), S. 183.

78 „dig" über der Zeile HStA Stuttgart A 493 Bü 2, S. 13; Sattler: Chronik (wie Anm. 1), S. 177.

79 „menschen" über der Zeile HStA Stuttgart A 493 Bü 2, S. 20; Sattler: Chronik (wie Anm. 1), S. 181.

80 Verbessert aus „ein empel" HStA Stuttgart A 493 Bü 2, S. 22; Sattler: Chronik (wie Anm. 1), S. 182.

81 „diger" unter der Zeile HStA Stuttgart A 493 Bü 2, S. 117; Sattler: Chronik (wie Anm. 1), S. 220.

wie z. B. „verblendet gewesen das sy die ‚ding' alle byllich ‚ducht' was im vom closter werden möcht."[82]

Die durch nachträgliche Korrektur ergänzte Stelle „do blybent ‚sy' [interlin.] ‚v́ber nacht' [am Rande] zů Sant Margrecthen"[83] könnte auf Kenntnisse schließen lassen, über die eher die Autorin, die bei der Reise nach Kirchheim dabei war, verfügen würde. Das Gleiche gilt für die Stellen, an denen Namen nachträglich eingefügt wurden: „vnd forderten eyn swester ‚anna dúrrin' [am Rande] die solt man zů inen lossen",[84] „der selbe herzog jórg der schyckte her zwen herren syner gnaden ret / mit namen her sygmunt ‚von from*berg*' [am rechten Rande, „berg" mit schwarzer Tinte nachgetragen] ‚herre' [am linken Rande] zům hag eyn fryg herre / der ander herre blúckart landtschade eyn wolgeborner ~~ritter~~ [rot durchgestrichen]/ gar zwen frum wyse herren."[85] Einmal wird der Name einer Nonne getilgt, die die Stellung der Priorin im Chor übernahm, um diese im Falle eines Überfalls zu schützen: „also eyn in der priorin stůl die nem eyn crufixus [!] fúr sych ~~daz selbe was S Elyzabecht lengenbergin~~ [rot durchgestrichen] die wolt denn han gesprochen ich byn die priorin was wöllent ir min."[86] Eine solche Tilgung kann eigentlich nur ein intentionaler Eingriff gewesen sein und lässt sich am besten dadurch erklären, dass Verfasserin und Schreiberin eine Person waren. Das Gleiche gilt für die Tilgung des Rückverweises „als vor stot" auf HStA Stuttgart A 493 Bü 2, S. 55,[87] eine „Regieanweisung", die nur als ein redaktioneller Eingriff der Verfasserin zu verstehen ist. An ganz wenigen Stellen haben wir es mit Veränderungen zu tun, bei denen (minimal) in die Aussage des Textes eingegriffen oder aus stilistischen Gründen ein anderes Wort gewählt wurde, z. B. „denn der vatter leßmeyster iacob dienstlich [!] was ~~syder~~ [rot durchgestrichen] dar zwyschent hie gewesen."[88] Hinzu kommen einige Passagen, an denen die Schreiberin ein Spatium freigelassen hat, das später ausgefüllt wurde (oder werden sollte): „als wir hant im hůch [sic!] ‚der zäll <Numeri andem xij cap>';"[89] „Die ist eynes grossen fúrsten vnd grauen dother [!] / [Spatium] die ist von irer herreschafft gangen;"[90] „Ouch hett vnser heylger vatter der babst Syxtus [Spatium] dise juncfröw magdalena sunderlich liep."[91] Es handelt sich wahrscheinlich um Lücken, die von einer Autorin als ein Provisorium in ihren Text eingesetzt wurden.

Vielfach handelt es sich bei Unregelmäßigkeiten in der Handschrift um die ganz gewöhnlichen Schreibfehler, wie sie bei den meisten Schreibern anzutreffen sind: Assimilation, Dittographien und Augensprung wie z. B. „mit gott vnd syner hylff ~~zů~~ vns zů fúr sehen,"[92] „do kamm min herre mit synem volck zů dem ~~volck~~ prouincial. vnd hiesch [...],"[93] „so ~~man~~ möcht man,"[94] „do wolt ~~wolt~~ sy"[95] und eine Stelle,[96] an welcher zuerst 26 Textzeilen durch einen Au-

82 Die Ergänzungen jeweils am Rande und zwischen den Zeilen HStA Stuttgart A 493 Bü 2, S. 31; SATTLER: Chronik (wie Anm. 1), S. 185.
83 HStA Stuttgart A 493 Bü 2, S. 11; SATTLER: Chronik (wie Anm. 1), S. 176.
84 HStA Stuttgart A 493 Bü 2, S. 24; SATTLER: Chronik (wie Anm. 1), S. 182.
85 HStA Stuttgart A 493 Bü 2, S. 87; SATTLER: Chronik (wie Anm. 1), S. 209.
86 HStA Stuttgart A 493 Bü 2, S. 68f.; SATTLER: Chronik (wie Anm. 1), S. 201.
87 Vgl. SATTLER: Chronik (wie Anm. 1), S. 219.
88 HStA Stuttgart A 493 Bü 2, S. 74; SATTLER: Chronik (wie Anm. 1), S. 203.
89 HStA Stuttgart A 493 Bü 2, S. 213; SATTLER: Chronik (wie Anm. 1), S. 257.
90 Nicht ausgefüllt HStA Stuttgart A 493 Bü 2, S. 214; SATTLER: Chronik (wie Anm. 1), S. 257.
91 Ebd.
92 HStA Stuttgart A 493 Bü 2, S. 22; SATTLER: Chronik (wie Anm. 1), S. 182.
93 HStA Stuttgart A 493 Bü 2, S. 27; SATTLER: Chronik (wie Anm. 1), S. 184.
94 HStA Stuttgart A 493 Bü 2, S. 37; SATTLER: Chronik (wie Anm. 1), S. 188.
95 HStA Stuttgart A 493 Bü 2, S. 44; SATTLER: Chronik (wie Anm. 1), S. 191.
96 Vgl. HStA Stuttgart A 493 Bü 2, S. 178f.; SATTLER: Chronik (wie Anm. 1), S. 243f.

gensprung von „da sprach sy. ach gnediger herre [...] Dar nach úber eyn kleyne wyl" auf „Dar nach do was das zit" übersehen wurden, der erst nach vier Zeilen, die sie durchstreichen musste, durch die Schreiberin korrigiert werden konnte. Diese Beispiele ließen sich leicht vermehren. Der Gesamtbefund deutet auf eine autornahe Überlieferung, ja mit großer Wahrscheinlichkeit auf ein Autograph, aber es bleibt bei den Textveränderungen dieser Art eine Ermessungsfrage, inwieweit die Züge, die für die Identität von Verfasserin und Schreiberin sprechen, nicht ebenso gut in einer Reinschrift durch eine andere Person vorkommen könnten.

Dreimal wurden nachträgliche Ergänzungen am Rande oder am Schluss eines Absatzes von der Hand der Schreiberin vorgenommen, und zwar ohne dass es Indizien dafür gäbe, dass die Stelle nur versehentlich weggelassen worden war:

> „So vns gott etwann berotten hett eyn wenig eyer oder wyß brötlin. so schycketz ey eyn S<wester> der andren. das sy meynt yene wer elter oder krencker dann sy."[97]

> „So man etwan zů etlichen Swestern sprach sy solten daz brot eyn wenig besnyden vnd nit also schymmelyg essen. so kusstent Sys vnd sprachent. es were gůt heylig brot."[98]

> „Die dúrrin vnd noch eyn swester hetten im [= Pater Bernhart] keyn bycht nie geton. sy hetten gantz keyn hertz noch willen zů im. me grossen vnwillen. dann er hett mit syns selbs libs arbeyt me dann eyn fart gon rom geton vnd [aus „vmb" korrigiert] botschafft bracht diß closter zů reformieren do er leß meyster zů eßlingen was."[99]

Die Einträge unterscheiden sich minimal durch einen etwas anderen Duktus und in der Farbe der Tinte von dem Haupttext, aber es besteht kein Zweifel, dass sie von der Schreiberin Barbara von Speyer geschrieben wurden. Es handelt sich um inhaltlich abgeschlossene Texteinheiten, welche die Vertreterinnen und Vertreter der Reform in einem positiven Licht zeigen sollen. Während die Hinzufügung über Pater Bernhart auf S. 224 in W übernommen wurde und deswegen sofort nach oder sogar während der Erstellung der Reinschrift hinzugekommen sein kann, fehlen die beiden Sätze auf S. 37 und 44 in W, was darauf hindeutet, dass die Schreiberin von Stg weitere Ergänzungen vornahm, nachdem die Schreiberinnen der Abschrift mit ihrer Arbeit fertig waren.

Als letzter Aspekt, der für die Beurteilung des Autograph-Charakters von Stg zu berücksichtigen ist, sind die zeitgenössischen Randglossierungen und Textveränderungen zu betrachten, die von einer fremden Hand eingetragen wurden. Es gibt neben den Randglossen durch zwei viel spätere Hände, von denen die erste sich durch die häufigen Verweise auf die *Annales Suevici* (Frankfurt a. M. 1595–1596) von Martin Crusius auszeichnet, während die andere mit dem Herausgeber der Chronik Christian Friedrich Sattlers (1705–1785) identisch sein dürfte (vgl. Abb. 2a), eine Gruppe von dreizehn Rand- und Interlineareinträgen unterschiedlicher Art, die von einer Hand stammen und kurz nach der Anfertigung der Reinschrift entstan-

97 HStA Stuttgart A 493 Bü 2, S. 37.; Sattler: Chronik (wie Anm. 1), S. 188; fehlt Schottenkloster Wien, Cod. 307, Bl. 23r.

98 HStA Stuttgart A 493 Bü 2, S. 44; Sattler: Chronik (wie Anm. 1), S. 191; fehlt Schottenkloster Wien, Cod. 307, Bl. 26v–27r.

99 HStA Stuttgart A 493 Bü 2, S. 224; Sattler: Chronik (wie Anm. 1), S. 261f. – siehe (Abb. 2b); Schottenkloster Wien, Cod. 307, 132v–133r.

den sein dürften.[100] Es handelt sich vorwiegend um Eingriffe in den Text, nur einmal um eine zusätzliche Überschrift[101] und einmal um die Identifizierung der Schwester, die zwei Nonnen in Pforzheim in Schreiben und Malen unterrichtete, als Magdalena Kremerin (s. u.). Von den dreizehn Einträgen sind nur zwei in W berücksichtigt worden, so dass anzunehmen ist, dass die Verbesserungen teilweise eingetragen wurden, bevor die beschriebenen Lagen der noch ungebundenen Handschrift Stg den Schreiberinnen von W zur Verfügung gestellt wurden, zum großen Teil aber erst nachher. Es wird deswegen ersichtlich, dass die Korrekturen der Schreiberin und die Einträge der sekundären „Korrekturhand" sowohl vor als auch nach Anfertigung der Abschrift W vorgenommen wurden, was Konsequenzen für die Datierung beider Handschriften hat.

Von den beiden Einträgen, die vor der Erstellung von W vorgenommen wurden, erweist sich eine Stelle als besonders wichtig für die Frage nach dem Status der Eingriffe.[102] Es handelt sich dabei um den Versuch, eine auf den ersten Blick fehlerhaft aussehende Stelle zu verbessern, wo die Nonne von Kirchheim den Augustinermönch Dr. Holzinger mit zwei berühmten Zauberern vergleicht, dem Häretiker Simon Magus und Kaiser Julianus Apostata. Während des Konflikts zwischen den Reformnonnen und Holzinger bedroht dieser die Nonnen nochmals und stellt ihre Behauptung in Abrede, dass Gott sie nicht verlassen wird, wenn sie ihren Gehorsam bis in den Tod erweisen. Die Berichterstatterin kommentiert das mit einem doppelten Vergleich:

> „er [= Dr. Holzinger] sprach ouch zů vns wye symon magus zů Sant Peter vnd zů Sant Paulo. wenent ir / ob ir darumb martirerin werent ob ir also styrbent / ir verdienten me die hell darmit / als dann ouch sprach der böß julianus zů den lieben heylgen Johannes vnd Paulo."[103]

Der Hinweis auf Simon Magus bezieht sich auf eine Stelle in der *Passio SS. Apostolorum Petri et Pauli* (5./6. Jahrhundert), die auch in der *Legenda aurea* zu lesen ist, wo Simon Magus damit droht, Petrus und Paulus die von ihnen begehrte Märtyrerkrone zu verweigern: „et sciatis, Petre et Paule, non uobis contingit quod cupitis ut martyrio uos digner."[104] Die Behauptung, dass Kaiser Julianus Apostata (gest. 333) bei seiner Konfrontation mit den Märtyrern Johannes und Paulus eine vergleichbare Formulierung verwendete, beruht auf der Erzählung von der Hinrichtung dieser Heiligen in der *Vita SS. Johannis et Pauli*, in welcher Julianus den Satz ausspricht: „Putatis quia martyres uos faciant christiani?".[105] Die Korrekturhand scheint den Dop-

100 Es gibt einige weitere Randeinträge aus älterer Zeit, die durch andere Hände eingetragen wurden und die für die Argumentation dieser Untersuchung ohne Bedeutung sind, u. a.: „Du tůst jm ze fil núnlin" (HStA Stuttgart A 493 Bü 2, S. 110; SATTLER: Chronik (wie Anm. 1), S. 218); „ein zornigs gechs / frech böß volck" – über die Juden (HStA Stuttgart A 493 Bü 2, S. 143; SATTLER: Chronik (wie Anm. 1), S. 230). An anderer Stelle fügte eine sonst nicht bezeugte und ziemlich ungeübte Hand hinzu: „nota alßo gatt eß zů" (HStA Stuttgart A 493 Bü 2, S. 224; SATTLER: Chronik (wie Anm. 1), S. 262 – siehe (Abb. 2 b).

101 Vgl. „Credentz brief" HStA Stuttgart A 493 Bü 2, S. 6; SATTLER: Chronik (wie Anm. 1), S. 174.

102 Die andere Stelle, die in W berücksichtigt wurde, steht auf HStA Stuttgart A 493 Bü 2, S. 290; SATTLER: Chronik (wie Anm. 1), S. 279, wo bei der Beschreibung der virtuellen Sieben-Kirchen-Wallfahrt durch die Stadt Rom die Angabe, dass jede Schwester „ynn yeder houpt zů romm" eine Seele erlösen könne, durch die Korrektur „houpt ‚kyrch'" verständlich gemacht wurde.

103 HStA Stuttgart A 493 Bü 2, S. 107; SATTLER: Chronik (wie Anm. 1), S. 217; Schottenkloster Wien, Cod. 307, Bl. 60r-v.

104 Ricardus Adelbertus LIPSIUS und Maximilianus BONNET (Hgg.): Acta Apostolorum Apocrypha, Pars 1, Leipzig 1891 (Nachdr. Darmstadt 1959), S. 161.9–10 (Abschnitt 48); Iacopo da Varazze: Legenda aurea. Edizione critica a cura di Giovanni Paolo MAGGIONI, Millennio Medievale 6, Testi 3, Florenz [2]1998, Bd. 1, S. 565 ([121]). Zu den Simon Magus-Legenden siehe Alberto FERREIRO: Simon Magus in Patristic, Medieval and Early Modern Traditions (Studies in the History of Christian Traditions, vol. 125), Leiden 2005.

105 Vgl. MAGGIONI, Legenda aurea (wie Anm. 104), Bd. 1, S. 555 ([42]).

pelbezug auf die Auseinandersetzung zwischen Simon Magus und den Aposteln und die Hundert Jahre später im 4. Jahrhundert anzusetzende Konfrontation zwischen Julianus Apostata und den frühchristlichen Märtyrern Petrus und Johannes nicht verstanden zu haben und ersetzte „symon magus“ durch „Julianus apostata“ und die Erwähnung des Apostels „Peter“ durch „Johanne“, und zwar mit dem Ergebnis, dass der Simon Magus-Bezug vollkommen gestrichen wird, während die Bezugnahme auf die Julianus Apostata-Geschichte unnötigerweise zweimal vorkommt. Man versteht durchaus, wieso diese Stelle der Korrekturhand suspekt vorkommen könnte, aber das unbefriedigende Ergebnis lässt erkennen, dass es sich kaum um eine Korrektur durch die Verfasserin der Chronik gehandelt haben kann.

Die zehn weiteren Einträge der Korrektur-Hand, die nach Fertigstellung der Abschrift W entstanden sein müssen, haben zum großen Teil etwas mit Personen oder Namen zu tun. Der Name der Laienschwester, die i.J. 1478 aus Schlettstadt nach Kirchheim kommt, wird als „swester fides oder truw“ bezeichnet;[106] die Korrektur-Hand streicht den lateinischen Namen bei der ersten Erwähnung durch und schreibt stattdessen als hyperkorrekte Form „fida“. Auf HStA Stuttgart A 493 Bü 2, S. 19[107] werden die Angaben zu Kloster Gotteszell/Gnadenzell bei Offenhausen (an der Quelle der Lauter) durch eine doppelte Korrektur geändert: anstatt „das closter by offenhussen zů gnaden zell“ ändert die Korrektur-Hand zu „das closter by dem vrsprung der luter gnaden zell“; und weiter unten auf derselben Seite: „S. Adelheyt fyscherin die kam uß dem closter von ~~offenhusen~~ gnaden cell“ (Abb. 2 a).[108] Auf S. 47[109] wird bei den Angaben zur Person des Jakob Dienstlin die Bezeichnung „leß meyster“ zu „vicarius“ geändert und dann nochmals die gleiche Korrektur:[110] „der vatter jacob leß meyster ‚vicarius dienstlin‘.“[111] Auf S. 51[112] wird bei der Zuweisung eines Zitats der Name „bernhardus“ durch „augustinus“ ersetzt. Auf S. 131[113] wird der Name eines gewissen Meister Heinrich, der im Gespräch zwischen Holzinger und der Priorin genannt wird („meyster heynrich der vicarius uwers ordens“) am Rande präzisiert, um dann (wahrscheinlich von derselben Hand) durchgestrichen zu werden („von :::::f|malin“ [unleserlich]). Einen etwas anderen Charakter haben drei weitere Korrekturen von derselben Hand: die Korrektur der Jahreszahl „M.cccc.lxxvj“ in „M.cccc. lxxx^{vj}“[114], die Verdeutlichung der Schreibung „sleth“ zu „schlecht“ (am Rande – mit der für die

106 Vgl. HStA Stuttgart A 493 Bü 2, S. 17; Sattler: Chronik (wie Anm. 1), S. 179 (und dann noch einmal auf HStA Stuttgart A 493 Bü 2, S. 145; Sattler: Chronik (wie Anm. 1), S. 231).

107 Vgl. Sattler: Chronik (wie Anm. 1), S. 180.

108 Zur Klosterreform des Jahres 1480 in Gotteszell siehe Bernhard Theil: Die Reform des Klosters Gotteszell im 15. Jahrhundert, in: Gmünder Studien 1 (1976), S. 9–34. Die in der Kirchheimer Chronik verwendete Bezeichnung „gnaden zell“ für das „monasterium celle Dei“ ist ungewöhnlich.

109 Vgl. Sattler: Chronik (wie Anm. 1), S. 193.

110 Vgl. HStA Stuttgart A 493 Bü 2, S. 54; Sattler: Chronik (wie Anm. 1), S. 154.

111 Auf HStA Stuttgart A 493 Bü 2, S. 48; Sattler: Chronik (wie Anm. 1), S. 193 wird er „vatter dienstlich“ genannt, so auch auf HStA Stuttgart A 493 Bü 2, S. 53; Sattler: Chronik (wie Anm. 1), S. 195, ein Fehler, der wahrscheinlich durch falsche Auflösung einer Abkürzung der Vorlage zu erklären ist; der gleiche Fehler ist an mindestens zwei weiteren Stellen bezeugt (HStA Stuttgart A 493 Bü 2, S. 74; Sattler: Chronik (wie Anm. 1), S. 203 und unten auf HStA Stuttgart A 493 Bü 2, S. 87; Sattler: Chronik (wie Anm. 1), S. 209). Auf HStA Stuttgart A 493 Bü 2, S. 87; Sattler: Chronik (wie Anm. 1), S. 208 bleibt die Angabe „leßmeyster“ ohne Korrektur, während Jakob Dienstlin wenige Seiten später schon durch die Schreiberin mit seinem neuen Titel genannt wird („vnserm wirdigen vatter vicari iacob dienstlin der dann da zů mol vnser vicarius was“ HStA Stuttgart A 493 Bü 2, S. 93f.; Sattler: Chronik (wie Anm. 1), S. 211), der ihm auf Wunsch des Provinzials und des Grafen Eberhard des Älteren verliehen wurde. Zu Jakob Dienstlin siehe Stievermann: Landesherrschaft (wie Anm. 2), S. 282–284.

112 Vgl. Sattler: Chronik (wie Anm. 1), S. 194.

113 Vgl. Sattler: Chronik (wie Anm. 1), S. 225.

114 HStA Stuttgart A 493 Bü 2, S. 23; Sattler: Chronik (wie Anm. 1), S. 182.

Schreiberin dieser Handschrift unüblichen Graphie <schl> für sl[115]) und die Ergänzung des Wortes „nocte“ beim Responsorium „Media ‚nocte‘ [am Rande] factus est [...]“[116]. Bis auf die zuletzt genannten kleinen Textveränderungen handelt es sich um Eingriffe, die weniger darauf zielen, die Genauigkeit der Abschrift zu verbessern, sondern vielmehr darum, die Inhalte der Chronik im Sinne eines präzisen historischen Berichts zu verbessern und zu retouchieren, also durchaus Eingriffe auf auktorialer Ebene. Wenn wir aber die Schreiberin der Handschrift Barbara von Speyer, wie oben nahegelegt wurde, mit der Verfasserin der Chronik gleichsetzen, dann hätte man es bei der „fremden Hand“, die für die genannten Verbesserungen verantwortlich war, mit Eingriffen zu tun, die man durchaus als „autornah“ bezeichnen sollte, aber dann wohl im Sinne einer Mitautorin, die an der Fertigstellung einer Chronik mitwirkte, die konzeptionell von dem reformierten Nonnenkonvent und nicht durch eine Einzelperson verantwortet wurde.

In diesen Kontext gehört der sehr merkwürdige Eintrag „<:>agdalena | <:>remerin“[117], der am Rande neben den Angaben über Schreib- und Malunterricht in Pforzheim steht und dessen Anfangsbuchstaben durch den Buchbinder abgeschnitten wurden. Dieser Eintrag, der an markanter Stelle wenige Seiten nach dem Anfang des Werks steht, bot vermutlich die Einladung, die seit Christian Friedrich Sattler von der Forschung aufgegriffen wurde, um die Verfasserin der Chronik mit Magdalena Kremerin zu identifizieren. Es handelt sich nicht um eine Verbesserung, sondern um eine Glosse, weswegen man die Tatsache, dass dieser Eintrag bei der Erstellung der Abschrift W übergangen wurde, nicht als Beweis dafür nehmen darf, dass er erst später hinzukam. Wir haben gesehen, dass die Abschrift W unmittelbar nach der Handschrift Stg im ungebundenen Zustand angefertigt wurde, weil es sonst nicht möglich gewesen wäre, die Lagen unter die drei Schreiberinnen aufzuteilen. Als die Handschrift nachher gebunden wurde, wobei die Anfangsbuchen „m“ und „k“ dem Messer des Buchbinders zum Opfer fielen, scheint die Glossator-Korrektorin den Band noch einmal in die Hand genommen zu haben, denn der fehlende Buchstabe „m“ wurde jetzt oberhalb von „agdalena“ (rot durchgestrichen) von derselben Hand ergänzt, während der Name „kremerin“ unterhalb des zerstümmelten „remerin“ eingetragen wurde. So wird es deutlich, dass die Handschrift in der Phase ihrer Entstehung, in welcher immer noch Korrekturen und Ergänzungen durch die Schreiberin-Verfasserin und durch eine zweite, fremde Hand vorgenommen wurden, und gleichzeitig eine Abschrift für einen außerhalb von Kirchheim, wahrscheinlich im bayerischen Raum liegenden Rezeptionsbereich erstellt wurde, noch als „work in progress“ angesehen worden ist. Die Gestaltung des Eingangs, die eine nachträgliche Vervollständigung durch das Eintragen der Namen von Nonnen vorsieht, die in der Zukunft in das reformierte Kloster eintreten werden, das Fehlen eines Schreiberkolophons auf S. 292 und die Beigabe von 49 leeren Blättern am Schluss deuten alle darauf hin, dass die Chronik-Handschrift nicht als ein abgeschlossenes und fertiges Werk betrachtet wurde, sondern als ein auf Zuwachs berechnetes Unikat für den internen Gebrauch im Kirchheimer Konvent.

Die *Chronik der Nonne von Kirchheim* präsentiert sich, wie wir gesehen haben, als ein rigoros anonym gehaltener Bericht über die Ereignisse der Jahre 1476–1490 aus der Perspektive einer Nonne des Klosters, die i. J. 1478 als eine der Gruppe von sieben „reformiererin(nen)“ aus

115 Vgl. HStA Stuttgart A 493 Bü 2, S. 51; SATTLER: Chronik (wie Anm. 1), S. 194.
116 HStA Stuttgart A 493 Bü 2, S. 79; SATTLER: Chronik (wie Anm. 1), S. 205.
117 HStA Stuttgart A 493 Bü 2, S. 12; SATTLER: Chronik (wie Anm. 1), S. 176f.

Schlettstadt nach Kirchheim kam. Sie schreibt für die Nonnen ihres eigenen Klosters und berichtet aus erster Hand darüber, was "wir" gesehen und gehört haben – ohne den Wahrheitsgehalt des Berichteten im Gestus der Augenzeugenschaft legitimieren zu wollen, und sie gliedert schriftliche Zeugnisse wie Briefe und Urkunden, einmal sogar eine Predigt in ihren Text ein und verleiht auf diese Weise ihrem Werk einen offiziellen Charakter als Dokumentation der observanten Klosterreform in Kirchheim. Wichtig – und wohl einzigartig in der mittelalterlichen deutschsprachigen Chronistik – ist, dass die anonyme Erzählinstanz sich dabei nicht nur als eine Schwester des Konvents, sondern auch als eine Frau präsentiert und dass sie als Nonne und Frau die Autorität beansprucht, die Ereignisse zu deuten und theologisch zu kommentieren. Die Stuttgarter Handschrift ist eine Reinschrift, wahrscheinlich – insoweit man das auf Grund von rein internen Indizien beurteilen kann – von der Hand der Verfasserin selbst nach einem nicht immer einwandfrei zu lesenden Konzept angefertigt. Sie konnte den vorliegenden Text beim Schreiben stellenweise durch Hinzufügungen, Tilgungen und Korrekturen modifizieren, wenn auch nur in Kleinigkeiten, dreimal wurde neues Material nachgetragen, und sie war bemüht, die sehr zahlreichen aus unerklärlichen Gründen beim Schreiben zustande gekommenen kleinen Auslassungen durch Hinzufügungen zwischen den Zeilen und am Rande zu verbessern. An ganz wenigen Stellen hat sie Tilgungen vorgenommen. Trotz dieser Verbesserungen erhielt die schön geschriebene Handschrift ihren Charakter als eine endgültige Reinschrift, die im Kloster bleiben sollte und dessen erste Lage für künftige Ergänzungen verwendet werden sollte. Eine zweite Hand, die eine relativ kleine Anzahl von nicht unbedeutenden Verbesserungen und Spezifizierungen meist inhaltlicher Art vornahm und sowohl vor als auch nach der Bindung der Handschrift daran arbeiten konnte, scheint über eine Autorität im Umgang mit dem Text verfügt zu haben, die sich bis auf die Fehlinterpretation bei der Simon Magus-Stelle nur in der Anzahl der Eingriffe von der Vorgehensweise der Schreiberin-Verfasserin unterscheidet. In dieser Phase der Entstehung der Chronik lagen die Entscheidungen darüber, wie einzelne Stellen ihre endgültige Form erhalten sollten, nicht in den Händen einer Einzelperson. Die Schreiberin – und damit wahrscheinlich auch die Verfasserin der Chronik – konnte entgegen der bisherigen Forschungsmeinung, welche die Chronik Magdalena Kremerin zuschrieb, mit der 1478 aus Schlettstadt gekommenen Schaffnerin von Kloster Kirchheim Barbara von Speyer identifiziert werden. Eine genaue Datierung der Chronik ist nicht möglich. Sie ist auf jeden Fall nach 1490 entstanden, aber die allerletzten Verbesserungen – sowohl von der Hand der Verfasserin Barbara von Speyer als auch von der Hand der namentlich unbekannten Korrektorin – wurden zu einem etwas späteren Zeitpunkt vorgenommen, nachdem die mit Vorbehalt auf 1501 zu datierende Abschrift W, die heute in Wien liegt, unmittelbar nach der Stuttgarter Handschrift erstellt worden war. Das alles rührt nicht an der Selbstpräsentation der Verfasserin: sie nennt sich nie, aber sie tritt trotzdem vor uns als eine selbstbewusste Autorin, als eine Vertreterin der Reformnonnen – und als die „Nonne von Kirchheim".

„Ein swester was vnder den von syl, die konde wol textur schriben vnd ouch molen.“[1]

Buchmalerin Magdalena Kremerin im Kontext der Observantenreform

ANNE WINSTON-ALLEN

Als der Dominikaner Johannes Meyer, damals Beichtvater im Kloster Sylo in Schlettstadt, 1468 sein *Buch der Reformacio Predigerordens* schrieb, lobte er die Begeisterung der „ersten andechtigen Můtter“ der observanten Reformbewegung. Im dritten Buch erzählt er von der Gründung des elsässischen Klosters Schönensteinbach, des ersten Frauenklosters der Reform nördlich der Alpen und rühmt die Frömmigkeit und die Bemühungen der Schwestern um die Ausbreitung der Reform, welche „die alte ursprüngliche Observanz“ erneuern sollte.[2]

Die Anstrengungen dieser Frauen, Bücher für die neureformierten Frauenklöster herzustellen, bezeugt ein altes Handschrifteninventar (1455–1461) des Klosters St. Katharina in Nürnberg, eines Dominikanerinnenkonvents, das 1428 von Schönensteinbach aus reformiert wurde.[3] In diesem Handschriftenkatalog findet man nicht weniger als acht Bände mit dem Vermerk: „Dieses Buch gaben uns die Schwestern von Schönensteinbach“. Neun weitere Codices enthalten je den Namen einer der Reformerinnen. Nicht mitgezählt in dem Inventar sind

1 Christian Friedrich SATTLER: Geschichte des Herzogthums Würtenberg unter der Regierung der Graven, Bd. 3 und Bd. 4, Tübingen ²1777, S. 126.
Ich danke meiner Kollegin Susanne Böhm Schurman für ihre hilfreichen Vorschläge bei der Vorbereitung der deutschen Version des Textes

2 Benedikt Maria REICHERT (Hg.): Johannes Meyer Ord. Praed. Buch der Reformacio Predigerordens (Quellen und Forschungen zur Geschichte des Dominikanerordens in Deutschland, Bd. 2 und 3), Leipzig 1908–1909, S. 55–106; Eugen HILLENBRAND: Die Observantenbewegung in der deutschen Ordensprovinz der Dominikaner, in: Kaspar ELM (Hg.): Reformbemühungen und Observanzbestrebungen im spätmittelalterlichen Ordenswesen (Berliner Historische Studien, Bd. 14; Ordensstudien, Bd. 6), Berlin 1989, S. 219-271; Bernhard NEIDIGER: Die Observanzbewegungen der Bettelorden in Südwestdeutschland, in: Rottenburger Jahrbuch für Kirchengeschichte 11 (1992), S. 175-196; Anne WINSTON-ALLEN: Convent Chronicles: Women Writing about Women and Reform in the Late Middle Ages, University Park 2004, S. 81-96.

3 Stadtbibliothek Nürnberg, Cod. Cent. VII 79, fol. 88r–167v; Franz JOSTES (Hg.): Meister Eckhart und seine Jünger. Ungedruckte Texte zur Geschichte der deutschen Mystik (Collectanea Friburgensia, Bd. 4), Fribourg in der Schweiz 1895; Paul RUF (Red.): Mittelalterliche Bibliothekskataloge Deutschlands und der Schweiz (im Auftrag der Bayerischen Akademie der Wissenschaften hg. von Bernhard BISCHOFF), Bd. 3,3: Bistum Bamberg, München 1939, S. 570–573, S. 596–637; Burkhard HASEBRINK: Tischlesung und Bildungskultur im Nürnberger Katharinenkloster. Ein Beitrag zu ihrer Rekonstruktion, in: Martin KINTZINGER, Sönke LORENZ, Michael WALTER (Hgg.): Schule und Schüler im Mittelalter. Beiträge zur europäischen Bildungsgeschichte des 9. bis 15. Jahrhunderts (Beihefte zum Archiv für Kulturgeschichte, Bd. 42), Köln u. a. 1996, S. 187–216; REICHERT: Meyers Buch der Reformacio Bd. 3 (wie Anm. 2), S. 60–69; Antje WILLING (Hg.): Die Bibliothek des Klosters St. Katharina zu Nürnberg: Synoptische Darstellung der Bücherverzeichnisse, Berlin 2012; Marie-Luise EHRENSCHWENDTNER: A Library Collected by and for the Use of Nuns: St. Catherine's Convent Nuremberg, chapter 7 in Women and the Book: Assessing the Visual Evidence, London und Toronto 1997.

die prächtigen latcinischen Chorbücher, welche die Schwestern nach ihrer Ankunft in Nürnberg neu schrieben.[4]

Von der Ausstattung der Bücher berichtet Johannes Meyer wenig. Er erwähnt eine Schwester Lukardis, die circa 1420 aus Utrecht nach Schönensteinbach kam und „grosse, schöne und nützliche corbücher [...] zů trost dem closter hat geschriben und genottiert und also wol usberaytet und vollbracht“.[5] Wie die Bücher „usberaytet und vollbracht“ wurden, wird nicht näher erklärt. Jedoch erwähnt Meyer eine Schwester Margarete Merin im Colmarer Katharinenkloster, eine spätere Reformerin des Klosters Sylo (in Schlettstadt), die Meyer als eine „wol geschickte swöster zů malen [und] schriben“ bezeichnet.[6] Trotz dieser und einer ähnlichen Erwähnung von ihrer Priorin, die Schwester Margarete ebenfalls als „eine gute Malerin“ beschreibt, ist bisher keine einzige Handschrift von ihr identifiziert worden. Somit wissen wir nicht, wie diese „Reformbuchmalerei“ aussah.[7]

Zum Glück sind jedoch in drei Reformklöstern nicht nur die Namen von Buchmalerinnen bekannt, sondern auch die Handschriften, die diese Reformschwestern mit Filigraninitialen- und Deckfarbenmalereien ausstatteten. Die bekannteste dieser Dominikanerinnen war Schwester Margarete Karthäuserin, die 1428 mit der Reformpartei aus Schönensteinbach nach Nürnberg kam.[8] Von ihrer Texturschrift und Fleuronéeausstattung erzählt das Schwesternbuch des Katharinenklosters im schweizerischen St. Gallen. Es berichtet, wie Schwester Margarete alle Gesangbücher des Nürnberger Dominikanerinnenklosters in wenigen Jahren neu schrieb und notierte: „sölchi schöni bücher, wer die siecht dem ist es nit wol zů gelobind dz ain frowen bild so wol kan arbaiten.“[9]

Die Ausstattung der Chorbücher mit dekorativen Initialen wurde nicht von Schwester Margarete allein, sondern hauptsächlich von Schwester Barbara Gwichtmacherin angefertigt, die in der Klosterwerkstatt auch Schülerinnen ausbildete. Im Jahr 1458 begannen die Schwestern mit der Arbeit an einem enormen achtbändigen Chorbuch, an dem sie zwölf Jahre lang arbeiteten.[10] Die Buchmalerei des Klosters entwickelte sich zu einem erkennbaren Stil, charakterisiert durch volkstümliche Elemente und manches originelle Filigranmuster.[11]

1465 kam die strengere Observanz nach Freiburg im Breisgau, wo, unterstützt von einer Gruppe von Reformern, Schwestern aus Schönensteinbach die neue Lebensweise in dem Reuerinnenkloster einführten.[12] Eine dieser Schwestern war die Texturschreiberin und Malerin

4 Christine Sauer: Zwischen Kloster und Welt: Illuminierte Handschriften aus dem Dominikanerinnenkonvent St. Katharina in Nürnberg, in: Jeffrey F. Hamburger, Carola Jäggi, Susan Marti u. a. (Hgg.): Frauen – Kloster – Kunst: Neue Forschungen zur Kulturgeschichte des Mittelalters. Beiträge zum Internationalen Kolloquium vom 13. bis 16. Mai 2005 anlässlich der Ausstellung „Krone und Schleier“, Turnhout 2007, S. 113-129, hier S. 118–129.

5 Reichert: Meyers Buch der Reformacio, Bd. 2 (wie Anm. 2), S. 86.

6 Reichert: Meyers Buch der Reformacio, Bd. 3 (wie Anm. 2), S. 114.

7 Seraphin Dietler: Chronik des Klosters Schönensteinbach, hg. von Johann von Schlumberger, Gebweiler 1897, S. 465–466.

8 Reichert: Meyers Buch der Reformacio, Bd. 3 (wie Anm. 2), S. 60–69; Dietler: Chronik (wie Anm. 7), S. 406.

9 Wil (Kanton St. Gallen), Klosterarchiv St. Katharina, MS 89 (Schwesternbuch), fol. 177r; Katharina Vogler: Geschichte des Dominikanerinnenklosters St. Katharina in St. Gallen 1228–1607, Fribourg in der Schweiz 1938, S. 154; Sauer: Kloster (wie Anm. 4), S. 118–129, Simone Mengis: Schreibende Frauen um 1500: Scriptorium und Bibliothek des Dominikanerinnenklosters St. Katharina St. Gallen, Scrinium Friburgense 28, Berlin/Boston 2013.

10 Stadtbibliothek Nürnberg, Ms. Cent V, App 34p-w; Sauer: Kloster (wie Anm. 4), S. 118–122; Karl Fischer: Die Buchmalerei in den beiden Dominikanerklöstern Nürnbergs (Diss. Erlangen 1927), Nürnberg 1928, S. 70–76.

11 Stadtbibliothek Nürnberg, MS Cent. V 10a, fol. 3r; Anne Winston-Allen: Outside the Mainstream: Women as Readers, Scribes, and Illustrators of Books in Convents of the German-Speaking Regions, in Virginia Blanton, Veronica O'Mara, and Patricia Stoop (Hgg.): Nuns' Literacies in Medieval Europe: The Kansas City Dialogue, Turnhout, 2015, S. 191–206, hier S. 195, 198–202; siehe auch den Artikel von Jeffrey Hamburger in diesem Band.

12 Reichert: Meyers Buch der Reformacio, Bd. 3 (wie Anm. 2), S. 119f.

Elsbeth Töpplin, die ein großes Missal und ein prächtiges zweibändiges Antiphonar für das Kloster neu schrieb und ausmalte.[13] Eine ihrer charakteristisch sehr farbenreichen Initialen stellte die Heilige Katharina von Alexandrien neben einem hohen Stapel von äußerst dicken Büchern dar, welche die Sieben Freien Künste repräsentieren (und möglicherweise auch die emsige Arbeit der Schreiberinnen von Schönensteinbach).[14] Auch in seinem *Buch der Ämter* betonte Meyer, dass eine Lehrmeisterin der Novizinnen in einem observanten Haus „etwaz von den freyen künsten" verstehen sollte.[15]

Die dritte Reformerin, selbst eine Novizenmeisterin, die noch dazu aufwendige lateinische Chorbücher neu schrieb und illustrierte, war Schwester Magdalena Kremerin. 1478 kam sie mit einer Reformpartei aus dem Kloster Sylo im elsässischen Schlettstadt nach Kirchheim unter Teck in Württemberg, um dort, u. a. auf Bitten der gräflichen Familie, die Observanz in dem Dominikanerinnenkloster Johannes-Baptista einzuführen.[16] Die anstrengende Reise von Schlettstadt nach Kirchheim wurde durch einen zweitägigen Aufenthalt in Pforzheim unterbrochen. Während der zwei Tage unterrichtete Schwester Magdalena zwei der Schwestern im Pforzheimer Kloster im Texturschreiben und Malen. Im Kirchheimer Kloster Johannes-Baptista, wurde die vielseitige Schwester Magdalena Obersängerin, Texturschreiberin und Küsterin.[17]

Von ihren bebilderten Chorbüchern besitzt die Graphische Sammlung in München Fragmente eines Antiphonars und einer Graduale (Abb. 1). Diese Fragmente (fünf Figureninitialen) wurden im 19. Jahrhundert aus einem oder möglicherweise zwei großen Chorbüchern herausgeschnitten, von denen noch immer weitere Fragmente auftauchen.[18] Dass Magdalenas Werke schon zu ihren Lebzeiten bekannt und geschätzt waren, zeigen einige ihrer kleinen Andachtsbilder, die schon im 15. Jahrhundert in zwei verschiedene elsässische Handschriften eingeklebt wurden.[19] Ganz intakt sind heute nur noch zwei Handschriften, beide jetzt in der

13 Kunsthistoriker Christian von Heusinger identifizierte diese Buchmalerin als eine Reformschwester in Johannes Meyers Bericht von der Einführung der Observanz im Freiburger Reuerinnenkloster, wo Katharina Karthuserin (aus Schönensteinbach) als neue Priorin der Observanz eingestellt wurde. Meyer schreibt: „die zwo swöstren die mit ir koment, warent ir helferin, daz waz swöster Elysabeth Toplin und swöster Katherina von Mentz". Auch fand Heusinger einen Eintrag aus dem Anniversar des Reuerinnenklosters von 1509, der Folgendes besagt: „Gedencken durch gott Swester Elsbett Töpplin unser conventswester unnd ein reformerin dis closters die uns vil guots hett geton mit schriben besunder der zweyer antifner und ein messbuoch." Vgl. Christian von HEUSINGER: Spätmittelalterliche Buchmalerei in oberrheinischen Frauenklöstern, in: Zeitschrift für die Geschichte des Oberrheins 107 (1959), S. 136–160, hier S. 154–156; REICHERT: Meyers Buch der Reformacio, Bd. 3 (wie Anm. 2), S. 120; Detlev ZINKE und Angela KARASCH: Verborgene Pracht. Mittelalterliche Buchkunst aus acht Jahrhunderten in Freiburger Sammlungen, Lindenberg 2002, S. 116f.

14 Augustinermuseum Freiburg im Breisgau, Inv.-Nr. 11731, fol. 224v.

15 HASEBRINK: Tischlesung (wie Anm. 3), S. 195.

16 Brief vom 8. April 1478: „Schreiben Gr. Ulrichs zu Wirtenberg an das Frauen-Closter zu Schlettstatt um einige Closterfrauen zur Reformation des Closters zu Kirchheim", in: SATTLER: Graven, Bd. 3 (wie Anm. 1), S. 98f. (Beilage Nr. 74); Jeffrey F. HAMBURGER: Magdalena Kremer. Scribe and Painter of the Choir and Chapter Books of the Dominican Convent of St. Johannes-Baptista in Kirchheim unter Teck, in: Richard LINENTHAL, James MARROW, William NOEL (Hgg.): The Medieval Book: Glosses from Friends & Colleagues of Christopher DE HAMEL, Houten 2010, S. 124–149.

17 SATTLER: Graven, Bd. 3 (wie Anm. 1), S. 126f.; Sönke LORENZ: Kremerin, Magdalena OP, in: Die deutsche Literatur des Mittelalters. Verfasserlexikon, Bd. 11 (^{2}2004), Sp. 892f.

18 Art Museum Princeton University, Princeton, N.J, Y103I, Fragment aus einer Graduale; Bayerische Graphische Sammlung München, Inv. Nr. 39846–39850; HAMBURGER: Magdalena Kremer (wie Anm. 16), S. 137f; HEUSINGER: Buchmalerei (wie Anm. 13), S. 151; James R. TANIS, Jennifer A. THOMPSON (Hgg.): Leaves of Gold. Manuscript Illumination from Philadelphia Collections, Philadelphia 2001, S. 124.

19 Library of Congress Washington D.C., MS 96, fol. 84v (Die Gefangennahme Christi), eingeklebte Miniatur; Svato SCHUTZNER: Medieval and Renaissance Manuscript Books in the Library of Congess. A Descriptive Catalogue, Bd. 2: Theology and Canon Law, Washington 1999, S. 340–355 und xxi, Abb. VI; Bibliothèque de la Ville de Colmar,

Stiftsbibliothek von St. Paul im Lavanttal aufbewahrt: ein prächtiges Kollektar und ein prunkvolles Kapitelbuch mit Märtyrerbuch, Evangelienlesungen und Dominikanerinnenkonstitution (Abb. 2 und 3).[20] Als die letzten Schwestern in den Wirren der Reformation das Kloster verlassen mussten, gelang es ihnen, drei große Handschriften mitzunehmen. Sie brachten Magdalenas Kollektar, ihr Kapitelbuch und das verschollene Chorbuch mit sich nach Kloster Kirchberg bei Sulz am Neckar. Der Rest der Bibliothek wurde konfisziert und verschwand.[21]

Von Kunsthistorikern werden bebilderte Handschriften, die Klosterfrauen des Mittelalters anfertigten, meist als *Nonnenmalerei* bezeichnet und als Werke betrachtet, die von den Hauptströmungen und den großen Stilentwicklungen der Zeit abseits stehen.[22] Aufgrund der strengen Klausur, in der sie lebten, waren die Klostermalerinnen im Wesentlichen auf ausgeliehene Handschriften von anderen Klöstern der Observanz als Vorlagen angewiesen. Deshalb sind die Kritiker der Ansicht, dass diese Buchmalerinnen nur wenig über die teuren und stilistisch wichtigen Handschriften aus den weltlichen Kunstateliers ihrer Zeit wussten.

In Frage gestellt wird diese Auffassung jedoch wegen des Aufsehens, das eine hochwertige und kunsthistorisch sehr wichtige Handschrift erregt hat, welche dem Kloster Schönensteinbach vermacht wurde. Die Handschrift, ein stilistisch bedeutendes Stundenbuch, das im Katalog der Ausstellung *The Golden Age of Dutch Manuscript Painting* (1990) und in einer Monographie von James Marrow (1995) beschrieben wird, enthält eine Schenkungseintragung mit der Widmung: „Dis buch ist der hochgeborenen frowen frow Margareta geboren von Cleve sol behalten werden von dem Covent zu Schönensteinbach zu einem gedechtnis."[23]

fol. 2v, (St. Dominikus), eingeklebte Miniatur; Heribert Tenschert, Leuchtendes Mittelalter, Bd 2: Sechzig illuminierte und illustrierte Manuskripte des Mittelalters und der Renaissance, Catalogue XXV, Rotthalmünster 1990, S. 131; Jeffrey F. Hamburger, Manuscrits liturgiques du XIVe Siècle, in: Ders., Madeleine Blondel, Catherine Leroy (Hgg.): Les dominicaines d'Unterlinden, Bd. 2: Catalogue des oeuvres, Paris 2000, S. 71.

20 Benediktinerstift St. Paul im Lavanttal, Cod. 62/1 (Kollektar); Benediktinerstift St. Paul im Lavanttal, Cod. 71/1 (Kapitelbuch, Offiziumsbuch, und nachträglicher Nekrolog); Robert Eisler: Beschreibendes Verzeichnis der Illuminierten Handschriften in Österreich, Bd. 3: Die Illuminierten Handschriften in Kärnten, Leipzig 1907, S. 74–76, S. 79f.; Kurt Holter: Die Bibliothek, Handschriften und Inkunabeln, in: Karl Ginhart (Hg.): Die Kunstdenkmäler des Benediktinerstifts St. Paul im Lavanttal und seiner Filialkirchen (Österreichische Kunsttopographie, Bd. 37), Wien 1969, S. 355, S. 376f.; Das tausendjährige St. Blasien. 200jähriges Domjubiläum. Ausstellung vom 2. Juli bis 2. Oktober 1983, Bd. 1: Katalog, hg. vom Historische Ausstellung Kloster St. Blasien 1983 e. V., Karlsruhe 1983, S. 156–160; Schatzhaus Kärntens. Landesausstellung St. Paul 1991, 900 Jahre Benediktinerstift, Bd. 1: Katalog, hg. vom Ausstellungskuratorium, red. von Hartwig Pucker, Schriftleitung: Johannes Grabmayer, Günther Hödl, Klagenfurt 1991, S. 141; Jeffrey F. Hamburger: „Kollektar" und „Kapiteloffiziumsbuch", in: Gerfried Sitar (Hg.): Macht des Wortes. Benediktinisches Mönchtum im Spiegel Europas, Ausstellung vom 26. April bis 8. November 2009 in der Benediktinerabtei St. Paul im Lavanttal, Bd. 2: Katalog, Regensburg 2009, S. 276f., S. 277f.

21 Ulrich P. Ecker: Die Geschichte des Klosters S. Johannes-Baptista der Dominikanerinnen zu Kirchheim u. Teck (Diss., Freiburg 1981), Freiburg 1985, S. 196f.

22 Hans Wegener: Beschreibendes Verzeichnis der Miniaturen-Handschriften der Preußischen Staatsbibliothek zu Berlin, Bd. 5: Beschreibendes Verzeichnis der Miniaturen und des Initialschmuckes in den deutschen Handschriften bis 1500, Leipzig 1928, S. 50, S. 65f., S. 119f.; Brigitte Uhde-Stahl: Figürliche Buchmalereien in den spätmittelalterlichen Handschriften der Lüneburger Frauenklöster, in: Niederdeutsche Beiträge zur Kunstgeschichte 17 (1978), S. 25–60, hier 52; David Brett-Evans (Hg.): Bonaventuras Legenda Sancti Francisci in der Übersetzung der Sibilla von Bondorf (Texte des späten Mittelalters, Bd. 12), Berlin 1960, S. 29; Ellen Judith Beer: Die Buchkunst des Graduale von St. Katharinenthal, in: Alfred A. Schmid (Hg.), Das Graduale von Sankt Katharinenthal. Kommentar zur Faksimile-Ausgabe des Graduale vom Sankt Katharinenthal, Luzern 1983, S. 103–224, hier S. 188; Stephanie Hauschild: Mönche, Maler, Miniaturen. Die Welt der mittelalterlichen Bücher, Ostfildern 2005, S. 139.

23 Lissabon, Museu Calouste Gulbenkian, Ms. L. A. 148, Stundenbuch der Margarete von Kleve, fol. 283v; James H. Marrow, Henri L. M. Defoer, Anne Korteweg, u. a. (Hgg.): The Golden Age of Dutch Manuscript Painting, New York 1990, S. 27–29, Taf. 1a-b;James MARROW: Horas de Margarida de Cleves, Museu Calouste Gulbenkian Ms. L. A. 148/Hours of Margaret of Cleves, Calouste Gulbenkian Museum Ms. L. A. 148, Lissabon 1995. Das Stundenbuch enthält auch ein Portrait der Besitzerin, Margareta von Kleve (fol. 19v.).

Schon früher wussten Kunsthistoriker, dass die Bibliothek in Schönensteinbach eine erstklassige Psalterhandschrift mit zwei exquisiten Miniaturen besaß, nämlich den Scherenberg Psalter, der sich nun in der Karlsruher Badischen Landesbibliothek befindet.[24] Diese Handschrift gehörte der Klosterfrau Anna von Scherenberg, die bereits 1400, somit im dritten Jahr nach der Gründung des Reformklosters Schönensteinbach, aus Würzburg in die neue Observantengemeinschaft umsiedelte. In der Handschrift stehen der Todestag von Annas Vater und viele Nachträge, die aller Wahrscheinlichkeit nach von Schwester Anna selbst stammen.[25]

Sieht man in Sigrid Krämers Ergänzungsband zu den Mittelalterlichen Bibliothekskatalogen nach, findet man noch dazu unter den Codices der Bibliothek Schönensteinbachs eine Handschrift mit der schlichten Bezeichnung „Biblia" und hinter der Abkürzung „p" („possessit") den Namen „Katharina de Burgundia."[26] Katharina von Burgund, eine Tochter des Herzogs Philipp der Kühne von Burgund, war die Hauptgönnerin und Stifterin des Klosters Schönensteinbach und als Gattin Leopolds IV von Habsburg und Herzogin von Österreich, die Mitregentin der Habsburgischen Vorlande im Elsass.[27] Ihre reichlich ausgestattete Bibel enthält achtundsiebzig historisierte Initialen. Obwohl sich die Handschrift nun in der Basler Universitätsbibliothek befindet, gehörte sie früher der Kunstsammlung Faesch.[28] Neben dem Wappen der Herzogin Katharina von Burgund enthält auch dieses Buch einen Schenkungseintrag an das Kloster Schönensteinbach.

Demnach würde dies besagen, dass von den zwölf noch auffindbaren Handschriften, die Sigrid Krämer der mittelalterlichen Bibliothek des Reformklosters Schönensteinbach zuweisen konnte, mindestens drei davon hochwertige, kunsthistorisch bedeutende Werke sind, die von den besten Buchmalern der Zeit stammten.

Eine weitere Handschrift, die nicht in Krämers Aufzählung erwähnt wird, die jedoch ebenfalls einen Schenkungseintrag an Schönensteinbach enthält, wird im Katalog der Zentralbibliothek Zürich als Geschenk von „unser gnedige Frow von Österrich" an Schönensteinbach bezeichnet.[29] Auch dieses Buch ist mit Filigraninitialen, Gold und einer qualitätsvollen ganzseitigen Miniatur verziert. Somit wird allmählich klar, dass die Klosterfrauen in Schönensteinbach keineswegs von den kunsthistorischen Strömungen der Zeit isoliert waren, weder in diesem Kloster, noch, wie zu vermuten ist, im Kloster Kirchheim unter Teck. Schließlich deutet die Reihe der Gönner aus dem Hochadel, die zu beiden Häusern in Beziehung standen, daraufhin, dass Schönensteinbach kein isolierter Fall war.

24 Karlsruhe, Badische Landesbibliothek, Hs. St. Peter perg. 139, Psalterium; Die Handschriften der Badischen Landesbibliothek in Karlsruhe, Bd. 10: Die Handschriften von St. Peter im Schwarzwald, Teil 2: Die Pergamenthandschriften, besch. von Felix HEINZER, Gerhard STAMM, Klaus NIEBLER, Wiesbaden 1984, S. 231–234.

25 St. Peter: Pergamenthandschriften (wie Anm. 24), S. 233.

26 Sigrid KRÄMER (Red.): Handschriftenerbe des deutschen Mittelalters. Teil 2: Köln-Zyfflich (Mittelalterliche Bibliothekskataloge Deutschlands und der Schweiz, Ergänzungsband I, Teil 2. Im Auftrag der Bayerischen Akademie der Wissenschaften hg. von Bernhard BISCHOFF), München 1989, S. 715f.

27 REICHERT: Meyers Buch der Reformacio, Bd. 2 (wie Anm. 2), S. 28, S. 34; Jean Charles WINNLEN: Schönensteinbach: Une Communauté religieuse féminine 1138–1792, Altkirch 1993, S. 40–49; Richard VAUGHAN: Philip the Bold. The Formation of the Burgundian State, Cambridge 1962, S. 81f., S. 84f.; Norbert FICHTLSCHERER: Katharina von Burgund. Beharrlichkeit bis in den Tod. Stationen ihres Lebens, Badenweiler 2010, S. 345.

28 Basel, Universitätsbibliothek, Hs. O IV 51 (früher in der Öffentlichen Kunstsammlung Basel unter der Sig. U. IX 30); Konrad ESCHER(Hg.): Die Miniaturen in den Basler Bibliotheken, Museen und Archiven, Basel 1917, S. 224–226, Taf. xvi, Taf. xviii.

29 Zürich, Zentralbibliothek, Rh. 154, Psalterium sancti Hieronymi; Leo Cunibert MOHLBERG: Mittelalterliche Handschriften (Katalog der Handschriften der Zentralbibliothek Zürich, Bd. 1), Zürich 1952, S. 237.

Die Gräfin Margareta von Kleve, die in dem Stundenbuch porträtiert ist, welches dem Kloster Schönensteinbach geschenkt wurde, war selbst kein Mitglied der Klostergemeinschaft. Jedoch war nach Johannes Meyer ihre Tante, Gräfin Margarete von Nassau-Dillenberg (ca. 1338–1409), Klosterfrau in Schönensteinbach. Meyer nennt sie „Swöster Margretha von Dieffenberg [Dillenberg], des hertzogen von Cleve Swöster.“[30] Ihre Nichte, die Margarete von Kleve des Porträts (1375–1411), heiratete 1394 den etwa vierzig Jahre älteren Herzog Albrecht I. von Bayern-Straubing. Als seine junge zweite Frau war diese jünger als ihre Stiefkinder aus seiner ersten Ehe. Zwei davon, Wilhelm und Margarete von Bayern-Straubing heirateten, 1385 in einer Doppelhochzeit Johann und Margarete von Burgund, Sohn und Tochter von Philipp dem Kühnen, Herzog von Burgund.[31] Johann (genannt Ohnefurcht) war der ältere Bruder und Margarete von Burgund eine ältere Schwester der Katharina von Burgund, Stifterin von Schönensteinbach. Diese ältere Schwester Margarete von Burgund und ihr Gatte, Willhelm von Bayern-Straubing, waren selbst Gönner von Schönensteinbach, wo Wilhelm reiche Anniversarien stiftete (und möglicherweise auch das Stundenbuch der, Stiefmutter, Margarete von Kleve. Siehe Abb. 6).[32]

Die jüngste Tochter von Katharinas älterem Bruder, Johann Ohnefurcht, und seiner Frau Margarete von Bayern-Straubing, wurde Marie genannt und heiratete ihren Großonkel (Bruder ihrer jungen Stiefgroßmutter), den Herzog Adolf I. von Kleve-Mark (1373–1448).[33] Die älteste Tochter aus dieser Ehe, ebenfalls eine Margarete von Kleve (1416–1444), wurde die erste Frau des Grafen Ulrich V. von Württemberg, Landesherr und Reformer des Klosters Kirchheim unter Teck.[34]

Katharina von Burgund, die Stifterin Schönensteinbachs, hatte jedoch auch eine jüngere Schwester, Marie, Gattin des Herzogs Amadeus VIII. von Savoyen. Deren Tochter, Margarete von Savoyen (1420–1479, Katharinas Nichte), wurde 1453 die dritte Ehegattin Ulrichs V. von Württemberg (siehe Abb. 4).[35] Zusammen mit ihrem Mann, dem Grafen Ulrich, engagierte

30 REICHERT: Meyers Buch der Reformacio, Bd. 2 (wie Anm. 2), S. 38; DIETLER: Chronik (wie Anm. 7) S. 249f.; MARROW: Hours (wie Anm. 23), S. 11–13; Margarete von Nassau-Dillenburg (ca. 1338–1409) war nicht die Schwester des Herzogs Adolf von Kleve (1373–1448) sondern von seinem Vater, dem Grafen Adolf von der Marck und Kleve (1334–1394). James Marrow erklärt die falsche Angabe als seine Erfindung des Chronisten Seraphin Dietler, der im 18. Jahrhundert eine Chronik von Schönensteinbach verfasste. Dietler behauptete, Herzogin Margarete habe "ihn" (nicht klar ist, ob hier ihr Mann oder der Herzog gemeint ist) "so vill persuadieret", dass er "alles Zeitliche" verliess und in ein Kartäuser-Kloster ging. Der jüngere Adolf (1373–1448) hat tatsächlich eine Kartause in Wesel gegründet, wo er begraben liegt. Möglicherweise verwechselte Dietler die zwei Adolfs. Jedoch berichtete Johannes Meyer schon ca. 1465 in seinem *Buch der Reformacio Predigerordens* von einer: "swöster Margarethe von Dieffenburg [Dillenberg], des hertzogen von Cleve swöster." Entweder verwechselte Meyer ebenfalls die zwei Adolfs oder er dachte, dass der ältere Adolf (1334–1394) wie sein Sohn auch Herzog wäre. Der jüngere Adolf (1373–1448) wurde aber erst 1417 zum Herzog ernannt. Die Widmung im Stundenbuch erwähnt den Adelstitel nicht, sondern lautet: "Dis buch ist der hochgeborenen frowen frow Margareta geboren von Cleve sol behalten werden von dem Covent zu Schonensteinbach zu einem gedechtnis" (f. 283v).

31 VAUGHAN: Philip (wie Anm. 27), S. 86–88; Frits Pieter VAN OOSTROM: Court and Culture. Dutch Literature 1350–1450, Berkeley, Oxford 1992, S. 24f., S. 111f.; Joni HAND: Women, Manuscripts and Identity in Northern Europe: 1350–1550, Burlington, Farnham 2013, S. 21–23.

32 REICHERT: Meyers Buch der Reformacio, Bd. 2 (wie Anm. 2), S. 37; DIETLER: Chronik (wie Anm. 7), S. 241.

33 Erwin PANOFSKY: Early Netherlandish Painting. Bd. 1: Its Origins and Character (The Charles Eliot Norton lectures 1947/1948, Bd. 1), Cambridge 1953, S. 91, S. 120.

34 Von Mantua nach Württemberg: Barbara Gonzaga und ihr Hof. Begleitbuch und Katalog zur Ausstellung des Landesarchivs Baden-Württemberg, hg. vom Landesarchiv Baden-Württemberg, Hauptstaatsarchiv Stuttgart, bearb. von Peter RÜCKERT, Stuttgart ²2012, S. 231; Thomas FRITZ: Ulrich V., der Vielgeliebte, in: Sönke LORENZ, Dieter MERTENS, Volker PRESS u. a. (Hgg.): Das Haus Württemberg. Ein biographisches Lexikon, Stuttgart 1997, S. 86–89, hier S. 86, S. 89.

35 Martina BACKES: Das literarische Leben am Kurpfälzischen Hof zu Heidelberg im 15. Jahrhundert. Ein Beitrag zur Gönnerforschung des Spätmittelalters, Tübingen 1992, S. 177, S. 182; Henrike LÄHNEMANN: Margarethe von Savo-

sich Margarete von Savoyen für die Reform des Klosters Kirchheim unter Teck. In einem Brief (9. April 1478) an die Priorin des Klosters Sylo im Elsass bittet sie diese, observante Schwestern aus Sylo nach Kirchheim unter Teck zu senden, um dort eine Reform zu unternehmen. Gräfin Margarete versprach persönlich: „Die frowen sollent an uns han [eine] gnedige beschirmerin und getruwe muter, und in allen dingen ein gutwillige swester, des moegent ir uch gentzlich zu uns versehen.“[36]

Diese Nichte der Katharina von Burgund wurde an dem hochkultivierten Hof ihres Vaters Amadeus VIII. von Savoyen (später Gegenpapst Felix V.) erzogen, einem Milieu, in dem Literatur, Kunst und Musik intensiv gepflegt wurden. Margarete war selbst Buchsammlerin. Obwohl sie ihre erste Sammlung veräußern musste, um eine hohe Mitgiftverschuldung zu begleichen, begann sie als neue Gräfin der Stuttgarter Landeshälfte Württembergs, eine zweite Sammlung aufzubauen, von der mindestens achtundzwanzig Bände noch vorhanden sind: religiöse Texte und höfische Unterhaltungsliteratur, fast alle davon illustriert. Wie andere Damen ihres Standes zog Margarete von Savoyen bebilderte Handschriften vor, oft mit ihrem Wappen ausgestattet, als die gemäße Form, die zu ihrem rechtmäßigen Erscheinungsbild gehörte.[37]

1474 heiratete Eberhard im Bart (Graf der Uracher Landeshälfte Württembergs) die hochadlige Markgräfin Barbara Gonzaga von Mantua. Die junge Gräfin entwickelte eine ebenso enge Beziehung zum Kloster Kirchheim unter Teck wie Gräfin Margarete von Savoyen, Ehefrau Ulrichs, Graf der Stuttgarter Landeshälfte. Mittels einer Sondergenehmigung des Papstes durfte sich Gräfin Barbara sogar zeitweilig im Kirchheimer Kloster aufhalten, wo ihre alte Hofdienerin, Katharina Schreiberin, als Schwester lebte.[38] Über den Aufenthalt im Kloster Kirchheim unter Teck berichtete die Chronistin Magdalena Kremerin von Gräfin Barbara: „Sye hielt sych vast andechticlich und dem convent zu allen ziten im chor glychförmiclich. Also so wir unser zit sungent, so lass sy ir zit ouch letin.“ Während ihres Besuchs schenkte die Gräfin den Schwestern ein Gemälde von der Auferstehung Christi, möglicherweise die Szene, die Magdalena Kremerin später in einer ihrer Illustrationen malte (Abb 5).[39]

In dem schweren Kampf um die Bewahrung der Reform Kirchheims unter Teck 1487–1488 setzte sich Barbara Gonzaga mit persönlichem Engagement für die Reformerinnen ein. Sie schrieb Briefe der Ermutigung an die belagerten Schwestern und wurde in einem militanten Rundbrief der Kirchheimer Klosterfrauen speziell erwähnt als eine derer, die dem Kloster „*hylff und bystant*“ erwiesen.[40]

Die Mutter der Gräfin Barbara, die deutschstämmige Barbara von Brandenburg-Hohenzollern (Markgräfin von Mantua), war eine der kultiviertesten Frauen der italienischen Renaissance. Sie besaß selbst nicht nur teure Bücher, sondern ist auch in der berühmten Huma-

yen in ihren literarischen Beziehungen, in: Andrea SIEBER (Hg.): Höfische Literatur & Klerikerkultur. Wissen – Bildung – Gesellschaft. Xth Triennial Conference der Internationalen Gesellschaft für Höfische Literatur (ICLS) vom 28. Juli bis 3. August 2001 in Tübingen (Encomia Sonderheft), Tübingen 2002, S. 158–173, hier S. 160–162.

36 SATTLER: Graven, Bd. 3 (wie Anm. 1), S. 99 (Beilage Nr. 76).

37 BACKES: Das literarische Leben (wie Anm. 35), S. 177–191; LÄHNEMANN: Savoyen (wie Anm. 35), S. 158–173.

38 SATTLER: Graven, Bd. 4 (wie Anm. 1), S. 215f. (Beilage Nr. 42); Roland DEIGENDESCH: Die „Frau von Mantua“ und das Dominikanerinnenkloster in Kirchheim unter Teck, in: Gonzaga Begleitbuch (wie Anm. 34), S. 161–167, hier S. 165f.; ECKER: Geschichte (wie Anm. 21), S. 108; Peter RÜCKERT: Italienische Bräute am Uracher Hof: Antonia Visconti und Barbara Gonzaga, in: Klaus Gereon BEUCKERS (Hg.): Stadt, Schloss und Residenz Urach: Neue Forschungen / Staatliche Schlösser und Gärten Baden-Württemberg, Regensburg, 2014, S. 27–45, hier S. 38f.

39 DEIGENDESCH: Mantua (wie Anm. 38), S. 165f.

40 SATTLER: Graven, Bd. 4 (wie Anm. 1), S. 240f. (Beilage Nr. 42).

nistenschule in Mantua erzogen worden, wo außer Latein und Griechisch, auch Geschichte, Literatur, Wissenschaft, Geographie und Musik unterrichtet wurden.[41] Eine Tante der jüngeren Barbara, die renommierte Cecilia Gonzaga, die ebenfalls in der Humanistenschule erzogen war, war aufgrund ihrer außerordentlichen Begabungen als Schülerin so berühmt, dass der Maler Pisanello eine Bronzemedaille mit ihrem Portrait schuf. Cecilia wurde Nonne in Mantua und brachte ein elegantes Stundenbuch mit sich ins Klarissenkloster Santa Paola.[42]

Viele Mitglieder der genannten drei fürstlichen Familien, die zu Kirchheim unter Teck in Verbindung standen, besaßen teure bebilderte Luxushandschriften, die von den besten Malern in den berühmtesten Kunstateliers der Zeit ausgestattet worden waren. Dass Württembergs Gräfin Barbara, wie ihre Mutter und Tante, wahrscheinlich ebensolche besaß, bezeugt das Portrait von ihr in einem Glasfenster der Stiftskirche in Tübingen, wo sie mit einem Buch in den Händen porträtiert wurde.[43] Nicht nur wird Magdalena Kremerin somit das Gemälde der Auferstehung gesehen haben, welches Gräfin Barbara dem Kloster Kirchheim unter Teck schenkte, sondern wahrscheinlich ebenfalls illuminierte Handschriften, die die Gräfin bei ihren Besuchen im Kloster mitgebracht haben mag. Magdalena Kremerin wird möglicherweise auch andere solche Codices gesehen haben, die von wohlhabenden und hochadligen Buchbesitzerinnen ins Kloster mitgenommen wurden, wie den zwei Herzöginnen Agnes und Berchta von Teck, die im vierzehnten Jahrhundert im Kloster lebten.[44]

An dem Kollektar des Klosters Kirchheim unter Teck, das Magdalena Kremerin mit einer Darstellung versah, einem Bild der Wurzel Jesse (Abb. 2), die sie in einem äußerst lebendigen und bewegten Stil malte, erkennt man vielleicht die Einflüsse zeitgenössischer holländischer Maler. Das Bild erinnert an den Jessebaum in einer Miniatur des Meister des Bartholomäus-Altars, der das Stundenbuch der Sophia van Bylant 1475 ausstattete, und ebenfalls an ein Tafelbild des Malers Geertgen tot sint Jans von ca. 1480.[45] Ebenso wie diese professionellen Künstler Ende des 15. Jahrhunderts malte Magdalena nicht die traditionelle statische Szene der früheren Wurzeljesse-Bilder, die bis etwa Mitte des 15. Jahrhunderts typisch waren. Stattdessen malte sie eine wesentlich bewegtere Repräsentation, in der die Generationen der Vorfahren von Christus äußerst begeistert und energisch auf den Baum hochklettern, um an das Ziel zu gelangen, ein Ziel, das Magdalena Kremerin in einer höchst anmutigen Darstellung als die Anbetung des Kindes gestaltete.[46]

Ob die Könige und Fürsten, die in Magdalena Kremerins Jessebaum energisch hochklettern, etwas mit der aktiven Teilnahme der Gönner des Klosters an der observanten Reform zu tun haben, ist nicht gewiss. Deutlich ist aber, dass die Territorialherren Ende des fünfzehnten Jahrhunderts sich im Allgemeinen für die religiöse Wohlfahrt ihres Landes verantwortlich

41 David Chambers, Jane Martineau (Hgg.): Splendours of the Gonzaga. Katalog der Ausstellung 4. November 1981 bis 31. Januar 1982, London 1981, S. 109; Philipp Sauter: Bildung und Erziehung am Hof der Gonzaga, in: Gonzaga Begleitbuch (wie Anm. 34), S. 49–58, hier S. 49, S. 54.

42 New York, Pierpont Morgan Library, MS.M. 454 (Stundenbuch der Cecilia Gonzaga); Chambers/Martineau: Splendours (wie Anm. 41), S. 110; Sauter: Erziehung (wie Anm. 41), S. 49.

43 Gonzaga Begleitbuch (wie Anm. 34), S. 259, S. 263f.

44 Ecker: Geschichte (wie Anm. 21), S. 99.

45 Köln, Wallraf-Richartz-Museum, Gr. Slg. 1961/32; Rainer Budde, Roland Krischel (Hgg.): Das Stundenbuch der Sophia van Bylant. Begleitbuch zur Ausstellung Genie ohne Namen – der Meister des Bartholomäus-Altars im Wallraf-Richartz-Museum – Foundation Corboud vom 20. Mai-19. August 2001, Köln 2001; Rikjsmuseum Amsterdam, Inv-Nr. SK-A-3901 (De boom van Jesse), ausgeliehen an das Museum Boijmans van Beuningen; James Snyder: Northern Renaissance Art. Painting, Sculpture, the Graphic Arts from 1350–1575, New York 1985, S. 178f.

46 Benediktinerstift St. Paul im Lavanttal, Cod. 62/1 (Kollektar), fol. 1r.

fühlten.[47] Um Gottes Gnade und seinen Schutz gegen Hunger und Pestilenz zu erhalten, sowie das eigene Seelenheil und das der Bevölkerung, benötigten sie die Gebete frommer Mönche und Nonnen. Obwohl etliche Territorialherren sicherlich auch Interesse daran hatten, durch die Reform eine stärkere Kontrolle über die Klöster ihres Landes zu erlangen, handelten andere dagegen aus religiöser Überzeugung oder zumindest aus der Überzeugung eigener Verantwortung für das seelische Wohl und den göttlichen Schutz ihres Landes. In Fällen wie dem des Herzogs Johann I. von Kleve, Bruder der Margarete von Kleve (Gattin Ulrichs V. von Württemberg) und Grossneffe der Margarete von Nassau-Dillenberg (Meyers Klosterfrau in Schönensteinbach), scheint es eher religiöse Überzeugung zu sein. Auf dem Rückweg von einer Wallfahrt ins Heilige Land hielt Johann in Bologna, wo die Frömmigkeit der observanten Dominikanermönche ihn so stark beeindruckte, dass er bei seiner Rückkehr in Kalkar observante Brüder in sein eigenes Land holte und ein Haus für sie gründete.[48]

Ein weiteres Familienmitglied der Margarete von Nassau-Dillenberg war die Großenkelin Anna von Nassau-Dillenberg (1441–1514), die zusammen mit ihrem Mann, Herzog Otto V. dem Siegreichen († 1471) von Braunschweig-Lüneburg selbst an der Reformierung der sechs *Heideklöster* im Fürstentum Lüneburg beteiligt war.[49] Die Chronik des Klosters Wienhausen berichtet, dass die Herzogin Anna nach der Reform zusätzliche Visitationen des Klosters anordnete. Die Chronistin (eine Gegnerin der Reform) beschwerte sich darüber, in dem sie schrieb, dass „die Hochgebohrne Hertzogin zu Braunschwg. und Lüneb. Anna von Nassau und der Probst Henricus Wetteman viel Visitirens und besuchens angestifftet durch Patres und Prediger, welche ohn Erlaubniß vom Bischoffe offt ins Kloster kamen[...].“[50]

Aus dem reformierten Haus, Wienhausen, stammte die Reformpriorin Margarete Puffin, die nach Kloster Medingen geschickt wurde, einem weiteren Konvent im Fürstentum Lüne-

47 Manfred SCHULZE: Fürsten und Reformation. Geistliche Reformpolitik weltlicher Fürsten vor der Reformation (Spätmittelalter und Reformation, Neue Reihe, Bd. 2), Tübingen 1991, S. 9, S. 24, S. 26, S. 30, S. 50, S. 60, S. 115, S. 117, S. 130. ECKER: Geschichte (wie in Anm. 21), S. 156f, S. 166f., S. 172, S. 178, S. 181, S. 336. Servatius Petrus WOLFS: Dominikanische Observanzbestrebungen. Die Congregatio Hollandiae (1464–1517), in: Kaspar ELM (Hg.): Reformbemühungen und Observanzbestrebungen im spätmittelalterlichen Ordenswesen (Berliner Historische Studien, Bd. 14; Ordensstudien, Bd. 6), Berlin 1989, S. 273–292, hier S. 283; Karl Suso FRANK: Das Klarissenkloster Söflingen. Ein Beitrag zur franziskanischen Ordensgeschichte Süddeutschlands und zur Ulmer Kirchengeschichte, Ulm, Stuttgart 1980, S. 81f.; HILLENBRAND: Observantenbewegung (wie in Anm. 2), S. 246, S. 249; Dieter STIEVERMANN: Die württembergischen Klosterreformen des 15. Jahrhunderts. Ein bedeutendes landeskirchliches Strukturelement des Spätmittelalters und ein Kontinuitätsstrang zum ausgebildeten Landeskirchentum der Frühneuzeit, in: Zeitschrift für Württembergische Landesgeschichte 44 (1985), S. 65–103, hier S. 86, S. 93, S. 99.

48 WOLFS: Observanzbestrebungen (wie Anm. 47), S. 279. MARROW: Hours (wie Anm. 23), S. 13f., zweifelt daran, dass Margarete von Dillenburg jemals Klosterfrau in Schönensteinbach war. Jedoch vermutet er, dass Wilhelm VI von Bayern-Holland der Stiefsohn von ihrer Nichte dem Kloster das Stundenbuch vermachte. Ob aber Wilhelm dem Kloster das Buch wegen seiner Grosstante der vermutlichen Klosterfrau, wegen der Stiefmutter, oder wegen seiner Schwägerin Katharina von Burgund Schönensteinbachs Patronin und Hauptgönnerin schenkte, bleibt dieses Geschenk eine Angelelgenheit der Familie, die das Kloster gestiftet hatte und die es mit Büchern weiter beschenkte. Siehe auch Anm. 30.

49 Ida-Christine RIGGERT: Die Lüneburger Frauenklöster. (Veröffentlichungen der Historischen Kommission für Niedersachsen und Bremen, Bd. 37; Quellen und Untersuchungen zur Geschichte Niedersachsens im Mittelalter, Bd. 19), Hannover 1996, S. 96; Johnnes LINNEBORN: Die Bursfelder Kongregation während der ersten hundert Jahre ihres Bestehens, in: Deutsche Geschichtsblätter 14 (1912/1913), S. 34; Karl GRUBE (Hg.): Des Augustinerpropstes Iohannes Busch Chronicon Windeshemense und Liber de reformatione monasteriorum. (Geschichtsquellen der Provinz Sachsen und angrenzender Gebiete, Bd. 19), Halle 1886, S. 629–632; Horst APPUHN (Hg.): Chronik und Totenbuch des Klosters Wienhausen, Wienhausen ³1986, S. 19–26.

50 APPUHN: Chronik (wie Anm. 49), S. 19–23, S. 26; RIGGERT: Frauenklöster (wie Anm. 49), S. 314f.; GRUBE: Chronicon (wie Anm. 49), S. 629–631.

burg.[51] Paradoxerweise sieht man gerade in diesen zwei Häusern, trotz der Unterstützung durch den landesherrlichen Hochadel für die Durchführung der Observantenreform, wie sich die Reform in ein unerwartet wirksames Mittel verwandelte, „exklusive“ Klöster immer mehr den Töchtern bürgerlicher Patrizierfamilien zu öffnen. Ein Zeichen dafür waren in Wienhausen und Medingen die neuen bürgerlichen Priorinnen Susanne Potstock (Wienhausen) und Margarete Puffin (Medingen), die beide mit der Reform kamen, um Leitungspositionen im Konvent zu übernehmen. Die wachsende „Demokratisierung“ der Klöster brachte schließlich eine neue Entwicklung in der Bücherherstellung mit sich.

Die intensive Schreibtätigkeit der Schwestern in Schönensteinbach und anderen observanten Häusern, die Bücher für die zu reformierenden Klöster abschrieben, wurde zum Teil von Johannes Meyer verursacht, der einer der entschiedensten Verfechter der Observanz unter den Dominikanern war. Meyer hatte sehr früh erkannt, dass es den Klosterfrauen in den neu reformierten Konventen an Andachtsliteratur mangelte. Er war der Ansicht, dass eine Literatur in der Volkssprache sie am ehesten „trösten“ würde. Um diese Lücke zu füllen, hat er die observanten Schwestern gebeten, auch volkssprachliche Bücher zu kopieren und an andere Klöster zu schicken.[52]

In Nürnberg stellten die Reformschwestern, die Dominikanerinnen aus Schönensteinbach, nicht nur große illuminierte Chorbücher in Latein her, sondern auch viele Bücher in deutscher Sprache, die sie ebenfalls mit Bildern ausstatteten: Chroniken, Schwesternbücher, Handbücher, Heiligenlegenden und andere Texte.[53] Die Bücher, die die Reformschwestern aus Schönensteinbach mitbrachten, waren fast alle in der Volkssprache. In Kloster Medingen, einem reformierten Haus des Zisterzienserordens und in anderen „Heideklöstern“, stellten die Schwestern nicht nur Bücher in Latein und in der Volkssprache her, sondern begannen auch, eine neuartige Form eines zweisprachigen Gebets- und Meditationsbuchs (in Latein und Niederdeutsch) zu schaffen.[54] Diese illustrierten *Orationalien* enthielten Gebete und Betrach-

51 Johann Ludolph LYSSMANN: Historische Nachricht von dem Ursprunge, Anwachs und Schicksalen des im Lüneburgischen Herzogthum belegenen Closters Meding […] bis auf das Jahr 1769 fortgesetzt, Halle 1772, S. 123–127; Joachim HOMEYER: Die Reformen im Kloster Medingen 1479–1494, in: DERS.: 500 Jahre Äbtissinnen in Medingen (Schriften zur Uelzener Heimatkunde, Bd. 11), Uelzen 1994, S. 29–46, hier S. 39; RIGGERT: Frauenklöster (wie Anm. 49), S. 323–325; Henrike LÄHNEMANN: „Medingen Manuscripts“, in: URL: www.staff.ncl.ac.uk/henrike.laehnemann/medingen.htm (zuletzt aufgerufen am 06.10.2013).

52 Deshalb schrieb Meyer 1470, er habe seine Schriften „allen predigerschwestren zu trost also in tusche gericht und gekert“, REICHERT: Meyers Buch der Reformacio, Bd. 2 (wie Anm. 2), vi; Hans HORNUNG: Daniel Sudermann als Handschriftensammler. Ein Beitrag zur Straßburger Bibliotheksgeschichte (Diss. [masch], Tübingen 1957), Tübingen 1957, Teil I, S. 110a.

53 Anne WINSTON-ALLEN: „Barbara Gwichtmacherin und Werkstatt“, in: DIES.: Repertorium of Manuscripts Illuminated by Women in Religious Communities of the Middle Ages, in: URL: http://www.agfem-art.com/i-index-of-named-artists.html (zuletzt aufgerufen am 13.03.2014).

54 UHDE-STAHL: Figürliche Buchmalereien (wie Anm. 22); Gerhard ACHTEN: De Gebedenkboeken van de Cistercienzerinnenkloosters Medingen en Wienhausen, in: Elly COCKX-INDESTEGE, Frans HENDRICKX (Hgg.): Opstellen voor Dr. Jan DESCHAMPS tergelegenheid van zijn zeventigste verjaardag (Miscellanea Neerlandica Bd. 3), Louvain 1987, S. 173–188; Regina CERMANN: Niederdeutsches Osterorationale aus dem Zisterzienserinnenkloster Medingen, in: Peter Jörg BECKER, Eff OVERGAAUW (Hgg.): Aderlass und Seelentrost. Die Überlieferung deutscher Texte im Spiegel Berliner Handschriften und Inkunabeln, Ausstellung der Staatsbibliothek zu Berlin, 20. Juni- 21. September 2003 (Ausstellungskataloge, Staatsbibliothek zu Berlin – Preußischer Kulturbesitz, N. F., Bd. 48), Mainz 2003, S. 272–274; Mechthild SOBIELA-CAANITZ, Cristina HOSPENTHAL, Max SCHIENDORFER u. a. (Hgg.): Geistliche Gesänge des deutschen Mittelalters: Melodien und Texte handschriftlicher Überlieferung bis um 1530. Gesänge A-D (Nr. 1–172) (Das deutsche Kirchenlied, Abt. II., Bd. 1), Kassel 2003, S. 10, 22f., S. 95f., S. 110, S. 120; Ebd. Bd. 2, Kassel 2004, S. 35, S. 51, S. 130, S. 132, S. 191f.; LÄHNEMANN: Medingen Manuscripts (wie Anm. 51); Hans-Walter STORK: Eine Gruppe von Medinger Handschriften in der Staats- und Universitätsbibliothek Hamburg, in: Frauen – Kloster – Kunst (wie Anm. 4), S. 131–139, Abb. S. 429, S. 488; Medingen Klosterwerkstatt, in: WINSTON-ALLEN: Repertorium (wie in Anm. 53).

tungen zu den liturgischen Tageszeiten und Messen für Ostern oder für den Advent, sowie Lieder, oft mit musikalischer Notation der Melodien.

Einige dieser Handschriften wurden für Patrizierinnen der nahegelegenen Stadt Lüneburg angefertigt, möglicherweise für ehemalige Schülerinnen der Klosterschule, die am Gottesdienst in Medingen teilnahmen. Mindestens sechs der einundzwanzig bebilderten Handschriften aus Kloster Medingen können mit weltlichen Frauen der Gegend, wahrscheinlich Gönnerinnen des Hauses oder ehemalige Absolventinnen der Klosterschule, in Verbindung gebracht werden. Eine dieser Handschriften wurde zum Beispiel für die Frau des Bürgermeisters von Lüneburg angefertigt.[55]

In dem Skriptorium des Klosters arbeiteten bis zu zwölf der Schwestern an der Herstellung solcher Gebetbücher. Eine dieser zweisprachigen Osterorationalien enthält ein idealisiertes Bild von den Feierlichkeiten am Ostertag, an denen Klosterfrauen und Laien zusammen singend teilnehmen, in Latein und Niederdeutsch.[56] Das Bild ist ein Ausdruck der Verbindung, die zwischen dem Laien und den Klosterfrauen bestand. Ob diese Bücher auf Bestellung oder als Geschenke angefertigt wurden, ist nicht eindeutig. Die meisten von ihnen sind allerdings mit farbigen Illustrationen ausgestattet.

Observante Nonnen des 15. Jahrhunderts, wie Magdalena Kremerin in Kirchheim unter Teck, stellten demnach nicht nur neue aufwendige Chorbücher in Latein für den klösterlichen Gebrauch oder andere Reformerinnen Andachts- und Gebrauchsliteratur in der Volkssprache her, sondern einige, wie die Schwestern in Medingen, erstellten sogar neuartige Textgattungen. Diese Bücher gelangten auch an weltliche Frauen außerhalb des Klosters. Ausgestattet wie die kostbaren Bücher, die adlige Frauen bevorzugten, waren diese Bücher nicht nur für Klosterfrauen vorgesehen, sondern für eine breitere Leserschaft, zu welcher auch die bürgerlichen Patrizierinnen außerhalb des Klosters zählten. Das neue zweisprachige Textgenre zum Gebrauch im Gottesdienst diente nicht nur als eine neue Art Literatur für weibliche Laien, sondern bildete darüber hinaus eine neue Kunstgattung: illustrierte Bücher von Frauen für Frauen.

55 CERMANN: Osterorationale (wie Anm. 54), S. 273.

56 Hildesheim, Dombibliothek, Ms. J 29, fol. 126v; Renate GIERMANN, Helmar HÄRTEL (Hgg.): Handschriften der Dombibliothek zu Hildesheim, 2. Teil: Hs 700–1050; St. God. Nr. 1–51; Ps 1–6; J 23–95, (Mittelalterliche Handschriften in Niedersachsen, Bd. 9), Wiesbaden 1993, S. 177–184.

Abbildungen (Abb. 3–5 im Bildtafelteil; Abb. 1 entspricht der Abb. 21 zum Aufsatz von Jeffrey Hamburger im Bildtafelteil; Abb. 2 entspricht Abb. 14 zum Aufsatz von Jeffrey Hamburger im Bildtafelteil)

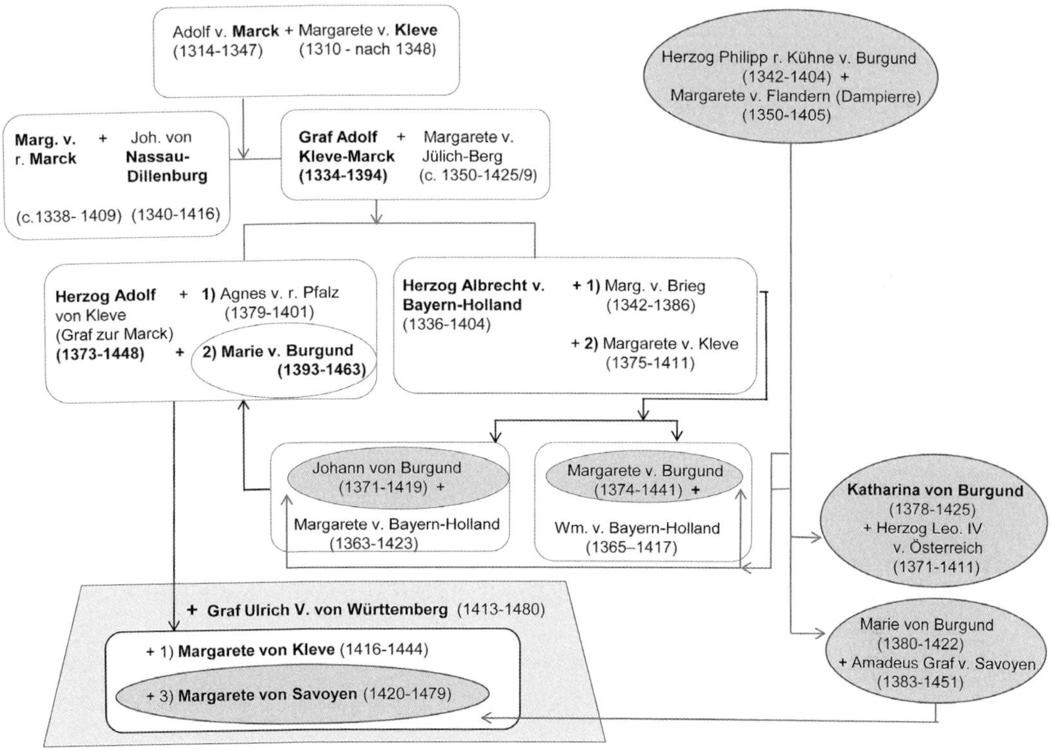

Abb. 6: Stammbaum der Geschlechter Kleve, Marck und Burgund

Magdalena Kremerin, Schreiberin und Malerin im Dominikanerinnenkloster St. Johannes des Täufers in Kirchheim unter Teck

Jeffrey F. Hamburger

Dieser Aufsatz beschäftigt sich mit einer Gruppe zerstreuter und zerstückelter Handschriften aus dem Dominikanerinnenkloster von St. Johannes dem Täufer in Kirchheim unter Teck, südlich von Stuttgart in Süddeutschland gelegen.[1] Obwohl Kirchheim der Legende nach schon um 990 als erstes Benediktinerkloster in ganz Württemberg gegründet worden sein soll, gehen seine Ursprünge tatsächlich auf die erste Hälfte des 13. Jahrhunderts zurück.[2] Als eine Gründung durch die Herzöge von Teck, deren Töchter und Witwen im Laufe der Zeit in der Kirche bestattet wurden, ist es schon im Jahr 1235 unmittelbar neben der Burg und der Stadt desselben Namens nachweisbar.[3] Im Jahre 1241 kauften die Nonnen Eigentum in Sirnau. Ob sie dahin ziehen wollten oder ein Filialkloster gründen wollten, bleibt unklar. Die Nonnen, die zu der Zeit die Augustinerregel annahmen (die in dominikanischen Frauenklöstern üblich war) wie auch die dominikanischen Constitutiones der Schwestern von St. Marx in Straßburg und jene von San Sisto in Rom, wurden in den Schutz des Bischofs aufgenommen, zu dessen Bistum sie gehörten. Während die Nonnen von Sirnau bereits am 14. Juli 1245 von Papst Innozenz IV. inkorporiert und damit offiziell als Teil des Dominikanerordens anerkannt wurden, gelang es dem Mutterhaus in Kirchheim offensichtlich gegen den Wunsch und Willen des Konstanzer Bischofs vielleicht am 16. August 1247, dem Orden beizutreten, sicherlich jedoch

1 Eine frühere Version dieses Aufsatzes wurde in Englisch veröffentlicht unter dem Titel „Magdalena Kremer, Scribe and Painter of the Choir and Chapter Books of the Dominican Convent of St. Johannes-Baptista in Kirchheim unter Teck, in: Richard Linenthal, James Marrow, William Noel (Hgg.): The Medieval Book. Glosses from Friends & Colleagues of Christopher de Hamel, Houton 2010, S. 158–183. Ich bin dem Verlag Hes en de Graaf für die Erlaubnis dankbar, ihn hier in der Übersetzung mit kleinen Änderungen neu drucken zu können, die seinen neuen Kontext ebenso wie neue Informationen berücksichtigen.

2 Für die Geschichte des Konvents vgl. Herbert Aderbauer: Kirchheim/Teck, in Württembergisches Klosterbuch. Klöster, Stifte und Ordensgemeinschaften von den Anfängen bis in die Gegenwart, im Auftrag des Geschichtsvereins der Diözese Rottenburg-Stuttgart hg. von Wolfgang Zimmermann und Nicole Priesching, Ostfildern 2003, S. 305f. und Ulrich P. Ecker: Die Geschichte des Klosters S. Johannes-Baptista der Dominikanerinnen zu Kirchheim u. Teck (Diss., Freiburg 1981), Freiburg 1985. Obwohl Ecker auf S. 364 schreibt, dass nach der Auflösung des Klosters die Nonnen unter der Führung der Priorin Ursula von Helfenstein das Nekrolog und zwei Chorbücher mit nach Kirchberg nahmen, scheint er nicht zu wissen, dass die Bücher im Benediktinerstift St. Paul im Lavanttal überlebten. Erstaunlicherweise macht seine Studie keinen direkten Gebrauch von dem unedierten Nekrolog von Kirchheim in Lavanttal, Cod. 71/1. Vgl. Ecker, Geschichte, S. 365. Ecker behauptet auf S. 365 auch, dass die Priorin in St. Paul im Lavanttal starb, was, wenn es stimmt, den Transport der Bücher dorthin nicht erklären kann, weil sie im 18. Jahrhundert zuerst an die Bibliothek von St. Blasien gingen. Ecker stützt seine Behauptungen, indem er sich auf den Nekrolog von Kirchheim bezieht, der jetzt in St. Paul ist (von diesem gibt es eine Kopie im Hauptstaatsarchiv Stuttgart A 493 Bü3, 10 Folioseiten). Eckers Argumentation ist grundsätzlich wenig überzeugend. Lässt man die Herkunft der Dokumente einmal beiseite, war St. Paul im 16. Jahrhundert wie auch heute eine männliche Mönchsgemeinschaft des Benediktinerordens.

3 Rolf Götz: Von der ersten urkundlichen Nennung im Jahre 960 bis zur Mitte des 16. Jahrhunderts, in: Kirchheim unter Teck. Marktort, Amtsstadt, Mittelzentrum, im Auftrag der Stadt Kirchheim unter Teck, hg. von Rainer Kilian, Kirchheim unter Teck 2006, S. 97–273, bes. S. 175–196. Vgl. auch Ders.: Die älteste Urkunde des Kirchheimer Frauenklosters, in: Kloster, Bauernkrieg, Landstandsrecht, Revolution 1848, Notgeld, jüdische Mitbürger, Fürstenbilder, Lithograph Gebhardt, hg. vom Stadtarchiv Kirchheim unter Teck (Schriftenreihe des Stadtarchivs Kirchheim unter Teck, Bd. 3), Kirchheim 1985, S. 7–23.

spätestens im Januar 1249. Von diesem Zeitpunkt an wird die Gemeinschaft in päpstlichen Bullen als ein Mitglied des Augustinerordens bezeichnet.[4]

Die frühe Kirchheimer Klostergeschichte hat Auswirkungen auf die Geschichte und die Besonderheiten der Handschriften, die dort im 15. Jahrhundert verfasst und geschrieben wurden. Die Beziehungen der Gemeinschaft zum Elsass und besonders zu den Dominikanerinnenklöstern in Straßburg und in den nahe gelegenen Städten wie Colmar und Schlettstadt blieben sehr eng.[5] Falls, wie man annimmt, die Gründung Sirnaus Unstimmigkeiten unter den Schwestern über die Lebensweise mit sich brachte, so tauchten diese Uneinigkeiten einige Jahrhunderte später wieder auf, als das Kloster Kirchheim 1477/1478, nämlich zusammen mit dem Dominikanerinnenkloster Weiler auf Initiative des Priors von Esslingen und Graf Ulrichs von Württemberg reformiert wurde.[6] Graf Ulrich war darüber aufgebracht, wie verschwenderisch sein Sohn Eberhard der Jüngere sich bei einem seiner Besuche im Konvent aufgeführt und mit den Nonnen ein Festgelage gefeiert hatte. Außerdem war es Ulrichs Anliegen, Kirchheims Status als das Hauskloster seiner Dynastie zu festigen. Selbst nach der Reform blieb Kirchheim ein bitterer Zankapfel zwischen Ulrichs Neffen, Eberhard dem Älteren und seinem Cousin, Eberhard d. J., der gezwungen gewesen war, dem Älteren faktisch die gesamte Regierungsgewalt in der Grafschaft einschließlich eines großen Teils seiner Einkünfte abzutreten, von denen ein großer Teil von Einkünften aus den Gütern des Klosters herrührte.[7] Nach Ausweis der Kirchheimer Chronik[8] verlief die Geschichte des Kirchheimer Konvents im späten 15. Jahrhundert sehr stürmisch und hatte von Drohungen, das Kloster anzuzünden bis zum Kidnapping seiner Novizinnen alles aufzuweisen.[9] Die Auflösung des Klosters im Zuge der Reformation stellte – so gesehen – nur den letzten Akt in einer langen Reihe von Schwierigkeiten dar.

Leonardo Mansueti, Dominikanergeneral von 1474 bis 1480, Jakob von Stubach von Wien, Provizial der Ordensprovinz Teutonia von 1475 bis 1478 und Johannes Prausser (gestorben

4 Ecker: Geschichte (wie Anm. 2), S. 21.

5 Vgl. zu den Dominikanerinnen im Elsass, Annette Barthelmé: La réforme dominicaine au XVe siècle en Alsace et dans l'ensemble de la province de Teutonie (Collection d'études sur l'histoire du droit et des institutions de l'Alsace, Bd. 7), Strasbourg 1931; Dominicains et dominicaines en Alsace, XIIIe–XXe s., Actes du colloque de Guebwiller, 8–9 avril 1994, ed. von Jean-Luc Eichenlaub, Colmar 1996.

6 Für die Reform der Kirche in Süddeutschland während der Zeit des Spätmittelalters vgl. Württemberg im Spätmittelalter. Ausstellung des Hauptstaatsarchivs Stuttgart und der Württembergischen Landesbibliothek, hg. von Joachim Fischer u. a. Stuttgart 1985, S. 119–127, Kirchheim wird hier allerdings nicht erwähnt.

7 Vgl. Ecker: Geschichte (wie Anm. 2), S. 187–192; Dieter Stievermann: Die württembergischen Klosterreformen des 15. Jahrhunderts. Ein bedeutendes landeskirchliches Strukturelement des Spätmittelalters und ein Kontinuitätsstrang zum ausgebildeten Landeskirchentum der Frühneuzeit, in: Zeitschrift für Württembergische Landesgeschichte 44 (1985), S. 65–103; Ders.: Landesherrschaft und Klosterwesen im spätmittelalterlichen Württemberg, Sigmaringen 1989, S. 276–289; und Ders.: Der Augustinermönch Dr. Conrad Holzinger. Kaplan, Rat und Kanzler des Grafen bzw. Herzogs Eberhard d. J. von Württemberg am Ende des 15. Jahrhunderts, in: Josef Engel (Hg.): Mittel und Wege früher Verfassungspolitik (Spätmittelalter und Frühe Neuzeit, Bd. 9), Stuttgart 1979, S. 356–405. Für Konflikte wegen der Klausur in Kirchheim und anderen Klöstern in der Gegend, vgl. Heike Uffmann: Inside and Outside the Convent Walls. The Norm and Practice of Enclosure in the Reformed Nunneries of Late Medieval Germany, in: Medieval History Journal 4 (2001), S. 83-108.

8 Hauptstaatsarchiv Stuttgart A 493 Bü 2, 293 fols.

9 Eine Beschreibung der Stuttgarter Handschrift bietet Götz: Nennung (wie Anm. 3), S. 187. Es gibt eine weitere Abschrift in Wien, Schottenkloster, Cod. 53.e.14; vgl. Albert Hübl: Catalogus codicum manu scriptorum, qui in bibliotheca monasterii B. M. V. ad Scotos Vindobonae servantur, Wien 1899, S. 253–54 (Nr. 233). Vgl. auch Sönke Lorenz: Kremerin, Magdalena OP, in: Die deutsche Literatur des Mittelalters. Verfasserlexikon, Bd. 11 ([2]2004), Sp. 892f., ohne Nennung der Abschrift in Wien. Christian Friedrich Sattler, Geschichte des Herzogthums Würtenberg unter der Regierung der Graven. Teil ii–xiii, 5 Bde., Tübingen 1769-1783 veröffentlicht die Chronik in Bd. 4, Anhang 4, S. 173–296. Die Stuttgarter Handschrift, die mit Sattlers Anmerkungen versehen ist, wurde im Jahr 1771 dem Herzoglichen Archiv geschenkt.

nach 1480), ein begnadeter Prediger, der 1473 zum ersten Prior des Dominikanerklosters in Stuttgart ernannt wurde, übertrugen Johannes Meyer von Basel (1422–1485) die Aufgabe, die Reform Kirchheims zu beaufsichtigen und durchzuführen. Meyer, der vielleicht wegen seines ausführlichen Berichts über die dominikanische Reform, des *Buchs der Reformatio Predigerordens*, verfasst im Jahr 1468 (und damit geraume Zeit vor der Reform Kirchheims[10]) der bekannteste von ihnen ist, hatte die Reform Silos geleitet und, während seiner Anwesenheit im Jahr 1469 eines seiner vielen Werke verfasst, die eine Fülle von Informationen über die dominikanische Reform am Oberrhein des 15. Jahrhundert liefern, nämlich die *Vitas fratrum, Leben der Brüder Predigerordens*. Nach der Kirchheimer Chronik, herausgegeben von Christian Sattler in seinem bemerkenswerten Werk *Historische Beschreibung des Herzogthums Württemberg*, wurde ein Kern von 17 Frauen – 10 Nonnen von St. Margaretha in Straßburg und sechs Chor- und eine Laienschwester von Silo in Schlettstadt – in schönen Kutschen, die von der Gräfin und anderen Damen des Hofes in Stuttgart[11] zur Verfügung gestellt wurden, nach Kirchheim gefahren. Die Wagen waren mit bunten Tüchern verhängt, um die Reisenden vor neugierigen Blicken zu schützen: eine Art von fahrender Klausur. Während die 10 Nonnen von St. Margaretha zur Reform in Straßburg in Weiler blieben, reisten jene von Silo weiter nach Kirchheim, wo sie mit großer Feierlichkeit empfangen und in das Kloster eingeführt wurden.

Nach der Chronik war unter den Nonnen, die nach Kirchheim kamen, „ein swester [...] die konde wol textur schreiben, und och malen."[12] Die Chronik berichtet auch, dass diese „texturschriberin" während des Aufenthalts der Schwestern von zwei Tagen auf dem Weg nach Kirchheim[13] zwei Nonnen im Dominikanerinnenkloster Pforzheim in Kalligraphie und Buchmalerei unterrichtet hatte. In demselben Bericht wird später die Nonne namhaft gemacht (oder sie bezeichnet sich selbst) als „Magdalena Kremerin, die kam von stroßburg gan Syl." Hier handelt es sich um dieselbe Magdalena Kremerin, der man die Abfassung der Chronik zuschreibt und die 1495 Priorin der Gemeinschaft wurde und dieses Amt bis 1501/1502 innehatte.[14] Magdalenas Fähigkeit zu schreiben und Handschriften auszumalen gehörte mit Sicherheit zu den Kenntnissen, die sie zu den Ämtern der „custerin, texturschriberin, novicien meysterin und

10 Bezüglich Prausser, vgl. Peter RENNER: Johannes Prausser OP, in: ²VL (wie Anm. 9), Bd. 4, Sp. 810f., und Bernhard NEIDIGER: Das Dominikanerkloster Stuttgart, die Kanoniker vom gemeinsamen Leben in Urach und die Gründung der Universität Tübingen. Konkurrierende Reformansätze in der württembergischen Kirchenpolitik am Ausgang des Mittelalters (Veröffentlichungen des Stadtarchivs Stuttgart, Bd. 58), Stuttgart 1993, S. 27, S. 33, S. 74, S. 82. Für Meyer, vgl. Werner FECHTER: Meyer, Johannes OP, in: ²VL (wie Anm. 9), Bd. 6, Sp. 474–489; Eugen HILLENBRAND: Die Observantenbewegung in der deutschen Ordensprovinz der Dominikaner, in: Kaspar ELM (Hg.): Reformbemühungen und Observanzbestrebungen im spätmittelalterlichen Ordenswesen (Berliner Historische Studien, Bd. 14; Ordensstudien, Bd. 6), Berlin 1989, S. 219-271; Carl PFAFF: Bild und Exempel. Die observante Dominikanerin in der Sicht des Johannes Meyer O. P., in: Christoph HESSE (Hg.): Personen der Geschichte – Geschichte der Personen. Studien zur Kreuzzugs-, Sozial- und Bildungsgeschichte. Festschrift für Rainer Christoph SCHWINGES, Basel 2003, S. 221–335 und Sarah Glenn DEMARIS (Hg.): Johannes Meyer. Das Amptbuch (Monumenta Ordinis Fratrum Praedicatorum Historica XXXI), Rom 2015. Wie Claudia HEIMANN anmerkte in: Beobachtungen zur Arbeitsweise von Johannes Meyer OP anhand seiner Aussagen über die Reform der Dominikanerkonvente der Teutonia, besonders der Natio Austriae, in: Archivum Fratrum Praedicatorum 72 (2002), S. 187–220, ist eine Neuausgabe von Meyers *Buch der Reformacio Predigerordens* nach wie vor ein Desiderat der Forschung. Für Kirchheim unter Teck in den handschriftlichen Quellen siehe HEIMANN: ebd., S. 200 und S. 211.

11 SATTLER: Chronik (wie Anm. 9), Bd. 3, S. 146–152. Für den vollen Text des bedeutsamen Teils der Chronik siehe ebd., Bd. 4, S. 173–181.

12 Ebd.

13 Ebd.

14 Wegen Komplikationen bezüglich der Zuschreibung der Chronik zu Magdalena Kremerin, vgl. Nigel PALMER in seinem Beitrag zu diesem Band.

obersengerin“ befähigte. (Bei Textur handelt es sich um die offizielle gotische Schrift, die vor allem für liturgische Handschriften verwendet wurde.)

Meyers *Ämterbuch*, eine Bearbeitung des *Liber de instructione officialium* des Humbert von Romans (ca. 1200-ca. 1277) für Dominikanerinnen, zeigt, dass Magdalenas Ämterhäufung etwas Außerordentliches darstellt, weil diese Ämter normalerweise (oder wenigstens entsprechend der Regel) auf verschiedene Frauen im Kloster verteilt wurden. Zwei illuminierte Handschriften von Meyers *Ämterbuch*, die eine aus dem Dominikanerinnenkloster von Medlingen (Landkreis Dillingen an der Donau) datiert 1483 (Universitätsbibliothek Leipzig, Ms. 1548), die andere aus dem Dominikanerinnenkloster St. Katharina in Nürnberg, datiert ca. 1460 (Indiana University Bloomington, Lilly Library, Ricketts Ms. 198), zeigen zu Beginn der Kapitel, die Magdalenas Pflichten beschreiben, Initialen, die typische Aufgaben abbilden: für die „cüsterin“ eine Nonne, die vor einem Altar steht und einen Kelch in einen Sakristeischrank zu einem Buch stellt, das klar erkennbar an seinem Einband ist, der mit zwei Lederriemen geschlossen gehalten wird (Abb. 1) (oder in der Abschrift der Lilly Library eine Nonne, die zur Messe läutet); für die „sängerin“ eine Nonne mit Zeigestab, die eine Gruppe von Nonnen beim Singen anleitet (Abb. 2) (in der Abschrift der Lilly Library eine einzelne Nonne mit Zeigestab); und für die „novizenmeisterin“ eine Nonne, die einer Novizin das Lesen beibringt (Abb. 3) (in der Abschrift der Lilly Library ist eine Nonne abgebildet, die der Personifikation der Grammatik ähnelt, mit einer Peitsche bewaffnet, um ihre Schützlinge zu bestrafen).[15] Magdalenas Beschreibung (von sich selbst?) als Schreiberin, die sich auf Textur spezialisiert hatte, findet weder eine Entsprechung in Meyers Text noch in dessen Illustrationen.

Nach Meyer ist die „cüsterin“ für alles verantwortlich, angefangen vom Läuten der Glocke zur Messe, Reinhalten und In-Ordnung-Halten der liturgischen Gewänder und Geräte bis zum Vorhalten eines ausreichenden Vorrat an Kerzen. Sie hat dafür zu sorgen, dass der Altar frei von Spinnweben und das Dach der Kirche in Ordnung sind, so dass es nicht hineinregnen kann. Meyer fährt fort, dass sie nicht nur die Ordnung der Liturgie wahren soll, sondern auch dafür sorgen, dass ihre Untergebenen es ebenfalls tun. Johannes Meyer fügt hinzu, dass alle sie fragen sollen, wenn sie etwas nicht verstehen.[16] Zu diesem Zweck soll sie sicherstellen, dass es eine deutlich lesbare Ankündigung der liturgischen Tagespflichten entsprechend den Gewohnheiten des Ordens auf einem Brett gibt, das entweder im Kreuzgang oder direkt am Ein-

15 Bezüglich der Handschrift in Bloomington, vgl. Christopher de Hamel: Gilding the Lilly. A Hundred Medieval and Illuminated Manuscripts in the Lilly Library, Bloomington 2010, Kat. Nr. 66, S. 148f. In der Zwischenzeit vgl. Susan von Daum Tholl, Lilly Library (Hgg.): A Catalog of Selected Illuminated Manuscripts in the Lilly Library, Indiana University (The Bookman, Bd. 17), Bloomington 1988), S. 69–75 (Nr. 13). Für die Abschrift in Leipzig siehe Franz Josef Pensel, Irene Stahl: Verzeichnis der deutschen mittelalterlichen Handschriften in der Universitätsbibliothek Leipzig (Deutsche Texte des Mittelalters, Bd. 70,3; Verzeichnisse altdeutscher Handschriften in der Deutschen Demokratischen Republik, Bd. 3), Berlin 1998, S. 211–216. Wegen ihrer außerordentlichen Bedeutung sollten die beiden Reihen der Illustrationen vollständig veröffentlicht werden. Für weiter Diskussion dieser Gottesdienste im Kontext mit dominikanischer Erziehung, Gesetzgebung und Bibliothek, vgl. Marie-Luise Ehrenschwendtner: Die Bildung der Dominikanerinnen in Süddeutschland vom 13. bis 15. Jahrhundert (Contubernium. Tübinger Beiträge zur Universitäts- und Wissenschaftsgeschichte, Bd. 60), Stuttgart 2004, S. 106–108 und Eva Schlotheuber: Bücher und Bildung in den Frauengemeinschaften der Bettelorden, in: Dies., Helmut Flachenecker, Ingrid Gardill (Hgg.): Nonnen, Kanonissen und Mystikerinnen. Frauengemeinschaften in Süddeutschland. Beiträge zur interdisziplinären Tagung vom 21. bis 23. September 2005 in Frauenchiemsee (Veröffentlichungen des Max-Planck-Instituts für Geschichte, Bd. 235; Studien zur Germania Sacra, Bd. 31), Göttingen 2008, S. 241–262.

16 Demaris: Amptbuch (wie Anm. 10), S. 204, Z. 280-285. „Item der kustrin gehort jn sunderheit zu, dz si wol wisse, konne vnd verstande die ruberick oder nottel des gantzen gˆtlichen amptz, vnd woldes getriben vnd gev̈bt sige, also dz die andren swestren von ir vnderwist werden von allen söllichen sachen, so si vmb semlichs zu flucht habent zu ir, vnd von ir von allen tzwiffellichen dingen gesichert.“

gang zum Chor hängt.[17] Meyers Vorschriften setzten voraus, dass alle Schwestern genug lesen können um solche Anweisungen zu verstehen. Sie deutet auch auf eine wachsende Bedeutung von schriftlichen Anweisungen anstelle von Erinnerungsvermögen beim Vollzug der Liturgie hin.

Meyers *Ämterbuch* beschreibt auch Magdalenas andere Ämter. Die „sengerin", (von denen es normalerweise zwei gab, je eine für die Anleitung der Chorsängerinnen auf beiden Seiten des Chors schaut danach, dass „man in den closter habe die bucher des gotlichen amptz wol corrigiert und in gutter geschrifft", das heißt, dass der Konvent mit allen Büchern für die Feier der Liturgie versorgt ist, dass diese entsprechend korrigiert und gut geschrieben sind, dass ihre Einbände in Ordnung sind, und dass jeder, der sie beschädigt oder schlecht behandelt, im Kapitel bestraft wird. Dass Meyer nicht immer Vertrauen in die Fähigkeit der Nonnen hatte, die Handschriften selbst zu korrigieren, zeigt sich in der Bemerkung, dass sie, wenn sie es selbst nicht können, sich an einen Bruder wenden sollen, der in solchen Angelegenheiten bewandert ist.[18] Die wichtigsten Pflichten der „novizenmeisterin" bestanden darin, die Kandidatinnen vor der Profess in den Gewohnheiten (Constitutiones) zu unterweisen, ihre Einführung in den Orden zu beaufsichtigen, (eine Verpflichtung, die es nötig machte, dass sie ihren Beichtzettel aufschrieb und einen Bericht verfasste), und sie in die Feinheiten der Liturgie einführte.[19] Getrennt von all diesen Aufgaben waren jene der „buchmeisterin", die für die Aufsicht und Fürsorge der Bibliothek des Klosters zuständig war, ein Hinweis darauf, dass die Bücher, die in der Liturgie verwendet wurden, gewöhnlich nicht in der Bibliothek, sondern in der Sakristei, nahe dem Chor, aufbewahrt wurden.[20] Angesichts all dieser Vorschriften ist es nicht überraschend, dass eine der ersten Aufgaben, die mit der Reform verbunden waren, die Produktion eines neuen Satzes von liturgischen Handschriften war.[21] Magdalena Kremerin hatte daher nach ihrer Ankunft in Kirchheim alle Hände voll zu tun.

Zwei Handschriften, die mit Magdalena Kremerin in Zusammenhang gebracht werden können, haben in St. Paul im Lavanttal in Kärnten, nahe der Grenze zum heutigen Slowenien, die Zeit überdauert.[22] Beide Bücher wurden gewöhnlich von der Priorin verwendet und waren

17 DEMARIS: Amptbuch (wie Anm. 10), S. 204, Z. 290-297. „Si sol öch fur sehen, dz jn dem chor oder an einer andren stat, als in dem crutz gang nach by dem jn gang des chors, geschriben stand an einer michelen taffel jn gütter lislicher geschrifft die ding nach rechter ordennung, die aller meist ze tun sind in der mess vnd in dem götlichen ampt, als es denn geschriben ist in der constitucion vnd nottel vnd andren bucheren, also dz die schwestren, so si zwiffelten, öch iren zu ker zu söllicher schrift nement."

18 DEMARIS: Amptbuch (wie Anm. 10), S. 206, Z. 7-21. „So solten si die priorin rügen gegen den obren, also das man schüffe, dz dz gebessert würde. Si sönd aber mit fliss dar zu tün, dz alle buch mit sicheren ernst eigentlichen gebessert werdent, es sige jn dem gesang der notten, der worter, der puncten, der versen vnd wie es genant ist, vnd dz mögent si tun durch sich selbs, ist sach dz si so getriben sint in sollichen sachen, oder durch jeman anders, der es kan, besunder durch die brüder des ordens, die da jn solichen wol gev̈bt werend, vnd dz sol aber geschehen mit günst vnd wissen der priorin. Und jetweder sengerin sol die bucher vff irem chor rein vnd süsser halten, vnd etwaz si besseren, so es not tut, jn den vber zug, register vnd des gelich, vnd die schlosslin lassen besseren, vnd die büch öch lassen jn binden, so dz not fordret, vnd die, die bucher vnördenlichen halten vnd si schedigent, sond si rügen in dem capitel."

19 DEMARIS: Amptbuch (wie Anm. 10), S. 254, Z. 164-168. „Sol die nouitzen meistrin es an schreiben an ein sunder büchlin, dz dar zu gemachet sin söl, vnd in söllicher moß mag si es ördenlichen schriben: in dem iar des herrn mcccc. liiij an den xxvij tag des monatz mertzen do, ward angeleit mit des ordens kleide swester Eua."

20 Karl CHRIST: Mittelalterliche Bibliotheksordnungen für Frauenklöster, in: Zentralblatt für Bibliothekswesen 59 (1942), S. 1–29.

21 Zu den verschiedenen Themen siehe Jeffrey F. HAMBURGER: The Visual and the Visionary. Art and Female Spirituality in Late Medieval Germany, New York 2000, S. 186, S. 190f., S. 313f., S. 387–89.

22 Das tausendjährige St. Blasien. 200jähriges Domjubiläum. Ausstellung vom 2. Juli bis 2. Oktober 1983, Bd. 1: Katalog, hg. von Historische Ausstellung Kloster St. Blasien 1983 e. V., Karlsruhe 1983, Kat. Nr. 142, S. 156-160, wo sie in Straßburg lokalisiert und der zweiten Hälfte des 15. Jahrhunderts zugeschrieben werden.

unerlässliche Instrumente der Reform. Das erste, Cod. 75/1 (früher XXV/2,1), stellt einen Sammelband dar mit einem Nekrolog von Kirchheim, einem Martyrologium (genauer das von Usuardus), einer Liste mit Evangelien-Lesungen des liturgischen Jahres („Lectiones evangeliorum per totum annum") und den Gewohnheiten des Ordens auf Latein.[23] Kurz gesagt, die Handschrift ist ein Kapitelbuch oder ein Kapiteloffiziumsbuch (*Liber capituli* oder *Liber capitularis*), das viele Texte vereint, die ein Konventsvorsteher, in unserem Fall die Priorin, brauchte, um ihre Aufgabe im Kapitel, das auf das Chorgebet der Prim folgt, zu erfüllen.[24] Das zweite, Cod. 62/1 (früher XXV/2,12) in einer deutlichen, ziemlich blumigen Textura-Schrift geschrieben, aber in einem ähnlichen Stil ausgemalt, ist früher nur als ein allgemeines Chorbuch betrachtet worden, ist jedoch tatsächlich ein Kollektar, das die *collectae* oder Kirchengebete zum Abschluss der längeren Chorgebete (Gebete, die von der Priorin während des liturgischen Jahres gesprochen werden), gefolgt von den Versen der Laudes durch das Kirchenjahr und eine vollständige Sammlung von Segen für verschiedene Gelegenheiten enthält.[25]

23 Paul Friedrich von Stälin: Über die Archivalien württembergischer Klöster in der Abtei St. Paul in Kärnten, in: Württembergische Vierteljahreshefte für Landesgeschichte Neue Folge 1 (1892), S. 58–64, bes. S. 63, beschreibt kurz den Nekrolog und das Martyrologium. Bezüglich der Ausmalung stellt Stälin einfach fest: „Die Initialen des Martyrologiums sind vielfach mit mehr oder weniger umfangreichen Malereien nicht ohne kunsthistorisches Interesse geziert." Die Handschrift ist in einer Reihe von Werken über Martyrologien aufgenommen, vgl. Henri Quentin: Les martyrologes historiques du Moyen Age. Étude sur la formation du martyrologe romain (Études d'histoire des dogmes et d'ancienne littérature ecclésiastique, Bd. 3), Paris 1908, S. 677; Theodor Klauser: Das römische Capitulare Evangeliorum. Texte und Untersuchungen zu seiner ältesten Geschichte, Bd. 1: Typen (Liturgiegeschichtliche Quellen und Forschungen, Bd. 28), Münster 1935, S. CVIII (Nr. 298) (Klauser: xxv d 71) und Bernard Lambert: Bibliotheca Hieronymiana manuscripta. La tradition manuscrite des oeuvres de Saint Jérôme, 4 Bd. (Instrumenta Patristica, Bd. 4), Den Haag 1969–1972, Nr. 995 (BHM: 'xxv/2.1'). Vgl. auch Eef A. Overgaauw: Martyrologes manuscrits des anciens diocèses d'Utrecht et de Liège. Étude sur le développement et la diffusion du Martyrologe d'Usuard (Middeleeuwse studies en bronnen, Bd. 30), Hilversum 1993. Da keine äußere Beschreibung veröffentlicht wurde, liefere ich sie im Folgenden: fols. 295, 360 {x} 260 mm (1r–38v: 184 {x} 193 mm; 40r–49v: 234 {x} 171 mm; 50r–226v: 242 {x} 164–169 mm; 227r–231v: 230 {x} 159 mm; 232r–265r: 215 {x} 170 mm). Collation: i-iii^{10}, iv^{8}, v^{10}, vi-vii^{8}, ix-xi^{10}, xii-xxvi^{8}, xxvi^{8}, xxvii^{10}–3 [1 Abschnitt, liniert, nach fol. 222; 2 Abschnitte, liniert, nach fol. 228], xxviii^{10}–1 [Abschnitt folgen fol. 237]. Die Handschrift verwendet ein unübliches System von senkrechten Schlagwörtern. Hartes Trimmen zeigt an, dass die Bindung nicht original ist.

24 Für eine Einführung in die Entwicklung des Martyrologiums vgl. Éric Palazzo: Histoire des livres liturgiques. Le Moyen Âge. Des origines au XIIIe siècle, Paris 1993, S. 174–179. Vgl. auch Jean-Loup Lemaître: Liber Capituli. Le livre du chapitre, des origines aux XVIe siècle. L'exemple français, in: Karl Schmid, Joachim Wollasch (Hgg.): Memoria. Der geschichtliche Zeugniswert des liturgischen Gedenkens im Mittelalter. Bestandteil des Quellenwerks Societas et Fraternitas (Münstersche Mittelalter-Schriften, Bd. 48) München 1984, S. 625–648, und, in demselben Band, Jean Vézin: Problèmes de datation et de localization des livres de l'office de Prime, S. 613–624; Michel Huglo: L'Office du Prime au Chapitre, in: L'Église et la mémoire des morts dans la France médiévale. Communications présentées á la table ronde du C. N.R. S., le 14 juin 1982, hg. von Jean-Loup Lemaître im Auftrag des Centre National de la Recherche Scientifique, Paris 1986, S. 11–18; Heidrun Stein-Kecks: Quellen zum capitulum, in: Hans Rudolph Sennhauser (Hg.): Wohn- und Wirtschaftsbauten frühmittelalterlicher Klöster. Internationales Symposium vom 26.09–1.10.1995 in Zurzach und Müstair (Veröffentlichungen des Instituts für Denkmalpflege an der ETH Zürich, Bd. 17), Zürich 1996, S. 219–233; Dies.: Der Kapitelsaal in der mittelalterlichen Klosterbaukunst. Studien zu den Bildprogrammen (Italienische Forschungen des Kunsthistorischen Institutes in Florenz, Max-Planck-Institut, Bd. 4,4), München, Berlin 2004, S. 26–52.

25 Für das Kollektar, seine Ursprünge und Geschichte, vgl. die ausgezeichnete Darstellung in Palazzo: Histoire (wie. Anm. 23), S. 159–162, und Pierre-Marie Gy: Collectaire, rituel, processional, in: Ders.: La Liturgie dans l'histoire, Paris 1990, S. 91–126. Weil eine vollständige äußere Beschreibung von St. Paul im Lavanttal, Cod. 62/1 noch nie veröffentlicht wurde, liefere ich das Folgende hier: fols. 144, 340 {x} 250 (222 {x} 166) mm., 16 Zeilen, vorherrschend in leicht bräunlicher Tinte, einzelne senkrechte, doppelte waagrechte begrenzende Linien, über die ganze Seite, einige Stiche an den äußeren und unteren Rändern, zwei Zeilen hohe geblümte Initialen in rot mit leicht brauner oder leicht grüner, blauer mit roter Farbe; gelegentlich braun oder gold, ohne Blümung. Collation: i^{10}, ii-iii^{8}, iv-v^{10}–1 [Abschnitt, liniert, folgend fol. 27], v ^{10}, vi-xi^{8}, xii^{8}–1 [Abschnitt, liniert, folgend fol. 98] (fols. 92–98), xii-xiv^{8}, xv^{8}–1 [Abschnitt folgend fol. 114], xvi-xvii^{8}, xviii^{8}–5 [Abschnitte folgen fol. 140; Text kontinuierlich], xix^{8}–4 [Abschnitte folgen fol. 143r; erster Abschnitt liniert].

Anders als im Kapiteloffiziumsbuch fehlt im Kollektar ein Besitzeintrag oder irgendein anderer Hinweis auf die Herkunft, das auf Kirchheim verweisen könnte oder vielleicht über Kirchheim auf Silo. Der Bildschmuck ist jedoch sehr ähnlich in der Art seiner Anlage und macht den gemeinsamen Ursprung und die gemeinsame Herkunft mehr als wahrscheinlich.[26] Wie die beiden Bücher ihren Weg von Süddeutschland fast bis nach Slowenien fanden ist eine eigene Geschichte. Die Zerstreuung der Kirchheimer Bibliothek fand lange vor der Säkularisation statt, die so viele Klosterbibliotheken in deutschsprachigen Ländern zerstreute. Als Folge der Reformation in Württemberg wurde die Auflösung des Klosters im Jahr 1535 eingeleitet, obwohl die letzten Nonnen erst 1567/1570 gezwungen wurden, das Kloster zu verlassen.[27] Auf der Vorderseite des ersten Blattes des Nekrologs/Martyrologiums befindet sich eine Bemerkung von 1723 – etwa aus derselben Zeit, in der Sattler emsig bemüht war, die Klostergeschichte zu rekonstruieren – über die Umstände, unter denen die Handschriften zusammen mit den Nonnen Kirchheim verließen:

> „A. d. 1567 haben die drey Frawen vom Kloster Zu Kirchen ahn der Eckh Im Würdenbergerlandt gelegen Nebl. Frau Ursula gebohren von Helfenstein, Frau Walburga Endrissin Und Agata Gablerin, Welche Im ludtertumbn Vertribn wordn, diss Calendariumsambt noch 2 Chorbücher so mit gebracht worden (item) zway große Heilthumb Taffln, auch die zway köstl. Roddesamtente Meßgewänder <und> disse liebn Frawn sindt hier gestorben. Der libste godt Erfreue die liebesvollen. Diss zur ewig Ruhe. Beschriben Tag 26 Hornung 1723. Von Sor: Maria Williburga de Corde Jesu der Zeit unwürdig Priorin godt sey mir ahn seinem großen gerichtstag gnädig und barmhertzig.“ [28]

Ein Eigentumsvermerk auf Fol. 2r („Diss Buoch gehördt in dass Gotshaus Kichberg“) bestätigt, was aus anderen Quellen bekannt ist, nämlich, dass die Nonnen, als sie schließlich gezwungen wurden, Kirchheim zu verlassen, die Bücher zusammen mit anderen Schätzen aus der Sakristei in das nahe gelegene Kirchberg, ein anderes Dominikanerinnenkloster der Diözese Konstanz, mitnahmen.[29] Die Abtei St. Blasien im Schwarzwald erwarb die Bücher von Kirchberg, zu welchem Zeitpunkt ist nicht sicher, aber sehr wahrscheinlich im 18. Jahrhundert unter der Schirmherrschaft seines bibliophilen Abtes Philipp Jakob Steyrer (1715–1795), der

26 Die vollständigste Beschreibung beider Handschriften bleibt jene in Robert EISLER: Beschreibendes Verzeichnis der Illuminierten Handschriften in Österreich, Bd. 3: Die Illuminierten Handschriften in Kärnten, Leipzig 1907, S. 74f. und S. 79f.. Die Bemerkungen in Christian VON HEUSINGER: Spätmittelalterliche Buchmalerei in oberrheinischen Frauenklöstern, in: Zeitschrift für die Geschichte des Oberrheins 107 (1959), S. 136–160, bes. S. 141 (Nr. 25), basieren nicht auf persönlicher Prüfung der Handschriften. Für kürzere Beschreibungen mit zusätzlichen Bemerkungen über Herkunft vgl. Katalog St. Blasien (wie Anm. 22), S. 156-160, Kat. Nr. 141–142 (Kurt HOLTER) und Rolf GÖTZ: Eine einmalige Gelegenheit. Handschriften aus dem Kirchheimer Kloster werden in St. Blasien ausgestellt, in: Beiträge zur Heimatkunde des Bezirks Kirchheim unter Teck N. F. 38 (1984), S. 3–8. GÖTZ datiert den Nekrolog auf ungefähr 1530, indem er feststellt, dass der letzte Eintrag im Nekrolog durch die Hauptschreiberin für Elisabeth von Baden ist, die am 31. Mai 1518 starb. Warum die Handschrift erst auf das Jahr 1530 datiert werden muss, ist nicht klar; ihr Stil macht eine frühere Entstehung wahrscheinlicher. Vgl. auch Kurt HOLTER: Die Bibliothek, Handschriften und Inkunabeln, in: Karl GINHART (Hg.): Die Kunstdenkmäler des Benediktinerstifts St. Paul im Lavanttal und seiner Filialkirchen (Österreichische Kunsttopographie, Bd. 37), Wien 1969, S. 340–441, bes. S. 376f., Abb. 488 (62/1, fol. 1r) und Abb. 610 (62/1, fol. 71v) und Schatzhaus Kärntens. Landesausstellung St. Paul 1991, 900 Jahre Benediktinerstift, Bd. 1: Katalog, hg. vom Ausstellungskuratorium, red. von Hartwig PUCKER, Schriftleitung: Johannes GRABMAYER, Günther HÖDL, Klagenfurt 1991, Kat. Nr. 7.21.

27 Vgl. für die Dominikaner in Deutschland während der Reformation Klaus-Bernward SPRINGER: Die deutschen Dominikaner in Widerstand und Anpassung während der Reformationszeit (Quellen und Forschungen zur Geschichte des Dominikanerordens N. F., Bd. 8), Berlin 1999.

28 Heute kaum mehr lesbar, aber wortgetreu transkribiert von EISLER: Handschriften (wie Anm. 26).

29 Vgl. Hieronymus WILMS: Das älteste Verzeichnis der deutschen Dominikanerinnenklöster (Quellen und Forschungen zur Geschichte des Dominikanerordens in Deutschland, Bd. 24), Leipzig 1928, S. 42 und S. 44f.

den Bau der großartigen Rokoko-Bibliothek in Angriff nahm, die 1752 vollendet wurde.[30] Im Jahr 1807, in der Folge der napoleonischen Säkularisation, flohen die Mönche wie die Kirchheimer Nonnen vor ihnen, zuerst in das verlassene Augustinerkloster Spittal am Pyrhn in den Alpen, nördlich von Klagenfurt und von dort im Jahr 1809 nach St. Paul im Lavanttal, (wobei sie die große Bibliothek von Spittal mitnahmen). In St. Paul, das schon im Jahr 1782 aufgelöst worden war, fanden sie zusammen mit den mitgebrachten Büchern ihre endgültige Heimat.[31]

Weitere Informationen über die Herkunft des Kollektars und auf diese Weise sehr wahrscheinlich über beide Handschriften kann man an seinem Einband ablesen der, anders als sein Begleitband, das Kapiteloffiziumsbuch, im Original erhalten ist. Generell ist der Einband für ein Buch dieser Zeit und an diesem Ort nicht bemerkenswert, da er aus braunem lederbezogenen Holz besteht. Das Leder ist bearbeitet und mit einer Reihe von Schmuckmotiven gestempelt, von denen einige golden sind. Eines der Motive, das wiederholt verwendet wurde, hat jedoch die sehr unübliche Form eines Kreises und ähnelt einem Siegel mit einem Mann, der einen Kelch mit einer Inschrift hält, die um den Rand läuft: „S<igillum>]g<e>n<er>alis fr<atr>is ioh<an>nis arnoldi 1452" (Siegel des Bruders General Johannes Arnoldi 1452) (Abb. 4). Angesichts des Datums auf dem Siegel kann besagter Arnoldi nicht der Dominikanerbruder sein, der in der Mitte des 13. Jahrhunderts im Gegensatz zur offiziellen politischen Meinung des Ordens einen Traktat *De correctione ecclesiae* (Über die Verbesserung der Kirche) schrieb, in dem er Kaiser Friedrich II. verteidigte und Papst Innozenz IV. als Antichrist anklagte.[32] Noch kann es sich aus demselben Grund um den Dominikaner Johannes Arnoldi handeln, der im Jahr 1390 unter Androhung der Hinrichtung gezwungen wurde, als Inquisitor in Straßburg zurückzutreten, aber in den frühen 1390er Jahren trotzdem die Ämter sowohl des Vikars der elsässischen Dominikaner als auch des Priors der Provinz Teutonia bekleidete.[33] Johannes Arnoldi war ein verbreiteter Name, und der Arnoldi, auf den der Stempel des Einbands verweist, scheint ein sonst nicht belegter Dominikaner der Mitte des 15. Jahrhunderts

30 Katalog St. Blasien (wie Anm. 22), S. 198 (Nr. 112). Vgl. auch Franz KERN: Philipp Jakob Steyrer, 1749-1795: Abt des Benediktinerklosters St. Peter im Schwarzwald. Studien zur Geschichte des vorderösterreichischen Benediktinertums (Freiburger Diözesan-Archiv, Bd. 79), Freiburg im Breisgau 1959.

31 Spittal 800: 1191–1991. Ausstellung im Schloß Porcia, 7. Mai bis 27. Oktober 1991. Spuren europäischer Geschichte, red. von Barbara GRÜNWALD, hg. von der Stadtgemeinde Spittal an der Drau, ebd. 1991. Für die Säkularisation in Südwestdeutschland und am Oberrhein vgl. Alte Klöster – neue Herren. Die Säkularisation im deutschen Südwesten 1803. Große Landesausstellung Baden-Württemberg 2003 in Bad Schussenried vom 12. April bis 5. Oktober 2003, Bd. 1: Ausstellungskatalog, hg. von Volker HIMMELEIN, Hans Ulrich RUDOLF im Auftrag der Gesellschaft Oberschwaben e. V. und des Württembergischen Landesmuseums Stuttgart, Ostfildern 2003.

32 Vgl. Eduard WINKELMANN: Fratris Arnoldi De correctione ecclesiae epistola et Anonymi De Innocentio IV. P. M. Antichristo libellus, Berlin 1865.

33 Vgl. für das Wenige, was über diesen Arnoldi bekannt ist Isnard W. FRANK: Das Totenbuch des Mainzer Dominikanerklosters. Kommentar und Edition (Quellen und Forschungen zur Geschichte des Dominikanerordens N. F., Bd. 3), Berlin 1993, S. 105 (Nr. 318); Sabine VON HEUSINGER: Johannes Mulberg OP (gest. 1414). Ein Leben im Spannungsfeld von Dominikanerobservanz und Beginenstreit (Quellen und Forschungen zur Geschichte des Dominikanerordens, N. F., Bd. 9), Berlin 2000, S. 25 (Nr. 67); Klaus-Bernward SPRINGER: Dominican Inquisition in the Archdiocese of Mainz (1348–1520), in: Praedicatores, Inquisitores, Bd. 1: The Dominicans and the Medieval Inquisition. Acts of the 1st International Seminar on the Dominicans and the Inquisition, hg. vom Istituto Storico Domenicano (Dissertationes Historicae, Bd. 29), Rom 2004, S. 311-393, bes. 329f.; und Benedikt Maria REICHERT (Hg.): Johannes Meyer Ord. Praed. Buch der Reformacio Predigerordens, Buch 4 und 5 (Quellen und Forschungen zur Geschichte des Dominikanerordens in Deutschland, Bd. 3) Leipzig 1908, S. 11, erwähnt von HOLTER: Bibliothek (wie Anm. 26), S. 156, der ihn mit der Figur auf dem Stempel des Einbandes identifiziert, jedoch ohne festzustellen, dass die fragliche Passage sich tatsächlich auf Arnoldis Stempel bezieht („brüder Engerlin von Ogspurg, der ouch vormals provincial gewesen waz, und an loblicher man und maister der halgen geschirft, won ich yetzen nit aygen insigel hab, dar umm so hub ich dem erwirdigen vatter Iohannes Arnoldi gebettent, söliches für mich zü tün.") Die Daten schließen eine Identifizierung dieses Arnoldi mit dem aus, auf den der Stempel des Einbandes verweist.

zu sein.[34] Angesichts der ungewöhnlichen Art des Stempels, der den geheimnisvollen Namen Arnoldi trägt, kann es wenig Zweifel geben, dass der Stempel unter Verwendung seiner tatsächlichen Siegelvorlage hergestellt wurde, die in den Besitz der Brüder von Esslingen in Württemberg gekommen zu sein scheint, da der Stempel auf dem Einband des Buches von Rupert von Deutz *De divinis officiis libri XII* auftaucht, das auch in Esslingen gebunden, aber in Köln im Jahr 1526 gedruckt wurde (Heidelberg, UB 8° Q 1462).[35] Andere Motive auf beiden Einbänden stammen aus derselben Werkstatt, die als die Adler-Werkstatt bekannt ist, mit dem Dominikanerkloster in Esslingen verbunden war und von ca. 1475 bis ca. 1538 arbeitete.

Wenn man davon ausgeht, dass der Einband des Kirchheimer Kollektars der ursprüngliche ist – und weil es Einstiche an den Rändern gibt und keinen Hinweis auf eine Einbanderneuerung, ist dies wahrscheinlich – dann wäre dieser Einband eines der früheren Produkte der dominikanischen Werkstatt, der in Verbindung mit diesen Stempeln steht, wohingegen der Einband in Heidelberg eines der letzten Produkte ist. Das Vorkommen eines Einbandstempels, der ausschließlich mit Esslingen in Verbindung steht, bedeutet jedoch nicht, dass das Kollektar zu einem frühen Zeitpunkt von Kirchheim entfernt wurde. Vielmehr liegt es nahe, dass das Buch von Nonnen in einem Kloster geschrieben und dann von ihren Ordensbrüdern in einem anderen in Esslingen gebunden wurde, eine Vorgehensweise, die wir auch aus anderen Dominikanerklöstern der Zeit in Süddeutschland kennen.[36] Die Brüder in Esslingen waren verantwortlich für die Seelsorge des Konvents in Kirchheim unter Teck, was ohne weiteres erklärt, wie sie dazu kamen, das Kollektar zu binden.

Wenn wir uns den Handschriften selbst zuwenden, treffen wir auf ein weniger einheitliches Bild als die handschriftlichen Quellen nach außen hin präsentieren. Im Nekrolog trug dieselbe Schreiberin, die die Handschrift schrieb, Magdalena Kremerins Namen am 2. Oktober ein (fol. 28v) und beweist so schlüssig, dass diese nicht an der Verfassung beteiligt gewesen sein konnte.[37] Magdalenas Name ist einer der wenigen Eintragungen, die von der ursprünglichen Schreiberin eingetragen wurden; wenigstens drei andere Hände haben andere Einträge hinzugefügt. Ferner weist der Schnitt des Kapitelsbuches im Gegensatz zum Kollektar darauf hin, dass der Einband des Kapitelsbuches nicht der ursprüngliche ist. Im Vergleich mit der Hand des Nekrologs ist die Schrift im Kapitelbuch reicher verziert. Sie ist spitzer mit dünnen Schnörkeln und Schleifen anstelle gerader Striche versehen, die gewöhnlich auf dem Buchstaben „i“ sind, um ihn von anderen Buchstaben, die Grundstriche haben wie „n“ und „m“, zu unterscheiden. Obwohl es Gründe gibt daran zu zweifeln, dass Magdalena Kremerin

34 Mein Dank gebührt Prof. Klaus-Bernward SPRINGER für seine Hilfe bei der Klärung der Identität von Johannes Arnoldi.

35 Vgl. die Einbanddatenbank: Digitalisierung der Durchreibungen von Bucheinbänden des 15. und 16. Jahrhunderts, URL: http://db.hist-einband.de/ebwerkz.php. Richard LINENTHAL infomierte mich freundlicherweise, dass andere Einbände mit Stempeln, die aus Siegeln hergestellt wurden ein französisches Beispiel von ca. 1470 umfassen, beschrieben und dargestellt von Ernst Philip GOLDSCHMIDT: Gothic and Renaissance Bookbindings. Exemplified and illustr. from the author's collection, London 1928, Bd. 1, Text (Nr. 3), und einen Einband aus Oxford von ca.1480 beschrieben von Mirjam FOOT, English and Foreign Book Bindings, in: The Book Collector 33 (1984), S. 332f., nachgedruckt in ihren Studies in the History of Bookbinding, Aldershot 1993, S. 125–127.

36 Der bekannteste Fall ist der des Katharinenklosters in Nürnberg, das regelmäßig Bücher von den dominikanischen Brüdern derselben Stadt binden ließ, insbesondere in der Werkstatt von Konrad Forster; vgl. die Beschreibungen von Handschriften in Nürnberg im Anhang von Peter SCHMIDT: Gedruckte Bilder in Handgeschriebenen Büchern. Zum Gebrauch von Druckgraphik im 15. Jahrhundert (Pictura et Poesis, Bd. 16), Köln u. a. 2003.

37 Vgl. GÖTZ: Gelegenheit (wie Anm. 22) der, im Gegensatz zu Klaus GRAF: Magdalena Kremerin, Nonne in Kirchheim, in: Archivalia (Onlineveröffentlichung), URL: http://archiv.twoday.net/stories/404097950/ (zuletzt aufgerufen am 18.06.2014), in der früheren Version dieser Veröffentlichung zitiert wurde, obwohl ich zugegebenermaßen nicht die richtigen Schlussfolgerungen aus GÖTZ Beobachtungen zog.

die Reinschrift der Chronik, die sich heute in Stuttgart befindet, selbst geschrieben hat, verwendet diese Hand ihrerseits eine ganz andere kursive Schrift.[38] Im Gegensatz dazu benutzen beide liturgischen Bücher eine formale Texturschrift. Schreiber konnten normalerweise verschiedene Schriftarten und Schriftniveaus schreiben, aber in diesem Fall scheint es unwahrscheinlich, dass Magdalena mehr als eine dieser Handschriften zugeschrieben werden sollte.

Bevor wir uns den Einzelheiten der Ausmalung der liturgischen Bücher von Kirchheim unter Teck widmen, sollte man festhalten, dass sowohl kunstvoll ausgemalte Martyrologien als auch Kollektare außerordentlich selten sind. Im Gegensatz dazu sind ausgemalte Nekrologe üblicher, obwohl auch nicht weit verbreitet.[39] Anders als das Martyrologium von Kirchheim ist der Nekrolog, der einen einheitlichen Bestandteil desselben Buches darstellt, nicht ausgemalt, außer mit großen schmuckvollen Buchstaben und schmückender Schrift in rot und blau. Vielleicht das berühmteste illustrierte Martyrologium ist das Böhmische Martyrologium, heute in Girona (Museu diocesà de Girona, inv. MD 273), aber in Prag um 1400 von dem Meister ausgemalt, der nach diesem Buch benannt wurde. Ein anderes Beispiel ist das sogenannte „Jüngere Kapiteloffiziumsbuch" von Zwiefalten (Stuttgart, Württembergische Landesbibliothek, Cod. hist. fol. 415) um 1162, das kunstvollste Buch seiner Art aus dem Mittelalter, das sich zum Teil an byzantinische Menologion (Reihe von Heiligenleben nach Kalendermonaten geordnet) anlehnt, aber den Erzählstoff über die Heiligenleben in Übereinstimmung mit der grafischen Verfahrensweise neu gestaltet.[40] Weit weniger bekannt ist ein reich ausgemaltes Martyrologium in einem Kapitelamtsbuch der Zisterzienserabtei Notre-Dame-des-Prés in Douai (Valenciennes, Bibliothèque municipale, MS 838), ein Meisterwerk der französischen Buchmalerei des späten dreizehnten Jahrhunderts, das ausgedehnte Randbemerkungen aufweist, die für einen Frauenkonvent verfasst wurden.[41] Nicht weniger reich geschmückt, je-

38 Vgl. Nigel Palmers Beitrag zu diesem Band.

39 Für zwei Beispiele aus Nonnenklöstern vgl. das Nekrologium von Obermünster in Regensburg, 1177–1183, München, Bayerisches Hauptstaatsarchiv, KL Regensburg-Obermünster Lit. 1, jüngst besprochen von Robert Suckale: Beobachtungen zu den Bildern im Nekrolog des Regensburger Frauenstiftes Obermünster, in: Ecclesia – cultura – potestas: Studia z dziejów kultury i spo ecze stwa [...], red. von Pawel Kras, Krakau 2006, S. 711–730, und den *Codex Guta-Sintram*, Marbach-Schwarzenthann, Strasbourg, Bibliothèque du Grand Seminaire, ms. 37 (anc. 78), dafür vgl. Krone und Schleier. Kunst aus mittelalterlichen Frauenklöstern. [...] anlässlich der Ausstellung „Krone und Schleier – Kunst aus Mittelalterlichen Frauenklöstern" vom 19. März bis 3. Juli 2005 im Ruhrlandmuseum Essen und in der Kunst- und Ausstellungshalle der Bundesrepublik Deutschland in Bonn, red. von Jutta Frings und Jan Gerchow, München 2005, S. 321f., Kat. Nr. 211. Für eine bis ins einzelne gehende Studie eines typischeren dominikanischen Nekrologs des 15. Jahrhunderts mit einer Diskussion seiner Funktion, die häufige Verweise auf Kunstwerke einschließt, vgl. Frank: Totenbuch (wie Anm. 33). Klaus Graf hat neulich auf die Existenz von franziskanischen Nekrologen aus Süddeutschland hingewiesen, die mit Wappen verziert sind; vgl. Ders.: Das Nekrolog des Franziskanerklosters St. Anna in Bamberg und andere wappengeschmückte Franziskaner-Nekrologien, in: URL: http://ordensgeschichte.hypotheses.org/5168 (zuletzt aufgerufen am 06.08.2013). Man kann eine digitalisierte Version dieser besonderen Handschrift finden unter URL: http://bvbm1.bib-bvb.de/webclient/DeliveryManager?custom_att_2=simple_viewer&pid=4757466 (zuletzt aufgerufen am 18.06.2014).

40 Für das erstere, siehe Otto Pächt: A Bohemian Martyrology, in: Burlington Magazine 73 (1938), S. 192–204; Mojmír S. Frinta: The Master of the Gerona Martyrology and Bohemian Illumination, in: Art Bulletin 46 (1964), S. 283–306; Barbara Brauer: A New Initial by the Master of the Gerona Martyrology, in: Scriptorium 45 (1991), S. 253–258, *Martirologio de Usuardo* (Barcelona, 1997–1998); für das letztere: Die romanischen Handschriften der Württembergischen Landesbibliothek Stuttgart, Teil 1: Provenienz Zwiefalten, bearb. von Sigrid von Borries-Schulten (Katalog der illuminierten Handschriften der Württembergischen Landesbibliothek Stuttgart, Bd. 2; Denkmäler der Buchkunst, Bd. 7), Stuttgart 1987, hier S. 97–110, Kat. Nr. 64. Weit weniger kunstvoll bebildert und näher an der Norm für solche Bücher ist das Alte Kapitelsoffiziumsbuch von Zwiefalten, Stuttgart, Württembergische Landesbibliothek, Cod. theol. et phil. 4° 141; vgl. von Borries-Schulten: Die romanischen Handschriften (wie oben), S. 50–52, Kat. Nr. 25. Für ein bescheiden ausgemaltes deutsches Martyrologium des 12. Jahrhunderts vgl. das Beispiel von Mönchengladbach (Pierpont Morgan Library New York, MS. M.563, fol. 42r), datiert 1140–1155.

41 Vgl. Gäelle Lachambre-Cordier: Les moniales de Notre-Dame des Prés de Douai à travers un martyrologe gothique: le manuscrit 838 de la Bibliothèque municipale de Valenciennes, in: Bernadette Barrère und Marie-Eliz-

doch ganz anders aufgebaut, ist ein weniger bekanntes sächsisches Martyrologium aus dem 13. Jahrhundert in Jena (Thüringische Universitäts- und Landesbibliothek, MS Bos. q.3), in dem jedem Heiligenleben nicht etwa eine Miniatur vorangestellt ist, sondern eine Reihe von comicähnlichen Bilderstreifen mit verschiedenen episodenhaften und stark verkürzten Szenen, eher einer Form von geschriebenen Bildern ohne Rahmen oder Hintergrund ähnlich, die die volle Breite des Folioblattes bedecken.[42] Das Manuskript in Jena kann jedoch kein liturgisches Buch im strengeren Sinne sein, weil es auf Deutsch und nicht in lateinischer Sprache geschrieben ist. Tatsächlich ist es durchaus möglich, dass keines dieser reich verzierten Bücher für den tagtäglichen liturgischen Gebrauch vorgesehen war. Beide Handschriften stellen etwas Einzigartiges dar, außergewöhnlich für die Buchkultur ihrer Zeit. Es ist daher schwierig, ja fast unmöglich, von einer Tradition geschweige denn von einer Gattung illustrierter Martyrologien zu sprechen.[43]

In diesem Zusammenhang ist die Existenz noch eines anderen Beispiels eines kunstvoll ausgemalten Martyrologiums von höchstem Interesse, ganz gleich wie bruchstückhaft dieses Martyrologium aus Straßburg überliefert ist, das in die zweite Hälfte des 13. Jahrhunderts datiert wird.[44] Das Martyrologium, das einmal eine großartige Handschrift gewesen sein muss, hat leider nur als eine Reihe von Ausschnitten überlebt, von denen zwei heute in der Graphischen Sammlung in München sind (Inv.-Nr. 40258, 40259) und ein dritter Ausschnitt in der

abeth HENNEAU (Hgg.): Cîteaux et les femmes. [...] (Collection Rencontres à Royaumont, Bd. 15), Paris 2001, S. 249–265; und Gaëlle CORDIER: L'illustration du livre du chapitre de l'abbaye Notre-Dame-des-Prés de Douai de la fin du XIIIe siècle, in: Anne-Marie Legaré und Bernard Scherb (Hgg.): Livres et lectures de femmes en Europe entre Moyen Âge et Renaissance, Turnhout 2009, S. 141–150, das ich vor der Vollendung dieses Aufsatzes nicht zu Rate ziehen konnte. Die Buchmalereien sind online zugänglich, in: URL: www.enluminures.culture.fr (zuletzt aufgerufen am 17.06.2014). Für einen guten Farbdruck vgl. Andreas BRÄM: L'Évolution de la mise en page et du décor marginal', in: Jean WIRTH (Hg.): Les marges à drôleries des manuscrits gothiques (Matériaux pour l'histoire, Bd. 7), Genf 2008, S. 45–77, bes. S. 62f. und Abb. 2.12.

42 Vgl. Irmgard KRATZSCH: Schätze der Buchmalerei. Aus der Handschriftensammlung der Thüringer Universitäts- und Landesbibliothek Jena, hg. von Sabine WEFERS, Jena 2001, S. 39–44, Kat. Nr. 7; und Henrike MANUWALD: Medialer Dialog. Die 'Große Bilderhandschrift' des 'Willehalm' Wolframs von Eschenbach und ihre Kontexte (Bibliotheca Germanica, Bd. 52), Tübingen, Basel 2008, S. 495–504.

43 Ein weiteres Beispiel aus Italien, datiert ca. 1338 und dem Meister des Liber Pantheon zugeschrieben, ist aufgeteilt zwischen dem Kupferstichkabinett in Berlin (Cod. 78 c 161) und Mailand, Biblioteca Ambrosiana, Ms. p 165 Sup; vgl. Raffaele ARGENZIANO: Precisazioni iconografiche sulle scene miniate nel codice Ambrosiana P 165 Sup., in: Rivista di storia della miniatura 11 (2007) [=Iconografia e liturgia nella miniatura occidentale: atti delle giornate di studio sulla storia della miniatura, Firenze, 24–26 novembre 2005], S. 135–166. Unter den Martyrologien, die aufgelistet sind in Pierre SALMON: Les manuscrits liturgiques latins de la Bibliothèque Vaticane. Teil 4: Les livres de lectures de l'office; les livres de l'office du chapitre. Les livres d'heures (Studi e Testi. Biblioteca Apostolica Vaticana, Bd. 267), Vatikanstadt 1971, sind zwei Beispiele aus Benevent mit Illustrationen, die nicht weiter beschrieben sind, ein *Martyrologium Casinense*, datiert ca.1087, und ein Martyrologium des 12. Jahrhunderts von Sta Sofia in Benevento, S. 119, Kat. Nr. 367. Die gut bekannten Martyrologien des 13. Jahrhunderts, die mit Saint-Germain-des-Prés (Paris, Bibliothèque nationale de France, mss. lat. 12833–34, in Verbindung gebracht werden, sind tatsächlich nicht illustriert. Nur die Kalender und die in der späteren Handschrift angehängte Abschrift der Benediktinerregel haben Miniaturen; vgl. Robert BRANNER: Manuscript Illumination in Paris during the Reign of Saint Louis. A Study of styles (California studies in the history of art, Bd. 18), Berkeley u. a. 1977, S. 206, S. 239. Nah verwandt mit Martyrologien aber nicht so eng mit dem liturgischen Kalender verbunden sind illustrierte Legendensammlungen, von denen die berühmteste das Lektionar aus dem Anjou des 14. Jahrhunderts ist; vgl. Szakács Béla ZSOLT: A Magyar Anjou Legendárium képi rendszerei, Budapest 2006.

44 Für weitere dominikanische Martyrologien und Nekrologien vgl. Emilio PANELLA: Cronica fratrum dei conventi domenicani umbro-toscani (secoli XIII–XV)', in: Archivum fratrum praedicatorum 68 (1998), S. 223-294, bes. den Anhang, Spoglio dei *Libri anniversariorum et obituum* (LAO) dei conventi e monasteri dominicani, S. 283–294, unter denen jedoch das von Kirchheim nicht aufgelistet ist. No. 8.28 in PANELLAS Katalog, aus Santa Sabina in Rome, Biblioteca Apostolica Vaticana, Cod. Vat. lat. 7658, aus der zweiten Hälfte des 14. Jahrhunderts, wird als mit Miniaturen verziert beschrieben, obwohl es unklar bleibt, ob sich diese in dem Kalender oder im Martyrologium selbst befinden.

National Gallery in Washington (Prints and Drawings, inv.no. B-15,391) aufbewahrt sind[45]. Von den zwei weiteren Ausschnitten war einer, eine große Darstellung der Kreuzigung mit dem Hl. Benedikt, früher in der Forrer-Sammlung in Straßburg und wird heute in der Liberna-Sammlung in Hilversum, Niederlande aufbewahrt.[46] Der andere, eine Jungfrau auf dem Thron mit Kind und Dominikus, der zu einer Gruppe von Benediktinern spricht, wurde zuletzt von Hanns Swarzenski als im Besitz des Händlers Jacques Rosenthal in München erwähnt.[47] Der erstgenannte Ausschnitt, der auf beiden Seiten illuminiert ist, leitet die Lesung der Vigil von Weihnachten (Heiligabend) mit einer Darstellung der Geburt ein, die in ungewöhnlicher Weise die Szene der Hebammen hervorhebt, die das Christkind baden, das aus dem hölzernen Zuber steigt um seine links ruhende Mutter freudig zu begrüßen (Bild 5).[48] Die Szene mit den anbetenden Hirten niedrigen Standes am unteren Rand kontrastiert mit der hierarchischen Symmetrie der Engel, die oben angeordnet sind. Die folgende Lesung für die 8. Kalenden des Januar, das heißt für Weihnachten, ist auf der Rückseite von einer kleineren, jetzt schlimm zurechtgeschnittenen Miniatur eingeleitet, die die Madonna mit dem Kind zeigt. In ihr presst die Jungfrau in einem gegenseitigen Austausch der Gesten, der vom Hohenlied 8,3 herrührt, ihre Wange an die von Christus, der seinerseits seine Hand an ihr Kinn hebt (Bild 6). Wie man an den Buchstaben *a*, *b*, *c* sehen kann, die in der Abfolge c, a und b über die ersten Wörter des Begleittexts geschrieben sind und dann in roter Farbe von dem Schreiber, der die Rubrik hinzufügte, wiederholt wurden, passte ein Korrektor die Reihenfolge der Wörter an das Vorbild an, obwohl der Sinn völlig klar war. Diese Art von sorgfältiger Verbesserung – obwohl sie sich hier in einem höchst wahrscheinlich benediktinischen Buch findet – ist typisch für dominikanische Handschriften, ebenso wie das System der geschwungenen Abkürzungszeichen, das die Dominikaner von zisterziensischen Vorbildern übernommen haben.[49] Noch prächtiger ist der zweite noch vorhandene Ausschnitt, der den Tod der Jungfrau darstellt und der ursprünglich die Lesung für das Fest Mariä Himmelfahrt am 15. August einleitete (Bild 7).[50] Ob das

45 Vgl. Carra FERGUSON, Carl NORDENFALK, Gary VIKAN u. a. (Hgg.): Medieval and Renaissance Miniatures from the National Gallery of Art, Washington, D.C. 1975, S. 128–130, Kat. Nr. 35, wo der frühere Bezug der Gruppe von Ausschnitten zu einem dominikanischen Kloster aufgrund des neuen Beweises berichtigt ist, die der Ausschnitt in Washington lieferte.

46 Mein Dank gebührt Christopher DE HAMEL, der mich auf den Aufbewahrungsort des Blattes aufmerksam machte; dafür vgl. DERS.: Liberna Foundation: Catalogue of Miniatures and Manuscripts, Hilversum 1982, S. 8–9 und farbige Abb. xi. Der Ausschnitt ist im neuen Ausstellungskatalog nicht angegeben: Von der Schönheit der Präzision. Faszination Buchkunst und Grafik mit der Liberna Collection. Katalog zur Ausstellung vom 13. Oktober 2012 bis 6. Januar 2013, hg. von Draiflessen Collection, red. von Monika KORDHANKE, Mettingen 2012.

47 Hanns SWARZENSKI: Die lateinischen illuminierten Handschriften des XIII. Jahrhunderts in den Ländern an Rhein, Main und Donau, Berlin 1936, S. 53, Nr. 5, S. 128 und Abb. 583, 586, und 586 zweimal, der sie in die zweite Hälfte des 13. Jahrhunderts datiert. Die Blätter kamen aus der Forrer Sammulung in Straßburg. Wie NORDENFALK feststellte (Miniatures, wie Anm. 45), muss die Gestalt, die SWARZENSKI als Dominikus identifizierte, im Licht des Beweises durch den Ausschnitt in Washington, dass die Handschrift die Benediktinerregel enthielt jetzt als Benedikt identifiziert werden.

48 Der Text auf der Vorderseite entspricht der Patrologia Latina 124, Sp. 833–835.

49 Ich danke Nigel F. Palmer für den Hinweis; vgl. seinen Aufsatz Simul cantemus, simul pausemus: Zur mittelalterlichen Zisterzienserinterpunktion, in: Martina Backes, Eckart Conrad Lutz, Stefan Matter (Hgg.): Lesevorgänge. Prozesse des Erkennens in mittelalterlichen Texten, Bildern und Handschriften, Zürich 2009, S. 483–570; und Anne-Élisabeth URFELS-CAPOT: Le sanctoral du lectionnaire de l'office dominicain (1254–1256): Édition et étude d'après le ms. Rome, Sainte-Sabine XIV LI „Ecclesiasticum officium secundum ordinem fratrum praedicatorum" (Mémoires et Documents de l'École des Chartes, Bd. 84), Paris 2007, S. 91–105.

50 Ohne Nachweis wiedergegeben in Karl-Georg PFÄNDTNER: Deutsche, Österreichische und Niederländische Miniaturen, in: Michael SEMFF, Kurt ZEITLER (Hgg.): Künstler zeichnen – Sammler stiften. 250 Jahre Staatliche Graphische Sammlung München, Bd. 2, Ostfildern 2008, S. 27–32, Abb. S. 37. Der Text entspricht Patrologia Latina 124, Sp. 366f.

Martyrologium durchgängig ausgemalt war, kann natürlich nicht mehr mit Bestimmtheit ausgesagt werden. Betrachtet man die Bilder der überlieferten Ausschnitte, dann besaß es möglicherweise eine stark mariologische Ausrichtung, aber es kann auch sein, dass nur die wichtigsten Texte illustriert waren.

Vor diesem Hintergrund hebt sich das ausgemalte Martyrologium aus Kirchheim wegen seiner sechsundvierzig Initialen (von denen zwei unvollendet blieben und eine, die Hl. Margarete auf fol. 142v, von einem anderen Künstler im 16. Jahrhundert vollendet wurde) als ein äußerst ungewöhnliches Unternehmen ab. Zusätzlich zu einer großzügig bemessenen Zahl von ausgeschmückten Initialen, zumeist in Gold mit teilweise bunten Rahmen, die mit Rautenmuster gefüllt und von üppigen Weinranken umgeben sind, die sich winden und an den Rändern blühen, gibt es eine große Zahl von figürlichen Initialen, die in der Größe von zwei bis drei Linien (gefüllt mit kleinen Szenen des Martyriums oder Brustbildern der betreffenden Heiligen) bis zu ehrgeizigen Initialen, die bis zu 10 Zeilen hoch sind.

Die meisten dieser Initialen bieten einfache Darstellungen der Heiligen, deren Lesungstext sie voranstehen. Die Initialen haben nicht immer Bezug zu dem Text, vor dem sie stehen; sie können sich mitunter auch auf einen besonders wichtigen Heiligen im folgenden Abschnitt beziehen. So steht zum Beispiel die Initiale der Anna Selbdritt zu Ehren der Hl. Anna unmittelbar vor der Lesung für St. Herastus. Unter den bemerkenswerteren Ausmalungen sind diejenigen des predigenden Dominikus‘ (fol. 117v), Dominikus, der von einem knienden Bruder und einer Schwester verehrt wird (fol. 154r), und die mystische Hochzeit der Katharina von Alexandrien (fol. 209r), die allesamt übliche dominikanische Themen darstellen. In der Initiale der Heimsuchung (fol. 136v) wird Maria von einem Gefolge von Engeln begleitet. Der elftausend Jungfrauen wird mit einer Initiale gedacht (fol. 192v), in der, wie bei einer Schutzmantelmadonna, diese Jungfrauen unter dem Mantel Zuflucht suchen, der von Johannes dem Evangelisten hochgehalten wird. In einer Initiale für Allerheiligen (fol. 197v) ist eine Büste von Christus, der als *Salvator mundi* (Retter der Welt) durch den Erdapfel in seiner Hand gekennzeichnet ist, umgeben von einer Schar von 14 männlichen und weiblichen Heiligen, von denen viele der letzteren bunte Kronen tragen und zusammen mit Maria und Johannes dem Evangelisten auffallend in den Vordergrund gerückt sind. Ein großes Weihnachtsbild unterscheidet sorgfältig zwischen der himmlischen Sphäre, die von den Engeln bevölkert und von goldenen Sternen ausgeleuchtet wird und der irdischen Ebene, wo, in Übereinstimmung mit der Ikonographie, die mit Brigitta von Schweden verbunden ist, Maria gezeigt wird, wie sie das Christkind inmitten eines Sonnenstrahls anbetet, im Gegensatz zu Josef, der eine Kerze hält, die sich nicht mit dem göttlichen Licht der eingeborenen Gottheit messen kann.[51]

Zwei der großen Initialen sind wegen ihrer ungewöhnlichen Ikonographie bemerkenswert. Diejenige für das Fest Johannes des Evangelisten (fol. 224v) ist in sechs einzelne Abteilungen unterteilt, von denen jede einer Episode seines Lebens gewidmet ist (Abb. 8). Wenn man oben rechts beginnt, zeigt die erste Abteilung Johannes als Bischof von Ephesus, der im Gebet vor dem Buch mit den sieben Siegeln der Apokalypse kniet, das ihm von einem Engel gereicht wird (Off 5,1). Die zweite, kleinere Szene rechts zeigt Johannes mit dem vergifteten Kelch. Im Mittelteil kehrt die erste Szene zur Apokalypse zurück und zeigt Johannes als Brustbild mit seinem Adler, in dem Moment, in dem er die Vision der apokalyptischen Frau sieht

51 Farbdruck in Württembergisches Klosterbuch (wie Anm. 2), S. 305, aber ohne Angabe, wo die Handschrift heute zu finden ist.

(Off 12). Die benachbarte Szene zeigt Johannes, der mit der Jungfrau Maria unter dem Kreuz steht, im Augenblick seiner Adoption als Sohn Marias (Joh 19,26–27: „Frau, sieh da deinen Sohn. Danach sagte er zu dem Jünger ... Sieh deine Mutter.“) Der untere Teil fügt zwei weitere Szenen aus dem Leben des Johannes hinzu: Zunächst Johannes, wie er an der Brust Jesu beim Letzten Abendmahl schläft (Christus-Johannes-Gruppe), ein klassischer Auszug eines Andachtsbildes vom Letzten Abendmahl, der insbesondere in Dominikanerinnenklöstern des 14. Jahrhunderts sehr beliebt war, und dann zweitens Johannes, wie er sich aus seinem Grab in Ephesus erhebt, ein bildlicher Hinweis auf die Stelle am Ende seines Evangeliums (Joh 21,23), in der es von dem Evangelisten heißt: „Jener Jünger stirbt nicht.“ Obwohl einige von diesen Szenen natürlich allgemein verbreitet waren, ist es doch sehr ungewöhnlich, sie alle zusammen zu finden. Ähnliche Reihen von Szenen aus dem Leben des Johannes tauchen fast ausschließlich in Handschriften von weiblichen, speziell dominikanischen Gemeinschaften auf, z. B. ein kleines Buch zu Ehren Johannes des Evangelisten in Gotha (Universitäts- und Forschungsbibliothek Erfurt-Gotha, Cod. Memb. I 68), in Nürnberg ca.1410–1420, höchst wahrscheinlich für den Katharinenkonvent der Dominikanerinnen, und eine zweite Handschrift, jetzt in Basel (Öffentliche Bibliothek der Universität Basel, Cod. A.VI.38), das im Zusammenhang mit Gnadental in Basel steht und vor 1493 datiert ist.[52]

Eine zweite Initiale (fol. 159r) ist nicht weniger ungewöhnlich, insofern sie die Handschrift als maßgeschneidert für in der Klausur lebende Nonnen ausweist (Abb. 9). Sie verbindet drei ikonographische Motive, die normalerweise voneinander getrennt sind, wenn sie auch in ihren Bedeutungen ähnlich sind: Engel, die den Körper der Jungfrau Maria emportragen, eine *Ährenkleidmadonna*, (das heißt, die Jungfrau Maria trägt ein Kleid, das mit Weizengarben bedeckt ist, eine Anspielung auf das Hohelied 7,3: „Dein Leib ist ein Weizenhügel, mit Lilien umstellt“); und zuletzt ein *hortus conclusus*, ein geschlossener Garten, ebenfalls aus dem Hohelied 4,12: „Ein verschlossener Garten ist meine Schwester Braut.“[53] Ebenso wie das Bild des Johannes, der obwohl er ein Mann war, als in vorbildlicher Weise jungfräulich und als *sponsa christi* (Braut Christi) betrachtet wurde, scheint diese besondere und offensichtlich einzigartige Kombination von Elementen darauf angelegt zu sein, Nonnen in der Klausur anzusprechen.

Im Stil ebenso wie in der Betonung der Klausur als eine Art Paradiesgarten erscheint die Initiale im Martyrologium bemerkenswert einer ganzseitigen Illustration des Psalms 97 zu ähneln, die in die Ränder und Zwischenräume der Spalten eines elsässischen Breviers des 15. Jahrhunderts eingeklemmt ist, heute in der Houghton Library in Harvard (MS Richardson 39, fol. 54v) (Abb. 10). Die goldenen Sterne auf dem himmelblauen Hintergrund, die langen, flachsblonden Haare der weiblichen Gestalten, die durch ein Netz roter Linien betont werden, ihre besonderen Gesichtszüge, (das heißt ihre Nasen durchgängig mit einer Augenbraue, ihre von schweren Lidern beschatteten Augen, ganz zu schweigen von ihren geröteten Wangen),

52 Für weitere Beispiele in illuminierten Handschriften des 13. bis 15. Jahrhunderts vgl. Jeffrey F. Hamburger: St. John the Divine. The Deified Evangelist in Medieval Art and Theology, Berkeley u. a. 2001; und Ders. Leaves from Paradise: The Cult of John the Evangelist at the Dominican Convent of Paradise bei Soest (Houghton Library Studies, Bd. 2), Cambridge, Mass. u. a. 2008.

53 Für die Ikonographie der *Ährenkleidmadonna*, vgl. Richilde Werner, Paul Werner: Maria im Ährenkleid: ein Bildtypus und seine sinnbildhafte Bedeutung, in: Ars Bavarica 79–80 (1997), S. 37–48; und Alfred Löhr: Maria im Ährenkleid, in: Leonhard Küppers (Hg.): Die Gottesmutter. Marienbild in Rheinland und in Westfalen, Bd. 1, Recklinghausen 1974, S. 171–176.

die leuchtenden Farben und die ziemlich steife Zeichnung deuten alle auf eine enge stilistische Verwandtschaft hin, obwohl sie nicht von derselben Hand stammen. Unabhängig davon wie ähnlich der Stil der Figuren ist, der Stil der Randbemalung ist genau gleich, und die Qualität der Ausführung ist im Brevier, wie man feststellen muss, im Ganzen höher als jene in den Kirchheimer Manuskripten. Trotzdem ist die Verwandtschaft zu dem Brevier deutlich, dessen Herkunft ungewiss ist, das aber starke Verbindungen zu einer Gruppe von Handschriften aufweist, die Verbindungen zum Elsass und insbesondere zu dem Dominikanerinnenkonvent von Unterlinden in Colmar haben. Sie stellen im völligen Einklang mit dem Bericht, dass Magdalena Krämerin von Silo in Schlettstadt, das auf halbem Weg zwischen Colmar und Straßburg liegt, nach Kirchheim kam.

Der Stil der ausgemalten Handschriften von Kirchheim unter Teck kann ebenso wie die Nonnen, die ihn hergestellt haben, als eine Übertragung aus dem Elsass gesehen werden. Jedoch kann man daraus nicht schließen, dass alle Handschriften und Zeichnungen, die ähnliche stilistische Merkmale aufweisen, von der Hand der Magdalena Kremerin stammen. Im Gegenteil, womit wir uns befassen, ist eine Art und Weise zu malen, die eng mit der dominikanischen Reform im Elsass verbunden ist, und besonders mit den dominikanischen Konventen in Colmar, Schlettstadt und Straßburg gegen Ende des 15. Jahrhunderts. Über die Buchmalerei von Handschriften in Straßburg aus dieser Zeit wissen wir viel zu wenig, wenn man in Betracht zieht, wie viel Material verloren gegangen ist.[54] Von Unterlinden in Colmar sind einige Zeichnungen auf Papier, die in Handschriften eingeklebt wurden erhalten: eine Verkündigung Marias, die zu einer hagiographischen Sammlung hinzugefügt wurde, die in Unterlinden zusammengestellt wurde, vielleicht nach 1516 (Bibliothèque de la Ville de Colmar, ms. 717 II) und eine Zeichnung des Hl. Dominicus, die zu einem liturgischen Psalter hinzugefügt wurde, der im Elsass vor 1323 geschrieben wurde (Abb. 11).[55] Ähnlich, wenn auch nicht ganz so nah, ist eine Zeichnung der Seele, die im Blut Christi bei der Kreuzigung badet (Badische Landesbibliothek Karlsruhe, Cod. St. Peter pap. 4, fol. 30v), die direkt auf eine Seite in einem deutschen Gebetbuch von Straßburg gemalt ist, das ungefähr 1502 bis 1508 datiert und in dem vermerkt ist: „Elysabeth byßnerin zü sanct Katharinen zu Strossburg“, das heißt in dem Dominikanerinnenkonvent von St. Katharina.[56] In allen diesen Fällen ist es wichtig festzustellen, dass die eingeklebten Bilder nicht zur gleichen Zeit entstanden sein müssen wie die Handschrift, in die sie eingefügt sind. Zusätzlich zu dem figürlichen Stil, der besonders an die Illustrationen in den Büchern aus Kirchheim erinnert, ist die reiche Verwendung von symmetrischen Blumen mit leuchtend roten und weißen Blüten, die den Hintergrund wie in einem Wandteppich mit tausend Blüten bedecken, ein Merkmal vieler Handschriften aus dem Elsass.

54 Vgl. ein elsässisches Kollektar aus dem Dominikanerinnenkonvent von St. Agnes in Straßburg (Universitäts- und Landesbibliothek Bonn, Cod. S. 1943), vgl. Krone und Schleier (wie Anm. 39), Kat. Nr. 332 (Jeffrey HAMBURGER), S. 427f. Die Handschriften aus dem Magdalenenkloster in Straßburg, einschließlich eines zweibändigen Missales in Parma, Biblioteca Palatina, mss 1254–1255, datiert zwischen 1472 und 1479, die in einer ungedruckten Dissertation von Christian VON HEUSINGER: Studien zur oberrheinischen Buchmalerei und Graphik im Spätmittelalter (Diss. Freiburg im Breisgau 1953), S. 94, Nr. 2 erwähnt werden als verwandt mit den Blättern in München, die in diesem Artikel besprochen werden, wurden tatsächlich von zwei Künstlern gemalt, von denen der eine besser malte als der andere, aber keiner von beiden im Stil ähnlich ist wie die Handschrift von Kirchheim. Mein Dank gebührt Nigel F. PALMER für die Zurverfügungstellung des Materials.

55 Madeleine BLONDEL, Jeffrey F. HAMBURGER, Catherine LEROY (Hgg.): Les dominicaines d'Unterlinden, Bd. 2: Catalogue des oeuvres, Paris 2000, S. 124, S. 71, Kat. Nr. 96, Nr. 89.

56 Gedruckt in Jeffrey F. HAMBURGER: Nuns as Artists. The Visual Culture of a Medieval Convent, Berkeley, Los Angeles 1997, S. 18 und Abb. 8.

In seiner Verbindung von schmückender Ausstrahlung und unbeholfener perspektivischer Nachbildung unterstreicht eine dritte Initiale des Martyrologiums, dieses Mal für das Fest der Enthauptung Johannes des Täufers (des Schutzheiligen des Klosters), die elsässische Herkunft des Stils der Ausmalung (Abb. 12). Ähnliche Züge kennzeichnen nicht nur die Illustrationen des Breviers in Harvard, (z. B. die Initiale zur Reinigung der Jungfrau – Maria Lichtmess, fol. 209r) (Abb. 13), sondern auch die Miniaturen einer illustrierten Abschrift der fünfundsechzig Artikel über die Passion von Jordan von Quedlinburg, die von demselben Schreiber stammt und von demselben Künstler wie das Brevier illuminiert wurde.[57]

Noch seltener als ausgemalte Martyrologien sind ausgemalte Kollektare. Tatsächlich sind Kollektare jeder Art relativ selten, besonders im späteren Mittelalter, als sie in vielerlei wichtiger Hinsicht von Brevieren überholt waren, die alle Texte enthielten, die zur Durchführung des Amtes benötigt wurden. Man hat noch nie eine umfassende Studie zu illuminierten Kollektaren oder was das betrifft, zu Kollektaren überhaupt unternommen; ausgemalte Exemplare sind selten und weit gestreut. Zu den wenigen erhaltenen Beispielen gehören ein ottonisches Kollektar von der Reichenau von ca. 1020 bis ca. 1030 (Hildesheim, Dombibliothek, Hs. 688)[58] und das Kapitelamtsbuch aus Zwiefalten (Württembergische Landesbibliothek Stuttgart, Cod. brev. 128), das zwischen 1140 und 1150 datiert wird. Zwiefalten ist nicht allzu weit von Kirchheim unter Teck entfernt.[59]

Angesichts der Seltenheit von illuminierten Kollektaren ist die Tatsache bemerkenswert, dass das Kollektar aus Kirchheim überhaupt ausgemalt ist. Zusätzlich zu einer großen schön ausgemalten Initiale zeigt die erste Folioseite eine reiche Randbemalung, die drei Seiten des Randes mit einem Stammbaum Jesse füllt, der aus dem ruhenden Vorvater Christi in der unteren linken Ecke hervorgeht (Abb. 14) und anstatt sich senkrecht zu erheben, die Form eines kletternden Weinstocks einnimmt. In seinem Schmuckausdruck erinnert der Stammbaum wieder sehr an die Illustration in dem Brevier von Harvard, besonders in der reichen Nutzung von aufrührerischen Weinranken, in die kleine Szenen aus der Heilsgeschichte eingepflanzt sind (Abb. 15). Mit einer Ausnahme jedoch, die ihrerseits verschwenderisch reich ist, ist wenig der übrigen Ausmalung in dem Kollektar figürlich. Auf fol. 51v weist ein Adler am Rand, der über einem nichtsahnenden Kaninchen schwebt, den Begleittext als für Johannes den Evangelisten aus, einen Lieblingsheiligen bei den dominikanischen Schwestern. Auf anderen Folioseiten bewohnen Tiere, darunter ein Hirsch und ein Stachelschwein sowie andere Vögel (zum Beispiel ein Pfau) die bunten Blätter an den Seitenrändern.

Noch wichtiger im Zusammenhang mit der dominikanischen Reform ist eine Gruppe von dominikanischen Kollektaren, die alle von Nonnenklöstern und aus der zweiten Hälfte des

57 Gedruckt in Jeffrey F. Hamburger: Enluminure et incunable. L'exemplaire alsacien des *Soixante-cinq articles* de Jourdain de Quedlinbourg, in: Revue de l'Art 145 (2004), S. 5–18. Zwei weitere Blätter aus dieser Abschrift von Jordan von Quedlinburgs Artikeln, eine Marienkrönung durch die Trinität und ein stehender Hl. Petrus, erschienen neulich auf dem Kunstmarkt; vgl. Hôtel des Ventes, Genf, 9.–10. März 2009 (Verkaufsdatum 10. März), Los 354, und befinden sich jetzt in der Harvard University (Houghton Library, MS Lat. 424).

58 Rainer Kahsnitz: Coronas aureas in capite – Zum Weltgerichtsbild des Reichenauer Kollektars in Hildesheim, in: Annelies Amberger (Hg.): Per assiduum studium scientiae adipisci margaritam. Festgabe für Ursula Nilgen zum 65. Geburtstag, St Ottilien 1997, S. 61–98, Bildteil S. 346–349, der bemerkt (S. 64, Nr. 10) „Leider gibt es bisher keine Untersuchung über mittelalterliche Kollektare; nur wenige Einzelbeispiele sind ediert". Für Farbdrucke siehe Bernward von Hildesheim und das Zeitalter der Ottonen, Ausstellungskatalog, Bd. 2, hg. von Michael Brandt, Hildesheim 1993, S. 479–482, Kat. Nr. vii-23 (Ulrich Kuder).

59 Vgl. von Borries-Schülten: Handschriften: Zwiefalten (wie Anm. 40), S. 91–94, Kat. Nr. 61; und Virgil Fiala, Wolfgang Irtenkauf: Codices breviarii. (Cod. brev. 1–167) (Die Handschriften der Württembergischen Landesbibliothek Stuttgart, Reihe 1, Bd. 3), Wiesbaden 1977, S. 167f.

13. Jahrhunderts bis zum frühen 16. Jahrhundert stammen. Alle drei sind heute in der Badischen Landesbibiothek in Karlsruhe: Cod. St. Peter perg. 78 aus dem Dominikanerinnenkloster St. Agnes in Straßburg aus der zweiten Hälfte des 13. Jahrhunderts (sehr wahrscheinlich vor 1270), mit Zusätzen aus der Zeit vom 14. bis zum 16. Jahrhundert; Cod. St. Peter perg. 84 von Unterlinden aus der zweiten Hälfte des 13. Jahrhunderts und schließlich Cod. St. Peter perg. 72 aus dem Dominikanerinnenkloster St. Ulrich in Dillingen, datiert 1515.[60] Als Gruppe betrachtet bezeugen diese Bücher den fortdauernden Gebrauch solcher Handschriften in dominikanischen Klöstern, wo sie anscheinend Teil der normalen liturgischen Ausstattung waren, die von der Priorin zur Ausführung ihrer Pflichten benötigt wurde. Von den drei Büchern enthält nur das von St. Agnes in Straßburg bescheidenen Schmuck. Die Art der Dekoration jedoch – ein Buchanfang zu Ehren der Hl. Margaret und auf fol. 123v eine Bitte zugunsten des Schreibers („Bitten gott für den schrieber"), die am Rand von Bildern der Hl. Margaret und dem Drachen sowie einer knienden Nonne, die einen Rosenkranz hält, begleitet sind, und auf der gegenüberliegenden Seite (124r) weitere Randillustrationen, die Brustbilder der Hl. Agnes mit dem Agnus Dei (Lamm Gottes) und einer anderen knienden Nonne mit einem offenen Gebetbuch – unterstreichen die engen Verbindungen zwischen Gebet, Liturgie und der Arbeit von Buchherstellung in Zusammenhang mit der dominikanischen Reform.

Es lohnt sich, zu dem schriftlichen Eintrag auf der ersten Folioseite des Kapitelamtsbuches von Kirchheim zurückzukommen, der berichtet, dass die Nonnen von Kirchheim zusätzlich zu jenem Kodex „noch 2 Chorbücher" mit sich genommen haben. Theoretisch könnte eines der beiden Chorbücher, das hier besprochen wird, tatsächlich das Kollektar sein, das heute auch in St. Paul ist. Aber es könnte sich genauso gut nur um ein Graduale und ein Antiphonar handeln, die beide für die Durchführung des Gottesdienstes ebenso nötig und mit Sicherheit unter den ersten Büchern waren, an deren Produktion die Nonnen sich nach der Reform des Klosters machen würden. Es scheint daher kaum zufällig zu sein, dass eine Reihe von ausgemalten Fragmenten – fünf in der Graphischen Sammlung in München (Inv.-Nr. K. 508-512) und eines in Princeton (University Art Museum, Inv.-Nr. Y 1031) – der selben Werkstatt zugeschrieben werden können, wie die beiden Bücher aus Kirchheim, die sich jetzt in St. Paul im Lavanttal (Bilder 16-21) befinden.[61] Wie und wann die Bücher zerschnitten wurden, ganz zu schweigen davon, dass die Blätter getrennt wurden, weiß man nicht mehr, obwohl die Tatsache, dass die Ausschnitte in München vorher dem Bayerischen Nationalmuseum gehörten, in dessen Sammlung sie bereits im 19. Jahrhundert gelangten, darauf schließen lässt, dass das Datum der Zerstückelung höchst wahrscheinlich in den Jahren unmittelbar nach der Säkularisation lag. Dass die Fragmente sowohl aus einem Messbuch als auch einem Amtsbuch stam-

60 Für Beschreibungen vgl. Die Handschriften der Badischen Landesbibliothek in Karlsruhe, Bd. 10: Die Handschriften von St. Peter im Schwarzwald, Teil 2: Die Pergamenthandschriften, besch. von Felix HEINZER, Gerhard STAMM, Klaus NIEBLER, Wiesbaden 1984, S. 157–59, S. 166–68, und S. 175–77.

61 Die Blätter in München werden kurz bei VON HEUSINGER: Studien (wie Anm. 54), S. 94 erwähnt, wo er sie jedoch ungenau beschreibt, wenn er feststellt, dass sie von einem einzelnen Chorbuch stammen anstatt tatsächlich von zweien. VON HEUSINGER beschreibt auch die Initiale der Verkündigung als "zwei weibliche Heilige" und die Initiale von Vincent Ferrer als den "hl. Thomas predigend". Wenn VON HEUSINGER die Blätter umgedreht und den Text angeschaut hätte, hätten diese Irrtümer vermieden werden können. Das Blatt in Princeton kam im Jahr 1927 als Teil einer Gruppe von anderen Ausschnitten in das Museum, vielleicht als Geschenk oder Verkauf von Frank Jewett MATHER, obwohl der Nachweis eher zufällig ist. Im Jahr 1929 wurde Nr. 1031 in zwei Teile zerschnitten, 1031.a und 1031.b benannt, in der Annahme, dass das Blatt zwei illuminierte Initialen beinhaltete, eine auf jeder Seite. Das Fragment 1031.a wurde zusammen mit unbekanntem Material gegen ein Handschriftenblatt mit der Inventarnummer y 1929–3 ausgetauscht. Das verbleibende Fragment 1031.b wird heute y1031 genannt. Mein Dank gilt Jim MARROW, der diese Information für mich besorgte.

men, wird von ihrem Textzusammenhang vorgegeben, der trotz der manchmal sehr bruchstückhaften Art der Texte nichtsdestoweniger nachgewiesen werden kann (siehe den Anhang). Das Vorhandensein einer Initiale für den Hl. Vincent Ferrer, der predigend dargestellt ist, auf einem der Blätter des Antiphonars in München bestätigt, dass die Reihe dominikanischen Ursprungs ist. Die Initiale liefert auch einen post quem ihrer Entstehung, nämlich 1453, das Jahr in dem Ferrer von Papst Calixtus III. (Abb. 16) kanonisiert wurde. Aus naheliegenden Gründen waren Bilder von Predigern unter den Reformern beliebt (das Kapitelbuch von Kirchheim beinhaltet ein Bild von Dominikus wie er predigt (fol. 117v), und beide ausgemalten Handschriften von Johannes Meyers Ämterbuch zeigen Bilder von ihm, wie er von einer Kanzel predigt).[62] Der Text, der zu dem Ausschnitt der Heimsuchung Mariens gehört, auch jener in München, deutet ebenfalls auf den dominikanischen Ursprung der Ausschnitte. Er ist ein Auszug des dominikanischen Gottesdienstes für das Fest, der in süddeutschen Brevieren weithin belegt ist (Abb. 17).[63] Die blauen Punkte, die den Himmel im Hintergrund hinter der Gestalt der Maria darstellen, sind tatsächlich identisch mit jenen, die sich in den Hintergründen von Ausschnitten von Jordan von Quedlinburg aus Unterlinden in Colmar (Bibliothèque de la Ville de Colmar, ms. 1027) und in den Initialen des Harvard Breviers finden.[64] Das verbleibende Fragment des Antiphonars ist eine Initiale der Anbetung der Könige, die von poliertem Gold glänzt, für das Responsorium der ersten Nachtmette des Festes der Erscheinung des Herrn (Bild 18). Die Ausschnitte des Graduale schließen wiederum eine anfängliche Darstellung der Auferstehung und des *Noli me tangere* (Berühre mich nicht) des Eingangslieds (Introitus) des Ostersonntags ein (Bild 19), eine Initiale für die Kirchweihe, die im Hauptfeld die Jakobsleiter zeigt und in dem Längsfeld neben der Initiale einen Bischof mit einem Aspergill (Weihwasserwedel), der die Weihezeremonie vollzieht (Bild 20), und schließlich findet sich auf dem Ausschnitt in Princeton eine Initiale aus der Gemeinschaft der Heiligen, nicht für die Gemeinschaft einiger Jungfrauen, deren Eingangslied (Introitus) sich auf der anderen Seite des Blattes befindet, sondern ein nahe verwandter Text, der mit einem „G" beginnt (Gaude? Gaudebit?), der aufgrund dieses Buchstabens allein nicht identifiziert werden kann, der aber aufgrund seiner Verzierung – drei weibliche Heilige, die in voller Größe dargestellt sind, Martha, Agatha und Elisabeth von Ungarn (auch eine dominikanische Lieblingsheilige), die in einem paradiesischen Garten stehen – ebenfalls dazu gedient haben muss, einen ähnlichen Text einzuführen (Bild 21).

Die Handschriften aus dem Dominikanerinnenkloster von Kirchheim unter Teck – das Paar in St. Paul und die neu nachgewiesenen Ausschnitte in München und Princeton – liefern mehr als nur ein weiteres Beispiel der fruchtbaren Auswirkung der Klosterreform auf die Herstellung liturgischer Bücher im späten Mittelalter.[65] Die Kirchheimer Chronik besagt, dass „es ist ouch zu wissen allen unseren nachkummenden zu besserung, das wir in allen unserm

62 Universitätsbibliothek Leipzig, Ms 1548, fol. 133r (szenische Initiale), und Lilly Library Bloomington, Indiana University, Ricketts Ms. 198, fol. 134v (ganzseitige Miniatur), letztere als Farbdruck in Hamburger: Visual and Visionary (wie Anm. 21), farbige Abb. 1.

63 Vielen Dank an Barbara Haggh und Michel Huglo für diese Information.

64 Die Ausschnitte sind gedruckt in Hamburger: Enluminure (wie Anm. 57).

65 Für eine Reihe von Fallstudien vgl. Felix Heinzer: Klosterreform und mittelalterliche Buchkultur im Deutschen Südwesten, Leiden 2008. Vgl. auch Jeffrey F. Hamburger: Reformen des 15. Jahrhunderts: Introduction, in: Ders., Carola Jäggi, Susan Marti u. a. (Hgg.): Frauen – Kloster – Kunst: Neue Forschungen zur Kulturgeschichte des Mittelalters. Beiträge zum Internationalen Kolloquium vom 13. bis 16. Mai 2005 anlässlich der Ausstellung „Krone und Schleier", Turnhout 2007, S. 143–146 und auch die anderen Aufsätze dort.

kummer, betru(e)bnis und mangel nye deste minder gesungen und gelesen hant, wir hant wol me gesungen und gelesen."[66] Unter den Umständen, die sie beschreibt, ist es umso bemerkenswerter, dass Handschriften überhaupt hergestellt wurden und außerdem, dass sie so ehrgeizig und ungewöhnlich illustriert waren. Ein Kapitelamtsbuch herzustellen oder ein Kollektar mit kunstvoll ausgeführter Bemalung war, wenn nicht unerhört, so doch höchst ungewöhnlich. Dass beide relativ reich verzierten liturgischen Bücher zusammen hergestellt wurden, spiegelt nicht nur den Reichtum Kirchheims und seinen Status als ein Kloster, das eng mit dem herrschenden Haus von Württemberg verbunden war, es unterstreicht auch die ideologische Bedeutung der Reform und die zentrale Rolle des liturgischen Lebens im Programm der Klostererneuerung. Ob solche reich verzierten Bücher früher weiter verbreitet waren, muss eine offene Frage bleiben; von den meisten dominikanischen Nonnenklöstern in der Diözese Konstanz haben kaum irgendwelche Handschriften, geschweige denn liturgische Manuskripte überhaupt überlebt.[67]

Die wiederhergestellte Gruppe von Handschriften aus Kirchheim hebt die Kreativität und Originalität bei der Herstellung von Büchern im spätmittelalterlichen südwestdeutschen Reich hervor. Sie verdeutlicht auch, wie wichtig es ist, unsere bisherigen Kenntnisse mit einer gründlichen Untersuchung des Kontextes zu ergänzen. Aus den Quellen erfahren wir nicht nur den Namen einer wenig bekannten Schreiberin und Illuminatorin, eine Seltenheit sogar im späten Mittelalter, sondern auch die Einzelheiten darüber, wie sie mit den Büchern umgegangen ist.[68] Aus den Handschriften erfahren wir nicht nur, wie ihre Bücher tatsächlich aussahen, sondern wir entdecken auch eine Reihe von stilistischen Verwandtschaften, die das dichte Netzwerk von sozialen und institutionellen Beziehungen verstärken und bereichern, die von der Kirchheimer Chronik und anderen Zeugen der dominikanischen Reform im Elsass und Süddeutschland bezeugt werden. Obwohl dies so ist, bleibt unser Bild von Handschriftenillumination in Kirchheim unter Teck und die künstlerischen Beziehungen zwischen dem Elsass und Süddeutschland im späten 15. Jahrhundert sehr bruchstückhaft. Nur die Zeit wird zeigen, ob weitere Fragmente der Bücher, die von Magdalena Kremerin hergestellt wurden, letztendlich ans Tageslicht kommen werden.[69]

66 SATTLER: Chronik (wie Anm. 9), Bd. 4, S. 205; HStA Stuttgart, A 493 Bü3, 10 fol., S. 78: „es ist ouch zu wissen allen unsern nachkummenden zu besserung, das wir in allem unserm kummer, betru(e)bnis und mangel nye deste minder gesungen und gelesen hant, wir hant wol me gesungen und gelesen". Magdalena Kremerin führt dann genauer aus, welche Gesänge zur täglichen Liturgie hinzugefügt wurden.

67 Für Handschriften vor 1400 vgl. die Zusammenstellung in Hans-Jochen SCHIEWER: Literarisches Leben in dominikanischen Frauenklöstern des 14. Jahrhunderts: Das Modell St. Katharintal bei Diessenhofen, in: Falk EISERMANN, Eva SCHLOTHEUBER, Volker HONEMANN (Hgg.): Studien und Texte zur literarischen und materiellen Kultur der Frauenklöster im späten Mittelalter. Ergebnisse eines Arbeitsgesprächs in der Herzog August Bibliothek Wolfenbüttel, 24. bis 26. Februar 1999, Leiden 2004, S. 285–309, bes. 294f. Selbst wenn man noch vorhandenes Material aus dem 15. Jahrhundert berücksichtigt, ist das, was überlebte, bemerkenswert wenig. So haben zum Beispiel nach der nicht immer zuverlässigen Liste von Sigrid KRÄMER (Red.): Handschriftenerbe des deutschen Mittelalters. Teil 2: Köln-Zyfflich (Mittelalterliche Bibliothekskataloge Deutschlands und der Schweiz, Ergänzungsband I, Bd. 1–3. Im Auftrag der Bayerischen Akademie der Wissenschaften hg. von Bernhard BISCHOFF), München 1989, Bd. 1, S. 396 nur drei Handschriften aus Kirchheim unter Teck überlebt, wobei die beiden in St. Paul im Lavanttal eingeschlossen sind. Die Rate der erhaltenen Bücher für Kirchberg ist ein wenig besser, elf Handschriften insgesamt (vgl. ebd., S. 393); zwei davon sind jedoch wieder die beiden liturgischen Bücher, die von Kirchheim nach Kirchberg kamen. Nach ebd., Bd. 2, S. 712 haben nur fünf Handschriften von Silo, Magdalena Kremerins Mutterhaus, überlebt.

68 Vgl. HAMBURGER: Nuns as Artists (wie Anm. 56).

69 Seit der ursprünglichen Veröffentlichung dieses Aufsatzes in der Festschrift für Christopher DE HAMEL sind zwei weitere Ausschnitte aufgetaucht, die möglicherweise aus derselben Gruppe stammen: Sotheby's, Valuable Printed Books and Manuscripts, Tuesday 23 November 2010, lot 5, eine Initiale "O" für das dritte Responsorium der ersten Nokturn der Matutin des Festes des Hl. Petrus des Märtyrers; und eine Initiale "G" mit der Jungfrau und dem Kind,

Anhang

Ausschnitte aus den liturgischen Büchern von Kirchheim unter Teck

München, Staatliche Graphische Sammlung
K. 508, Inv. Nr. 39846, Antiphonar (Stempel: Bayer. Nationalmuseum Min. 508)
Mariä Heimsuchung
96 {x} 105 mm; Rand und Schrift zusmmen: 5 cm
recto: C>ollaetentur corda fidelium, Virgo mater concepto filio>. Vesper des dominikanischen Offiziums von Mariä Heimsuchung (AH 24, S. 94, Nr. 30, und AH 52, S. 52, wo Raymund von Capua als Autor identifiziert ist).
verso: [Respons] Virga <Iesse iam floruit repleta [<...>ulem] sacro <flamine>.

K. 509, Inv. Nr. 39847, Antiphonar (Stempel: Bayer. Nationalmuseum Min. 509)
Vincent Ferrer predigt
112 {x} 99 mm; Rand und Schrift zusammen: 5 cm
recto: D<iem nove laudis et glorie letum ducat cotus fidelium quo sublime decus hesperie gratulante turba celestium a principe superne curie bine sumpsit corone premium lauda Alleluia>. Vincent Ferrer, Vespers: Antiphon 1
verso: <Qui prophetico fret>us lumine <mira de mundi fine>e docuit <in ociduo terre cardine ut sol vincentius occubuit et septus angelorum agmine lucidas celi sedes tenuit alleluia Magnificat. e v o v a e>.

K. 510, Inv. Nr. 39848, Graduale (Stempel: Bayer. Nationalmuseum: Min. 510)
Jacobsleiter
134 {x} 120 mm; Rand und Schrift zusammen: 59 mm
recto: Te<rriblis est locus is>t<e: hic domus dei est, et porta celi: et vocabitur aula dei>. Kirchweihe, Messe: Introitus
verso: <Locus iste a Deo > factus <est, inaestimabile> sacramentum, <irreprehensibilis est. Deus, cui adstat angelorum chorus, exaudi preces servorum tuorum.
Kirchweihe, Messe: Graduale

K. 511, Inv. Nr. 39849, Graduale (Stempel: Bayer. Nationalmuseum: Min. 511)
Auferstehung/Noli me tangere
170 {x} 138 mm; Rand und Schrift zusammen: 59 mm
recto: Res<urrexi, et ad>h<uc > tecum sum, alleluia: posuisti super me manum tuam.
Ostersonntag: Introitus.

wie auf dem Blatt, das von Sotheby's verkauft wurde, mit verziertem Hintergrund, teils in Gold und sehr wahrscheinlich aus derselben Handschrift, die von Ekaterina Zolotova: Western European Book Miniatures of the 12th-17th Centuries: Catalogue of Illuminated Manuscripts in Moscow Libraries, Museums, and Private Collections/Knizhnaia miniatiura Zapadnoi Evropy XII-XVII vekov. Katalog illiustrirovannykh rukopisei v bibliotekakh, muzeiakh i chastnykh sobraniiakh Moskvy, Moskau 2010, S. 80f, S. 388 (Kat. Nr. 23) als Antiphonar identifiziert wurde. Da ich diese Ausschnitte nicht persönlich untersuchen konnte, zögere ich ein bestimmtes Urteil über ihren Ursprung abzugeben. Sie könnten einfach aus dem Elsass stammen; wenn sie tatsächlich süddeutsch sind, dann kommen sie fast sicher auch aus Kirchheim.

verso: <Ps. Domine probasti me et cogovisti me, tu cogovisti sessionem meam e<t resurrectionem meam. Gloria. e v o> v a e. Hec. [Ps. 138,2]

K. 512, inv. no. 39850, Antiphonar (Stempel: Bayer. Nationalmuseum, Min. 512)
Anbetung der Könige
152 {x} 138 mm; Rand und Schriift zusammen: 5 cm
recto: H<odie in Jordane baptizato Domino aperti sunt coeli: et sicut columba super eum Spiritus mansit, et vox Patris intonuit: Hic est Filius meus dilectus, in quo mihi complacui>.
Weihnachtszeit, Matutin: Nocturn 1, Responsorium 1
verso:
<V.> Descen<dit Spiritus Sanctus> corporali spe<cie sicut columba in ipsum, et vox de coelo facta est>.
Epiphanie: Nocturn I, Vers I

Princeton, University Art Museum, Inv. Nr. y103I
540/541 {x} 170 (oben)/180 (unten) mm; Ausrichtung 390 mm hoch; Rand und Schrift zusammen 52 mm
Martha, Agatha, und Elisabeth von Thüringen.
recto: Initiale G <...>
verso: <...> bonum dico ego. <...> Gloria. Evovae. <D>ilexisti iustiticiam et odisti iniqui<tatem proptere>a unxit te de<us deus tu>us oleo letitie preconsor>tibus tuis. V. <Eructavit c>or meum verbum bonum <dico ego opera mea regi Gloria. evovae.>
Commune mehrerer Jungfrauen, Messe: Introitus

(Abb. 1–21 im Bildtafelteil)

Das ehemalige Dominikanerinnenkloster in Kirchheim unter Teck

Das Klosterareal und seine Nutzung anhand schriftlicher und archäologischer Quellen

Rainer Laskowski

Lokalisierung und Beschreibung des Klosterbezirks

Vom ehemaligen Kirchheimer Frauenkloster in der unteren Vorstadt sind heute außer den Resten der Klostermauer entlang der Lindach obertägig keinerlei Baulichkeiten mehr sichtbar. Nur die vom Finanzamt Nürtingen/Außenstelle Kirchheim genutzten Gebäude der ehemaligen Klosterhofmeisterei (Alleenstraße 120 und 120/1) sowie der von der evangelischen Kirche als Gemeindehaus genutzte ehemalige große Fruchtkasten (Alleenstraße 116) erinnern noch an die frühere Bedeutung dieses Areals.[1] Erst vor wenigen Jahren ist am Hauptgebäude des Finanzamtes eine Tafel mit aktuellen historischen Angaben zur Geschichte des Klosters angebracht worden.[2] Die beiden Finanzamtsgebäude liegen unmittelbar an bzw. auf den Resten der ehemaligen Klostermauer an der Lindach, einem zumeist sanft und ruhig dahin fließenden Gewässer, dessen Name erstmals 1306 erwähnt wird. Am Ende des Mittelalters im 16. Jh. und in der frühen Neuzeit (um 1700) sind auch die Namen „Jesinger Lauter" und „Lindachlauter" überliefert.[3]

Zu Beginn des 20. Jahrhunderts hat sich der Kirchheimer Mittelschullehrer Karl Mayer als erster intensiv mit der Geschichte des Kirchheimer Frauenklosters befasst und nach einer Auswertung der ihm zugänglichen gedruckten und handschriftlichen Quellen erstmals eine Klostergeschichte und eine Beschreibung der noch vorhandenen, vermeintlichen Reste der Klosteranlage veröffentlicht, zusammen mit einem Plan.[4] Die Angaben zur Geschichte der Reform des Klosters hat er der um 1489/90 verfassten Chronik der Kirchheimer Nonne Magdalena Kremerin entnommen, wohl auch viele seiner Angaben zu den Baulichkeiten des Klosters.[5]

1 Es handelt sich um die Gebäude M, N und T im Klosterplan (Abb. 2).

2 Der Text dieser Tafel wurde von dem Gymnasiallehrer und Historiker Dr. Rolf Götz (*1946 – + 2013) im Jahr 1999 zusammengestellt. Sie löste eine ältere Steintafel mit den Angaben ab, die der Verschönerungsvereins Kirchheim u. T. in den 1960er Jahren angebracht hatte und die noch auf den Erkenntnissen älterer Forschung beruhte.

3 Rainer Laskowski, Vor- und Frühgeschichte, Landschaft und Markung, in: Rainer Kilian (Hg.): Kirchheim unter Teck – Marktort, Amtsstadt, Mittelzentrum, Kirchheim unter Teck 2006, S. 11; HStAS , Klosterlagerbuch 1699, H 102/36, Nr. 20, S. 18f.).

4 Karl Mayer: Das Frauenkloster, in: Aus Kirchheims Vergangenheit, Kirchheim u. Teck 1913, S. 9–45; Die vermeintlichen Gebäude des Klosters im 15. und 16. Jahrhundert sind dort erstmals genauer beschrieben und in einem Plan dargestellt (3.Kapitel, S. 9–14). Dieser Plan (S. 11) fußt auf dem Katasterplan von 1828, ergänzt durch Angaben, die auf einer genauen Sachkenntnis beruhen. Die verwendeten Quellen hat Karl Mayer nur summarisch angegeben (S. 45).

5 Mayer: Frauenkloster (wie Anm. 4), S. 15f.; Er erwähnt auch, dass sich diese Chronik einst im Kirchheimer Archiv befand. Damit meint er wohl das 18. Jahrhundert. Die erste Erwähnung dieser Chronik mit einem Hinweis auf eine Nonne als Autorin sowie auf den Abdruck derselben bei Sattler findet sich 1842 bei Rudolf Moser in seiner Beschrei-

Weiteren Aufschluss zur Geschichte des Klosters und seiner Baulichkeiten ermöglichten dann erst wieder die Arbeiten der Historiker Ulrich P. Ecker[6] und Dr. Rolf Götz[7] aus den Jahren 1985 und 2006. Archäologische Funde und Befunde aus den Jahren 1980 und 2001 sowie eine gezielte Auswertung der Angaben in den Klosterlagerbüchern und in der Chronik der Kirchheimer Nonne Magdalena Kremerin zu den Baulichkeiten des Klosters erlaubten es dann auch erstmals einen detaillierteren Plan der Klosteranlage aus der Zeit um 1500 zu rekonstruieren.[8] Dieser wurde 2011 im Katalog zur Ausstellung über „Barbara Gonzaga von Mantua" und Ihren Hof publiziert.[9] Bisher unbeachtet gebliebene und unveröffentlichte Details aus diesen Quellen und neue Beobachtungen vor Ort ergänzen die Geschichte des Klosters und seiner Bauten jetzt nochmals nicht ganz unerheblich.[10]

Zunächst soll eine Betrachtung der Grenzen des Klosterbezirks erfolgen, denn nur so wird die Struktur des ganzen Klosters vor der Nordostecke der Stadt deutlich sichtbar. Auch die in den Quellen überall genannten Orte und weitere Angaben sind nur so zu verdeutlichen und zu lokalisieren (Abb. 1). Besonders hilfreich ist hierfür eine Grenzbeschreibung des Klosterbezirks aus dem Jahre 1574, die zehn Jahre nach der förmlichen Auflösung des Klosters entstanden ist, aber noch zu Lebzeiten einzelner dort verbliebener Nonnen.[11]

Die für das Jahr 1574 überlieferte Grenzbeschreibung beginnt an der sogenannten „Herdfeldbrücke", einer Steinbrücke mit vier flachen Bögen, die unter Herzog Ulrich noch zu Klosterzeiten kurz vor 1536 erbaut wurde, sicher schon im Vorfeld des bereits länger geplanten und 1538 begonnenen Ausbaus Kirchheims zur Landesfestung.[12] Zusammen mit der Anlage des

bung des Oberamts Kirchheim (wie Anm. 37), S. 133. Der Gutenberger Pfarrer Eduard Friedrich Hochstetter (1823–1902, Pfarrer in Gutenberg und Owen, gest. in Kirchheim u. T.) hat dann 1864 als nächster wohl diesen Hinweis in seiner Schrift zitiert: E. F. HOCHSTETTER: Die Teck und ihre Umgebung – Kurze Beschreibung und Geschichte der Stadt Kirchheim, der Teck, des Lenninger und Neidlinger Thales und des Breitenstein, Kirchheim u. T., 1864, S. 19 [„Beide Ereignisse, wie das Kloster reformiert und später belagert wurde, sind ausführlich beschrieben von einer Klosterfrau"].

6 Ulrich P. ECKER: Die Geschichte des Klosters S. Johannes-Baptista der Dominikanerinnen zu Kirchheim u. Teck, Inaugural-Dissertation, Freiburg 1985, S. 64f. (Beschreibung des Klosterhofes im Lagerbuch von 1574, mit Gebäuden).

7 Rolf GÖTZ: Von der ersten urkundlichen Nennung im Jahre 960 bis zur Mitte des 16. Jahrhunderts, in: Rainer KILIAN (Hg.): Kirchheim unter Teck – Marktort, Amtsstadt, Mittelzentrum., Kirchheim unter Teck 2006, S. 175–180 (Das Dominikanerinnenkloster, Unterkapitel „Die Entwicklung des Konvents"); S. 180–183 (Unterkapitel „Das Klosterareal in der unteren Vorstadt"); S. 294–299 (Unterkapitel „Vom Frauenkloster zur Klosterhofmeisterei

8 Die archäologischen Funde und Befunde stammen aus den Jahren 1980 und 2001:
Rolf GÖTZ: Grabstein des Klosterkaplans Albert Binzwang (+ 1474) – Bei Kanalisationsarbeiten in der Alleenstraße ist der bislang älteste Kirchheimer Grabstein aufgefunden worden, in: Der Teckbote Nr. 7 vom 10.1. 1981, Zwischen Alb und Neckarland – Beiträge zur Heimatgeschichte und Heimatkunde des Kreises. Abdruck in: Beiträge zur Heimatkunde des Bezirks Kirchheim unter Teck, Heft 33, Neue Folge, Veröffentlichungen des Teckboten in der Zeit von Januar bis Juni 1981, S. 3–8; Rainer LASKOWSKI und Uwe GROSS: Ergebnisse der Stadtarchäologie in Kirchheim unter Teck, Kreis Esslingen, in: Archäologische Ausgrabungen in Baden-Württemberg 2001, S. 210–213.

9 Rainer LASKOWSKI, Rolf GÖTZ: Das ehemalige Areal des Kirchheimer Dominikanerinnenklosters: Rekonstruktion für die Zeit um 1500, in: Von Mantua nach Württemberg: Barbara Gonzaga und ihr Hof, Landesarchiv Baden-Württemberg, Peter Rückert in Verbindung mit Daniela Ferrari, Christina Antenhofer, Annekathrin Miegel (Hgg.), Stuttgart 2011, S. 299–303. In dieser Publikation musste aus Platzmangel kurzfristig leider die zu den im Plan nummerierten archäologischen Fundstellen gehörende Liste weggelassen werden.

10 Ich danke dem Kirchheimer Stadtarchivar Herrn Dr. Joachim Brüser für die Erlaubnis zur Einsicht in den Nachlass von Dr. Rolf Götz aus Weilheim/Teck: Akte N 71 Bü 19 („ Frauenkloster"). Ebenso danke ich der Historikerin Frau Rosemarie Reichelt aus Kirchheim unter Teck für die Überlassung bisher unpublizierter Angaben aus Quellen zur Klostergeschichte ab der Mitte des 15. Jahrhunderts sowie dem Finanzamt Nürtingen-Kirchheim und der Stiftung Tragwerk der evangelischen Kirche, die eine Besichtigung sonst unzugänglicher Gebäudeteile ermöglicht haben.

11 GÖTZ: Stadtgeschichte (wie Anm. 7), S. 183, S. 296f., Anm. 488.

12 Rolf GÖTZ: Vergessene Kirchen in Kirchheim und Owen – Zur Lokalisierung und Identifizierung vorreformatorischer Kirchen und Kapellen, in: Rainer KILIAN (Hg.), Schriftenreihe des Stadtarchivs Kirchheim unter Teck, Kirchheim unter Teck, Band 15 (1992), S. 48. Die Steinbrücke wurde um 1535 erbaut, zur Lage siehe Abb. 1 Nr. 13a und

neuen Stadtfriedhofes ab 1541 im „Herdfeld" hat sie das Umfeld des Klosters deutlich verändert. Sie besteht noch immer und markiert eindrucksvoll die Nordwestecke des ehemaligen inneren Klosterareals. Von dort an verlief die Grenze des Klosterbezirks dann ca. 250 m weit in östliche Richtung, der Lindach und den sog. „Klosterwiesen" entlang, bis zur ehemaligen Flur „Kreben" (Abb. 1, Nr. 4).

Der in diesem Bereich ausgesprochen geradlinige Verlauf der Lindach vor der Klostermauer, etwas unterhalb der weiter nördlich verlaufenden natürlichen Mulde im Gelände lässt darauf schließen, dass das Bett der Lindach einmal verlegt worden ist, sie also „gefasst" bzw. „begradigt" wurde. Vorher dürfte sie in dem Bereich der natürlichen Mulde vor der Klostermauer bis in den Bereich des heutigen Ziegelwasens auf ganzer Fläche mäandriert haben. Wann genau die Verlegung vorgenommen wurde, ist bisher nicht bekannt. Die Schilderung der Befreiung des Klosters durch die Truppen des Herzogs Eberhard im Bart in der Chronik der Magdalena Kremerin lässt den Schluss zu, dass dies wohl erst nach 1490 geschehen sein dürfte, denn die Truppen haben sich noch unbemerkt durch die Lindach watend dem Klosterhof nähern und die Belagerer überraschen können. Dies deutet an, dass damals eine noch größere Lindachaue mit viel Gestrüpp und Gebüsch vorhanden gewesen sein muss. Sonst wäre dies sicher so nicht möglich gewesen. Es kann also angenommen werden, dass die Umlegung und Begradigung der Lindach erst in Zusammenhang mit dem Bau der Herdfeldbrücke und der Anlage des neuen Friedhofes im Herdfeld um 1540 geschehen ist.[13] Auf eine damals noch größere Lindachaue weist neben den vier großen Bögen der Herdfeldbrücke auch die an ihrem Nordrand gelegene und deutlich gekrümmte südliche Grenze des Herdfeldfriedhofes hin. Bei ihr dürfte es sich um den ehemaligen Nordrand der ursprünglichen Lindachaue handeln.[14]

Bei der Flur Kreben handelte es sich um ein weitläufiges Areal, das unmittelbar an das ehemalige klösterliche Wiesenareal im Osten anschloss und weit nach Süden reichte.[15] Diese ehemalige Ackerflur oder Weide ist heute überbaut und nur die Krebenstraße erinnert noch an ihre Lage (Abb. 2, Nr. 4). Die Klosterwiesen selbst nahmen nur einen relativ schmalen Streifen südlich der Lindach ein, bis in den Bereich der heutigen Lindachallee (Abb. 1, Nr. 2).

Die östliche Grenze des Klosterbezirks kann etwa bei der heutigen Hermann-Kurz-Straße, zwischen ihr und der Krebenstraße, angenommen werden.[16] Dort bog sie nach Süden um und verlief bis zum sog. „Jesinger Gässlein", ehemals auch „Siechengassen" genannt, heute die „Jesinger Straße".[17] Es bleibt jedoch unklar, wie genau dieser Grenzverlauf dorthin führte, ob

Abb. 2. Bei einem gewaltigen Hochwasser am 24. Juli 1770 ist die alte steinerne Herdfeldbrücke offenbar zerstört worden. (Teckboten Nr. 174 vom 1.8.1970, Die Lindach – durchaus nicht immer „lind".).

13 Götz: Stadtgeschichte (wie Anm. 7), S. 265.

14 Vgl. Abb. 1 zwischen den Nrn. 13 und 20. Im Katasterplan von 1828 ist dies noch deutlich zu sehen, da der Friedhof damals noch nicht nach Osten erweitert war. Zur Belagerung: Rolf Götz: Stadtgeschichte (wie Anm. 7), S. 190.

15 Ernst Ammer: Die Flurnamen von Kirchheim u. Teck, Lindorf, Oetlingen, Notzingen und Wellingen in ihrer sprachlichen, geschichtlichen, und siedlungsgeschichtlichen Bedeutung, Diss. Tübingen (um 1936), S. 116 Nr. 257 s.v. „Klostergärten, S. 118 Nr. 265 s.v. „Kreben",. S. 116 Nr. 257 sv. „Klostergärten" (Urkunde von 1492). Die Flur Kreben war im frühen 19. Jahrhundert Ackerland, früher angeblich Weideplatz für Kleinvieh. Die Flur reichte in östlicher Richtung bis an den Jauchern- bzw. Jauchertbach, der „Untere Kreben", im Süden bis zur Flur Rauner, der „Obere Kreben"

16 Vgl. das Urkataster von 1828 und die Fortschreibung des Urkatasters von 1851 (Stadtarchiv Kirchheim u. T.). Dort ist südlich der Lindach die Flurbezeichnung „Untere Kreben" eingetragen und als Ackerland ausgewiesen. Heute ist das Areal vollständig überbaut. Da die Größe der Klostergärten mit 5 Tagwerk angegeben ist (ca. 235 Ar) kann bei bekannter West-Ost von ca. 250 m die Nord-Süd Ausdehnung der ehemaligen Klostergärten mit ca. 90 m Breite berechnet werden.

17 Ammer: Flurnamen (wie Anm. 15), S. 188 Nr. 455 s.v. „Siechengasse"; Die heutige Jesinger Straße hat wohl frühestens nach dem dreißigjährigen Krieg ihre heutige Bedeutung erlangt und die alte nach Jesingen führende Landstraße

in unterschiedlichen Absätzen, immer wieder nach Westen verschoben oder in mehr oder weniger direkter Linie. An der Jesinger Straße selbst bog die Grenze nach Westen um und verlief dann dieser Straße entlang, die dem alten Hochufer der Lindach folgt, bis zum sog. „Stuckerin-Graben, der ein Stück weit vor dem ehemaligen östlichen Stadtgraben in Süd-Nord Richtung verlief (Abb. 1, Nr. 19). An dieser Stelle – der Südwestecke des äußeren Klosterbezirks – bog die Grenze dann nach Norden um und folgte dem Stuckerin-Graben bis zum Jesinger Tor, dem östlichen Stadttor unweit des Klosterareals.

Der erstmals im Klosterlagerbuch von 1492 erwähnte Stuckerin-Graben war eine Süd-Nord gerichtete Wasserrinne, die in der „Dettinger Au" südlich von Kirchheim unterhalb des Hochgerichtes auf dem Galgenberg ihren Anfang nahm und Wasser der Lauter über einen 1,3 km langen Graben bis in den Bereich der „Neuen Wiesen" des Klosters südlich der Lindach und östlich der heutigen Schlierbacher Straße leitete.[18] Kurz vorher nahm er auch das Wasser des durch das Jesinger Tor fließenden ehemaligen Stadtbaches auf (Abb. 1, Nr. 18), das ebenfalls aus der Lauter stammte.[19]

Der Stadtbach selbst wird bereits 1416 in einem Vertrag des Klosters mit der Stadt erwähnt und als marode und erneuerungsbedürftig bezeichnet. Er dürfte daher mit Sicherheit bereits im 14. Jahrhundert vorhanden gewesen sein.[20] Nahe der Brücke über den Stadtgraben am Jesinger Tor, an der Südgrenze des Klosterhofareals, wurde bei einer Baumaßnahme 1996 ein kurzes Stück dieses Stadtbaches, das kurz vor der Einmündung in den Stuckerin-Graben lag, entdeckt und ausgegraben. Der Stadtbach war hier als Kanal ausgeführt, dessen Seitenwände aus senkrecht gestellten gelben Angulatensandsteinen bestanden. Er war mit Schieferplatten abgedeckt und teilweise verfüllt, darin viele Glas- und Keramikreste aus der ersten Hälfte des 16. Jahrhunderts. Wahrscheinlich ist er beim Ausbau Kirchheims zur Landesfestung unter Herzog Ulrich in diesem Bereich stillgelegt und sein Lauf verändert worden. Die Breite des Kanals betrug hier innen 52 cm, die Höhe 57 cm.[21] Nur unweit südlich davon wurde auch ein ähnlich gebauter, nordöstlich gerichteter kleinerer Kanal angetroffen, dessen innere Maße 31 x 28 cm (Br x H) betrugen, die äußeren 80 x 40 cm.[22]

Der Stuckerin-Graben dürfte aber deutlich älter sein als die Erstnennung. Im Mai/Juni 2015 wurde bei einer Ausgrabung am Ostrand des Grundstückes Jesinger Straße 10 unmittelbar neben und parallel zur Villastraße ein mächtiger, verfüllter Graben angetroffen, bei dem es sich um Reste des Stuckerin-Graben handeln dürfte. Der obere Rand des Grabens wurde in 0,8 m Tiefe unter der heutigen Oberfläche angetroffen. Seine Breite betrug hier ca. 8 m, in 3,5 m Tiefe unter der heutigen Oberfläche im Bereich seiner Sohle knapp 2 m. Die Flanken des Grabens waren in einem Winkel von 45° geböscht. Ursprünglich war der Graben somit ca. 2,7 m tief. Es waren gewaltige Mengen Wassers, die er transportieren konnte. Knapp 1 m über der Sohle wurden größere Mengen kleinteiliger Scherben gefunden, die frühestens in das

abgelöst. Diese verlief etwas weiter nördlich, parallel dazu und begann am Jesinger Tor im Bereich der Trasse der heutigen Klosterstraße.

18 Klosterlagerbuch von 1699 (HStAS H102/36 Nr. 20 S. 48f.)

19 Kirchheimer Straßennamen – ihr Ursprung und ihre Bedeutung, Teckbote vom 6. Oktober 1982.

20 GÖTZ: Stadtgeschichte (wie Anm. 7), S. 183.

21 Er verlief in N-S Richtung und wurde zwischen den Grundstücken Alleenstraße 106 und Schlierbacher Straße 2 angetroffen. (Ortsakten der Bodenfunde im Museum Kirchheim unter Teck, Alleenstraße 106)

22 Er wurde bei einer Baumaßnahme im Jahr 2000 am Südrand des Grundstückes Ochsengässle 6/8 angetroffen. (Ortsakten der Bodenfunde im Museum Kirchheim unter Teck, Ochsengässle 6/8); Archäologische Ausgrabungen in Baden-Württemberg 2000, Stuttgart 2001, S. 198.

13. Jh. und spätestens in das frühere 15. Jh. datieren. Möglicherweise wurde der Graben somit aber schon bald nach Gründung des Klosters, möglicherweise schon im 14. Jahrhundert, angelegt und diente, seiner Größe entsprechend, nicht nur zur Bewässerung der „Neuen Wiesen“ sondern im Bedarfsfalle wohl auch zur Auffüllung des Stadtgrabens mit Wasser und möglicherweise auch zum Betrieb einer frühen Klostermühle, deren Lokalisierung aber noch aussteht. Der Stuckerin-Graben diente zumindest in seiner Spätzeit auch der Bewässerung des an seinem Lauf gelegenen Gartenlandes der Stadtbewohner.[23] Dieses ist vor allem in den Plänen des 19. Jahrhunderts noch deutlich erkennbar. Seine Nutzer waren gemäß dem Klosterlagerbuch von 1699 noch mit einem Wasserzins an die Klosterhofmeisterei abgabepflichtig.[24] Der Stuckerin-Graben war in seinem Oberlauf vermutlich identisch mit dem „Oberen Mühlkanal“, der ebenfalls im Bereich der „Dettinger Au“ seinen Anfang nahm. Dieser floss aber an der westlichen Seite der Stadt vorbei und trieb dort im Laufe der Zeit nachweislich noch bis zum Ende des 20. Jahrhunderts Mühlen an.

Vom Jesinger Tor ab verlief die Grenze des Klosterbezirks dann dem östlichen Stadtgraben entlang bis zur „Bastion beim Kloster“. Hier bog sie, dem Stadtgraben weiter folgend, nach Westen um und reichte bei der mittleren Kelter vor dem „Unteren oder Lindacher Tor“ an die heutige Herdfeldstraße. Das Untere Tor, das nördliche der vier Stadttore, lag direkt oberhalb des inneren Klosterareals. Dort bog die Grenze ein letztes Mal nach Norden um und folgte dann der heutigen Herdfeldstraße bis zum Ausgangspunkt an der Herdfeldbrücke, vorbei an der „Eych“ und dem „Schlachthaus“, die beide unmittelbar westlich vor der Klostermauer lagen

Dieser Grenzverlauf zeigt, dass der Klosterbezirk nordöstlich der Stadt im späten 16. Jahrhundert eine annähernd quadratische Fläche von ca. 200 m x 250 m Seitenlängen war, an die das innere Klosterareal mit dem Wirtschaftshof im Westen anschloss. Demnach betrug die Wirtschaftsfläche außerhalb des Klosters ca. 7,5 Hektar. Die Klosteranlage selbst, einschließlich des Wirtschaftshofs, nahm knapp einen Hektar ein. Drei größere Flächen innerhalb der Wirtschafsfläche im Klosterbezirk sind genauer bekannt: ein Kraut- und Grasgarten, 2 Tagwerk groß, unmittelbar östlich des Wirtschaftshofes, der vom Kloster 1266 erworben wurde. Seine Größe betrug knapp einen Hektar (Abb. 1, Nr. 1);[25] das Areal „Neue Wiesen“ entlang der Lindach mit einer Größe von ca. 2,5 Hektar, wohl ebenfalls noch im 13. Jahrhundert erworben (Abb. 1, Nr. 2);[26] ein kleiner Baumgarten mit Quelle im westlichen Teil der inneren Klosteranlage, 0,5 Hektar groß und wohl von Anfang an zum Kloster gehörig (Abb. 1, Nr. 23).

Zudem ist es wichtig, einen genaueren Blick auf die Ummauerung des Klosterareals zu werfen. Heute sind entlang der Lindach an mehreren Stellen noch Reste der ehemaligen Klostermauer sichtbar (Abb. 2, Nr. 13, 17–19). Diese zeigen die Nordgrenze des ehemaligen Klosterareals an. Noch im Urkataster von 1828 ist dieser Teil der Klostermauer in voller Länge dargestellt. Eine nähere Beschreibung dazu gibt es allerdings nicht.[27] Die Klostermauer beginnt

23 Ammer: Flurnamen (wie Anm. 15), S. 208 Nr. 505 s. v. Stuckerin Graben. Ammer lässt den Stuckerin-Graben allerdings trotz Auflistung weiter nach Norden reichender Belege schon an der Südostecke des Stadtgrabens enden und vertrat die Meinung, er habe der Wasserzuführung des Stadtgrabens gedient.

24 Klosterlagerbuch H 192/36 Nr. 20 1699, Fol. 18ff.

25 Ecker: Kloster Kirchheim (wie Anm. 6), S. 203 Urkunde 8; Im Urkataster von 1828 teilweise auch als Flur „Emeräcker“ bezeichnet; Götz: Stadtgeschichte (wie Anm. 7), S. 182.

26 Im Klosterlagerbuch werden für die Größe des Wiesenareals 5 Tagwerk angegeben (wie Anm. 13, S. 856 Württembergische Münzen Maße und Gewichte). Das Tagwerk wird mit 1,5 Morgen bzw. 47, 28 Ar angegeben.

27 Mayer: Frauenkloster (wie Anm. 4), S. 11.

unmittelbar östlich der Herdfeldbrücke und verläuft entsprechend der Grenzbeschreibung des späten 16. Jahrhunderts in östlicher Richtung entlang der Lindach. Sie liegt heute in der südlichen Böschung des Bachbettes der Lindach. An ihrem östlichen Ende befindet sich eine zu einem Wohnhaus umgebaute ehemalige Scheuer. Dort wird heute die Klostermauer noch als Nord- und Ostwand des Erdgeschosses benutzt (Abb. 2, Gebäude L). Damit befindet sich hier offenkundig auch die Nordostecke des ehemaligen Klosterareals (Abb. 2, Nr. 13). Sie deutet an, dass auch der Osten des Wirtschaftshofes zumindest in seinem nördlichen Teil mit einer Mauer geschlossen gewesen sein dürfte. In diesem Geländebereich sind heute aber keine Spuren mehr erkennbar. Die Klosterhofmauer hat im Bereich der Nordostecke eine Breite von 1,10 m – 1,30 m und eine Höhe von noch knapp 4 m. Ursprünglich dürfte sie aber noch höher gewesen sein. An den Mauersteinen sind Spuren eines Brandes erkennbar, denn die von Natur aus gelblich bis grauen Angulatensandsteine zeigen an vielen Stellen der Oberfläche eine mehr oder weniger starke Rotfärbung.[28] Nicht genau bekannt ist aber, wann die Klostermauer bzw. ihre einzelnen Teile errichtet worden sind. Dies geschah nachweislich nicht in einem Zug. Spätestens nach der Erhebung des „Neuen Frauenkonvents" zum Kloster im Jahre 1249 dürfte unverzüglich mit dem Bau der Mauer der inneren Klosteranlage und etwas später auch im Wirtschaftshof begonnen worden sein, wie das in Klöstern allgemein üblich war.[29]

Das Vorhandensein bzw. auch die Stärke der Klostermauer gerade an dieser Stelle zeigt zudem deutlich, dass hier auch noch eine weitere Funktion besonders wichtig war, nämlich der Schutz vor den Fluten der Hochwässer. Die nördlich gelegene Mauer des Klosterareals befindet sich unmittelbar in der südlichen Böschung der Lindach, die hier von Ost nach West vor der Klostermauer entlangfließt. Wie schon oben angesprochen folgte die Lindach dort früher in einem weiter nördlich gelegenen leichten Bogen dem natürlichen Gefälle. Dieses zeigen die Höhenlinien der orohydrografischen Karte ganz deutlich. Es liegt nahe anzunehmen, dass die Lindach zur Zeit der Klostergründung im 13. Jahrhundert noch mäandrierend auf der ehemaligen Geländeoberfläche verlief. Erst ab dem 15. Jahrhundert, dem Beginn der kleinen Eiszeit, hat sie sich dann klimabedingt langsam immer tiefer eingegraben. In diesem Zeitraum, der noch bis zur ersten Hälfte des 19. Jahrhunderts andauerte, kam es verstärkt immer wieder zu gewaltigen, zerstörerischen Hochwässern, vor allem nach der Schneeschmelze und/oder nach Unwettern mit sintflutartigem Regen. Dies liegt daran, dass die Lindach im Voralbbereich große Flächen an Ackerland und Wiesen entwässert.

Diese massiven Klimaveränderungen müssen sich in der Zeit um 1600, unmittelbar nach Aufgabe des Klosters, deutlich bemerkbar gemacht haben. Dies ist noch heute an verschiedenen Bodenerhöhungen im Areal des ehemaligen Klosters feststellbar. Die Aufschüttung lag im Bereich von bis zu 0,8 m. Dies ist an drei älteren Gebäuden noch eindeutig zu erkennen: an dem ehemaligen Amtshaus der Klosterhofmeisterei (Abb. 2, M). Dort gibt es in der Südostecke einen zeitlich noch nicht endgültig bestimmten quadratischen Raum mit einem einfachen Kreuzgratgewölbe, der 0,8 m tiefer liegt als das übrige Erdgeschoss; im Bereich des Kellerabganges zum großen Gewölbekeller am Nordgiebel des ehemaligen großen Fruchtkastens der Klosterhofmeisterei, dessen Schwelle knapp 1 m tiefer liegt als das umgebende Gelände und

28 Diese Veränderungen in der Steinfarbe wurde freundlicherweise in den 1980er Jahren in den Brennöfen der ehemaligen Kirchheimer Firma Grüninger und Prem (Eisengießerei) experimentell ermittelt. Sie treten erst ab ca. 450 ° C. auf.

29 Matthias UNTERMANN: Kloster Mariental in Steinheim an der Murr – Römisches Bad, Grafenhof, Kloster -, in: Führer zu archäologischen Denkmälern in Baden-Württemberg, Bd. 13, Stuttgart 1991, S. 48.

der außen keine Treppe aufweist (Abb. 2, T2); am kleinen Fruchtkasten, dessen Kellerzugang im Bereich des Ostgiebels ebenfalls ca. 1 m unter der heutigen Oberfläche liegt und außen ebenfalls keine Treppe hat (Abb. 2, Bereich N). Die letzten Aufschüttungen im Klosterareal dürften mit hoher Wahrscheinlichkeit entweder zu Beginn des 19. Jahrhunderts beim Umbau des Amtshauses zum Kameralamt oder in Zusammenhang mit dem Wiederaufbau nach dem großen Klosterbrand von 1626 erfolgt sein. Die heutigen Schwellen der Türen des ehemaligen Amtshauses und des östlich danebenliegenden kleinen Fruchtkastens zeigen dies deutlich an. Dies zeigen vor allem auch die alten Entwässerungsrinnen für den Hofbereich zwischen diesen beiden Gebäuden in der Klostermauer an der Lindach an. Auch diese liegen 0,5 m unter dem heutigen Niveau.

Durch hohe Mauern geschützt blieb das Areal des Klosters und des Klosterhofes in früheren Zeiten offensichtlich weitgehend von Hochwassern verschont. Dies war aber nur dann möglich und sinnvoll, wenn auch der östliche Teil des Wirtschaftshofes zumindest im Auenbereich der Lindach von einer Mauer geschützt war, da sonst das Hochwasser bereits von hier aus in das Klosterareal hätte strömen können.[30]

Zu Beginn des Jahres 1980 wurde überraschend ein Teilstück der Klosterummauerung des inneren Klosters südlich der Wiese vor dem Hauptgebäude des Finanzamtes wiederaufgefunden. Es kam bei Aushubarbeiten für die Tiefkanalisation in der Alleenstraße unmittelbar vor dem Stadtgraben am Fuß des davor liegenden Erdenberges zutage. Dieser wurde um 1540 noch zu Klosterzeiten als zusätzlicher Schutzwall vor dem Stadtgraben aufgeschüttet. Im Bereich der Südseite des Kanalisationsgrabens wurden in 2 m – 4 m Tiefe Mauerreste von 1,20 m – 1,40 m Stärke beobachtet. Zweifellos handelte es sich hier um einen Teil der südlichen Ummauerung des inneren Klosters. Dieser Teil der Klosterummauerung ist im 16. Jahrhundert, noch vor der Überschüttung durch den Erdenberg, um 1540, abgebrochen worden. Die ehemalige Klostermauer ragte danach nur noch wenig über das Bodenniveau der Klosterzeit hinaus.[31] An der Einmündung der Herdfeldstraße in die Alleenstraße konnte zudem die Südwestecke dieser Klostermauer festgestellt werden (Abb. 2, zwischen Nr. 5 und 6). In nördlicher Richtung zeigte sie auf die Herdfeldbrücke. Dadurch ist die Südwestecke des Klosterareals wieder exakt bekannt. Die Nord-Süd Ausdehnung des inneren ummauerten Klosterareals beträgt demnach ziemlich genau 75 m.

In der Trasse der Kanalisation konnte die Mauer dann noch ca. 65 m weit in östlicher Richtung verfolgt werden, bevor sie nach Nordwesten abbog und den Kanalisationsgraben verließ, der entsprechend dem Straßenverlauf nach Südosten abbog.[32] Der weitere Verlauf der Klostermauer ist von da ab unbekannt. Sicher ist aber, dass die innere Klostermauer hier nach Nordosten bzw. nach Norden umbog und den östlichen Abschluss der inneren Klosteranlage bilde-

30 Mayer: Frauenkloster (wie Anm. 4), S. 12; er verweist auf nicht näher angegebene Quellen und Berichte, dass der Wirtschaftshof in den neunziger Jahren des 15. Jahrhunderts noch nicht ummauert gewesen sein soll. Dies würde auch aus Berichten von 1559 hervor gehen.

31 Nach den überlieferten Aufzeichnungen und Angaben zu schließen dürften es nur noch ca. 1 m gewesen sein.

32 Götz: Grabstein (wie Anm. 8); handschriftliche Aufzeichnungen des Capos Emil Schwarz aus Bissingen und von Rolf Götz aus Weilheim in der Ortsakte „Archäologische Fundstellen" im Städtischen Museums Kirchheim u. T. unter: „Alleenstraße 118/120". Die Tiefe der Kanalisation unter dem heutigen Straßenniveau beträgt 6,5 m – 7,3 m, von West nach Ost zunehmend, da die Alleenstraße nach Osten hin leicht ansteigt).

te. Ihr Verlauf kann daher sicher im Bereich vor dem ehemaligen Verwaltungsfruchtkasten der Klosterhofmeisterei angenommen werden (Abb. 2, östlich von Gebäude T2).[33]

In der Chronik der Magdalena Kremerin werden mehrfach zwei Tore erwähnt (Chronik S. 191, 205, 231, 232, 241), die in das innere Areal des Klosters geführt haben[34]: das sogenannte „Äußere bzw. Große Tor“ (Abb. 1, Stelle G), bei der Pfisterei gelegen,[35] sowie das „Kleine Tor“ beim Chor der Klosterkirche (Abb. 1, Stelle F).[36] Als den Nonnen 1489 infolge der Belagerung das Brennholz ausging, half ihnen der Beichtvater, indem er Holz „zu dem tor hiner warff von der pfysterye“. Demnach hat die Pfisterei – die Klosterbäckerei – unmittelbar am „Großen Tor“ gelegen, aber noch auf der Seite des Wirtschaftshofes vom Kloster. Schon vorher hatten die Klosterfrauen durch dieses Tor immer wieder einmal Schweine aus dem Wirtschaftshof in den Klosterbereich treiben lassen, da ihnen die Nahrung ausging und damit das Verhungern drohte. Der Mangel an Brennholz muss so dramatisch gewesen sein, dass die Nonnen auch ältere Bäume im Innern des Klostergartens fällen sowie die Balken des im Kreuzgang gelagerten, zerlegbaren Sommerhauses verfeuern mussten.[37] Das große Tor soll so breit gewesen sein, dass ein Wagen hindurchfahren konnte. Diese Torsituation ist auch heute noch zwischen den beiden ehemaligen Verwaltungsfruchtkästen, dem großen und dem kleinen, erkennbar (Abb. 2, N und T2). Dort befindet sich ein Weg, eine Durchfahrt, die nördlich eine Mauer schneidet, die in ihrem Oberbau heute allerdings nachklosterzeitlich ist. In der Beschreibung der Klosterhofmeisterei von 1699 wird zudem berichtet, dass der nördlich des Tores gelegene kleine Fruchtkasten „des Klosters inneren Hof beschließt“.[38] Demnach war seine Nordostecke zugleich die Nordostecke des inneren Klosterareals.

Das zweite, „Kleine Tor“, befand sich in der Klostermauer in der Nähe des Chores der Klosterkirche.[39] Über dieses Tor konnten die Klosterkapläne und der Beichtvater – ein Mönch aus dem Esslinger Dominikanerkonvent – sowie die Besucher der Klosterkirche schnell und einfach in diese gelangen. [40] Dort kann auch das in der Klosterchronik mehrfach erwähnte Rad – auch Winde genannt – angenommen werden.[41] Nur über diese Einrichtung konnten die in strenger Klausur lebenden Nonnen ihre Kontakte zur Außenwelt einigermaßen regelmäßig aufrechterhalten. Das „Rad“ war eine halbseitig offene, drehbare Holztonne, in die auch größere Gegenstände gelegt werden konnten, die nach der Drehung in Empfang genommen oder abgegeben werden konnten. Auch heute noch kann ein solches Rad zum Beispiel im Kloster Kirchberg bei Horb besichtigt werden.

33 Allerdings konnten beim Neubau des evangelischen Gemeindekindergartens 1988 keine sicheren Reste dieser Mauer beobachtet werden. Möglicherweise wurde die Klostermauer an dieser Stelle schon im späten 16. Jahrhundert entfernt (Ortsakte des Städtischen Museums im Kornhaus: Klosterareal – Lindachallee 3).

34 GÖTZ: Stadtgeschichte (wie Anm. 7), S. 180.

35 Chronik in Sattler: Christian Friedrich Sattler (Hg.):Chronik des Klosters Kirchheim, in ders. (Hg.): Geschichte des Herzogthums Württemberg unter der Regierung der Graven Bd. 5, Ulm 1768, Beilage 42, S. 191, 205, 231, 232, 237f., 241; (Abb. 2 Stelle J) à online verfügbar: https://archive.org/stream/allgemeinegeschio5satt#page/n3/mode/2u. Rolf Götz hat eine sorgfältig recherchierte Liste mit den Seitenzahlen der Nennungen von Klosterbauten und sonstigen baulichen Anlagen in dieser Chronik hinterlassen, auf die hier zurückgegriffen wird (StadtA Ki N 71 Bü 19)

36 SATTLER: Chronik (wie Anm. 35), S. 238.

37 Königlich statistisch-topographisches Büro (Hg.): Rudolf MOSER, Beschreibung des Oberamts Kirchheim, Stuttgart und Tübingen, 1842, S. 133. Sattler: Klosterchronik (wie Anm. 35), S. 221.

38 GÖTZ: Stadtgeschichte (wie Anm. 7), S. 181f.

39 SATTLER: Klosterchronik (wie Anm. 35), S. 238.

40 GÖTZ: Stadtgeschichte (wie Anm. 7), S. 180.

41 SATTLER: Klosterchronik (wie Anm. 35), S. 184, 220, 228, 231.

In dem Klosterlagerbuch von 1699 wird zudem berichtet, dass in der Nähe der Kelter „des Klosters Ausfahrt gegen die Lindach“ gelegen habe.[42] Dieses Tor kann nahe der Nordostecke des inneren Klosterareals in der Klostermauer an der Lindach angenommen werden (Abb. 2, Nr. 20). Es lag vermutlich zwischen dem Taglöhnerhaus (Abb. 2, Stelle H) und einer Scheune (Abb. 2, Stelle K). Unklar bleibt allerdings, wie alt dieses Tor wirklich ist. Man kann mit einiger Wahrscheinlichkeit davon ausgehen, dass dieses Tor erst nach der Aufhebung des Klosters angelegt wurde. Anfang des 18. Jahrhunderts wird nämlich berichtet, dass eine „Streichwand zum Schutze des Klosters vor Wasser“ an der Lindach gebaut wurde, wodurch offenbar ein auf städtischem Gebiet liegender Weg zum Klosterhof unpassierbar wurde, den die Stadt Kirchheim als Eigentümer aber wieder herrichten sollte. Es kann sich dabei aber nur um einen Fahrweg direkt entlang der Klostermauer oberhalb der Lindach gehandelt haben, der speziell für Weinbauern aus den nördlich der Lindach gelegenen Weinbergen angelegt wurde. Viele von diesen mussten nämlich im Herbst die Trauben bzw. den Most zur Klosterkelter bringen.[43] Dieser Weg war aber immer wieder durch gewaltige Hochwasser stark gefährdet. Kenntnis von einem solchen haben wir zum Beispiel vom Juli 1741, wo im nördlich angrenzenden Herdfeld ganze Häuser von den Fluten niedergerissen und weggespült wurden, ebenso vielerorts auch die Holzbrücken. Im sogenannten „Totenkirchle“ (Abb. 1, nördlich der Marienkapelle) jenseits der Lindach soll dabei das Wasser „mannshoch“ gestanden haben.[44]

In einer Urkunde aus dem Jahre 1266 wird berichtet, dass die beiden Ministerialen Heinrich und Bertold, Söhne des Ritters Cuonrad von Kirchheim, dem Kloster einen Garten mit einer Hofstatt verkauft haben.[45] In der in Latein verfassten Urkunde heißt es: „juxta fontem qui vulgariter dicitur Stegebrunne“. [46] Durch diese Angabe kann die Lage des neu erworbenen Grundstückes genauer lokalisiert werden. Mit „fontem“ ist hier, wie in allen mittelalterlichen Urkunden, ein fließendes Gewässer gemeint, also eine Quelle und kein Grundwasserbrunnen.[47] Eine Quelle im Bereich oder in der Umgebung der Klosteranlage, bei der sich auch noch ein Steg über die Lindach befunden haben muss, ist nur für das Areal des heutigen Finanzamt-Parkplatzes unmittelbar südwestlich des Hauptgebäudes bekannt. Dieser Bereich ist erstmals im Klosterlagerbuch von 1574 näher beschrieben: „im Westen der Klausur erstreckt sich ein Baumgarten, in dem sich ein Wasch- mit Fischhäuslein befindet“.[48] Diese Beschreibung setzt

42 Klosterlagerbuch von 1699: HStAS H 102/36 Bd. 20, S. 18f. (Notiz aus den Unterlagen von Frau Rosemarie Reichelt).

43 HStAS A 284/45 Bü 106 (nach Unterlagen von Rosemarie Reichelt).

44 Rosemarie Reichelt: Eine Württembergische Amtsstadt von der Mitte des 16. Jahrhunderts bis zum Ende des Herzogtums 1803, in: Rainer Kilian (Hg.), Kirchheim unter Teck – Marktort, Amtsstadt, Mittelzentrum, Kirchheim unter Teck 2006, S. 419. Götz: Vergessene Kirchen (wie Anm. 12), S. 50.
Der um 1640 angelegte „Neue Friedhof „ im Herdfeld heißt heute „Alter Friedhof“. Zu Beginn des 16. Jahrhunderts stand hier noch eine Kapelle (mit einem kleinen Chor?): „Unser lieben Frauenkapelle zu der Linden“ oder „Marienkapelle bei der Linden“ genannt. Ausgrabungen im Jahre 2003 haben in der Südwestecke des Grundstückes Herdfeldstraße 15 Fundamentreste gezeigt, die vom Chor einer Kapelle stammen dürften. Da diese der Zufahrt der kurz vor 1536 erbauten steinernen Herdfeldbrücke im Wege stand, wurde sie abgerissen, ebenso auch zumindest noch ein weiteres Haus. Statt der Marienkapelle erbaute man dann etwas später ein wenig weiter nördlich das so genannte „Totenkirchlein“, die Friedhofskapelle des ab 1560 nachweisbaren neuen Stadtfriedhofs im Herdfeld.

45 Ecker: Kloster Kirchheim (wie Anm. 6), S. 203 Urkunde 8. Ecker gibt als Ausstellungsdatum der Urkunde den 2. Sept. 1266 an.

46 Ammer: Flurnamen (wie Anm. 15), S. 198 Nr. 480 s. v. „Stegbrunnen“; Moser: Oberamt Kirchheim (wie Anm. 37), S. 134. Allerdings wird hier irrtümlich als Jahr der Ausstellung der Urkunde 1261 genannt. Die Übersetzung der Ortsangabe lautet: „nahe bei der Quelle, die gewöhnlich Stegbrunnen genannt wird“.

47 Ammer: Flurnamen (wie Anm. 15), S. 33f. Nr. 27 s. v. „Bergbrunnen“; Fontem ist der Akkusativ von „fons“ = Quelle.

48 Götz: Stadtgeschichte (wie Anm. 7), S. 181.

eine Quelle mit klarem und sauberem Wasser voraus. Im Urkataster von 1828 sind diese Baulichkeiten und die Quelle noch eingetragen (Abb. 2, Nr. 21, X1, X2).

Dort ist ein kleines quadratisches Gebäude von ca. 4 m x 4,5 m Größe mit einer rechteckigen Struktur im Innern zu sehen, vermutlich ein Brunnentrog für das Quellwasser (Abb. 2, Nr. 21). Von diesem geht eine Deichelleitung aus, die an einem sich unmittelbar anschließenden kleineren Gebäude vorbeizieht und durch ein etwas größeres Gebäude daneben bis zur Klostermauer im Norden verläuft. Dort durchquert sie ein weiteres kleineres Gebäude, dann die Klostermauer und endet dahinter in der Böschung der Lindach, einer Abwasserleitung. Die genannten Bauten sind – von Süd nach Nord- die Quellfassung, ein Fischhäuslein, eine Scheuer mit Remise und Ställe bzw. ein Waschhaus am Ende der Abwasserleitung (Abb. 2, Nr. 21, X1, X2, X, Y), daneben Ställe (Abb. 2, Y1, Y2). Auch Karl Mayer hat diese Baulichkeiten beschrieben und in seinem Klosterplan eingetragen. [49] Um das Jahr 1935 gab es die Quelle noch.[50] Kurz danach sind diese Bauten offenbar abgebrochen worden.[51] In der Nähe dieser ehemaligen Quelle und ihrer Bauten steht heute am Rande des Parkplatzes nur noch ein Brunnentrog mit einem Pumpstengel.[52]

Nach bisherigen Erkenntnissen hat sich hier eine seit der Mitte des 13. Jahrhunderts bezeugte ältere Quelle befunden, die als Trinkwasserlieferant für das Kloster ausgesprochen wichtig war. Daher war sie wohl auch von Anfang an Bestandteil des inneren Klosterareals. Gespeist wurde sie von Grundwasser, das im Steilhang des alten Hochufers der Lindach austrat und das aus den nacheiszeitlichen Lauterkiesen stammt, auf denen auch das Stadtareal gründet. Wohl erst mit dem Absinken des Grundwasserspiegels in jüngeren Zeiten ist sie vermutlich trocken gefallen oder war unergiebig und wurde aufgegeben.

Mit der in der Urkunde von 1266 genannten und von dem Konvent erkauften Hofstatt kann nur das Areal des späteren Wirtschaftshofes unmittelbar östlich des Klosters gemeint sein (Abb. 1, Bereich B). Das Klosterareal selbst mit der darin liegenden Quelle und dem später dort immer wieder genannten Baumgarten wurde vermutlich bereits 1235 von dem Kirchheimer Stadtgründer Herzog Konrad (I.) von Teck (gest. zw. 1244 und 1249, wohl 1245) Kirchheimer Beginen für eine Klostergründung übereignet (Abb. 1, Bereich A).[53] Wie diese Beginenbewegung nach Kirchheim kam, ist noch nicht hinreichend geklärt. Möglich ist ein Zusammenhang bzw. Einfluss über den Bruder des Kirchheimer Stadtgründers, Herzog Bertold von Teck, der von 1223 bis 1244 Bischof in Straßburg war, einem Zentrum der Beginenbewegung.[54] Her-

49 MAYER: Frauenkloster (wie Anm. 4), S. 11 „Plan über die Kloster-Anlage, Nr. 7."

50 AMMER: Flurnamen (wie Anm. 15), S. 480 s. v. „Stegbrunnen".

51 In einem Katasterplan aus dem Jahr 1938 (zum Gebäude Alleenstraße 120/1) ist davon nichts mehr zu sehen.

52 Beides soll aus dem unmittelbar östlich gelegenen ehemaligen Gartenareal, dem späteren Dekanatsgarten, stammen (Nachricht von Winfried Müller, Kirchheim u. T.). Gespeist wird der Pumpbrunnen aus dem 1982 dort neu erbauten Regenüberlaufbecken. Bei dieser Baumaßnahme wurden die alten Befunde endgültig und unbeobachtet zerstört (Nachricht von Pfarrer i. R. Thilo Dinkel, Kirchheim u. T.).

53 GÖTZ: Stadtgeschichte (wie Anm. 7), S. 127; GÖTZ, Rolf: Die Herzöge von Teck – Herzöge ohne Herzogtum, in: Schriftenreihe des Stadtarchivs Kirchheim unter Teck, Stadt Kirchheim unter Teck (Hg.). Bd. 33, Kirchheim unter Teck, 2009, S. 20 Stammtafel 1 Nr. 5. Dort wird 1244/49 als Todeszeitraum genannt. Dies stützt sich darauf, dass von ihm nach 1244 keine Erwähnungen mehr bekannt sind und dass sein Sohn Ludwig (I.) ab 1249 als Herzog die Urkunden zeichnet. - In einer Klosterchronik des Kirchheimer Klosterhofmeisters aus den 1580er Jahren findet sich als Todesdatum Herzog Konrads das Jahr „1345", wohl ein Schreibfehler, statt 1245 (Rolf GÖTZ: Die älteste Urkunde des Kirchheimer Frauenklosters, in: Rainer KILIAN (Hg.), Schriftenreihe des Stadtarchivs Kirchheim unter Teck, Kirchheim unter Teck, Band 3 (1985), S. 9.

54 Zu den Beginen in Straßburg: Vortrag von Frau Prof. Dr. Sigrid HIRBODIAN: „Geistliche Frauen in württembergischen Städten" auf der Tagung „Württembergische Städte im späten Mittelalter – Herrschaft, Wirtschaft und Kultur im Vergleich" in Bietigheim-Bissingen, 22. November 2014.

zog Hermann von Teck hat in Straßburg auch den gotischen Umbau des durch einen Brand schwer beschädigten romanischen Münsters in die Wege geleitet.[55]

Wie bekannt haben die Kirchheimer Beginen erst 14 Jahre später, vier Jahre nach dem Tod von Herzog Konrad (I.) von Teck, unter seinem Sohn Herzog Ludwig (I.), 1249 die Klostergründung vollziehen können. Sie dürften vorher in einem anderen Areal nahe bei einer bereits bestehenden Kirche gewohnt haben, was für Beginen zu dieser Zeit eine absolut notwendige Voraussetzung war, da das eigentliche Klosterareal vor der offiziellen Klostergründung vermutlich noch nicht bebaut worden war und es dementsprechend dort vorher auch keine Kirche gab. Vieles spricht dafür, dass dies der Bereich um die bereits 1284 genannte Marienkirche in der Dettinger Vorstadt gewesen sein dürfte, wo das Frauenkloster auch über Besitz verfügte, darunter auch das sog. „Frauenhaus".[56] Die Marienkirche selbst wird vor ihrem Abriss unter Herzog Ulrich 1539 nochmals im Jahr 1492 genannt: „garten gelegen hinder unser frowen kirch, stosst an der stuckherin graben".[57] Dieser Themenkomplex kann hier jedoch nicht weiter ausgeführt werden und bleibt einer späteren Betrachtung vorbehalten. Erwähnt werden soll aber, dass es auch nach der Klostergründung am Ende des 13. Jahrhunderts in Kirchheim noch Beginen gegeben hat. Genannt wird eine Begine Mechthild, die ein Haus vor dem Lindacher (= Unterem) Tor beim Kloster besaß und dieses dem Kloster gestiftet hat (Abb. 1, bei Nr. 15).[58] Beginen legten kein Gelübde ab, lebten nicht in Klausur, waren jedoch im Umfeld der Klöster tätig, pflegten und versorgten Arme, Alte, Kranke und übernahmen die Bestattung der Toten.[59] Beginen sind auch in Owen nachweisbar, urkundlich genannt allerdings erst im frühen 15. Jahrhundert. Sie wohnten unmittelbar westlich der 1332 gestifteten Peterskirche nahe der Ortskirche, einer Marienkirche, eine wohl schon im 12. Jahrhundert erbaute Basilika mit zwei Seitenschiffen und zwei Chorseitentürmen.[60]

Der in der Urkunde von 1266 genannte Steg, sicher ein aus Holz errichteter Übergang über die Lindach, lag unmittelbar nördlich des Klosters im Bereich der Trasse der „uralten Landstraße", die offenbar durch den Klosterhof führte (Abb. 1 Nr. 6 und 7).[61] Hier handelte es sich um eine bereits aus vorstädtischen Zeiten stammende, wichtige Nord-Süd Verbindung, die über die frühere „Sulpacher Steige" an Wellingen (bei Notzingen) vorbei nach Roßwälden, Sulpach und Ebersbach an die Fils führte.[62]In Roßwälden, Sulpach und Weiler verfügte das Frauenkloster über umfangreichen Besitz. Die Gemeinde Roßwälden musste entgegen ihrem

55 Götz: Herzöge ohne Herzogtum (wie Anm. 53), S. 16f.

56 Götz: Vergessene Kirchen (wie Anm. 12), S. 43; Rolf Götz: Stadtgeschichte (wie Anm. 7), S. 200f.

57 Ammer: Flurnamen (wie Anm. 15), S. 208 Nr. 505 (Stuckerin Graben); Götz: Vergessene Kirchen (wie Anm. 12), S. 37, 43–46, Anm. 19.

58 Urkundenbuch der Stadt Esslingen I , S. 105, Urkunde Nr. 256 vom 31. Aug. 1293 (Kopie im Nachlass von Rolf Götz, StadtA Ki N 71 Bü 19)

59 PDF-Ausdruck der Wandtexte zur Ausstellung: Krone und Schleier. Kunst aus mittelalterlichen Frauenklöstern; Kunst- und Ausstellungshalle der Bundesrepublik Deutschland: Die Zeit der Orden 1200–1500. Katalog: Frings, Jutta (Hg.): Titel wie Ausstellung, München 2005.

60 Götz: Vergessene Kirchen (wie Anm. 12), S. 57–60; Rainer Laskowski, Frühe Kirchen im Vorland der Kirchheimer Alb, in: Landesamt für Denkmalpflege im Regierungspräsidium Stuttgart (Hg.), Kirchheim unter Teck um 1000 n. Chr. – Geschichte und Archäologie, Stuttgart 2011, S. 45–49 (= Archäologische Informationen aus Baden-Württemberg, Heft 62).

61 Götz: Nennung (wie Anm. 7), S. 182. Er lokalisiert den „Stegbronnen" weiter östlich im Bereich des 1699 als „Schafsteg" genannten Übergangs über die Lindach an der heutigen Schlierbacher Straße südlich vom Hotel Fuchsen. Dieser Steg ist aber sicher erst 1306 in Zusammenhang mit der Verlegung der uralten Landstraße und dem Bau der neuen Landstraße –einem Teilstück der heutigen Schlierbacher Straße – entstanden.

62 Ernst Ammer: Flurnamen (wie Anm. 15), S. 28 Nr. 14 s. v. „Aucrbacher Steige". In Roßwälden verfügte das Kloster über einen umfangreichen Grundbesitz.

Einspruch 1477 akzeptieren, Getreide zumindest teilweise noch in der Klostermühle in Kirchheim mahlen zu lassen.[63] Diese Straßenverbindung scheint dann aber in nachklösterlicher Zeit an Bedeutung verloren zu haben, worauf die jüngere Bezeichnung „Auerbacher Steige" hinweist. Wichtig war auch die westlich benachbarte Notzinger Steige, die über Notzingen und Hochdorf in Richtung Reichenbach an die Fils, führte (Abb. 1, Nr. 8).[64] Beide Straßen trafen sich wohl noch jenseits des Steges im Bereich der Lindachaue und querten die Lindach dann unmittelbar nördlich des Wirtschaftshofes des Klosters (Abb. 2, wohl im Bereich bei Nr. 20).

Ein Jahr später haben die Nonnen dann auch das östlich an den Klosterhof anschließende Areal erworben, zwei Tagewerk Gras- und Krautgarten (Abb. 1, Bereich 1).[65] Berichte in den Klosterlagerbüchern sprechen immer wieder davon, dass diese „uralte Landstraße" den Klosterbetrieb störte.[66] Sie lassen den Schluss zu, dass sie mitten durch den Klosterhof führte. Wahrscheinlich hat diese Straße das beschauliche Leben im Kloster nebenan zu stark beeinträchtigt. Die genaue Straßenführung ist jedoch noch nicht bekannt. Sie soll aber in gerader Linie zum „Jesinger Tor", dem östlichen Stadttor, geführt haben. Dieses Problem wurde dann in einem Vertrag mit der Stadt Kirchheim durch einen Grundstückstausch im Jahre 1306 gelöst. Die „uralte Landstraße" wurde ein Stück weiter nach Osten verlegt und entspricht der heutigen Schlierbacher Straße (Abb. 1 Nr. 12).[67]

Die von den Nonnen gewünschte Beschließung des Klosterareals ist demnach erst kurz nach Beginn des 14. Jahrhunderts möglich gewesen und dann wohl auch erfolgt. Ob dies überall aber durch eine Mauer geschah, ist bisher nicht näher bekannt. Die neu erbaute „freie Landstraße" hatte Anschluss an die alte Nord-Süd Verbindung, die über die heutige Teckstraße in Richtung „Lenninger Tal" weiterführte. Zudem querte sie vor dem „Jesinger Tor" eine ebenfalls wichtige, alte Ost-West Verbindung, die vom Neckar bei Wendlingen kommend durch das untere Lautertal führte, die Innenstadt von Kirchheim unter Teck im Bereich der heutigen Max-Eyth-Straße querte und dann entlang der Klosterstraße über Jesingen und Weilheim weiter auf die Albhochfläche und von dort weiter nach Süden bzw. Südosten verlief.[68] Das Kloster lag demnach auch an einem wichtigen Verkehrsknotenpunkt.

Die Bauten im inneren und äußeren Klosterareal

Durch die Auswertung verschiedener Quellen, darunter auch der Chronik der Magdalena Kremerin, können jetzt erstmals verlässlichere Angaben zu einzelnen Baulichkeiten des Klosters gemacht werden. Dazu tragen auch die im Jahre 2001 bei der Wegesanierung der Finanzamtszufahrten gemachten archäologischen Funde und Befunde bei, sowie überraschenderweise auch neue Beobachtungen an und unter noch bestehenden jüngeren Bauten. Dadurch können die Lage und auch einige Ausstattungsdetails wichtiger, nicht mehr vorhandener Baulichkei-

63 ECKER: Kloster Kirchheim (wie Anm. 6), S. 67, 70f.
64 AMMER: Flurnamen (wie Anm. 15), S. 149 Nr. 330 s. v. „Notzinger Steige". Diese Steige wird erstmals 1444 genannt.
65 Kaufbrief von 1267, abgeschrieben im Klosterlagerbuch von 1699 (Klosterlagerbuch H 102/36 Nr. 20 1699; HStAS).
66 MAYER: Frauenkloster (wie Anm. 4), S. 10 und Götz: Stadtgeschichte (wie Anm. 7) S. 183.
67 GÖTZ: Stadtgeschichte (wie Anm. 7), S. 182f.
68 Abb. 1, Stelle Nr. 22.

ten im inneren Klosterareal näher bestimmt werden. Dabei gilt es zu bedenken, dass jedoch noch viele aussagekräftige Funde und Befunde im Boden des Klosterareals vorhanden sind, die künftig diese Kenntnisse deutlich erweitern und präzisieren könnten.

Besonders wichtig ist, dass in der Chronik der Kirchheimer Nonne Magdalena Kremerin ein Kreuzgang erwähnt wird, der den inneren Bereich der Vierflügelanlage einnimmt (Abb. 2, Nr. 1).[69] Damit kann für das Kloster eine „Vierflügelanlage“ angenommen werden (Abb. 2, Gebäude A, B, C, D).[70] Die dazu gehörende Kirche (Abb. 2, A) mit Chor und angebauter Sakristei (Abb. 2, E) wird ebenfalls mehrfach genannt. Gleiches gilt für das Dormitorium (Abb. 2, wohl B oder D) und das Refektorium (Abb. 2, C), sowie ein Bad- und Siechenhaus (Abb. 2, N), das nahe am großen Tor lag. Auch ein „Herrenhaus mit Blick auf die Kirche“ wird erwähnt, wohl ein stattlicher Bau, dessen genaue Lage aber unbestimmt bleibt.[71] Aus dem Bereich des östlich anschließenden Wirtschaftshofes sind kleinere und größere Ökonomie- und Wohngebäude bekannt, die sich derzeit aber noch nicht alle lokalisieren lassen, darunter mehrere Scheunen mit Tennen und Kornschütten (z. B. Abb. 2, Gebäude K) sowie Viehhäuser mit Ställen, Heuhäuser, eine Kelter (Abb. 2, O), eine Pfisterei (Bäckerei; Abb. 2, J), ein Gästehaus mit Pferdestall und Wagenhütte (Abb. 2, U, später R), daran zwei Hundsställe und eine Hundsküche (Abb. 2, U1, U2), sowie das Maier- und Kastenunterpflegerhaus (Abb. 2, V) und das sog. Mönchshaus (Abb. 2, W, später Z) und zuletzt die wohl jüngste der Klostermühlen am unteren Mühlkanal beim Freihof, ein Stück westlich vom Kloster (Abb. 1, Nr. 22).[72]

Die Vierflügelanlage des Klosters

Die Vierflügelanlage bestand üblicherweise aus vier miteinander verbundenen stattlichen Gebäuden: der Klosterkirche, dem Kapitelhaus, dem Dormitorium, dem Refektorium sowie dem Kreuzgang im Innern der Anlage. Arkadengänge umrahmten einen Hof, den sog. Kreuzhof, in dessen Mitte sich zumeist ein Brunnen befand. Arkadengänge und Hof waren als Durchgangs- und Verbindungsorte zwischen den zentralen Klosterbauten gedacht. Die Flügelbauten im Osten und Westen waren Nord-Süd ausgerichtet, die im Norden und Süden Ost-West. Die Klosterkirche befand sich in der Regel im Nordflügel, sodass der Kreuzgang nach Süden ausgerichtet war.

Hier befand sich auch die Klausur der Nonnen. Dazu gehörte das Dormitorium (der Schlafsaal) bzw. später der Zellengang mit den nebeneinander angeordneten Zellen der Nonnen. Dieses befand sich in der Regel im Obergeschoss des Ostflügels, der Kapitelsaal (der Versammlungs- und Leseraum) in seinem Erdgeschoss. Das Refektorium (der Speisesaal), lag oft der Kirche gegenüber. Zur Klausur gehörte auch der Kreuzgang mit dem Kreuzhof und in der Klosterkirche die nur den Nonnen zugängliche Nonnenempore im westlichen Langhaus, die

69 Sattler: Chronik (wie Anm. 35), S. 221, S. 239

70 Laskowski, Götz: Rekonstruktion Dominikanerinnenkloster (wie Anm. 9), S. 299; Sattler: Chronik (wie Anm. 35), S. 239.

71 Sattler: Chronik (wie Anm. 35), S. 202.

72 Mayer: Frauenkloster (wie Anm. 4), S. 12f.; Götz: Stadtgeschichte (wie Anm. 7), S. 184, 233; Reichelt, Stadtgeschichte (wie Anm. 44), S. 468f. Mühlenplan Nr. 12; Otto Lau: Die Mühlen und Wasserwerke der Stadt Kirchheim unter Teck – Eine wirtschaftsgeschichtliche Studie von Oberstudienrat i. R. Otto Lau, Kirchheim unter Teck, 1965, S. 40.

sog. „innere Kirche". Wo genau diese Räumlichkeiten alle lagen und wie sie ausgestaltet waren, ist derzeit noch weitgehend unerforscht. Dies gilt auch für die meisten der übrigen Klosterbauten. Hinweise dazu sind in unterschiedlichen Quellen zu finden: vereinzelt nur im reichen Urkundenbestand, zahlreich jedoch in den verschiedenen Lagerbüchern und in chronikalischen Zusammenstellungen und diversen Berichten, auch über besondere Ereignisse, vor allem aber in der Chronik der Kirchheimer Nonne Magdalena Kremerin. Bodenfunde, wie zum Beispiel bei der Tiefkanalisation in der Alleenstraße im Jahr 1980 und beim Wegeausbau im Klosterareal vor den heutigen Finanzamtsgebäuden im Jahre 2001, tragen ebenfalls zur genaueren Kenntnis der Klosteranlage bei.[73]

Die Häuser der Schwestern sollten gemäß einer Vorschrift aus der Mitte des 13. Jahrhunderts einfach sein, ohne überflüssigen und übermäßigen Aufwand gestaltet. Vor allem war darauf zu achten, dass die Mauern um die Klausur hoch und sicher sind. Es soll auch nur eine sichere und gute Tür geben, die mit zwei oder mehr Schlüsseln verschlossen wird. Mit einem für innen und einem für außen. Der für draußen soll nach Maßgabe der Priorin und des Konvents verwaltet werden. An einer bestimmten Stelle der Mauer soll es eine Vorrichtung geben, die man Rota (= Rad, Drehläden) nennt, durch die Notwendiges herausgereicht bzw. empfangen werden kann. Sie soll aber so beschaffen sein, dass die Gebenden und die Empfangenden einander nicht sehen können. Die Rota soll eine Tür aus gutem Holz haben, die mit Nägeln kunstvoll gesichert wird. So steht es 1259 jedenfalls in den „Constitutiones Monialium Sacri Ordinis Praedicatorum".[74] Ein solches Rad ist auch für das Kirchheimer Frauenkloster in der Chronik der Magdalena Kremerin mehrfach erwähnt, sein genauer Ort aber unbekannt.[75] Vermutlich hat es sich im südöstlichen Bereich des Ostflügels unweit des Chores und der Sakristei (Abb. 2, E) befunden.

Der Westflügel

Im Obergeschoss des Westflügels (Abb. 2, B) der Vierflügelanlage, von der keinerlei Spuren mehr obertägig vorhanden sind, befand sich möglicherweise das Dormitorium und nicht, wie sonst üblich, im Ostflügel. Dies kann angenommen werden, weil sich im Westen der Klosterkirche die Nonnenempore befunden hat (Abb. 2, A). Diese ist vom Obergeschoss des Westflügels aus einfacher und schneller zu erreichen als vom Ostflügel aus. Abweichend von den sonst üblichen Klosteranlagen dürfte der Westflügel auch der eigentliche Konventbau gewesen sein, in dessen Erdgeschoss sich der Kapitelsaal, der Versammlungsraum der Nonnen, befand. Da sich in diesem Bauwerk die wichtigsten Räume für das Klosterleben befanden, wurde es meist unmittelbar nach der Fertigstellung der Kirche errichtet. [76]

Nach dem Abbruch des Nord- und Westflügels sowie der Klosterkirche 1539 ist das Dormitorium in den danach nur noch bestehenden Ostflügel verlegt worden, der dann Konventbau

73 LASKOWSKI, GROSS: Stadtarchäologie (wie Anm. 8).
74 Constitutiones Monialium Sacri Ordinis Praedicatorum: Ex exemplari codicis Rhuthenensis 1[1] in archivo generali ordinis Romae asservato (1259), Nr. 28. Über die Gebäude.
75 SATTLER: Chronik (wie Anm. 35), S. 184, 220, 228, 231.
76 GÖTZ: Stadtgeschichte (wie Anm. 7), S. 180; Sattler: Chronik (wie Anm. 35), S. 230, 242.

genannt wurde.[77] Bei den Bauarbeiten in der Wegetrasse wurden im Oberboden aus dem Bereich des Westflügels viele Bruchstücke eines Ziegelestrichbodens beobachtet. Wahrscheinlich stammten diese aus einem Raum im Erdgeschoss unter dem dort angenommen Dormitorium. Denkbar ist aber auch, dass sie aus dem Bereich des Kreuzganges stammen könnten. Dies konnte nicht sicher entschieden werden, da das Bodenniveau beider Baulichkeiten nicht erreicht wurde. Der Bodeneingriff betrug hier, wie auf der ganzen Untersuchungsfläche, lediglich nur ca. 0,6 m.

Der Nordflügel

Vom Dormitorium aus konnte man üblicherweise in das Refektorium, den Speisesaal, hinab steigen, der sich zumeist gegenüber der Kirche befand, im Kirchheimer Frauenkloster also im Nordflügel (Abb. 2, C). Darauf weisen auch einzelne Keramikfunde aus diesem Bereich hin, Fragmente von Kochgeschirr, die 2001 dort geborgen werden konnten. Der Nordflügel lag nur unweit südlich der Klostermauer an der Lindach, westlich vom großen Tor, das vom Wirtschaftshof aus in das Innere der Klosteranlage führte. Im Bereich der Wegetrasse vor den beiden Finanzamtsgebäuden (Alleenstraße 120 und 120/1) wurden bei deren Sanierung an mehreren Stellen Mauerreste angetroffen, die vom Nordflügel der Vierflügelanlage stammten. Von dieser konnten allerdings nur spärliche Reste beobachtet werden, da die dort in Ost-West Richtung verlaufende Kanalisation von 1948 wesentliche Bereiche unbeobachtet zerstört hatte.[78] Unmittelbar westlich vor der Nordwestecke des evangelischen Gemeindehauses und der Südwestecke des Hauptgebäudes des Finanzamtes konnten Mauerreste beobachtet und dokumentiert werden, die jeweils noch ein weiteres Stück in Nord-Süd Richtung verliefen und somit die Nordost- und Nordwestecke der Vierflügelanlage belegen (Abb. 3, bei Nr. 15 u. 16). Sie erlauben die exakte Bestimmung der Orientierung und damit die genaue Lage der Vierflügelanlage. Zudem geben sie ausreichend Anhaltspunkte zur Bestimmung der ungefähren Größe der Anlage. Der Nordflügel hatte demnach einschließlich der beiden Ecksituationen eine Länge von ziemlich genau 50 m. Die Nord-Süd Ausrichtung der ehemaligen Vierflügelanlage ist durch das heutige evangelische Gemeindehaus – die ehemalige große Scheuer der Klosterhofmeisterei – gegeben, da diese parallel an den damals noch bestehenden Ostflügel des Klosters angebaut wurde (Abb. 2, Stelle T).[79] Der Nordflügel verlief dazu – wie erwartet – exakt im rechten Winkel. Es zeigte sich dann aber, dass die Nordwestecke des Nordflügels sich mit der Südwestecke des Hauptgebäudes des Finanzamtes überschneidet. Dies lässt den Schluss zu, dass dieses Gebäude zumindest in der heutigen Größe erst nach 1539 – dem wahrscheinlichen Datum des Abriss des Nordflügels des Klosters – erstellt worden ist.

Es ist überliefert, dass in den Dachgeschossen des Nordflügels zwei Kornböden (auch „Kornschütten“ oder „Kornkästen“) vorhanden waren. Im Erdgeschoss seines Ostteiles stand in der zweiten Hälfte des 15. Jahrhunderts vermutlich ein großer, repräsentativer Kachelofen, von dem vor der Nordwestecke des Gemeindehauses eine größere Anzahl von Fragmenten

77 Götz: Stadtgeschichte (wie Anm. 7), S. 181.

78 Die Kanalisation wurde lt. Auskunft des Kanalkatasters der Stadt Kirchheim 1948 erbaut. Keine Fundmeldungen bekannt.

79 Götz: Stadtgeschichte (wie Anm. 7), S. 298. Als Erbauungsdatum wird 1584 angegeben.

gefunden wurde. Daher kann sein Aussehen weitgehend rekonstruiert werden (Abb. 15). In der Chronik der Magdalena Kremerin wird berichtet, dass im Refektorium ein Ofen stand, der während der dritten Hungerblockade im Winter 1487/88 auch zum Brotbacken verwendet wurde.[80]

Es handelte sich um einen Ofen in spätgotischem Stil, der aus der zweiten Hälfte des 15. Jahrhunderts stammt und zu einem weit verbreiteten Typus gehört, wie er vor allem aus Lindau und Ravensburg in vollständigen Exemplaren bekannt ist, aber auch aus vielen anderen Städten Europas. Ein früh datierbares Fragment aus einer Baseler Töpferwerkstatt lässt die Vermutung zu, dass dieser Typus von dort seinen Ausgang genommen haben könnte.[81] Bedeutende Werkstätten für die Herstellung dieser Öfen werden auch im Bodenseeraum vermutet. Weiterhin kamen Fragmente eines zweiten, deutlich einfacheren Kachelofens zu Tage, wie man ihn auch im Kloster Mariental in Steinheim an der Murr nachgewiesen hat (Abb. 16, 16A, 16B, 17). Nicht nur diese Funde zeigen, dass im Kirchheimer Frauenkloster in der zweiten Hälfte des 16. Jahrhunderts das Ausstattungsniveau recht hoch war.

Im Bereich des Nordflügels konnten zudem auch eine größere Anzahl keramischer Scherben sowie weitere Fragmente von Ofenkacheln, sog. grün glasierte Schüsselkacheln, geborgen werden, aber auch Glasreste, behauene Steine und vereinzelt Metallreste aus Bronze. Ein auffälliges Fundstück ist der kräftige Griff einer weißtonigen Bügelkanne mit einem auf der Oberfläche eingravierten Mäander (?) und roter strich- bzw. gitterartiger Bemalung. (Abb. 11A, 11B). Das Fragment gehört zur Gruppe der sog. „rotbemalten Schwäbischen Feinware", die aus Buoch im Remstal stammt und die vom frühen 13. bis ins frühe 15. Jahrhundert verbreitet ist. Vereinzelt gefundene Fragmente dieser Ware und bisher nur drei Randstücke von Töpfen scheinen möglicherweise noch der ersten Hälfte des 13. Jahrhunderts anzugehören. Die restlichen bisher geborgenen keramischen Fundstücke datieren jedoch erst ab der zweiten Hälfte des 13. Jahrhunderts.[82] Damit scheint sich zu bestätigen, dass im Klosterareal mit keiner älteren Bebauung zu rechnen ist und die Aufsiedlung dieses Areals erst mit dem Bau des Klosters ab der Mitte des 13. Jahrhunderts beginnt.

Im Bereich des Nordflügels wurden auch Fragmente von Bodenfliesen gefunden, die auf eine reiche Ausstattung der Böden des Klosters mit verzierten Tonfliesen schließen lassen. Die zumeist kleinen Fragmente können mit einer gewissen Wahrscheinlichkeit auf Grund des Fundortes wohl dem Refektorium zugeordnet werden. Auch hier wurde das Bodenniveau dieses Raumes nicht erreicht, bzw. war dieses bereits teilweise durch die Kanalisation von 1948 unbeobachtet zerstört worden. Durch Vergleiche mit gut erhaltenen Fliesen anderer Fundorte konnten zwei Muster ganz, eines jedoch nur teilweise, rekonstruiert und die Bodenmusterung dargestellt werden. Der älteste Fliesenboden zeigt ein Pflanzenmotiv mit offener Blüte in der Mitte (Abb. 7). Vergleichbare Muster wurden bisher nur in der Bernhardskapelle in Owen[83] und

80 GÖTZ: Stadtgeschichte (wie Anm. 7), S. 190. Sattler: Chronik (wie Anm. 35), S. 221.

81 Rosemarie FRANZ: Der Kachelofen – Entstehung und kunstgeschichtliche Entwicklung vom Mittelalter bis zum Ausgang des Klassizismus, Graz- Austria 1981, S. 49f., Abb. 93, 94 (zweite verbesserte Auflage).

82 Für die Durchsicht und Bestimmung der Funde danke ich Herrn Dr. Uwe Gross vom Landesamt für Denkmalpflege in Esslingen.

83 Funde noch nicht publiziert. Ein Fragment im Archiv der Stadt Owen. Zeichnungen weiterer Fragmente in: Cramer, Bauuntersuchung der Peterskirche in Owen, um 1985, Abb. 8. Hier handelt es sich um die früher irrtümlich als Peterskapelle bezeichnete Bernhardskapelle in der Ortsmitte der Altstadt von Owen. Rolf GÖTZ: Vergessene Kapellen (wie Anm. 12), S. 61f (Das Patrozinium der Kapelle am Markt).

auf Burg Helfenstein bei Geislingen gefunden.[84] Er datiert in die Zeit um 1400. Ein jüngerer Fliesenboden zeigt ein geometrisches, renaissancezeitliches Muster, in einem Zick-Zack-Band ein stilisiertes Lilienband, dazwischen einen Rautenstern mit Margaritenblüte. Dieser datiert in die Zeit um 1500 und dürfte die Erneuerung eines älteren Fußbodens anzeigen (Abb. 7 B). Dieses Bodenmuster ist bisher nur vom Kirchheimer Frauenkloster und aus Owen bekannt.[85]

Der Ostflügel

Der Ostflügel (Abb. 2, Bereich D) des Klosters, der als einziger vom Abriss der Vierflügelanlage im Jahre 1539 verschont geblieben war, war nach einer Beschreibung von 1583 eine „lange, wohlerbaute Behausung mit zwei Kornkästen übereinander", das "Konventshaus" genannt. Darunter befand sich ein großer Gewölbekeller, der ehemalige Weinkeller des Klosters, denn es ist überliefert, dass sich ein aufständischer Bauer aus Schlattstall 1525 dort ausgiebig bediente.[86] Der Kellerzugang dürfte an der Ostseite des Gebäudes gelegen haben. Der davorliegende Bereich bis zur Klostermauer, den ab 1584 der große Verwaltungsfruchtkasten eingenommen hat, kann vorher durchaus als „Innerer Klosterhof" bezeichnet werden. Ab 1584 grenzte dieser direkt an den östlich davor gelegenen Ostflügel des Klosters. Die Dachtraufen beider Gebäude sollen sich fast berührt haben (Abb. 2, D und T).[87] Dieser letzte Flügel des Klosters wurde 1574 noch als „Closter" und 1583 als „Konventhaus" bezeichnet, obwohl das Kloster formell bereits 1664/65 aufgelöst und die letzte noch im Kloster verbliebene Nonne 1579 verstorben war.[88] Wohl nach dem Tod der letzten Nonne befand sich in diesem Haus, ab 1583 nachweisbar, die Wohnung des Klosterhofmeisters und auch das Klosterarchiv, das zusammen mit dem Gebäude beim großen Klosterbrand 1626 nicht gerettet werden konnte und größtenteils verbrannte. [89]

Die Klosterkirche

Angaben in der Klosterchronik weisen eindeutig darauf hin, dass im Kirchheimer Frauenkloster die Klosterkirche – abweichend von der üblichen Anordnung – den Südflügel der Klosteranlage bildete und damit parallel vor dem östlichen Stadtgraben unweit des „Unteren- oder Lindach-Tor" lag. Bei der Belagerung des Klosters durch Herzog Eberhard der Jüngere im Jahre 1488 werden einmal „Wächter beim Chor auf dem Graben" genannt.[90] Hier ist ohne Zweifel

84 Eleonore Landgraf: Ornamentierte Bodenfliesen des Mittelalters in Süd- und Westdeutschland 1150–1550, in: Forschungen und Berichte der Archäologie des Mittelalters in Baden-Württemberg, Bd. 14/2, Stuttgart 1993, S. 517 P 48 Geislingen (Musterkatalog) und Bd. 14/3, S. 91 (Fundortkatalog).

85 Landgraf: Bodenfliesen (wie Anm. 84), Bd. 14/2, S. 654, S. 660 X 20, WLM-Stuttgart ohne Fundort; Owen, Rathausgasse 10, komplette Fliese (secundärer Fundort - Wiederverwendung), Sammlung der Stadt Owen.

86 Götz: Stadtgeschichte (wie Anm. 7), S. 250.

87 Götz: Stadtgeschichte (wie Anm. 7), S. 182.

88 Götz: Stadtgeschichte (wie Anm. 7), S. 181, 297. Nonnen haben auf dem Areal des ehemaligen Klosters noch bis zum Tod der letzten Priorin Anna von Schilling 1579 gewohnt.

89 Götz: Stadtgeschichte (wie Anm. 7), S. 181.

90 Sattler: Chronik (wie Anm. 35), S. 205.

der östlich vom Unteren Tor gelegene Stadtgraben gemeint. Damit ist zugleich auch ein Hinweis gegeben, dass die Klosterkirche einen Chor hatte. Dieser wird in der Klosterchronik mehrfach erwähnt.[91] Der Grund für die Abweichung in der Topografie liegt höchstwahrscheinlich darin, dass – wie weiter oben bereits ausgeführt – das Klosterareal in einem stark hochwassergefährdeten Gebiet lag. Da war es durchaus angebracht, das wichtigste Bauwerk des Klosters nicht am nördlich gelegenen tiefsten Punkt vor der Lindach zu platzieren, sondern möglichst weit entfernt davon, in diesem Fall in dem zum Stadtgraben hin aufsteigenden Gelände.

Zu welchem Zeitpunkt die Klosterkirche erbaut wurde, ist nicht bekannt. Dies lässt sich aber aus der Gründungsgeschichte des Klosters in etwa erschließen. Sie muss spätestens um die Mitte des 13. Jahrhunderts unmittelbar nach der Klostergründung errichtet worden sein, denn dies war bei Klosterneubauten üblich. Erbaut wurde sie wohl in spätromanischem Stil. Angeblich soll die Klosterkirche schon im Jahre 1373 durch ein Gewitter „so sehr beschädigt worden sein, dass die Nonnen einen Kaplan ausschickten, um eine Brandsteuer zu sammeln".[92]

Im westlichen Langhaus der Kirche gab es eine Empore, den sogenannten „Nonnenchor", auf dem die Nonnen infolge der strengen Klausurvorschriften die Messe nur hören, aber nicht sehen konnten. Dieser war durch eine Sichtschranke abgeschlossen und somit war der Hauptaltar von der Empore aus auch nicht zu sehen. Auf dem Nonnenchor fanden zudem die Stundengebete statt. In der Kirche gab es später auch einen lettnerartigen Vorbau an der Empore, auf den der Priester hinaufschreiten konnte, um den Nonnen die Mundkommunion zu reichen. Vielleicht war dort nach der Verschärfung der Klausurvorschriften aber eine Drehlade, eine sog. Rota, eingerichtet worden, durch welche die Kommunion durchgereicht werden konnte. Dass es solch einen Lettner im späten 15. Jahrhundert im Chor gab, überliefert eine Notiz in der Chronik der Magdalena Kremerin. Barbara Gonzaga von Mantua machte bei ihrem Besuch im Kloster an Ostern 1488 „vor dem letner mitten im Chor uff derselben brucken" ihre „Venien", d. h. Bußübungen.[93] Im Chor gab es offenbar auch erwähnenswerte, möglicherweise farbige, Glasfenster.[94]

An die Kirche schloss sich eine Sakristei an.[95] Unklar war jedoch, ob diese nördlich an den Chor der Kirche angebaut oder aber ein Teil des Ostflügels war. In der Sakristei hatte neben den Klerikern von Seiten der Nonnen nur die Küsterin Zugang, die dort auch mit der Außenwelt über ein „Rad" kommunizieren konnte.[96] Daher befand sich die Sakristei wohl innerhalb der Klausur. Ein Kusterrad wird in der Chronik der Magdalena Kremer mehrfach erwähnt.[97] Mauerstrukturen eines Gebäudes, die auf Bodenradarbildern in diesem Bereich festgestellt wurden, könnten andeuten, dass sich die Sakristei unmittelbar nördlich des Chores im Bereich des Kreuzganges befunden hat.[98]

91 SATTLER: Chronik (wie Anm. 35), S. 187 (Chorfenster), 229 (Chor mit Chorfenster); S. 238 (inneres Tor beim Chor).

92 MOSER: Oberamt Kirchheim (wie Anm. 37), S. 134. Die hier stehende Bemerkung, die Klosterkirche sei bei dem Brand von 1626 ebenfalls untergegangen, ist nicht zutreffend. Diese ist bereits 1539 beim Ausbau zur Landesfestung abgerissen worden.

93 GÖTZ: Stadtgeschichte (wie Anm. 7), S. 191; Sattler: Chronik (wie Anm. 36), S. 280.

94 SATTLER: Chronik (wie Anm. 35), S. 187, 229.

95 SATTLER: Chronik (wie Anm. 35), S. 203.

96 SATTLER: Chronik (wie Anm. 35), S. 179.

97 Beim „Rad" handelte sich in der Regel um eine drehbare Holztonne mit trennender Zwischenwand, so wie sie z. B. im Kloster Kirchberg bei Horb noch erhalten ist. Sattler: Chonik, S. 187, 191, 202, 222.

98 Diese Bodenradar-Untersuchung aus dem Jahre 2005 im Bereich des Südflügels und seiner Südostecke wird Herrn Physik-Professor Dr. Erhard Wielandt aus Kirchheim unter Teck verdankt. Eine neue Auswertung der Daten, die diese

Die Klosterkirche diente den Herzögen von Teck offenbar als Grablege. Der Hofhistoriograph Kaiser Maximilians, Jakob Mennel (gest. 1526), hat um 1507/10 die Grablegen der Herzöge von Teck in Kirchheim besucht.[99] Er nennt Grablegen von fünf Herzögen von Teck in Kirchheim, dazu die ihrer Ehefrauen und Kinder, darunter die Grablege des Klostergründers Herzog Ludwig der Älteren (gest. 24.12. 1283) und seines Sohnes Ludwig der Jüngeren (gest. 1280/82), nicht aber die seines Vaters, des Kirchheimer Stadtgründers und Klosterstifters Herzog Konrad (gest. wohl 1245). Es fällt zudem auf, dass er die Klosterkirche, im Gegensatz zu den Grablegen an anderen Orten mit teckischer Geschichte, nicht dezidiert nennt. Man kann nur annehmen, dass er diese gemeint hat. Der Kirchheimer Obervogt Hans von Remchingen berichtet 1551 nach Stuttgart, dass in der 1539 abgebrochenen Klosterkirche in der teckischen Gruft zwei Herzöge und „zwei frowlin [.....] so closterfrauen gewest" begraben gewesen seien.[100] Bei den beiden Klosterfrauen handelt es sich um die beiden Herzoginnen Berta und Agnes von Teck, wohl Töchter des Kirchheimer Stadtgründers Herzog Konrad.[101] Spätere Überlieferungen sprechen immer wieder von den beiden herzoglichen Klosterfrauen. Auch die Chronik der Magdalena Kremerin überliefert eine Episode zu den beiden Herzoginnen, die im Kloster sogar Schüsseln gespült hätten. Erst Andreas Rüttel d. J. (gest. 1587), Hofregistrator Herzog Ludwigs von Württemberg, berichtet in seinem Landbuch von 1574/75, das er aus chronikalischen Aufzeichnungen des Klosters zusammengestellt hat, dass auch der Kirchheimer Stadtgründer Herzog Konrad von Teck im Chor der Klosterkirche begraben liege.[102] Entsprechend der Überlieferungsgeschichte kann aber nicht ausgeschlossen werden, dass es sich hier um eine nachträgliche Zuordnung handelt, da Herzog Konrad als Klostergründer auch später noch immer in hohem Ansehen stand. Nach der Gründungsgeschichte kann er jedoch, streng genommen, nur als Klosterstifter gelten. Klostergründer war ja, wie bekannt, erst sein Sohn Ludwig entsprechend der Urkunde vom 4. März 1249.[103] Ob es sich hier wirklich um eine seriöse Überlieferung oder nur um ein Wunschdenken handelt, muss bezweifelt werden, denn bei seinem Tode vermutlich im Jahr 1245 hat die Klosterkirche wohl noch nicht bestanden. Es ist möglicherweise davon auszugehen, dass er in der Pfarrkirche St. Martin bestattet worden ist.

In der Klosterkirche wurden aber offensichtlich auch Niederadlige bestattet. Es ist überliefert, dass Ritter Kraft von Lichteneck, letzter Adelsherr des Geschlechtes derer „von Lichteneck" in Diensten der Grafen von Württemberg und seit 1435 Inhaber der herzoglichen Wasserburg beim Kirchheimer Schloss als „Burglehen gen Teck", 1469 starb und mit Schild und Helm in der Kirche des Frauenklosters bestattet wurde.[104] Zu diesem Zeitpunkt hatte ein Mitglied der Adelsfamilie, Magdalena von Lichteneck, das Priorat im Frauenkloster inne.[105].

Mauerstruktur sichtbar machten, führte Herr Dr. Arno Patzelt von der Firma Terrana Geophysik in Mössingen 2013 durch. Die Unterlagen dazu befinden sich im Archiv der lokalen archäologischen Bodendenkmalpflege im Städtischen Museum im Kornhaus.

99 Götz: Wege und Irrwege frühneuzeitlicher Historiographie, Genealogisches Sammeln zu einer Stammfolge der Herzöge von Teck im 16. Und 17. Jahrhundert in: Sönke Lorenz, Volker Schäfer und Wilfried Setzler (Hgg.), Tübinger Bausteine zur Landesgeschichte, Band 8, 2007, S. 33, 35, 40.

100 Götz: Wege und Irrwege (wie Anm. 99), S. 32.

101 Götz: Herzöge ohne Herzogtum (wie Anm. 53), S. 18, 20 (Stammtafel I)

102 Götz: Wege und Irrwege (wie Anm. 99), S. 110.

103 Ecker: Kloster Kirchheim (wie Anm. 6), S. 203 Nr. 6.

104 Götz: Stadtgeschichte (wie Anm. 7), S. 220f.; Christoph Bizer, Rolf Götz: Die Thietpoldisburch und die Burgen der Kirchheimer Alb – Neue Methoden und Ergebnisse der Burgenforschung, Kirchheim unter Teck 2004, S. 146 (Die Adelsfamilie von Lichteneck).

105 Götz: Stadtgeschichte (wie Anm. 7), S. 177 (Liste der Priorinnen des Frauenklosters).

Am 30. Mai 1503 wurde im Chor auch die erste württembergische Herzogin, Barbara Gonzaga von Mantua, beigesetzt.[106]

In Zusammenhang mit dem Abriss der Klosterkirche 1539 ist überliefert, dass alle Gräber im Chor geleert und die Skelette umgebettet wurden. Wohin, wurde nicht überliefert. Als 1551 – nur 12 Jahre nach der Umbettung – nach deren Verbleib geforscht wurde, war dies offenbar nicht mehr zu ermitteln, obwohl die Gebeine der Herzogin Barbara Gonzaga von Mantua den Nonnen übergeben worden waren und einige Nonnen bei der Befragung noch im Kloster lebten.[107]

Der Klosterfriedhof

Von Anfang an gab es eine Begräbnisstätte um die Kirche sowie später auch Gräber im Bereich des Kreuzganges und im Chor. Ein erster Hinweis darauf stammt bereits aus dem Jahre 1842: „In dem Garten neben dem jetzigen Cameralamtsgebäude" (Abb. 2, M) wurden beim Anlegen eines Spargelfeldes „mehrere Grabsteine gefunden, welche aber nicht näher untersucht worden sind". [108] Hier handelt es sich um ein Areal in der Wiese südlich des heutigen Finanzamtes. Dort ist nämlich im Plan des Urkatasters von 1828 eine umfangreiche Gartenanlage eingetragen. Nach heutiger Kenntnis lag dort der Bereich des ehemaligen Kreuzganges mit dem Innenhof (Abb. 2, Nr. 1). Bestattungen in den Kreuzgängen von Klöstern, vor allem von Priorinnen, waren durchaus üblich. [109]

Weitere Hinweise auf Gräber aus dem Friedhof um die Klosterkirche ergaben sich 1980 bei der Tiefkanalisation in der heutigen Alleenstraße vor dem Finanzamt. Unmittelbar im Bereich der Klostermauer kamen neben verstreut liegenden Skelettresten etwas weiter östlich auch ein einzelnes gemauertes Grab und eine gemauerte Gruft mit vier Skeletten zu Tage (Abb. 2, Nr. 5–9)[110].

Zunächst wurden vor der Südwestecke, der Klostermauer, lose verstreut liegend, ein Schädel und Skelettreste gefunden, die wohl aus einem zerstörten Grab stammten (Abb. 2, Nr. 5). Etwas weiter westlich konnten dann innerhalb des Klosterareals weitere Knochenreste beobachtet werden, die ebenfalls lose zerstreut lagen (Abb. 2, Nr. 6). Unmittelbar daneben wurde in 2,80 m Tiefe unter dem heutigen Straßenniveau eine Grabplatte aus Sandstein entdeckt, 2,30 m x 1,10 m groß und 0,30 m dick (Abb. 2, Nr. 7). Sie befand sich innen an der Klostermauer und gehörte offenbar zu keinem Grab. Wahrscheinlich war sie dort nur abgelegt worden. Dies deutet darauf hin, dass sie bereits für den Abtransport vorgesehen, aber nicht abgeholt worden war. Am Kopfende war sie beschädigt. Die nicht mehr überall lesbare Umschrift in gotischen Minuskeln konnte von Rolf Götz dennoch entziffert und gedeutet werden (Abb. 8). Danach handelte es sich um die Grabplatte des Klosterkaplans „Albert Binzwang" (um 1400–1474), der 1432 als Kaplan des 1365 gestifteten St. Johannes-Evangelist-Altares genannt wird.[111]

106 GÖTZ: Stadtgeschichte (wie Anm. 7), S. 192f.
107 GÖTZ: Stadtgeschichte (wie Anm. 7), S. 193.
108 Alois SCHNEIDER, Andrea BRÄUNING: Archäologischer Stadtkataster Stadt Kirchheim unter Teck, 2 Bde., LDA Stuttgart, 1999, S. 124. MOSER: Oberamt Kirchheim (wie Anm. 37), S. 135. Das Funddatum war 1818.
109 LASKOWSKI, GÖTZ: Rekonstruktion Dominikanerinnenkloster (wie Anm. 9), S. 299.
110 Tiefe 6,50 m – 7,30 m, von West nach Ost zunehmend, da die Alleenstraße nach Osten hin ansteigt.
111 GÖTZ: Grabstein (wie Anm. 8).

Auf ihrer Oberfläche sind weiterhin Spuren von älterem, fest anhaftendem Mörtel sowie Abarbeitungen und Beschädigungen unklarer Herkunft festzustellen.

Nur 3 m weiter westlich wurde in 3 m Tiefe eine Ost-West gerichtete, gemauerte Gruft mit einem vollständigen Skelett gefunden, 1,90 m lang, 0,60 m breit und 0,6 m tief, aber ohne Steinabdeckung (Abb. 2, Nr. 8) [112]. Möglicherweise gehörte die nur 3 m weiter westlich an der Klostermauer deponierte Grabplatte ehemals zu diesem Grab. Dies wäre dann als ein Hinweis auf die Abrissarbeiten auf dem Klosterareal in Zusammenhang mit dem Ausbau Kirchheims zur Landesfestung unter Herzog Ulrich ab 1538 zu deuten. Da es sich hier somit um ein Männergrab gehandelt hat, könnte dies als ein Hinweis verstanden werden, dass sich hier der öffentlich zugängliche Bereich des Klosterfriedhofes befunden hat. Dafür spricht auch, dass es beim Chor der Klosterkirche das bereits genannte kleinere innere Tor gegeben hat, das wohl auch vom Stadtgraben her zugänglich war (Abb. 2, F).[113]

Ca. 25 m weiter östlich wurde an der Nordseite der Kanaltrasse in nur 1,70 m Tiefe eine weitere gemauerte Gruft entdeckt. Es handelte sich um eine nahezu quadratische „Kiste" von 1 m Länge und 0,90 m Breite, 1,20 m tief, die mit einer großen und nur grob behauenen Steinplatte abgedeckt war (Abb. 2, Nr. 9). Darin befanden sich zerstreut liegend 4 Schädel und eine Reihe von Skelettresten, vermutl. alle zusammengehörend (Abb. 10, 10A). Man kann davon ausgehen, dass hier die Skelette oder Skelettreste mehrerer aufgelöster, aber wichtiger Gräber aus dem Klosterareal wiederbestattet worden sind, denn die geringere Fundtiefe zeigt, dass es sich hier nicht um eine Gruft aus dem ehemaligen Klosterfriedhof bei der Kirche handeln kann. Nach der bei der Entdeckung 1980 gemessenen Tiefe der Gruft wurde diese auf dem ehemaligen Niveau des Klosterfriedhofes errichtet, der kurze Zeit später von den Erdmassen des Erdenberges vor dem Stadtgraben überschüttet wurde. Die Bestattungen des Klosterfriedhofes selbst wurden erst in Tiefen ab 3 m gefunden. Diese Gruft kann daher nur in Zusammenhang mit der Zerstörung des Klosterareals ab 1539 gesehen werden. Wahrscheinlich handelt es sich hier um die wiederbestatteten Reste aus der 1539 zerstörten Gruft der Herzöge von Teck, die sich im Chor der Klosterkirche befunden haben (Abb. 2, südlich von E) und die bereits 1551 schon gesucht, aber nicht mehr gefunden wurden. Daher ist es ausgesprochen bedauerlich, dass die Skelettreste aus dieser Gruft vor ihrer Wiederbestattung 1980 keiner genaueren Untersuchung unterzogen wurden.[114]

Da in den verschiedensten Klosterurkunden ab dem 13. Jahrhundert bis zur Mitte des 16. Jahrhunderts die Namen von insgesamt 392 Nonnen nachgewiesen werden können, muss es im Kloster größere Friedhofsareale gegeben haben, von denen aber bisher nur wenig bekannt ist. Es bleibt zukünftigen Forschungen überlassen, hier mehr Gewissheit zu erhalten.[115]

Auf ein besonderes Areal weisen auch Funde von Grabsteinen im Jahr 1818 hin. Diese wurden bei der Anlage eines Spargellandes „in dem Garten südlich des jetzigen Kameralamtsge-

112 Vermutlich handelt es sich hier um Innenmaße.

113 Rolf Götz hat dem Verfasser und in seinem Nachlass (StadtA Ki N 71 Bü 19) handgeschriebene Blätter hinterlassen, auf dem die in der Klosterchronik der Magdalena Kremer erwähnten Baulichkeiten mit der zugehörigen Seitenzahl aus der Publikation der Chronik von Sattler (Chronik Sattler: wie Anm. 35) notiert sind. Im Folgenden werden die diesbezüglichen Angaben zum Teil ungeprüft übernommen. Seine Angaben sind nachweislich äußerst sorgfältig und verlässlich recherchiert.

114 Diese Skelettreste wurden unmittelbar nach der Auffindung in eine Holzkiste umgelagert und diese anschließend in dem anonymen Urnengräberfeld auf dem Waldfriedhof in Kirchheim von Totengräber Linke wieder beigesetzt (Angaben von Capo Emil Schwarz, Firma Most – Dettingen u. T., im Jahre 2010 und Hans Lamprecht, ehemals Friedhofs- und Grünflächenamt der Stadt Kirchheim u. T. im Jahre 2015).

115 Götz: Stadtgeschichte (wie Anm. 7), S. 176 (im Unterkapitel: Die Entwicklung des Konvents, S. 175–178).

bäude“, also südlich des Klosterhofmeistereigebäudes, gefunden, aber nicht näher untersucht.[116] Nach den Ergebnissen der aktuellen Klosterrekonstruktion müssten diese Gräber aus dem Bereich des Kreuzganges stammen, ein üblicher Bestattungsbereich in einem Kloster.

Offenbar wurden auch Grabplatten des Klosters für den Ausbau der Kirchheimer Stadtbefestigung zur Landesfestung verwendet. Dies zeigt ein Befund aus dem Jahre 2004 deutlich. An dem 1538 erbauten „Rondell“ in der „Bastion am Kloster“ unweit der ehemaligen Klosteranlage musste die nördlichste der Schießscharten im Untergeschoß auf der Westseite des Rondells entfernt werden. Dort war die Einrichtung eines Notausganges für den dahinter liegenden Veranstaltungsraum des Clubs Bastion aus feuerpolizeilichen Gründen unumgänglich. Beim sorgfältigen Ausbau dieser Schießscharte wurde festgestellt, dass der unterste Stein aus einem Viertel einer Grabplatte aus Sandstein bestand, denn auf seiner Unterseite wurden wenige gotische Minuskeln einer Umschrift entdeckt, die bisher aber noch nicht entziffert werden konnten (Abb. 9).[117]

Weitere Bauten im Klosterareal

Bad-, Siechen- und Gesindehaus

Über die weiteren Bauten und deren genaue Lage im inneren und äußeren Klosterareal ist nur wenig Sicheres bekannt. Bei der ersten Belagerung des Klosters im August 1487 durch Graf Eberhard den Jüngeren wird in der Chronik der Magdalena Kremerin ein Ofen in einem Badhaus erwähnt, in dem das Brot gebacken wurde.[118] Auch ist in der Chronik später von dem Refektorium die Rede, in dessen Ofen bei der dritten und längsten Belagerung ebenfalls das Brot gebacken wurde. Hintergrund dieser Schwierigkeiten ist jedenfalls, dass die Klosterfrauen während der Belagerungen offensichtlich von der vor dem Großen Tor gelegenen Bäckerei (der Pfisterei, Abb. 2, J) abgeschnitten waren. Sie sollten vor allem durch Aushungern zur Aufgabe und zur Erfüllung der finanziellen Forderungen von Herzog Eberhard dem Jüngeren gezwungen werden.

Bei der Befreiung des Klosters nach der dritten Belagerung 1488 wird zudem ein Siechenhaus erwähnt, das unmittelbar neben dem Großen Tor gelegen habe und in dem nach Ende der Belagerung zwei kranke Nonnen angetroffen wurden.[119] Das Siechenhaus kann demnach nur hinter dem großen Tor in der Nordostecke des inneren Klosterareals (Abb. 2, N) gelegen haben. Es soll darin zwei beheizbare Stuben gegeben haben und ein Gemach mit einer großen Kammer, das Graf Eberhard dem Älteren bei seinen Besuchen im Kloster zur Verfügung gestellt worden ist.

116 GÖTZ: Stadtgeschichte (wie Anm. 7), S. 181 und S. 896 Anm. 471.

117 Unpubliziert (Abb. 2, Nr. 25). Die Schießscharte wurde komplett geborgen und im Magazin des Städtischen Museums im Städtischen Bauhof eingelagert.

118 GÖTZ: Stadtgeschichte (wie Anm. 7), S. 189.

119 GÖTZ: Stadtgeschichte (wie Anm. 7), S. 181.; Rolf Götz vermutet als Standort den nördlichen Teil des Ostflügels.

Das Badhaus

Unmittelbar neben dem Siechenhaus dürfte auch das oben bereits genannte Badhaus gelegen haben. Dies ist deshalb wahrscheinlich, weil sich unter dem heutigen Gebäude Alleenstraße 120/ – der Finanzamtsscheuer –, etwa in der Mitte des Gebäudes, ein alter Gewölbekeller befindet, der Einbauten aufweist, die auf intensive Wassernutzung hinweisen (Abb. 2 und 3, Nr. 11,12).[120] Neben der Westmauer des Gewölbekellers befindet sich nämlich ein rechteckiger Schacht von 1,10 m x 1,35 m Größe innen, der aus sorgfältig behauenen großen Sandsteinquadern besteht, die alle 40 cm breit sind. Er hat zum Keller hin eine rechteckige, leicht gewölbte Öffnung von 1,4 m Höhe und 1,1 m Breite (Abb. 6). Oben in dem leichten Bogen ist die Jahreszahl 1459 eingehauen. (Abb. 6A). Gegenüber befindet sich ein gemauerter Kanal, dessen Öffnung 0,6 m breit und 0,8 m hoch ist. Diese befindet sich unten in einer größeren, leicht zurückspringenden Nische. Von dort läuft er als offene Rinne weiter, die in den rechteckigen Schacht mündet. Daher dürfte es sich bei diesem Schacht nicht um einen Brunnen handeln, wie zunächst angenommen, sondern um eine Zisterne. Der Kanal ist vom Keller aus noch ca. 7 m weit nach Norden zu verfolgen, bis er an einer Mauer endet. Dabei handelt es sich aller Wahrscheinlichkeit nach um die Klostermauer an der Lindach. Dort hat er sie früher vermutlich durchstoßen und im Bereich der südlichen Uferböschung der Lindach vor der Klostermauer seinen Anfang genommen. Dort müsste sich dann zwingenderweise auch ein kleines Wehr befinden, mit dem der Wasserstand und der Zufluss reguliert werden konnte. Reste davon dürften dort evtl. noch im Boden sein. Dieser Befund lässt die Annahme zu, dass in dem Kellergewölbe tatsächlich Tätigkeiten stattfanden, die mit Wasser zu tun hatten. Das darüber stehende ehemalige Gebäude könnte dabei durchaus etwas verkürzt als „Badhaus" bezeichnet worden sein. Vermutlich hat man hier auch Wäsche gewaschen. Eine etwas tieferliegende Öffnung auf der Südseite des inzwischen verfüllten Schachtes, die gerade noch zu erkennen ist, dürfte andeuten, dass man das Wasser von hier aus auch weitergeleitet hat, wohl in den oder die Gärten der Klosteranlage im Bereich der Klausur.

Der Gewölbekeller selbst ist noch 5 m lang und 4 m breit, Nord-Süd gerichtet, und liegt unter dem mittleren Teil der heutigen sogenannten „Finanzamtsscheuer". Der Keller ragt unter dem südlichen Fundament der Scheuer ca. 2 m weit über dieses hinaus. Er ist somit älter als die von 1626 stammende Scheuer und weist auf ein älteres Gebäude hin, das noch aus der Klosterzeit stammt. (Abb. 2, N) Dieser Keller ist die derzeit einzige Baulichkeit, die noch aus der Klosterzeit stammt, wenn auch das darüber liegende zugehörige Bauwerk nicht mehr existiert.

Das zerlegbare Sommerhaus

Vor dem Westflügel befand sich nahe der Quelle ein Baumgarten, der im 16. Jahrhundert erwähnt wird. Auch ein jüngeres Fischhaus und ein Waschhaus sind dort überliefert. Die Nonnen verfügten im späten 15. Jahrhundert über ein zerlegbares Sommerhaus (Sommerrefektorium?), dessen Balken sie wohl immer während des Winters und nachweislich während der

120 Hinweis von Rolf Götz 1998; vom Verfasser 2001 besichtigt, 2014 zusammen mit dem Architekten und Mitglied der Archäologie AG in Kirchheim u. T. Herrn Günther Frey vermessen und kartiert.

letzten Belagerung des Klosters im Kreuzgang eingelagert hatten. Dieses zeitweise zerlegte und eingelagerte Gebäude dürfte vor dem Westflügel des Klosters im Baumgarten aufgestellt worden sein.

Das spätere Amtshaus der Klosterhofmeisterei

Bisher war Konsens, dass das sogenannte Amtshaus der Klosterhofmeisterei, das heutige Gebäude Alleenstraße 120, unmittelbar nach dem verheerenden Klosterbrand vom 11. April 1626 neu erbaut worden ist. Dies wird aus den Quellen und der Jahreszahl 1626 im oberen Teil des Torbogens am Haupteingang im Erdgeschoss, der sich auf der Südseite des Hauses befindet, geschlossen. An dieser Stelle im Torbogen befand sich ursprünglich aber ein älterer Stein, der später offensichtlich erneuert worden ist. Ursprünglich war hier eine andere Jahreszahl angebracht, die heute nur noch verstümmelt erhalten geblieben ist und die nicht mehr eindeutig gelesen werden kann, da die beiden mittleren Ziffern fehlen: 1(xx)7. Dies liegt daran, dass der oberste Stein im Torbogen vermutlich zu Beginn des 19. Jahrhunderts erneuert worden ist und dann dort erst die Jahreszahl 1626 eingeschlagen wurde. Diese Ziffern sind deutlich kleiner und weisen eindeutig neuzeitlichen Duktus auf. Die ältere Inschrift kann wegen der Endziffer 7 und der Art der Ausführung der beiden Ziffern auch nicht als Erneuerung einer alten, unleserlich gewordenen Jahreszahl 1626 gelesen werden. Es handelt sich hier eindeutig um eine interpretierende Zahl, die zu Beginn des 19. Jahrhunderts aus Geschichtskenntnis ermittelt wurde. Die verstümmelte Inschrift war sicherlich älter und gehört wohl noch ins 16. Jahrhundert. Denkbar ist hier an ein Datum, das in Zusammenhang mit dem Umbau der ehemaligen Klosteranlage zur Klosterhofmeisterei im letzten Viertel des 16. Jahrhunderts stehen könnte.

Im unteren Bereich der Sandsteine des Torbogens können zudem farbliche Veränderungen beobachtet werden, die aller Wahrscheinlichkeit nach auf Hitzeeinwirkung zurückzuführen sind. Diese Befunde lassen darauf schließen, dass dieses Gebäude, entgegen bisheriger Annahmen, bereits vor dem Klosterbrand von 1626 bestanden hat. Das Gebäude wäre dann zwar niedergebrannt, der steinerne Teil aber nur ausgebrannt und das Gebäude insgesamt schwer beschädigt worden. Nach dem Brand wurde es dann grundlegend erneuert und umgebaut. Dazu gehört wohl auch eine Vergrößerung um ein Stockwerk, das heutige Fachwerkobergeschoss, das auf das alte noch verwendbare Mauerwerk aufgesetzt wurde.[121] Das Gebäude zeigt heute zwei steinerne und ein hölzernes Stockwerk, darüber ein vierbödiges Dachwerk, das Ost-West gerichtet ist. Auf der Nordseite kann zudem im mittleren Bereich des 2. Obergeschosses, also im Bereich des Fachwerkstockwerks, Verputz beobachtet werden, hinter dem sich möglicherweise Mauerwerk verbirgt. Demnach könnte vor dem Brand von 1626 durchaus von einem ehemals Nord-Süd gerichteten kleineren Dach ausgegangen werden, das 1626 durch ein größeres, in Ost-West Richtung verlaufendes ersetzt wurde. Nach 1626 befand sich in dem nach dem Klosterbrand wiederaufgebauten größeren Amtshaus der Klosterhofmeisterei je-

121 So wurde später auch beim Wiederaufbau nach dem großen Stadtbrand in Kirchheim im August 1690 verfahren, beispielsweise bei der Martinskirche, dem Kornhaus und dem Spitalgebäude. Auch hier sind die rötlichen Brandspuren außen an den ehemals gelblichen Angulatensandsteinen noch gut zu beobachten. Die Steine wurden beim Brand trotz hoher Temperaturen von über 1000 °C nur außen an der Oberfläche geschädigt, maximal ca. 2–3 cm tief.

denfalls auch die Wohnung des Klosterhofmeisters, dessen ehemalige Wohnung sich ja im 1626 abgebrannten Ostflügel des Klosters befunden hatte.[122]

Zudem kann man beobachten, dass sich im Mauerwerk auf der Südseite des Amtshauses im 2. Obergeschoss südlich und westlich, also auf den Schauseiten, nahezu identische, einheitliche Fenstergewände befinden, von denen ein vergleichbares auch im Bereich der Ostmauer des 1584 erbauten großen Verwaltungsfruchtkastens der Klosterhofmeisterei (Klosterplan Abb. 2, Gebäude T) feststellbar ist, unmittelbar neben der Nordostecke im Obergeschoss. Es zeigt Brandspuren, die vom großen Klosterbrand 1626 herrühren. Demnach kann angenommen werden, dass auch die Fensterreihe im 2. Obergeschoss des Amtsgebäudes vor 1626 eingebaut worden ist, möglicherweise bei einem Umbau gleichzeitig mit dem Bau des großen Verwaltungsfruchtkastens. Damit wäre der Ursprungsbau des Amtshauses noch älter zu datieren und könnte möglicherweise doch noch in die Klosterzeit gehören. Dafür spricht auch, dass der überwölbte ehemalige Kellerzugang neben dem Haupteingang nicht im rechten Winkel zum jetzigen Gebäude steht, sondern schräg verläuft und vermutlich an einem anderen Gebäude orientiert war. Dafür kommt eigentlich nur der ehemalige Ostflügel der alten Klosteranlage in Frage, das Refektorium. Es ist bekannt, dass sich die Nonnen in der zweiten Hälfte des 15. Jahrhunderts „hart verbauen“ hatten und anschließend unter Geldmangel litten. Demnach kann durchaus diskutiert werden, ob nicht das ehemalige Amtshaus und heutige Hauptgebäude des Finanzamtes im Kernbereich in diese Zeit um oder nach 1459 datiert, so wie es die Jahreszahl der Zisterne im Nachbargebäude unter der heutigen Finanzamtsscheuer auch nahelegt.[123]

Zu erwähnen bleibt, dass sich im Bereich der Südostecke ein quadratischer, turmartiger Bereich mit mächtigen Mauern befindet, die 80 cm dick und oben mit einem Kreuzgratgewölbe abgeschlossen sind. Er ist in der Gliederung der Südfassade auch noch im 2. Stock zu erkennen. Sein Boden liegt heute ca. 80 cm unter dem Niveau des westlich anschließenden Eingangsbereiches im Erdgeschoss, heute sozusagen ein Souterrain. Dies weist ebenfalls auf eine Entstehung vor 1626 hin, also in die Zeit vor der Erhöhung des Geländeniveaus. Seine Bauzeit kann möglicherweise sogar um 1500 angenommen werden, denn er war mit verzierten Tonfliesen aus der Zeit um 1500 ausgelegt.

Das Mönchshaus

Im sog. „Mönchshaus“, einem „halb am Stadtgraben vorm Jesinger Tor“ gelegenen und dem Kloster gehörenden Haus, der ehemaligen Wohnstätte der Mutter des Ritters Diethoh von Kirchheim, wohnte nach der Schenkung dieses Hauses 1304 an das Kloster ein Dominikanermönch, wohl aus Esslingen, der Beichtvater der Klosterfrauen war. Es stand bis 1539 am westlichen Rand des Wirtschaftshofes des Klosters (Abb. 2 W).[124] Nach seinem Abriss wegen des Ausbaus Kirchheims zur Landesfestung unter Herzog Ulrich von Württemberg wurde es in-

122 Reichelt: Stadtgeschichte (wie Anm. 44), S. 295; Bildunterschrift zur Abb. S. 298, Liste zum Plan Nr. 1, Abb. S. 299. Ab dem Jahr 1806 befand sich in dem ehemaligen Amtshaus der Klosterhofmeisterei dann das Kameralamt und seit 1922 das Finanzamt der Stadt Kirchheim u. T.

123 Götz: Stadtgeschichte (wie Anm. 7). S. 193. Rolf Götz hat dort ebenfalls einen Vorgängerbau im Bereich des heutigen Finanzamtsgebäudes postuliert. Später ist er davon jedoch wieder abgerückt: Götz, Laskowski: Rekonstruktion Dominikanerinnenkloster (wie Anm. 9), S. 299.

124 Götz: Stadtgeschichte (wie Anm. 7), S. 182.

nerhalb der Stadtmauer hinter der Bastion am Kloster beim Jesinger Tor wieder neu erbaut (Abb. 2, Z). Bei der Tiefkanalisation im Jahre 1980 wurden in der Alleenstraße vor dem Gebäude Alleenstraße 114 die Grund- und Kellermauern eines Gebäudes gefunden, wohl Reste des ehemaligen alten Mönchhauses (Plan 2, Stelle W). Ein Stück südlich davon, vor dem heutigen Gasthaus „Schwarzer Adler", kam dann noch ein Brunnen von 7,5 m Tiefe zu Tage (Abb. 2, Nr. 31).

Das heute so bezeichnete Gebäude Max-Eyth-Straße 57 hat mit dem historisch bezeugten Mönchshaus nichts gemein. Es wurde erst nach dem Stadtbrand von 1690 neu erbaut. Vorher, ab 1597, war es Adelssitz der Familie von Remchingen, später Oberamtsgebäude (1828–1938) und danach Wasserwirtschaftsamt. Heute ist dort eine Außenstelle des Finanzamtes Nürtingen/Kirchheim. Sein Standort stimmt nicht mit der Lage des 1539/1540 innerhalb der Stadtmauern neu erbauten Mönchshauses überein. Es handelt sich um eine spätere, irrtümliche Zuweisung.[125]

Das Unterpfleghaus der Klosterverwaltung

Das sog. ehemalige „Unterpfleghaus" (Abb. 2, S) lag an einer kleinen Gasse im südlichen Teil des ehemaligen Wirtschaftshofes des Klosters. [126] Lokal wurde es gelegentlich auch als „Torhaus" bezeichnet. [127] Ein Tor oder entsprechende Mauerreste sind dort aber bisher noch nicht nachgewiesen. Eine in den Katasterplänen sichtbare, auffällig gebogene Struktur in Ost-West-Richtung südlich und westlich des Hauses, die heute als schmale, gepflasterte Rinne erscheint, könnte jedoch durchaus auf eine frühere Randlage hinweisen. Das Haus brannte am 27.12. 1974 ab. Es hatte nachweislich ein steinernes Erdgeschoß und einen gewölbten Keller sowie angeblich sog. „alamannisches Fachwerk" im Obergeschoss.[128] Dies alles könnte auf eine Bauzeit im 16. Jahrhundert hindeuten.

Ein am ehemaligen Unterpfleghaus beginnender schmaler Weg in Richtung des ehemaligen Jesinger Tores könnte durchaus als ehemalige Zufahrt in den Wirtschaftshof gedeutet werden. Für einen regen Verkehr mit Leiterwägen spricht auch ein an der Südostecke des Hauses Alleenstraße 112 (Abb. 2, V) sichtbarer Eckstein, der kräftige Spuren von abgewiesenen Wagenrädern oder deren Achsen zeigt.[129] Ob zudem das Fehlen von Mauerresten bei der Neubebauung des Grundstückes Schlierbacher Straße 7 unmittelbar südöstlich dieses Weges als

125 REICHELT: Stadtgeschichte (wie Anm. 44), S. 369; sowie freundlicherweise weitere Auskünfte von Frau R. Reichelt, Kirchheim u. T.

126 Alois SCHNEIDER, Andrea, BRÄUNING,: Archäologischer Stadtkataster – Stadt Kirchheim unter Teck, Stuttgart LDA, 1999, Bd.II, Nr. 35, S. 206; vermutlich spätmittelalterlich.

127 Es handelt sich hier ausschließlich um eine mündliche Überlieferung, die durch Urkunden oder sonstige Akten nicht weiter belegt werden kann.

128 Hinweis von Herrn Jacob Schwenk, Architekt (und Brückenbauer) aus Kirchheim unter Teck, Lindachallee 15. Er hat das Gebäude noch vor dem Brand näher betrachtet und dann eine farbige Zeichnung des Hauses mit seiner Umgebung angefertigt. Diese zeigt im Obergeschoss das Fachwerk. Dieses ist aber teilweise rekonstruiert, da der Zustand des Hauses bereits damals schon ausgesprochen ruinös war.

129 Der Abweiserstein an der südöstlichen Ecke des Hauses dürfte zwar jüngeren Datums sein, aber dennoch weist er auf regen Fuhrwerksverkehr aus dem Hof der Klosterhofmeisterei, also auf einen Zufahrtsweg, hin. Das Gebäude selbst stammt in seinem Kern von 1691 und ist als Haus des Kastenknechts der Klosterhofmeisterei bekannt. Sein Abriss ist im Jahr 2015 vorgesehen.

Hinweis auf eine Begrenzung des Wirtschaftshofes und ein Tor weiter nördlich interpretiert werden kann, bleibt vorerst ungeklärt.[130]

Das Ende des Frauenklosters

Das Ende des Kirchheimer Frauenklosters war mit der Einführung der Reformation in Württemberg im Jahre 1535 durch Herzog Ulrich von Württemberg beschlossene Sache. Beschleunigt wurde dieses Ende durch sein Vorhaben, Kirchheim unter Teck zu einer Landesfestung auszubauen. Dies hatte für ganz Kirchheim und insbesondere für das Kloster erhebliche bauliche Konsequenzen. Die Einrichtungen des Klosters lagen sehr nahe am alten Stadtgraben, der beim Ausbau zur Landesfestung erheblich verbreitert wurde. Zudem lagen sie im Vorfeld und damit im Bereich der Schusslinien der neuen Festungsbauten und hätten außerdem für Angreifer ausreichend Deckung geboten. In Kirchheim wurde dieser rigorose Umbau sicherlich begrüßt, denn schon vor seiner Vertreibung aus Württemberg hatte Herzog Ulrich in Kirchheim eine große Anzahl von Sympathisanten.

Der Ausbau zur Landesfestung ab 1538 mit der Verbreiterung des Stadtgrabens und der Anlage des Erdenbergs davor hatte die Aufgabe mehrerer Gebäude der Klosteranlage zur Folge. Nicht nur die Klosterkirche, sondern auch der West- und der Nordflügel des Klosters wurden spätestens 1539 abgebrochen. Außerdem musste das am Stadtgraben vor dem Jesinger Tor stehende Mönchshaus (Abb. 2, W) dem vor dem Stadtgraben angelegten Erdenberg weichen und fand einen neuen Platz innerhalb der Stadtmauer nordwestlich hinter diesem Tor. (Abb. 2, Z).

Im Jahre 1564/65 wird das Ende des Klosters auch formal durchgesetzt. Die meisten der noch verbliebenen Nonnen werden entschädigt und verlassen das Kloster. Die Verwaltung der Liegenschaften übernimmt jetzt ein Klosterhofmeister im Auftrag des Herzogs. Nach dem Wegzug der Priorin 1567 und dem Tod der letzten noch im Kloster verbliebenen Nonne, der ehemaligen Subpriorin Anna Schilling (von Cannstatt), im Jahre 1579 war der Weg für eine rein nach wirtschaftlichen Gesichtspunkten funktionierende württembergische Klosterverwaltung frei.[131] Von ihr wurde im Jahr 1584 ein neuer großer Kornkasten parallel zu dem noch bestehenden Ostflügel der ehemaligen Vierflügelanlage des Klosters errichtet. Beide grenzten so dicht aneinander (Abb. 2, D und T-2), dass sie eine gemeinsame Dachtraufe hatten.[132] Bei dem Neubau handelt es sich um ein zweistockiges Gebäude mit Außenmauern aus Stein, Fachwerk im Innern und einem großen, flach gewölbten Keller darunter, der immer noch besteht. Bei dem großen Klosterbrand von 1626, dessen Ursache ein Blitzschlag gewesen sein soll, wurde der Kornkasten der Klosterhofmeisterei (Abb. 2 T-2) stark beschädigt: das Dach brannte ab und am Gebäude gab es durch die Löschmaßnahmen erhebliche Wasserschäden. Das Gebäude insgesamt konnte aber gerettet und instandgesetzt werden. Auch der unter dem abgebrannten Ostflügel der ehemaligen Vierflügelanlage des Klosters befindliche Gewölbekeller blieb erhalten und wurde noch eine Zeitlang weitergenutzt. Im inneren Klosterbezirks brannte der Vorgängerbau der späteren Klosterhofmeisterei (Abb. 2, M), heute das Hauptge-

130 Baustellenbeobachtung im Jahre 2013.
131 Reichelt: Stadtgeschichte (wie Anm. 44), S. 297.
132 Reichelt: Stadtgeschichte (wie Anm. 44), S. 298.

bäude des Finanzamtes Nürtingen/Kirchheim, sowie der Vorgängerbau an der Stelle des kleinen Fruchtkasten (Abb. 2, N) ab. Beide Gebäude wurden unmittelbar nach dem Brand grundlegend erneuert.

Der Brand, während des Gewitters möglicherweise an vielen Stellen vorsätzlich gelegt, zerstörte auch zahlreiche Gebäude im äußeren Klosterhof: die Behausung auf dem Hof (Abb. 2, K), das Jäger- u. Gasthaus (Abb. 2, U), die Pfisterei (Abb.2, J), eine Scheuer (Abb. 2, L) und zwei Viehhäuser.

Der Versuch einer Restitution des Klosters nach 1629

Zwischen Katholiken und Protestanten brach 1618 der „30-jährige Krieg" aus. Nachdem Ende der 1620er Jahre die katholische Partei die Oberhand gewonnen hatte erließ der habsburgische Kaiser Ferdinand II. (1619 - 1637) im Jahr 1629 das sog. „Restitutionsedikt", das die evangelischen Landesherren zwang, alle seit 1525 eingezogenen Klöster mit ihren Liegenschaften wieder an die Katholiken zurückzugeben. Das ehemalige Frauenkloster in Kirchheim wurde im November 1630 von kaiserlichen Kommissaren in Besitz genommen. Für den Wiedereinzug von Nonnen gab es jedoch infolge des Klosterbrandes von 1626 keine geeigneten Räumlichkeiten mehr. Überliefert ist, dass nach der für die Württemberger verheerenden Schlacht bei Nördlingen (1634) und der dadurch erfolgten Erstarkung der Katholischen Partei einige Dominikaner-Patres in das ehemalige „Kloster Kirchheim" eingezogen sind. In welchem Gebäude sie sich aber aufgehalten haben, ist nicht sicher bekannt, möglicherweise in dem nach dem Klosterbrand wieder instand gesetzten Hauptgebäude der Klosterhofmeisterei (Abb. 2, M). Bereits 1638 verließen sie aber das Klosterareal wieder, nachdem der Kaiser im Prager Frieden von 1635 auf die Durchführung der Restitution der ehemaligen Klöster verzichtet hatte.

1883 wurde der Fruchtkasten der Klosterhofmeisterei zum „Evangelischen Vereinshaus" umgebaut. Heute wird er „Altes Gemeindehaus" genannt und dient als Veranstaltungsort der Stiftung Tragwerk der evangelischen Kirche. Es ist das älteste noch erhaltene Gebäude im ehemaligen Klosterareal (Klosterplan: T). Zwei weitere Gebäude der ehemaligen Klosterhofmeisterei sind gegenüber der ehemaligen „Bastion am Kloster" ebenfalls noch erhalten (Abb.2, R u. V). Das Haus des Kastenunterpflegers und Kastenknechts (Abb. 2, V), erbaut 1691, scheint jedoch kurz vor dem Abriss zu stehen.

Abbildungsnachweise

Abb. 1 Rainer Laskowski; gezeichnet von Heidi Amler, Stadt Kirchheim u.T., Amt für Stadtentwicklung, 2015.
Abb. 2 Rainer Laskowski, Rolf Götz; gezeichnet von Heidi Amler, Stadt Kirchheim u.T., Amt für Stadtentwicklung 2010, mit Ergänzungen 2015.
Abb. 3 Rainer Laskowski; 2003; Terrana Geophysik 2005, 2014; gezeichnet von Heidi Schubert, Owen, 2016.
Abb. 4, 5, 6, 6A, 6B, 7A, 7B, 8, 9, 11A, 11B, 12, 13, 14, 15C, 16A, 16B, 17, Fotos: Rainer Laskowski.
Abb. 7, 7B Zeichnungen von Wolfgang Dick, Dettingen unter Teck.
Abb. 10, 10A Fotos: Jean Luc-Jaques, März 1980; Fotoarchiv des Teckboten, Kirchheim unter Teck.
Abb. 11 Uwe Gross, Mittelalterliche Keramik zwischen Neckarmündung und Schwäbischer Alb, Stuttgart 1991, Taf. 79 Nr. 8.
Abb. 15 Konrad Strauss, 1966, Taf. 21 (Lindau).
Abb. 15A, B, Landesamt für Denkmalpflege, Esslingen/Neckar.
Abb. 16 Matthias Untermann, Kloster Mariental in Steinheim an der Murr, Stuttgart 1991, S. 88 Abb. 51 (= Führer zu archäologischen Denkmälern in Baden-Württemberg, Nr. 13.
Keramik-Restaurierungen: Abb 12, 15D, 17 Frau Ursula Krißler, Kirchheim unter Teck.

Abbildungen (Abb. 1 bis 3 im Bildtafelteil)

Abb. 4: Mauerreste vom Nordflügel des Klosters in der Nordwestecke der Vierflügelanlage, Grabung 2001 (Abb. 3 Befund 15).

Abb. 5: Ziffern im südlichen Torbogen des ehemaligen Amtshauses der Klosterhofmeisterei (Abb. 2, Gebäude M).

Abb. 6: Zisternenöffnung im Gewölbekeller unter der heutigen Finanzamtsscheuer (Abb.2 Gebäude N, Befund 11).

Abb. 6A: Jahreszahl 1459 im Sturz der Zisternenöffnung.

Abb. 6B: Kanalöffnung im Gewölbekeller gegenüber der Zisternenöffnung (Abb. 2 Gebäude N, nördlich Befund 11).

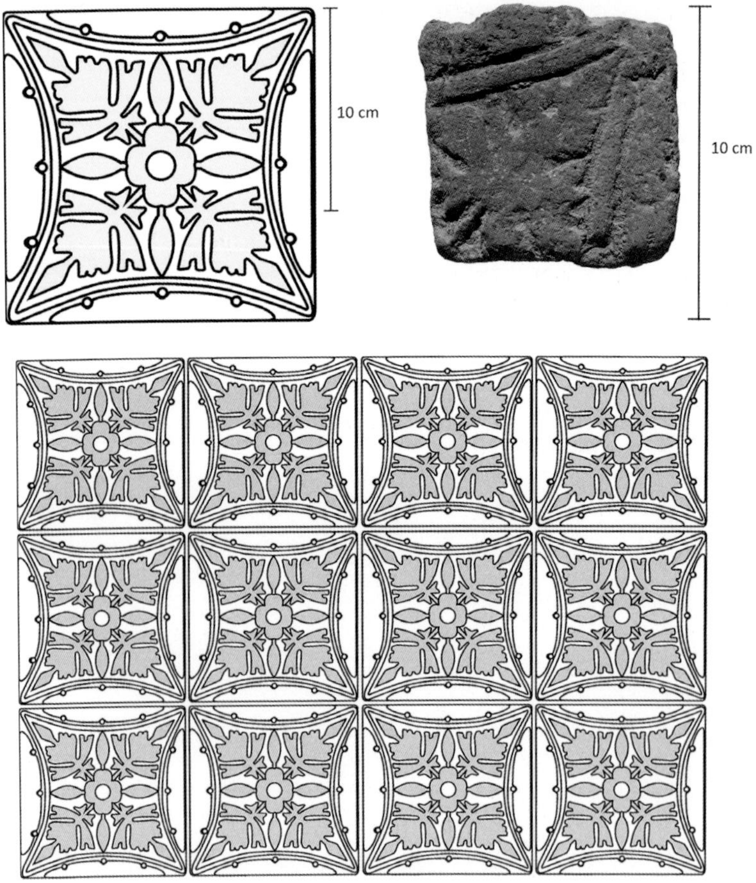

Abb. 7: Bodenfließenfragment mit Rekonstruktion des Fußbodenmusters, um 1400.

Abb. 7A: Bodenfliesen aus der turmartigen SO-Ecke im Hauptgebäude des Finanzamtes, um 1500

Abb. 7B: Bodenfließen-fragment mit Zick-Zack-Band und stilisiertem Lilienband dazwischen, Rautenstern und Margaritenblüte. Rekonstruktion des Bodenmusters, um 1500.

Abb. 8: Grabstein für den Klosterkaplan Albert Binzwang, 1474.

Abb. 9: Grabsteinfragment aus einer Schießscharte der „Bastion am Kloster", 15. Jh.

Abb. 10: Gruft für die Wiederbestattung der Gebeine der Herzöge u. Herzoginnen von Teck, 1539.

Abb. 10A: Inneres der Gruft der Herzöge und Herzoginnen von Teck von 1539.

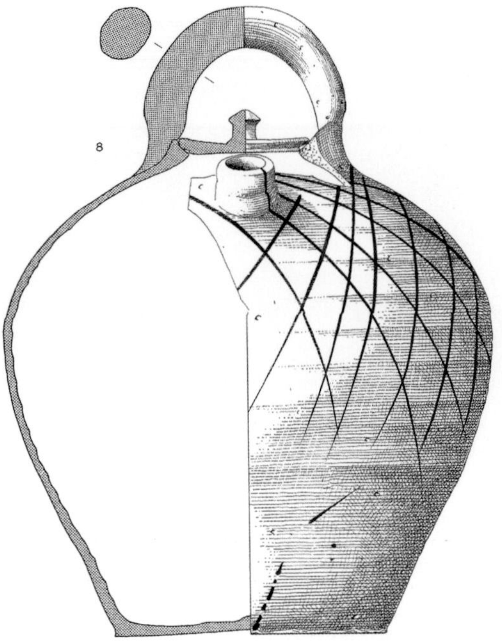

Abb. 11: Bügelkanne mit Ausgusstülle auf der Schulter, 14. Jh. Höhe der Kanne mit Bügel 28,5 cm.

Abb. 11A: Bügel einer rotbemalten Bügelkanne mit Ritzmuster auf dem Griff, 14.–15. Jh. Breite des Bügels 9 cm.

Abb. 11B: Ritzmuster auf dem Bügel.

Abb. 12: großer Topf mit aufgelegten Kerbleisten, um 1500. Randdurchmesser 23 cm, Höhe des Gefäßes ca. 30/35 cm

Abb. 13: Fragment eines Blumentopfes mit senkrechten Rillen und Henkel, um 1500. Randdurchmesser 23 cm, Gefäßhöhe noch 12 cm.

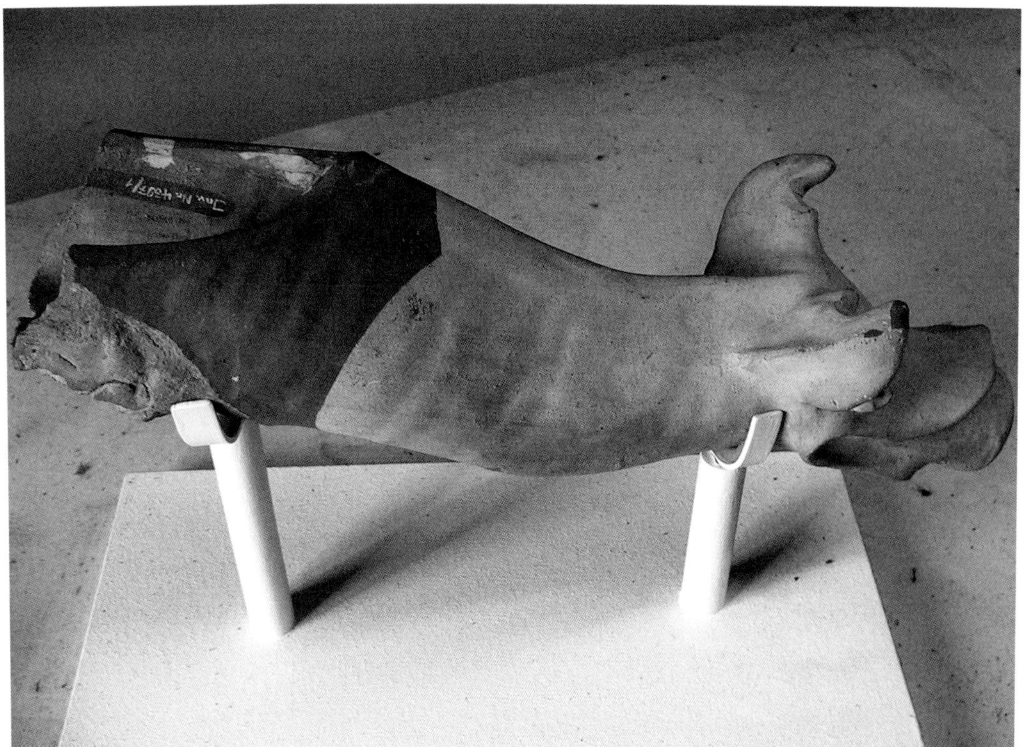

Abb. 14: Wasserspeier aus rotem Ton mit weißer Engobe aus der Lindach beim Kloster, 15. Jh.; Städtisches Museum Kirchheim unter Teck, Inv.-Nr. 4397/1. Länge ca. 35 cm

Abb. 15: Ofen vom Typ „Lindau, zweite Hälfte 15. Jh.

Abb. 15A: grün glasierte Kachelfragmente mit Bekrönung vom Oberteil des Ofens Typ „Lindau".

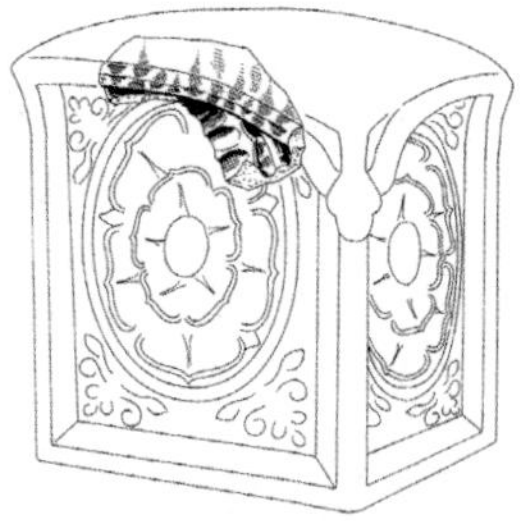

Abb. 15B: grün glasiertes Eckkachelfragment mit gerundeter Ecke aus der obersten Reihe vom Unterteil eines Ofens Typ „Lindau".

Abb. 15C: restaurierte grün glasierte Nischenkachel vom Oberteil eines Ofens vom Typ „Lindau". Breite ca. 16 cm.

Abb. 16: Rekonstruktion eines Kachelofens im Kloster Mariental in Steinheim/Murr.

Abb. 16A: gelb und gelblichbraun glasierte Ofenkachelfragmente vom Oberteil eines Ofens vom Typ „Mariental": Kachelspitzen, Kranzkachelfragment (Engel) und Korpusfragment (Bauch), zweite Hälfte 15. Jh.

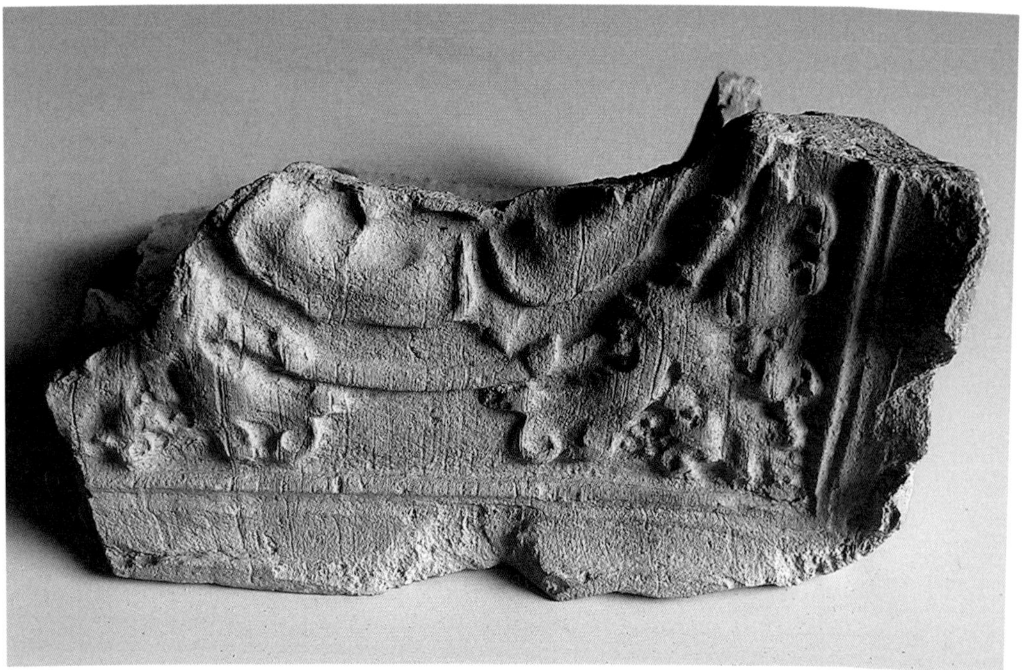

Abb. 16B: Fragment einer kleinen Rosettenkachel, unglasiert, um 1500. Breite noch ca. 10 cm.

Abb. 17: restaurierte quadratische Reliefkachel mit adeligen Personen: zwei Männer mit Hut vor der Brust und adeliger Dame mit Haube und langem Rock, grün glasiert, um 1500. Breite ca 15 cm; dazu weitere Fragmente gleichartiger Kacheln.

„Die Chronik der Magdalena Kremerin“

Zusammenfassung

Eva Schlotheuber

Die vorliegenden Beiträge gelten einer einzigen, freilich besonderen Quelle, die in der Literatur unter dem Namen „Chronik der Magdalena Kremerin“ oder „Kirchheimer Chronik“ firmiert. Kirchheim unter Teck gehört zu den frühen Dominikanerinnengründungen in Süddeutschland, die von den Herzögen von Teck gefördert schon 1247 oder spätestens 1249 eine Inkorporation in den Orden erreichen konnten. Als die Württemberger Herrschaft unter den Grafensöhnen Ludwig I. und Ulrich V. 1442 in die zwei eigenständigen Grafschaften Württemberg-Urach und Württemberg-Stuttgart geteilt wurden, kam das Kloster unter die Herrschaft Württemberg-Stuttgarts. Ulrichs Sohn Eberhard d. J. geriet jedoch in den 1470er Jahren in finanzielle Schwierigkeiten, die Ludwigs Sohn, Eberhard d. Ä., ausnutzte, um Württemberg in seiner Hand wieder zu einen. Die Kirchheimer Chronik schildert aus der Perspektive der umkämpften Dominikanerinnengemeinschaft die Ereignisse der Jahre 1476–1490 und die schwierigen Zeiten der Reform des Konvents 1478, als Eberhards d. Ä. seinem Cousin Eberhard d. J. die Oberherrschaft über das wohlhabende Kloster zu entwinden suchte. Die Chronik wurde im ausgehenden 15. Jahrhundert verfasst und ist in zwei zeitgenössischen Handschriften (Hauptstaatsarchiv Stuttgart und Wien, Schottenstift) überliefert. Ihre große Bedeutung für die Württembergische Landesgeschichte entdeckte bereits Christian Friedrich Sattler in der zweiten Hälfte des 18. Jahrhunderts. Er war es auch, der die ‚Texturschreiberin‘ und Buchmalerin Magdalena Kremerin, die 1478 zusammen mit fünf weiteren Reformnonnen und einer Laienschwester aus dem Kloster Silo bei Schlettstadt nach Kirchheim gekommen war, als Verfasserin der Chronik in die Literatur einführte. Die Kirchheimer Chronik gehört zum sogenannten innerkonventualen Schrifttum, also zu der Literatur, die die Nonnen für die eigene Gemeinschaft verfassten. Die Annahme der Reform bedeutete für die Gemeinschaften nicht nur ein regelstrenges Leben, das mit der Wiedereinführung der Klausur verbunden war, sondern eine umfassende Reorganisation des gesamten Klosteralltags. Wie von den Ordensoberen ausdrücklich angeregt, wurde diese Zäsur in der Geschichte der Gemeinschaft vielfach als identitätsstiftender Neuanfang schriftlich festgehalten. Die Reformchronistik ‚überschrieb‘ damit gleichzeitig die Zeit vor der Reform und wertete sie als eine ‚Epoche des „Niedergangs‘, die einen Neuanfang erforderte. Auch die Kirchheimer Dominikanerinnen wollten die dramatischen Ereignisse um die Annahme der Observanz 1478 als Beginn einer ‚neuen Zeit‘ schriftlich festhalten, zumal die Reform mit großen Schwierigkeiten gegen den Widerstand im eigenen Konvent und gegen den Willen des Landesherrns Eberhard d. J. durchgesetzt werden musste.

Der vorliegende Band ist einer erneuten kritischen Betrachtung und umfassenden Kontextualisierung der Chronik gewidmet. Als Ergebnis aktueller Forschung stellt er konkurrierende Lesarten zur Diskussion, die vor allem die Autorschaft der Chronik betreffen. Diese zentrale

Frage rollt Nigel Palmer auf der Basis der handschriftlichen Überlieferung umfassend neu auf: Die Stuttgarter Haupthandschrift ist eine im Wesentlichen von einer Hand geschriebene Reinschrift, der eine zweite Hand einige wenige, aber durchaus inhaltlich relevante Anmerkungen hinzufügte. Die zweite Wiener Handschrift erweist sich als eine fast zeitgleiche Abschrift von dem noch nicht gebundenen Stuttgarter Exemplar. Nigel Palmer arbeitet in einer eingehenden schreibsprachlichen Untersuchung den oberrheinisch-elsässischen Dialekt mit einem schwäbischen Einschlag der Stuttgarter Handschrift heraus, was sich gut zur Herkunft der Reformnonnen aus Schlettstadt fügt. Zusammen mit einem paläographischen Vergleich der Haupthand mit dem zeitgenössischen Rechnungsbuch des Konvents kann er nachweisen, dass die aus Silo stammende Reformnonne und spätere Kirchheimer Schaffnerin Barbara von Speyer die Stuttgarter Reinfassung geschrieben hat. Sie wurde offenbar als eine Art ‚Handexemplar‘ für den Kirchheimer Konvent angelegt, die mit ihren zahlreichen leeren Seiten am Anfang und am Ende offensichtlich zur Fortsetzung gedacht war. Wenn die Stuttgarter Reinfassung von der Hand der Barbara von Speyer geschrieben wurde, stellt sich die Frage nach der Verfasserschaft der Chronik in neuer Weise. Die Autorin muss aufgrund der Erzählperspektive eine der aus Silo stammenden Reformnonnen gewesen sein. Die Forschung geht davon aus, dass es sich bei der Stuttgarter Fassung um ein Autograph und zwar um das der ‚Texturschreiberin‘ Magdalena Kremerin handelt. Nigel Palmer unterzieht die Frage des Autographs noch einmal einer kritischer Prüfung. Da das Kirchheimer ‚Handexemplar‘ kein Kolophon aufweist und nur in der Reinfassung überliefert ist, ist eine sichere Zuweisung als Autograph freilich schwierig. Er versucht in kriminalistischen Untersuchungen der kenntnisreichen Ergänzungen, Fehlerkorrekturen und Textveränderungen von der Hand der Barbara von Speyer nachzuweisen, dass es sich bei der Stuttgarter Handschrift durchaus um ein Autograph handeln könnte. Allerdings scheint auch die zweite Korrekturhand „über eine Autorität im Umgang mit dem Text“ verfügt zu haben. Diese fügte offenbar auch den Namen der Schwester Magdalena Kremerin als Glosse am Rand zu dem Bericht hinzu, dass eine Schwester auf der Reise von Silo nach Kirchheim bei einer Rast im Kloster Pforzheim die dortigen Schwestern zwei Tage in Malen und Schreiben unterrichtete. Die Kirchheimer Chronik ist anonym überliefert, auf Fortsetzung angelegt und wurde, wie Nigel Palmer es fasst, „konzeptionell von dem reformierten Nonnenkonvent und nicht durch eine Einzelperson verantwortet“. Sie lässt aber gleichzeitig eine Verfasserin erkennen, die über eine große Erzählgabe verfügt und durchaus die Deutungshoheit über die turbulenten Ereignisse bei der Annahme der Reform für sich beansprucht. Dieser Befund ist charakteristisch für die Reformchronistik des 15. Jahrhunderts und wirft die lohnende Frage auf, wie sich das oftmals als antagonistisch aufgefasste Verhältnis von Autor/Autorin und Gemeinschaft noch besser fassen lässt. Geschrieben wurde das ‚Handexemplar‘ der Kirchheimer Chronik von der Schaffnerin Barbara von Speyer, mit der wir – folgt man der Indizienspur Nigel Palmers – auch die Autorin vor uns haben.

Die weiteren Beiträge untersuchen die Chronik aus drei verschiedenen Perspektiven: aus landesgeschichtlicher Sicht, die neben dem Konflikt um die Landesherrschaft nach der sozialen Stellung des Konvents im regionalen Gefüge zwischen Adel und städtischem Patriziat fragt, aus theologischer Pespektive hinsichtlich der Auswirkungen der Reform auf das geistliche Leben im Konvent und schließlich wird mit kulturhistorischem Ansatz die Rolle der Bildung und der Kunst in den Blick genommen. Weil die Reform eines Konvents den weltlichen Gewalten die Chance bot, die Klosterherrschaft neu zu etablieren oder zu intensivieren und auf die personelle Zusammensetzung Einfluss zu nehmen, war die Annahme der Observanz eben nicht nur eine religiöse sondern gleichermaßen eine soziale, politische und ökonomische Frage. *Georg Wendt* analysiert in seinem grundlegenden Beitrag die Instrumentalisierung der Reform im Zuge der Verdichtung der Landesherrschaft, die vor allem als Kirchenherrschaft durchgesetzt werden konnte. Wendt begreift Herrschaft, hier Markus Meuman folgend, als dynamischen und kommunikativen Prozess, der von Herrschenden wie Beherrschten gleichermaßen als Verständigungsrahmen akzeptiert und immer wieder ausgehandelt werden musste. Dieser Ansatz ermöglicht es ihm, die verschiedenen Akteure und Intentionen in ihren wechselseitigen Bezügen zu erfassen: die Rolle der Siloer Reformnonnen und der observanten Ordensvertreter, den Widerstand in der Kirchheimer Frauengemeinschaft gegen die Reform und die um die Landesherrschaft konkurrierenden Grafen Eberhard d. J. und Eberhard d. Ä.. Wendts These, dass Graf Eberhard d. Ä. im Zusammenwirken mit den observanten Ordensvertretern die Annahme der Reform in Kirchheim forcierte, um den Cousin zu einem gewaltsamen Vorgehen gegen die Frauengemeinschaft zu provozieren, vermag die Eskalation der Auseinandersetzungen und den Konfliktverlauf überzeugend zu erklären. Der öffentliche ‚Skandal', den die Belagerung der wehrlosen Frauen durch Graf Eberhard d. J. bedeutete, ermöglichte es dem Cousin, sich auf fremdem Terrain als „wahrer Kirchenvater" und Verteidiger der strengen religiösen Lebensform zu präsentieren. In diesem Zusammenhang wird auch das Verhalten der Gemahlin Eberhards d. Ä., Barbara Gonzagas, verständlich, die unmittelbar nach der Befreiung der Nonnen mit päpstlicher Erlaubnis einige Zeit im Kloster verbrachte, um die neugestiftete Beziehung zu festigen. Da die Herkunft der Nonnen und die personellen Beziehungen der Frauengemeinschaft ein Schlüssel zum Verständnis der Stellung der Gemeinschaft im regionalen Gefüge sind, unterzieht *Roland Deigendesch* die Quellen zur personellen Zusammensetzung einer umfassenden und sorgfältigen Sichtung. Kirchheim unter Teck war seit der Gründung ein wohlhabendes Kloster und gehörte mit 80 Nonnen im 13. Jahrhundert zu den großen Dominikanerinnengemeinschaften Süddeutschlands.

Grundsätzlich stand der Konvent allen sozialen Schichten offen, doch lässt sich seit der Gründung, sicher aufgrund der Förderung durch die Herzöge von Teck, eine Nähe zum regionalen Adel nachweisen. Mit der Reform öffnete sich der Konvent mehr für Frauen aus dem städtischen Patriziat, vor allem aus Stuttgart und Ulm, die Leitung der Gemeinschaft lag freilich weiterhin überwiegend in den Händen adeliger Frauen. Eine tabellarische Übersicht über die Generalmeister des Ordens und die Provinziale der Teutonia sowie über die namentlich bekannten Mitglieder des Kirchheimer Konvents nach der Reform erleichtert den Überblick und liefert eine gute prosopographische Grundlage für den gesamten Band. Da die Dominikanerinnen nicht zuletzt ein wichtiges ökonomisches Zentrum der Region waren, wendet sich *Maria Magdalena Rückert* auf der Basis des klostereigenen Rechnungsbuchs dem Wirtschaftsgebaren der Kirchheimer Gemeinschaft im Vergleich zu den Dominikanerinnen von Gotteszell bei Schwäbisch-Gmünd zu, die beide den Esslinger Dominikanern unterstellt waren. Im Gegensatz zum männlichen Ordenszweig, der dem Armutsgebot folgte, war den in strenger Klausur lebenden Frauen von Anfang an Besitz erlaubt. Kirchheim verfügte über einen großen und weit gestreuten Grundbesitz, dessen Verwaltung der Schaffnerin unterstand. Da die *nova religio* der Dominikaner die *vita contemplativa* mit der *vita activa* verband, war nebem dem Gebet die Handarbeit der Frauen wichtig. Die Kirchheimer Nonnen fertigten nicht nur Messgewänder, Tafeltücher und Paramente an, sondern erwarben im 15. Jahrhundert Papier, Pergament, Tintenhörner und Farben, wie z. B. Zinnober, so dass von einer Handschriftenproduktion im Kloster ausgegangen werden kann. Interessanterweise lassen die Kirchheimer Rechnungen erkennen, dass die reformunwilligen Frauen, die das Kloster verließen, ihre Mitgift bzw. Leibgedinge zurückforderten, was für die Konvente stets ein Problem darstellte. Mit der Einführung der strengen Klausur und der gemeinschaftlichen Verpflegung der Frauen wurde in der Regel eine Neuordnung der Güter und der internen Güterverwaltung notwendig, weshalb die Rechnungsbücher viefach mit der Reform einsetzen. Die Rechnungslegung der Schaffnerin Barbara von Speyer ermöglicht aber nicht nur einen interessanten Einblick in die wirtschaftlichen Verhältnisse und die interne Verwaltung, sondern auch in das Alltagsleben der Frauen.

Die Forschung der letzten Jahrzehnte hat detailliert herausgearbeitet, dass mit der Annahme der Observanz auch eine Neuorganisation der religiösen Pflichten, eine Liturgie- und Bildungsreform sowie ein Neuansatz der Konventsbibliotheken verbunden war. Es war eine anspruchsvolle Aufgabe, einen Konvent von etwa 50 oder noch weit mehr Frauen in die neue Lebensweise und Handlungsabläufe einzuführen, die oft lange Zeit in Anspruch nahm. In der Regel bildete eine Visitation der Ordensoberen zusammen mit den weltlichen Autoritäten den Auftakt, wobei unter Umgehung des Wahlrechts der Gemeinschaft die wichtigsten Klosterämter mit Frauen aus reformierten Konventen neu besetzt wurden. Während die Visitatoren nur wenige Tage im Konvent blieben, oblag es der Gruppe der Reformnonnen, die neue, strengere Lebensform im Konvent wirklich durchzusetzen. Das personelle Netzwerk der dominikanischen Reformkonvente nimmt *Gisela Muschiol* in den Blick. Sie bezeichnet die Nonnen, die um der Reform willen den eigenen Konvent verließen, als ‚geistliche Migrantinnen' und versucht den familiären Hintergrund der aus Silo kommenden Reformerinnen und deren Stellung im Netzwerk der dominikanischen Reformkonvente zu rekonstruieren. *Sigrid Hirbodian* zeichnet den Konflikt mit Eberhard d. J. noch einmal detailliert nach und vermag nicht zuletzt deutlich zu machen, was Klausur und Regelobservanz konkret für den Konventsalltag bedeuteten. Sie hebt auch die Rolle der württembergischen Gräfinnen Barbara Gonzaga, Margaretha von Savoyen und ihre Schwiegertochter Elisabeth von Brandenburg für die Initiierung der Reform und damit für die Durchsetzung der landesherrlichen Klosterherrschaft hervor, was verdeutlicht, dass die Bedeutung und der Handlungsspielraum der weltlichen Frauen in diesem Prozess vielleicht noch nicht ausreichend erkannt worden ist. *Stefanie Neidhardt* arbeitet die literarischen Kommunikationsstrukturen der Reformchronik heraus. Die eigene Lesart der ‚Ereignisse' wird mit einer Fülle von biblischen Zitaten, Allegorien und der Einbindung liturgischer Textpassagen in die Chronik legitimiert und sinnstiftend in der Geschichte verankert. Insbesondere die alt-testamentarischen Verweise sind dabei für das Selbstverständnis der Dominikanerinnen und ihre Verankerung in der (Heils-)Geschichte aufschlussreich.

Den Bildungshintergrund der Verfasserin lotet *Werner Williams-Krapp* aus und stellt noch einmal sorgfältig die Argumente zusammen, die für eine Verfasserschaft der Magdalena Kremerin sprechen. Differenziert wird die schwierige Frage nach den Lateinkenntnissen der süddeutschen Dominikanerinnen diskutiert: Während zahlreiche Beispiele lateinkundiger und hochgelehrter Dominikanerinnen in der ‚Nachfolge' der Ordenspatronin Katharina von Alexandrien bekannt sind, ist die Frage nach dem allgemeinen Bildungsniveau der Nonnen im Spätmittelalter nach wie vor schwierig zu beantworten. Dennoch wird zunehmend deutlich, dass zumindest passive Lateinkenntnisse weiter verbreitet waren als die ältere Forschung angenommen hat, die die Frauen nicht zuletzt für den Vollzug des Gottesdienstes benötigten. *Anne Winston Allen* widmet sich der Rolle der Magdalena Kremerin als Buchmalerin und den Beziehungen der ‚Nonnenmalerei' zur zeitgenössischen Buchkunst in den weltlichen Zentren.

Ob tatsächlich Patriziertöchter am Klosterschulunterricht teilnehmen und später in die Welt zurückkehren konnten, ist allerdings fraglich, die Quellen geben darauf keine Hinweise.

Jeffrey Hamburger hatte 2010 in der Festschrift für Christoph de Hamel bereits die große Bedeutung der zwei illuminierten Kirchheimer Chorhandschriften für die Kirchheimer Buchmalerei im Kontext der dominikanischen Reformbewegung herausgearbeitet. Dieser Beitrag wurde für den vorliegenden Band aktualisiert und wird hier in Übersetzung noch einmal abgedruckt. Nach der Säkularisierung kamen das Kirchheimer Kapitelbuch, das auch den Kirchheimer Nekrolog enthält, und das Kollektar der Gemeinschaft nach St. Paul im Lavanttal. Beide Handschriften weisen eine reiche Illustration auf, was sowohl für Kapitelbücher als auch für Kollektare ungewöhnlich ist. Stilistisch sind sie eng mit einer Gruppe von Handschriften aus Colmar (Unterlinden), Schlettstadt und Straßburg verwandt, die mit der dominikanischen Reform im Elsass in Verbindung gebracht werden können. Diese Handschriftengruppe konnte Jeffrey Hamburger noch um fünf Fragmente eines Antiphonars (Graphische Sammlung in München) und um ein Fragment eines Graduale (Princeton, University Art Museum) erweitern, die neben einem charakteristischen Stil auch der elsässischer Reformbezug kennzeichnet. Jeffrey Hamburger weist die Illustrationen dieser Fragmente derselben Hand zu, die das Kirchheimer Kapitelbuch ausgemalt hat und kommt anhand der Quellenaussagen zu dem Schluss, dass es sich bei der Buchmalerin um Magdalena Kremerin gehandelt hat. Sie war Teil des dichten dominikanischen Reformnetzwerks und hob durch die reiche Ausstattung der Chorhandschriften für die eigene Gemeinschaft die Bedeutung der neuen Spiritualität hervor. Den Band beschließt ein Beitrag zur ehemaligen Klosteranlage und den archäologischen Befunden auf dem ehemaligen Klosterbezirk. 1535 wurden die Auflösung des Konvents mit der Einführung der Reformation in Württemberg durch Herzog Ulrich und der Ausbau Kirchheims zur Landesfestung beschlossen. Es dauerte aber noch bis zur Jahrhundertmitte bis die letzten Nonnen abgefunden waren und die Liegenschaften der Dominikanerinnen endgültig in die Hände des Landesherrn übergingen.

Die Annahme der Observanz im 15. Jahrhundert bedeutete eine umfassend angelegte Neuordnung der religiösen Lebensform, die die Nonnen selbst mit großem Engagement in ihre Hände nahmen. Diese Neuordnung des Konventslebens hat in zahlreichen Quellen schriftlichen Niederschlag gefunden, die Einblicke in die innere Verfasstheit der Konvente ermöglichen, wie sie die Quellen des 14. Jahrhundert im Allgemeinen nicht zulassen. Wir fassen hier eine Reflexion und geistige Durchdringung der eigenen Lebensweise, die nicht zuletzt eine entscheidende Professionalisierung des Klosteralltags bedeutete. Es ist charakteristisch für die spätmittelalterlichen Klosterreformen, dass sich religiöse, soziale, politische und ökonomische Beweggründe auf eine nahezu unauflösliche Weise miteinander verflochten. Die Beiträge unternehmen den Versuch, die verschiedenen Akteure und Intentionen in ihrer Eigendynamik zu analysieren und im historischen Kontext zu erfassen. Das bleibt trotz der vergleichsweise guten Quellenlage der Dominikanerinnengemeinschaft in Kirchheim unter Teck an der Wende zum 16. Jahrhundert eine Herausforderung, aber es ist eine Herausforderung, die sich lohnt.

Abb. 5: Eintrag für Magdalena Kremerin, Benediktinerstift St. Paul im Lavanttal, Cod. 71/1, fol. 28v.

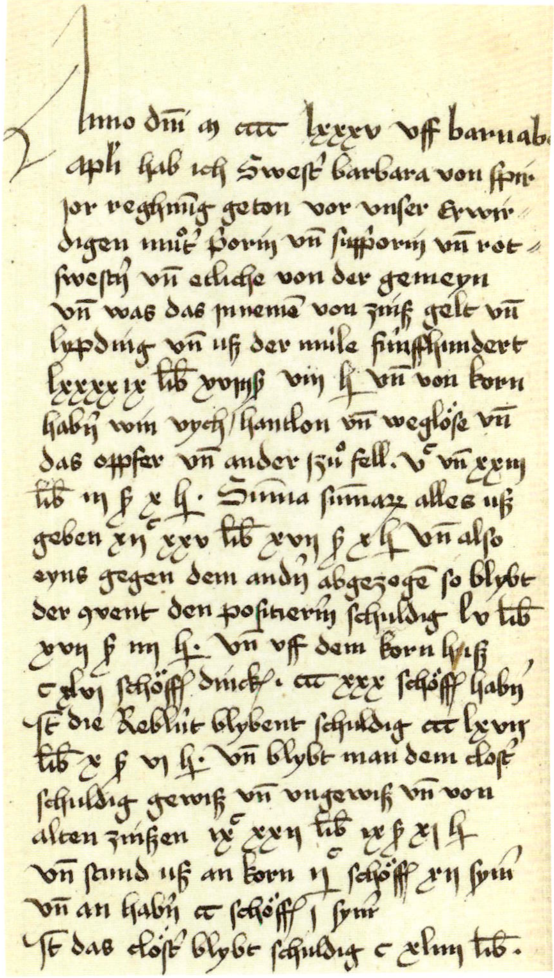

Abb. 1: Kirchheimer Rechnungsbuch. Jahresrechnungen für 1485 von Hand 2 (Barbara von Speyer). HStA Stuttgart A 493 Bü 1, Bl. 79v.

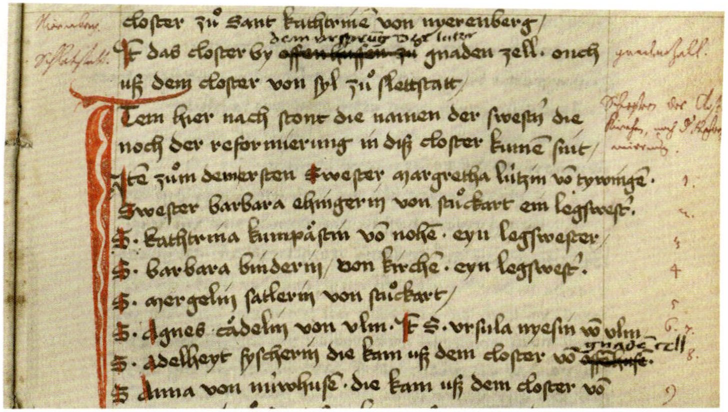

Abb. 2 a

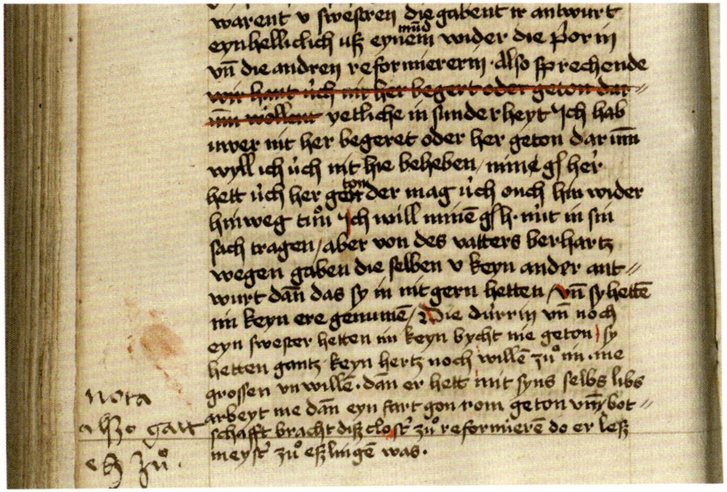

Abb. 2 b

Abb. 2: *Chronik der Nonne von Kirchheim*, Hs. Stg. (a) S. 19. Eingriffe durch eine erste Korrekturhand, um oder kurz nach 1490. (b) S. 224. Korrekturen von der Hand der Schreiberin, um 1490. Nachträglicher Zusatz von der Hand der Schreiberin (sieben Zeilen). Randeintrag von fremder Hand. HStA Stuttgart A 493 Bü 2.

Abb. 3: Die Anbetung des Kindes durch Maria und Josef, Kapiteloffiziumsbuch. Benediktinerstift St. Paul im Lavanttal, cod. 71/1, fol. 223r.

Abb. 4: Graf Ulrich V. und seine drei Frauen: Margarete von Kleve (gest. 1444), Elisabeth von Bayern (gest. 1451), Margarete von Savoyen (gest. 1479). Ludwig Fries (Meister der Sterzinger Altartafeln). Tempera auf Holz, 79,5 x 47,5cm. Stuttgart, Landesmuseum Württemberg, Inv.-Nr. 13721.

Abb. 5: Die Auferstehung und Christus mit Maria. München, Bayerische Graphische Sammlung, K 511, Inv. Nr. 39849. Fragment aus einer Graduale.

Abb. 1: Die Sakristanin, in: Johannes Meyer, *Ämterbuch*, Maria Medingen (Dillingen/Donau), 1483. Universitätsbibliothek Leipzig, Ms 1548, fol. 34v.

Abb. 2: Die Chorherrin, in: Johannes Meyer, *Ämterbuch*, Maria Medingen (Dillingen/Donau), 1483. Universitätsbibliothek Leipzig, Ms 1548, fol. 39v.

Abb. 3: Die Novizenmeisterin, in Johannes Meyer, *Ämterbuch*, Maria Medingen (Dillingen/Donau), 1483. Universitätsbibliothek Leipzig, Ms 1548, fol. 60r.

Abb. 4: Siegel von Johannes Arnoldi mit der Inschrift „Sum generalis fratris iohannis arnoldi 1452", Oberdeckel des Kollektars von Kirchheim unter Teck, nach 1487. St. Paul im Lavanttal, Stiftsbibliothek, MS 62/1.

Abb. 5: Das badende Christuskind nach seiner Geburt, Ausschnitt aus einem benediktinischen Martyrologium, Straßburg, zweite Hälfte des 13. Jahrhunderts. Staatliche Graphische Sammlung München Inv. Nr. 40258r.

Abb. 6: Jungfrau und Kind, Ausschnitt aus einem benediktinischen Martyrologium, Straßburg, zweite Hälfte des 13. Jahrhunderts. Staatliche Graphische Sammlung München Inv. Nr. 40258v.

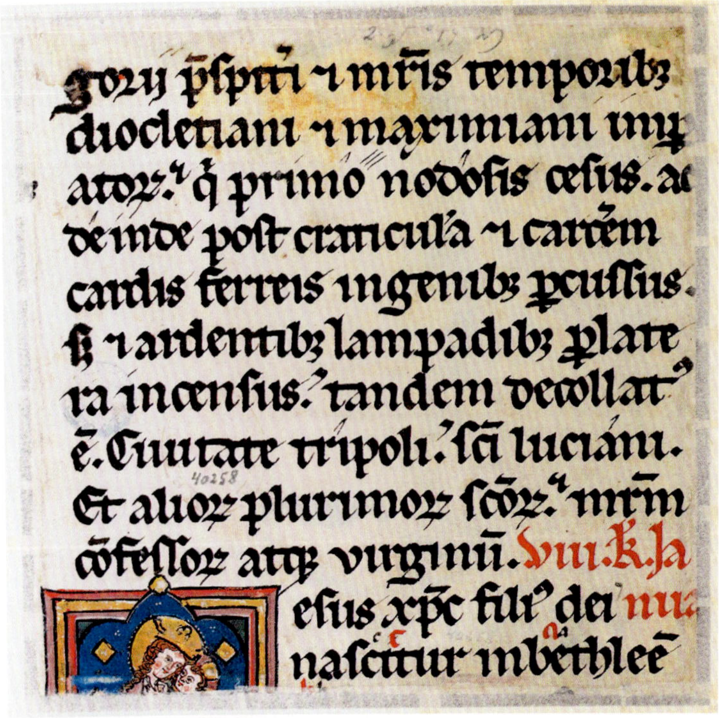

Abb. 7:
Tod der Jungfrau, Ausschnitt aus einem benediktinischen Martyrologium, Straßburg, zweite Hälfte des 13. Jahrhunderts. Staatliche Graphische Sammlung München Inv. Nr. 40259r.

Abb. 8:
Szenen aus dem Leben des Evangelisten Johannes, Kapiteloffiziumsbuch, Kirchheim unter Teck, nach 1478.
St. Paul im Lavanttal, Stiftsbibliothek, MS 71/1 fol. 224v.

Abb. 9: Die Jungfrau fährt als Ährenkleinmadonna in den Himmel auf, Kapiteloffiziumsbuch, Kirchheim unter Teck, nach 1478. St. Paul im Lavanttal, Stiftsbibliothek, MS 71/1, fol. 159r.

Abb. 10: Weibliche Heilige in einem umschlossenen Garten, Illustration für Psalm 97 in einem Brevier, Elsass, spätes 15. Jahrhundert. MS Richardson 39, Houghton Library, Harvard University, fol. 54v.

Abb. 11: Mariä Verkündigung, farbig kolorierte Zeichnung auf Papier, geklebt in einer hagiographischen Sammlung, Unterlinden, Colmar, nach 1516. Bibliothèque Municipale Colmar, Ms 717 II fol. 77v.

Abb. 12: Martyrium von Johannes dem Täufer, Kapiteloffiziumsbuch, Kirchheim unter Teck, nach 1478. St. Paul im Lavanttal, Stiftsbibliothek, MS 71/1, fol. 167r.

Abb. 13: Einführung der Jungfrau in den Tempel, in einem dominikanischen Brevier (Maria Reinigung), Elsass, spätes 15. Jahrhundert.
MS Richardson 39, Houghton Library, Harvard University, fol. 209r.

Abb. 14: Die Wurzel Jesse, Kollektar von Kirchheim unter Teck, nach 1478.
St. Paul im Lavanttal, Stiftsbibliothek, MS 62/1, fol. 1r.

Abb. 15: Die Anbetung der Heiligen Drei Könige, in einem dominikanischen Brevier (Fest der Beschneidung Christi), Elsass, spätes 15. Jahrhundert. MS Richardson 39, Houghton Library, Harvard University, fol. 99r.

Abb. 16: Der predigende Vincent Ferrer, Ausschnitt eines Antiphonars, Fest für Vincent Ferrer, Vesper, Kirchheim unter Teck, 1478.
Staatliche Graphische Sammlung München K. 509, Inv. Nr. 39847.

Abb. 17: Heimsuchung, Ausschnitt eines Antiphonars, Fest, Vesper der Mariä Heimsuchung, Kirchheim unter Teck, nach 1478.
Staatliche Graphische Sammlung München K. 508, Inv. Nr. 39846.

Abb. 18: Die Anbetung der Heiligen Drei Könige, Ausschnitt eines Antiphonars, Weihnachten, Matutin, Kirchheim unter Teck, nach 1478. Staatliche Graphische Sammlung München K. 512, Inv. Nr. 39850.

Abb. 19: Auferstehung und „Noli me tangere", Ausschnitt einer Graduale, Ostersonntag, Introitus. Kirchheim unter Teck, nach 1478. Staatliche Graphische Sammlung München K. 511, Inv. Nr. 39849.

Abb. 20: Die Jakobsleiter, Ausschnitt einer Graduale, Introitus zur Weihung einer Kirche, Kirchheim unter Teck, nach 1478. Staatliche Graphische Sammlung München K. 510, Inv. Nr. 39848.

Abb. 21: Die Heilige Martha, Agatha und Elisabeth von Thüringen, Ausschnitt einer Graduale, Introitus, Commune der jungfräulichen Märtyrerinnen, Kirchheim unter Teck, nach 1478. Princeton, Art Museum, Princeton University, Y1031.

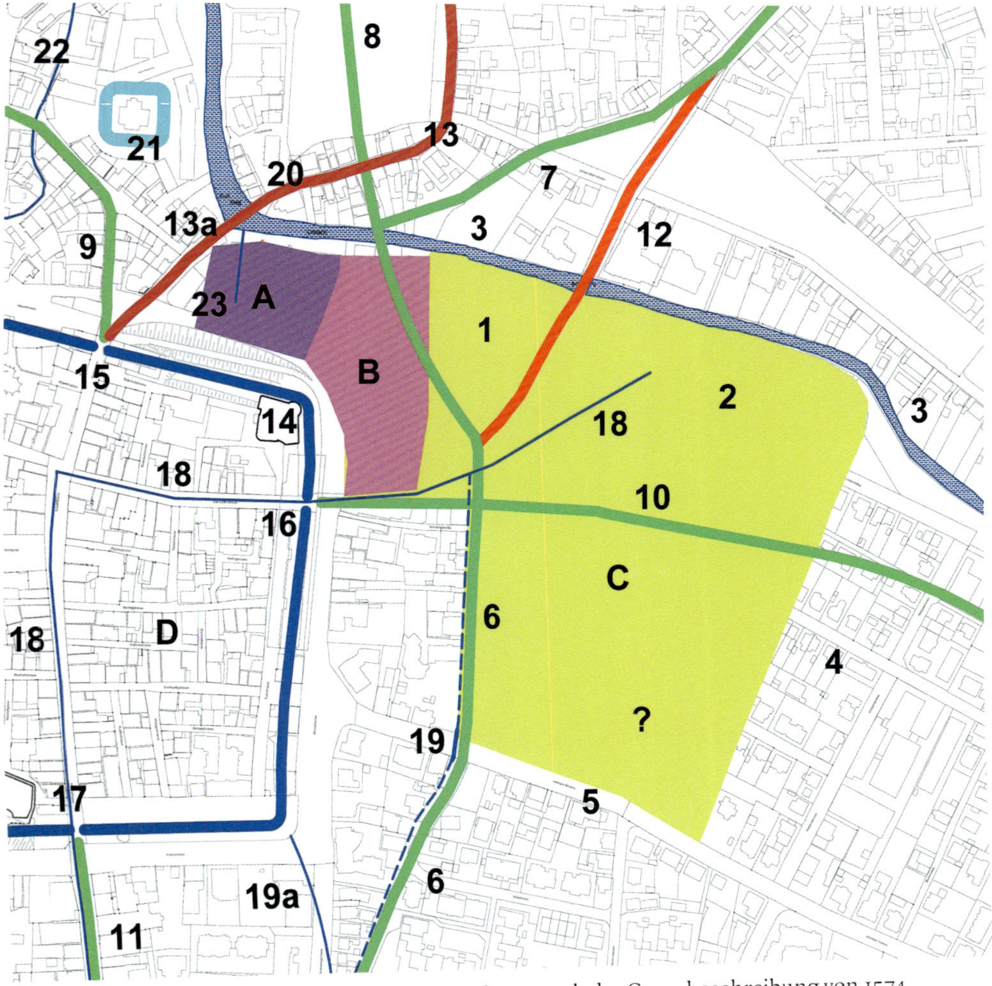

Abb. 1: Plan des Klosterbezirks und seiner Umgebung nach der Grenzbeschreibung von 1574.

A Inneres Klosterareal
B Wirtschaftshof des Klosters
C Äußeres Klosterareal (Bewirtschaftungsflächen des Klosters = Klosterbezirk)
D Ummauerte Innenstadt – östlicher Teil
1 Klostergarten
2 Klosterwiesen
3 Lindach
4 Flur Kreben
5 „Jesinger Gässlein“ oder „Siechengässlein“ (heute: Jesinger Straße)
6 Alte Landstraße
7 Straße zum Filstal über die Sulpacher Steige (später Auerbacher Steige)
8 Straße zum Filstal über die Notzinger Steige
9 Straße zum Neckar über die alte „Esslinger Steige“ nach Steinbach (heute:Wernau)
10 Straße nach Jesingen und Weilheim zum Albaufstieg
11 Straße nach Dettingen und ins Lenninger Tal zum Albaufstieg
12 Neues Teilstück der alten „Freie Landstraße“ (ab 1306; heute: Schlierbacher Straße)
13 Herdfeldstraße und Herdfeldbrücke (13a)
14 Bastion am Kloster
15 Unteres oder Lindacher Tor
16 Jesinger Tor
17 Oberes oder Dettinger Tor
18 Stadtbach zu den „Neuen Wiesen“ durch das Jesinger Tor
19 Stuckerin Graben
19a Abzweig des Stuckerin-Graben zum Wassergraben vor der Stadtmauer
20 Marienkapelle „Unter den Linden“
21 Wasserburg (heute: „Schlössle“ im Freihof)
22 Klostermühle am Lauterkanal beim „Esslinger Steg“
23 Quelle mit Ablauf zur Lindach im inneren Klostergarten

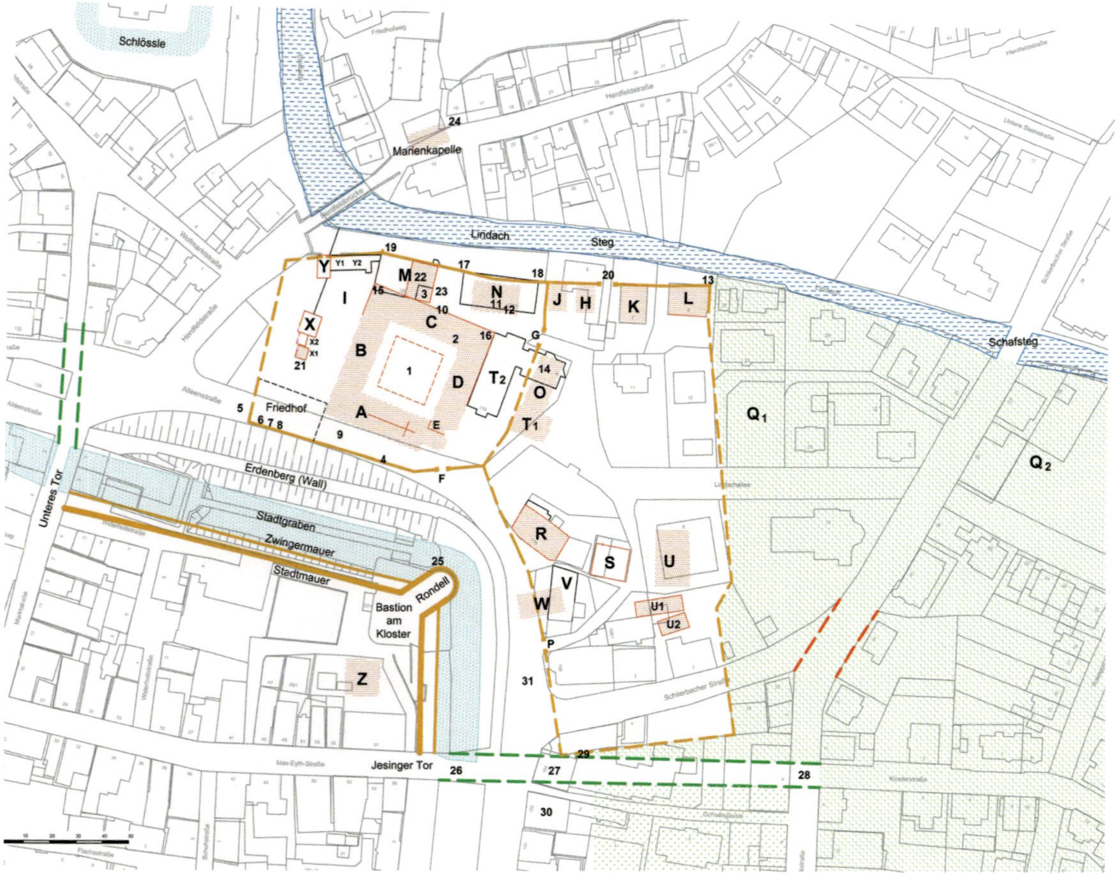

Abb. 2 Rekonstruktion der Klosteranlage mit den im 16. Jahrhundert nachweisbaren Bauten im heutigen Umfeld (Klosterbauten: rot gerastert; Bauten der Klosterhofmeisterei ab 1584: offene schwarze Grundrisse).

Gebäude im Klosterareal – (Legende 1 zu Abb. 2 u. 3)

A Klosterkirche (Mitte 13. Jh. bis 1539)
B Westflügel der Vierflügelanlage (Mitte 13. Jh. bis 1539)
C Nordflügel der Vierflügelanlage (Mitte 13. Jh. bis 1539 ?)
D Ostflügel der Vierflügelanlage (Mitte 13. Jh. bis 1626)
E *Sakristei am Chor (13. Jh. bis 1539)*
F „Inneres Tor" beim Chor (wohl 13. Jh.)
G „Äußeres -" bzw. „Großes Tor" (wohl 13. Jh.) bei der Pfisterei
H Rüssenpfründhaus (bis 1479, dann verlegt an die Stelle R)
I Baumgarten des Klosters, mit Quelle (ab 13. Jh.)
J Pfisterei (Bäckerei, bis 1626)
K einstöckige Scheuer mit Tenne (bis 1626)
L Taglöhnerhaus (bis 1626)
M Behausung auf dem Klosterhof (Kernbau 15. Jh. ?; Neubau/Umbau 1626)
N Siechenhaus (?) mit Scheune, Keller (vor 1459 erbaut) und darin Zisterne von 1459
O alte Klosterkelter(14. Jh. bis 1583; Neubau 1584)
P Einfahrt und Weg (13./14. Jh. ?) zum ehemaligen Wirtschaftshof des Klosters
Q1 Kraut- und Grasgarten des Klosters (ab 1276)
Q2 Neue Wiesen (ab der ersten Hälfte des 14. Jh. ?)
R Jägerhaus (Rüssenpfründhaus ab 1479/80; Scheune ab 1604; Neubau Jägerhaus 1693)
S Pfleghaus (16. Jh. ?)
T1 große Klosterscheuer (1490 abgebrannt)
T2 großer Verwaltungsfruchtkasten (1584)
U Altes Jägerhaus (ab 15. Jh. ? - 1976)
U1,2 zwei Hundeställe, samt Hundsküche, (15. Jh. ?) zum Jägerhaus gehörig
V Haus mit Scheuer für den Klosterunterpfleger und Kastenknecht (1691)
W altes „Mönchshaus" vor der Stadtmauer, (vor 1304 bis 1539) mit Keller
X Viehaus, mit Kornkasten und Wagenhütte daneben, Heuhaus darüber (spätes 16. Jh. ?)
X1,2 ehemaliges Fisch- und Waschhaus (17. Jh. ?)
Y ehemaliges Vieh- und Heuhaus mit Kornkasten (17. Jh. ?)
Z ehemaliges neues „Mönchshaus" innerhalb der Stadtmauer (1539 – 1690)

Abb. 3 Planskizze der bisher bekannten archäologischen Befunde im inneren Klosterareal mit den Befunden der Georadarmessung (Bodenradar) 2005.

Liste archäologischer Fundstellen – (Legende 2 zu Abb. 2 u.3)

1 Bei der Anlage eines Spargellandes im Garten „neben“ dem Gebäude Alleenstraße 120 wurden 1818 mehrere Grabsteine aufgedeckt, die aber „nicht näher untersucht wurden“.

2 Bei Anlage eines Kabelgrabens 1989 unmittelbar vor dem Haus Alleenstraße 118 wurde eine Anzahl Keramikbruchstücke, darunter Teile von großen Vorratsgefäßen mit Karniesrand und Fingertupfenleisten auf dem Gefäßbauch (Abb. 12) , Fragmente von grün glasierten und unglasierten Schüsselkacheln sowie Bruchstücke von Glasgefäßen gefunden (spätes 15. / frühes 16. Jh.). 1,55 m nördl. der Hauswand wurde ein mit Steinen abgedeckter, Ost -West gerichteter Kanal aufgedeckt, dessen Seitenwände aus 0,6 m langen Angulatensandsteinen bestanden.

3 Beim Einbau einer Zentralheizung im Gebäude Alleenstraße 120 wurden 1964 „im Untergeschoss“ verzierte Tonfliesen geborgen. Sie kamen unter ca. 1 m mächtigem Schutt auf dem früher tiefer liegenden Boden des quadratischen Raumes mit einfachem Kreuzgratgewölbe und Rosette zu Tage. Die Fliesen zeigen Lilien mit durchgehend geteilten Seitenblättern, in den Ecken Blattsterne (Landgraf: Bodenfliesen, S. 402, K 47; Text S. 389). Sie stammen aus der Zeit um 1500 (Abb. 7A).

4 Bei Anlage der Tiefkanalisation der Alleenstraße 1980 wurde auf Höhe des Gebäudes Alleenstraße 120 auf 85 m Länge die in Ost-West Richtung verlaufende südliche Mauer des inneren Klosterareals angetroffen. Sie war 1,2 m - 1,4 m breit. Ihre Oberkante lag in 2 – 4 m Tiefe unter der heutigen Straße.

5 ein Schädel und Skelettreste, 0,6 m vor der Südwestecke der Klostermauer , Tiefkanalisation 1980.

6 ein Schädel und Knochenreste nördlich der Klostermauer, lose verstreut im Bereich der Grabplatte des Klosterkaplans. Tiefkanalisation 1980.

7 Grabplatte des Klosterkaplans Albert Binzwang (gest. 1474) nördlich an die Klostermauer gelehnt, in 2,8 m Tiefe; Tiefkanalisation 1980. Größe 2,37 m x 1,10 m, (Abb. 8). Heute am Fuß des Nordgiebels vom Gebäude Alleenstraße 120 aufgestellt (Abb. 2 u. 3, Nr. 23).

weiter mit 8 auf nächster Seite

8 rechteckige ausgemauerte Grabgrube mit Skelett in 3 m Tiefe; abgedeckt von einem unbearbeiteten Steinrohling; Größe (innen): 1,60 m lang u. 0,90 m breit; Tiefkanalisation 1980.

9 gemauerte nahezu quadratische Gruft; Größe: 1,0 m x 0,9 m x 1,2 m; (L. x Br. x T.) in 1,7 m Tiefe unter der Oberkante der Alleenstraße angetroffen. Darin 4 Schädel und Skelettreste, mit einem Steinrohling abgedeckt; Tiefkanalisation 1980.

10 Ost-West verlaufender Mauerzug, streckenweise durch die Kanalisation von 1948 stark gestört; die Nordmauer des Nordflügels der Vierflügelanlage. Keramikfragmente, Bodenfliesenreste und Mörtelestrichstücke sowie zerschlagene Schilfsandsteinstücke, darunter möglicherweise ein kleines Kapitellfragment aus dem Kreuzgang (?); Ausgrabung 2001.

11 rechteckiger Schacht aus Sandsteinblöcken mit der Jahreszahl 1459 im Sturz der nördl. Maueröffnung des Schachtes; unmittelbar westl. neben dem Gewölbekeller. Gegenüber ein gemauerter Kanal von 7 m Länge in nördl. Richtung.

12 kleiner Gewölbekeller, Nord-Süd gerichtet, 5m lang und 4m breit, unmittelbar östlich des Schachtes. Er liegt unter dem Ost -West gerichteten Fruchtkasten von 1626 und reicht unter dessen Südwand deutlich über diese hinaus.

13 Die Nordostecke der ehemaligen Scheuer Lindachallee 9 bildet die Nordostecke der ehemaligen Klosterhofmauer. Sie hat eine Stärke von 1,10 m und eine Höhe von noch 4 m. Die Innenseite der Ostmauer zeigt deutliche Spuren eines starken Brandes durch Rotfärbung der äußeren Schicht der Angulatensandsteine. Verursacht wohl durch den Klosterbrand von 1626.

14 gemauerter Gewölbekeller von 5 m Breite und 8 m Länge in N-S Richtung und Ziegelboden. Dokumentiert beim Abriss des Gebäudes Lindachallee 3 im Jahre 1988. Erbaut wohl anläßlich des Neubaus der Kelter im Jahre 1584.

15 Nordwestecke der ehemaligen Vierflügelanlage, durch die Südwestecke des Amtshauses der Klosterhofmeisterei gestört; Ausgrabung 2001.

16 Nordostecke der Vierflügelanlage. Hier wurden Keramikbruchstücke und zahlreiche Fragmente verschiedener Kachelöfen gefunden, zum Teil mehrfarbig glasiert, darunter die eines prachtvollen Ofens mit Reliefkacheln. Ausgrabung 2001.

17 Klostermauer im Bereich der Nordwestecke der Klosterscheuer von 1626 (Alleenstraße 120/1); Stärke der Mauer im Fundamentbereich 1,3 m und im 1. DG 1,2 m. Ihre Höhe ab Bodenniveau beträgt noch 2,70 m, ab Niveau der Uferböschung der Lindach 5 m.

18 Klostermauer im Bereich der NW-Ecke der Finanzamtsscheuer. Ihre Stärke beträgt hier 0,8 m. Die Mauer bricht hier zunächst ab. Zweifache (jüngere) Reparaturen schließen sich östlich an.

19 getreppter Stützpfeiler außen an der Klostermauer, Sandsteine mit Zangenlöchern, wohl noch klosterzeitlich.

20 Klostermauer, im Katasterplan von 1828 noch eingetragen, bei den Neubebauung im letzten Viertel des 20. Jahrhunderts abgebrochen. Stelle des ehemaligen Lindachtores.

21 ehemaliger „Stegebronnen“ (Quelle), seit Mitte des 13. Jh. bekannt.

22 Gewölbekeller mit überwölbter Kellertreppe im mittleren Teil des Gebäudes Alleenstraße 120.

23 Grabstein des Klosterkaplans Binzwang (Abb. Nr. 8).

24 Fundamentreste, möglicherweise zu einem Choranbau der Marienkapelle gehörend.

25 Grabsteinfragment, ein Viertel eines Grabsteines, wohl aus dem Klosterfriedhof stammend, 1539 als Grundplatte im unteren Teil einer Schießscharte des Rondells eingebaut.

26 Brücke vor dem Jesinger Tor. Bei Bau des Seniorentreffs (um 1980) wurden zahlreich Reste von Holzdeicheln angetroffen. Sie stammten wohl von der Überleitung des ehemaligen Stadtbaches über die Brücke am Jesinger Tor.

27 Standort des ehemaligen Subdiakonatshauses (erbaut im späten 15. Jh. ?, Neubau kurz vor 1629), zinst dem Kloster. Dieses Haus zeigt an, dass die ehemals geradlinig vom Jesinger Tor abgehende Straße in östlicher Richtung bereits früh zugunsten der höher liegenden (heutigen) Jesinger Straße aufgegeben wurde.

28 ehemalige alte Landstraße vor dem Jesinger Tor, die vom Neckar kommend über Kirchheim und Jesingen nach Weilheim zum Albaufstieg führte; Kreuzung mit einem jüngeren Teilstück („Neue Landstraße“ von 1306 , heute Schlierbacher Straße) der „uralten“ Landstraße, die seit „Urzeiten“ über die Auerbacher Steige vom Filstal her kam.

29 gemauerter Wasserkanal, aufgelassen um 1540, Ausgrabung 1996.

30 Gasthof „Weißer Ochsen“, Neubau um 1700; zinst im 16. Jh. dem Kloster.

31 gemauerter Brunnen von 1,2 m Durchmesser und 7,5 m Tiefe; Tiefkanalisation 1980.